U0453314

深圳学派建设丛书
（第七辑）

深圳经济中长期增长与趋势

Mid-term and Long-term Growth
and Trend of Shenzhen Economy

杨新洪 著

中国社会科学出版社

图书在版编目（CIP）数据

深圳经济中长期增长与趋势／杨新洪著．—北京：中国社会科学出版社，2020.9

（深圳学派建设丛书．第七辑）

ISBN 978-7-5203-7203-9

Ⅰ.①深… Ⅱ.①杨… Ⅲ.①地方经济—经济增长—研究—深圳 Ⅳ.①F127.653

中国版本图书馆 CIP 数据核字（2020）第 175354 号

出 版 人	赵剑英
责任编辑	马　明
责任校对	王福仓
责任印制	王　超

出　　　版	中国社会科学出版社
社　　　址	北京鼓楼西大街甲 158 号
邮　　　编	100720
网　　　址	http://www.csspw.cn
发 行 部	010-84083685
门 市 部	010-84029450
经　　　销	新华书店及其他书店
印　　　刷	北京明恒达印务有限公司
装　　　订	廊坊市广阳区广增装订厂
版　　　次	2020 年 9 月第 1 版
印　　　次	2020 年 9 月第 1 次印刷
开　　　本	710×1000　1/16
印　　　张	22.5
字　　　数	331 千字
定　　　价	128.00 元

凡购买中国社会科学出版社图书，如有质量问题请与本社营销中心联系调换
电话：010-84083683
版权所有　侵权必究

《深圳学派建设丛书》
编委会

顾　　问：王京生

主　　任：李小甘　吴以环

执行主任：陈金海　吴定海

总序：学派的魅力

王京生[*]

学派的星空

在世界学术思想史上，曾经出现过浩如繁星的学派，它们的光芒都不同程度地照亮人类思想的天空，像米利都学派、弗莱堡学派、法兰克福学派等，其人格精神、道德风范一直为后世所景仰，其学识与思想一直成为后人引以为据的经典。就中国学术史而言，不断崛起的学派连绵而成群山之势，并标志着不同时代的思想所能达到的高度。自晚明至晚清，是中国学术尤为昌盛的时代，而正是在这个时代，学派性的存在也尤为活跃，像陆王学派、吴学、皖学、扬州学派等。但是，学派辈出的时期还应该首推古希腊和春秋战国时期，古希腊出现的主要学派就有米利都学派、毕达哥拉斯学派、埃利亚学派、犬儒学派；而儒家学派、黄老学派、法家学派、墨家学派、稷下学派等，则是春秋战国时期学派鼎盛的表现，百家之中几乎每家就是一个学派。

综观世界学术思想史，学派一般都具有如下特征：

其一，有核心的代表人物，以及围绕着这些核心人物所形成的特定时空的学术思想群体。德国19世纪著名的历史学家兰克既是影响深远的兰克学派的创立者，也是该学派的精神领袖，他在柏林大学长期任教期间培养了大量的杰出学者，形成了声势浩大的学术势力，兰克本人也一度被尊为欧洲史学界的泰斗。

其二，拥有近似的学术精神与信仰，在此基础上形成某种特定的学术风气。清代的吴学、皖学、扬学等乾嘉诸派学术，以考据为

---

[*] 王京生，现任国务院参事。

治学方法，继承古文经学的训诂方法而加以条理发明，用于古籍整理和语言文字研究，以客观求证、科学求真为旨归，这一学术风气也因此成为清代朴学最为基本的精神特征。

其三，由学术精神衍生出相应的学术方法，给人们提供了观照世界的新的视野和新的认知可能。产生于20世纪60年代、代表着一种新型文化研究范式的英国伯明翰学派，对当代文化、边缘文化、青年亚文化的关注，尤其是对影视、广告、报刊等大众文化的有力分析，对意识形态、阶级、种族、性别等关键词的深入阐释，无不为我们认识瞬息万变的世界提供了丰富的分析手段与观照角度。

其四，由上述三点所产生的经典理论文献，体现其核心主张的著作是一个学派所必需的构成因素。作为精神分析学派的创始人，弗洛伊德所写的《梦的解析》等，不仅成为精神分析理论的经典著作，而且影响广泛并波及人文社科研究的众多领域。

其五，学派一般都有一定的依托空间，或是某个地域，或是像大学这样的研究机构，甚至是有着自身学术传统的家族。

学派的历史呈现出交替嬗变的特征，形成了自身发展规律：

其一，学派出现往往暗合了一定时代的历史语境及其"要求"，其学术思想主张因而也具有非常明显的时代性特征。一旦历史条件发生变化，学派的内部分化甚至衰落将不可避免，尽管其思想遗产的影响还会存在相当长的时间。

其二，学派出现与不同学术群体的争论、抗衡及其所形成的思想张力紧密相关，它们之间的"势力"此消彼长，共同勾勒出人类思想史波澜壮阔的画面。某一学派在某一历史时段"得势"，完全可能在另一历史时段"失势"。各领风骚若干年，既是学派本身的宿命，也是人类思想史发展的"大幸"：只有新的学派不断涌现，人类思想才会不断获得更为丰富、多元的发展。

其三，某一学派的形成，其思想主张都不是空穴来风，而有其内在理路。例如，宋明时期陆王心学的出现是对程朱理学的反动，但其思想来源却正是前者；清代乾嘉学派主张朴学，是为了反对陆王心学的空疏无物，但二者之间也建立了内在关联。古希腊思想作为欧洲思想发展的源头，使后来西方思想史的演进，几乎都可看作对它的解释与演绎，"西方哲学史都是对柏拉图思想的演绎"的极端说法，却也说出了部分的真实。

其四，强调内在理路，并不意味着对学派出现的外部条件重要性的否定；恰恰相反，外部条件有时对于学派的出现是至关重要的。政治的开明、社会经济的发展、科学技术的进步、交通的发达、移民的会聚等，都是促成学派产生的重要因素。名噪一时的扬州学派，就直接得益于富甲一方的扬州经济与悠久而发达的文化传统。综观中国学派出现最多的明清时期，无论是程朱理学、陆王心学，还是清代的吴学、皖学、扬州学派、浙东学派，无一例外都是地处江南（尤其是江浙地区）经济、文化、交通异常发达之地，这构成了学术流派得以出现的外部环境。

学派有大小之分，一些大学派又分为许多派别。学派影响越大分支也就越多，使得派中有派，形成一个学派内部、学派之间相互切磋与抗衡的学术群落，这可以说是纷纭繁复的学派现象的一个基本特点。尽管学派有大小之分，但在人类文明进程中发挥的作用却各不相同，有积极作用，也有消极作用。例如，法国百科全书派破除中世纪以来的宗教迷信和教会黑暗势力的统治，成为启蒙主义的前沿阵地与坚强堡垒；罗马俱乐部提出的"增长的极限""零增长"等理论，对后来的可持续发展、协调发展、绿色发展等理论与实践，以及联合国通过的一些决议，都产生了积极影响；而德国人文地理学家弗里德里希·拉采尔所创立的人类地理学理论，宣称国家为了生存必须不断扩充地域、争夺生存空间，后来为法西斯主义所利用，起了相当大的消极作用。

学派的出现与繁荣，预示着一个国家进入思想活跃的文化大发展时期。被司马迁盛赞为"盛处士之游，壮学者之居"的稷下学宫，之所以能成为著名的稷下学派之诞生地、战国时期百家争鸣的主要场所与最负盛名的文化中心，重要原因就是众多学术流派都活跃在稷门之下，各自的理论背景和学术主张尽管各有不同，却相映成趣，从而造就了稷下学派思想多元化的格局。这种"百氏争鸣、九流并列、各尊所闻、各行所知"的包容、宽松、自由的学术气氛，不仅推动了社会文化的进步，而且也引发了后世学者争论不休的话题，中国古代思想在这里得到了极大发展，迎来了中国思想文化史上的黄金时代。而从秦朝的"焚书坑儒"到汉代的"独尊儒术"，百家争鸣局面便不复存在，思想禁锢必然导致学派衰落，国家文化发展也必将受到极大的制约与影响。

深圳的追求

在中国打破思想的禁锢和改革开放30多年这样的历史背景下，随着中国经济的高速发展以及在国际上的和平崛起，中华民族伟大复兴的中国梦正在进行。文化是立国之根本，伟大的复兴需要伟大的文化。树立高度的文化自觉，促进文化大发展大繁荣，加快建设文化强国，中华文化的伟大复兴梦想正在逐步实现。可以预期的是，中国的学术文化走向进一步繁荣的过程中，具有中国特色的学派也将出现在世界学术文化的舞台上。

从20世纪70年代末真理标准问题的大讨论，到人生观、文化观的大讨论，再到90年代以来的人文精神大讨论，以及近年来各种思潮的争论，凡此种种新思想、新文化，已然展现出这个时代在百家争鸣中的思想解放历程。在与日俱新的文化转型中，探索与矫正的交替进行和反复推进，使学风日盛、文化昌明，在很多学科领域都出现了彼此论争和公开对话，促成着各有特色的学术阵营的形成与发展。

一个文化强国的崛起离不开学术文化建设，一座高品位文化城市的打造同样也离不开学术文化的发展。学术文化是一座城市最内在的精神生活，是城市智慧的积淀，是城市理性发展的向导，是文化创造力的基础和源泉。学术是不是昌明和发达，决定了城市的定位、影响力和辐射力，甚至决定了城市的发展走向和后劲。城市因文化而有内涵，文化因学术而有品位，学术文化已成为现代城市智慧、思想和精神高度的标志和"灯塔"。

凡工商发达之处，必文化兴盛之地。深圳作为我国改革开放的"窗口"和"排头兵"，是一个商业极为发达、市场化程度很高的城市，移民社会特征突出、创新包容氛围浓厚、民主平等思想活跃、信息交流的"桥头堡"地位明显，是具有形成学派可能性的地区之一。在创造工业化、城市化、现代化发展奇迹的同时,深圳也创造了文化跨越式发展的奇迹。文化的发展既引领着深圳的改革开放和现代化进程,激励着特区建设者艰苦创业,也丰富了广大市民的生活,提升了城市品位。

如果说之前的城市文化还处于自发性的积累期,那么进入21世纪以来,深圳文化发展则日益进入文化自觉的新阶段:创新文化发展理念,实施"文化立市"战略,推动"文化强市"建设,提升文化软实力,争当全国文化改革发展"领头羊"。自2003年以来,深圳文化发展亮点纷呈、硕果累累:荣获联合国教科文组织"设计之都""全球全民阅读典范城市"称号,原创大型合唱交响乐《人文颂》在联合国教科文组织巴黎总部成功演出,被国际知识界评为"杰出的发展中的知识城市",三次荣获"全国文明城市"称号,四次被评为"全国文化体制改革先进地区","深圳十大观念"影响全国,《走向复兴》《我们的信念》《中国之梦》《迎风飘扬的旗》《命运》等精品走向全国,深圳读书月、市民文化大讲堂、关爱行动、创意十二月等品牌引导市民追求真善美,图书馆之城、钢琴之城、设计之都等"两城一都"高品位文化城市正成为现实。

城市的最终意义在于文化。在特区发展中,"文化"的地位正发生着巨大而悄然的变化。这种变化首先还不在于大批文化设施的兴建、各类文化活动的开展与文化消费市场的繁荣,而在于整个城市文化地理和文化态度的改变,城市发展思路由"经济深圳"向"文化深圳"转变。这一切都源于文化自觉意识的逐渐苏醒与复活。文化自觉意味着文化上的成熟,未来深圳的发展,将因文化自觉意识的强化而获得新的发展路径与可能。

与国内外一些城市比起来,历史文化底蕴不够深厚、文化生态不够完善等仍是深圳文化发展中的弱点,特别是学术文化的滞后。近年来,深圳在学术文化上的反思与追求,从另一个层面构成了文化自觉的逻辑起点与外在表征。显然,文化自觉是学术反思的扩展与深化,从学术反思到文化自觉,再到文化自信、自强,无疑是文化主体意识不断深化乃至确立的过程。大到一个国家和小到一座城市的文化发展皆是如此。

从世界范围看，伦敦、巴黎、纽约等先进城市不仅云集大师级的学术人才，而且有活跃的学术机构、富有影响的学术成果和浓烈的学术氛围，正是学术文化的繁盛才使它们成为世界性文化中心。可以说，学术文化发达与否，是国际化城市不可或缺的指标，并将最终决定一个城市在全球化浪潮中的文化地位。城市发展必须在学术文化层面有所积累和突破，否则就缺少根基，缺少理念层面的影响，缺少自我反省的能力，就不会有强大的辐射力，即使有一定的辐射力，其影响也只是停留于表面。强大的学术文化，将最终确立一种文化类型的主导地位和城市的文化声誉。

近年来，深圳在实施"文化立市"战略、建设"文化强市"过程中鲜明提出：大力倡导和建设创新型、智慧型、力量型城市主流文化，并将其作为城市精神的主轴以及未来文化发展的明确导向和基本定位。其中，智慧型城市文化就是以追求知识和理性为旨归，人文气息浓郁，学术文化繁荣，智慧产出能力较强，学习型、知识型城市建设成效卓著。深圳要建成有国际影响力的智慧之城，提高文化软实力，学术文化建设是其最坚硬的内核。

经过30多年的积累，深圳学术文化建设初具气象，一批重要学科确立，大批学术成果问世，众多学科带头人涌现。在中国特色社会主义理论、经济特区研究、港澳台经济、文化发展、城市化等研究领域产生了一定影响；学术文化氛围已然形成，在国内较早创办以城市命名的"深圳学术年会"，举办了"世界知识城市峰会"等一系列理论研讨会。尤其是《深圳十大观念》等著作的出版，更是对城市人文精神的高度总结和提升，彰显和深化了深圳学术文化和理论创新的价值意义。

而"深圳学派"的鲜明提出，更是寄托了深圳学人的学术理想和学术追求。1996年最早提出"深圳学派"的构想；2010年《深圳市委市政府关于全面提升文化软实力的意见》将"推动'深圳学派'建设"载入官方文件；2012年《关于深入实施文化立市战略建设文化强市的决定》明确提出"积极打造'深圳学派'"；2013年出台实施《"深圳学派"建设推进方案》。一个开风气之先、引领思想潮流的"深圳学派"正在酝酿、构建之中，学术文化的春天正向这座城市走来。

"深圳学派"概念的提出,是中华文化伟大复兴和深圳高质量发展的重要组成部分。竖起这面旗帜,目的是激励深圳学人为自己的学术梦想而努力,昭示这座城市尊重学人、尊重学术创作的成果、尊重所有的文化创意。这是深圳30多年发展文化自觉和文化自信的表现,更是深圳文化流动的结果。因为只有各种文化充分流动碰撞,形成争鸣局面,才能形成丰富的思想土壤,为"深圳学派"的形成创造条件。

深圳学派的宗旨

构建"深圳学派",表明深圳不甘于成为一般性城市,也不甘于仅在世俗文化层面上造成一点影响,而是要面向未来中华文明复兴的伟大理想,提升对中国文化转型的理论阐释能力。"深圳学派"从名称上看,是地域性的,体现城市个性和地缘特征;从内涵上看,是问题性的,反映深圳在前沿探索中遇到的主要问题;从来源上看,"深圳学派"没有明确的师承关系,易形成兼容并蓄、开放择优的学术风格。因而,"深圳学派"建设的宗旨是"全球视野,民族立场,时代精神,深圳表达"。它浓缩了深圳学术文化建设的时空定位,反映了对学界自身经纬坐标的全面审视和深入理解,体现了城市学术文化建设的总体要求和基本特色。

一是"全球视野":反映了文化流动、文化选择的内在要求,体现了深圳学术文化的开放、流动、包容特色。它强调要树立世界眼光,尊重学术文化发展内在规律,贯彻学术文化转型、流动与选择辩证统一的内在要求,坚持"走出去"与"请进来"相结合,推动深圳与国内外先进学术文化不断交流、碰撞、融合,保持旺盛活力,构建开放、包容、创新的深圳学术文化。

文化的生命力在于流动,任何兴旺发达的城市和地区一定是流动文化最活跃、最激烈碰撞的地区,而没有流动文化或流动文化很少光顾的地区,一定是落后的地区。文化的流动不断催生着文化的分解和融合,推动着文化新旧形式的转换。在文化探索过程中,唯一需要坚持的就是敞开眼界、兼容并蓄、海纳百川,尊重不同文化的存在和发展，推动多元文化的融合发展。中国近现代史的经验反复证明，闭关锁国的文化是窒息的文化，对外开放的文化才是充满生机活力的文化。学术文化也是如此，只有体现"全球视野"，才能融入全球思想和话语体系。因此，"深圳学派"的研究对象不是局限于一国、一城、一地，而是在全球化背景下，密切关注国际学术前沿问题，并把中国尤其是深圳的改革发展置于人类社会变革和文化变迁的大背景下加以研究，具有宽广的国际视野和鲜明的民族特色，体现开放性甚至是国际化特色，也融合跨学科的交叉和开放。

二是"民族立场"：反映了深圳学术文化的代表性，体现了深圳在国家战略中的重要地位。它强调要从国家和民族未来发展的战略出发，树立深圳维护国家和民族文化主权的高度责任感、使命感、紧迫感。加快发展和繁荣学术文化，尽快使深圳在学术文化领域跻身全球先进城市行列，早日占领学术文化制高点，推动国家民族文化昌盛，助力中华民族早日实现伟大复兴。

任何一个大国的崛起，不仅伴随经济的强盛，而且伴随文化的昌盛。文化昌盛的一个核心就是学术思想的精彩绽放。学术的制高点，是民族尊严的标杆，是国家文化主权的脊梁；只有占领学术制高点，才能有效抵抗文化霸权。当前，中国的和平崛起已成为世界的最热门话题之一，中国已经成为世界第二大经济体，发展速度为世界刮目相看。但我们必须清醒地看到，在学术上，我们还远未进入世界前列，特别是还没有实现与第二大经济体相称的世界文化强国的地位。这样的学术境地不禁使我们扪心自问，如果思想学术得不到世界仰慕，中华民族何以实现伟大复兴？在这个意义上，深圳和全国其他地方一样，学术都是短板，与经济社会发展不相匹配。而深圳作为排头兵，肩负了为国家、为民族文化发展探路的光荣使命，尤感责任重大。深圳的学术立场不能仅限于一隅，而应站在全国、全民族的高度。

三是"时代精神"：反映了深圳学术文化的基本品格，体现了深圳学术发展的主要优势。它强调要发扬深圳一贯的"敢为天下先"的精神，突出创新性，强化学术攻关意识，按照解放思想、实事求是、求真务实、开拓创新的总要求，着眼人类发展重大前沿问题，特别是重大战略问题、复杂问题、疑难问题，着力创造学术文化新成果，以新思想、新观点、新理论、新方法、新体系引领时代学术文化思潮。

党的十八大提出了完整的社会主义核心价值观，这是当今中国时代精神的最权威、最凝练表达，是中华民族走向复兴的兴国之魂，是中国梦的核心和鲜明底色，也应该成为"深圳学派"进行研究和探索的价值准则和奋斗方向。其所熔铸的中华民族生生不息的家国情怀，无数仁人志士为之奋斗的伟大目标和每个中国人对幸福生活的向往，是"深圳学派"的思想之源和动力之源。

创新，是时代精神的集中表现，也是深圳这座先锋城市的第一标志。深圳的文化创新包含了观念创新，利用移民城市的优势，激发思想的力量，产生了一批引领时代发展的深圳观念；手段创新，通过技术手段创新文化发展模式，形成了"文化+科技""文化+金融""文化+旅游""文化+创意"等新型文化业态；内容创新，以"内容为王"提升文化产品和服务的价值，诞生了华强文化科技、腾讯、华侨城等一大批具有强大生命力的文化企业，形成了读书月等一大批文化品牌；制度创新，充分发挥市场的作用，不断创新体制机制，激发全社会的文化创造活力，从根本上提升城市文化的竞争力。"深圳学派"建设也应体现出强烈的时代精神，在学术课题、学术群体、学术资源、学术机制、学术环境方面迸发出崇尚创新、提倡包容、敢于担当的活力。"深圳学派"需要阐述和回答的是中国改革发展的现实问题，要为改革开放的伟大实践立论、立言，对时代发展作出富有特色的理论阐述。它以弘扬和表达时代精神为己任，以理论创新为基本追求，有着明确的文化理念和价值追求，不局限于某一学科领域的考据和论证，而要充分发挥深圳创新文化的客观优势，多视角、多维度、全方位地研究改革发展中的现实问题。

四是"深圳表达"：反映了深圳学术文化的个性和原创性，体现了深圳使命的文化担当。它强调关注现实需要和问题，立足深圳实际，着眼思想解放、提倡学术争鸣，注重学术个性、鼓励学术原创,不追求完美、不避讳瑕疵,敢于并善于用深圳视角研究重大前沿问题,用深圳话语表达原创性学术思想,用深圳体系发表个性化学术理论,构建具有深圳风格和气派的学术文化。

称为"学派"就必然有自己的个性、原创性,成一家之言,勇于创新、大胆超越,切忌人云亦云、没有反响。一般来说,学派的诞生都伴随着论争,在论争中学派的观点才能凸显出来,才能划出自己的阵营和边际,形成独此一家、与众不同的影响。"深圳学派"依托的是改革开放前沿,有着得天独厚的文化环境和文化氛围,因此不是一般地标新立异,也不会跟在别人后面,重复别人的研究课题和学术话语,而是要以改革创新实践中的现实问题研究作为理论创新的立足点,作出特色鲜明的理论表述,发出与众不同的声音,充分展现特区学者的理论勇气和思想活力。当然,"深圳学派"要把深圳的物质文明、精神文明和制度文明作为重要的研究对象,但不等于言必深圳,只囿于深圳的格局。思想无禁区、学术无边界,"深圳学派"应以开放心态面对所有学人,严谨执着,放胆争鸣,穷通真理。

狭义的"深圳学派"属于学术派别,当然要以学术研究为重要内容;而广义的"深圳学派"可看成"文化派别",体现深圳作为改革开放前沿阵地的地域文化特色,因此除了学术研究,还包含文学、美术、音乐、设计创意等各种流派。从这个意义上说,"深圳学派"尊重所有的学术创作成果,尊重所有的文化创意,不仅是哲学社会科学,还包括自然科学、文学艺术等。

"寄言燕雀莫相唣,自有云霄万里高。"学术文化是文化的核心,决定着文化的质量、厚度和发言权。我们坚信,在建设文化强国、实现文化复兴的进程中,植根于中华文明深厚沃土、立足于特区改革开放伟大实践、融汇于时代潮流的"深圳学派",一定能早日结出硕果,绽放出盎然生机!

前　　言

近 40 年，深圳发生了翻天覆地的变化，由一个南海边的小渔村快速成长为一个国际化的大都市，深圳的经济增长奇迹已成为世人关注的焦点，也成为经济学界的研究热点。本书以深圳近 40 年经济快速增长为切入点，全面分析经济增长特征，总结经济增长规律；结合经典经济增长理论，分析对深圳经济增长产生影响的投入要素和科技研发等主要因素，并测算各种因素的影响。同时，本书利用计量经济模型对深圳未来的经济增长趋势进行分析，提出对于深圳经济中长期增长相关政策建议。

全文共五章。

第一章为绪论部分，共分为两节。第一节介绍本书研究目的和研究思路，第二节介绍研究方法和理论，如国内生产总值（GDP）的概念、经济增长相关理论和分析方法，为全书的分析做准备。

第二章为深圳经济中长期增长现状，共九节。第一节主要内容为经济增长的资源基础；第二节主要内容为经济增长的动态过程；第三节主要内容为经济增长的"三驾马车"需求分析；第四节主要内容为经济增长的产业结构及演变；第五节主要内容为经济增长的质量特征；第六节主要内容为经济增长与科技研发；第七节主要内容为经济增长的分配特征；第八节主要内容为经济增长演变趋势；第九节主要内容为宝安、福田、坪山和龙华四地经济增长态势。

第三章主要对深圳经济中长期增长的主要影响因素进行研究，

共七节。第一节主要内容为要素投入对经济增长的影响，通过构造模型进行回归分析；第二节主要内容为R&D支出对经济增长的影响，尤其是R&D支出纳入核算对地区生产总值增长影响；第三节通过对"三驾马车"贡献度进行测算，研究GDP增速与"三驾马车"增速之间的相关性关系；第四节主要内容为三次产业对经济增长的不同影响，尤其重点分析了当前房地产业对经济增长的影响；第五节研究各类经济政策、市场经济氛围、法律和政策制度等因素对经济增长的影响；第六节分析区域环境对经济增长的影响；第七节通过对国内经济转型的大背景分析，研究国际国内经济形势对深圳经济增长的影响。

第四章主要内容为深圳中长期增长底线和潜力预测研究，共八节。第一节通过计量经济学方法预测深圳经济增长；第二节对需求端进行细分预测并汇总；第三节通过GDP与投资增速回归来预测GDP增长；第四节根据三次产业进行GDP预测；第五节根据第二、三产业与GDP进行相关性预测；第六节根据生产要素代入生产函数进行预测；第七节根据香港、珠三角、国际经济前景及与深圳类似城市研究经济增长；第八节对深圳经济中长期生产要素、重点行业以及整体经济增长潜力进行综合预测。

第五章为本书的最后部分，主要是对深圳经济中长期增长的若干思考建议，共八节。第一节主要内容为充分发挥土地、人力和资本等生产要素的作用；第二节主要内容为通过"三驾马车"拉动优化经济增长；第三节主要内容为把创新打造为经济增长的主要源泉；第四节主要内容为大力优化调整产业结构，推进优势传统产业转型升级和技术改造，大力发展生产性服务业；第五节主要内容为提高政府治理能力和区域合作水平，加快深港融合和国际化进程；第六节主要内容为以绿色低碳促进经济增长；第七节主要内容为加强经济核算基础数据采集方式方法；第八节主要内容为重视经济核算方法改革创新。

本书内容以数据论证，用数据说话，进行趋势测算。通过对深圳近40年经济增长的深入研究，分析影响深圳经济增长的各种因素，利用经济增长理论进行验证，通过建立计量经济模型对深圳中长期增长底线和增长趋势进行研究，提出具有针对性的政策建议。本书通过对深圳经济增长的研究，尤其是对R&D支出投入带来的创新增长探微，解构了经济增长的一般规律和特殊规律，在一定程度上回答了深圳经济高速增长之谜，这对国内外其他城市的发展和政策制定也具有较强的现实指导意义。

目　　录

第一章　绪论 ……………………………………………………（1）
　第一节　研究目的和研究思路 ……………………………（1）
　　一　研究目的 …………………………………………（1）
　　二　研究思路 …………………………………………（2）
　第二节　研究方法和理论 …………………………………（8）
　　一　国内生产总值（GDP）……………………………（8）
　　二　经济增长相关的理论 ……………………………（8）
　　三　经济增长相关的分析方法 ………………………（11）

第二章　深圳经济中长期增长现状 …………………………（13）
　第一节　经济增长的资源基础 ……………………………（13）
　　一　深圳土地资源概况分析 …………………………（13）
　　二　水和气候资源 ……………………………………（15）
　　三　人力资源禀赋 ……………………………………（17）
　第二节　经济增长的动态过程 ……………………………（20）
　　一　深圳经济增长现状基本研判 ……………………（20）
　　二　深圳经济增长阶段 ………………………………（21）
　第三节　经济增长的"三驾马车"需求分析 ………………（23）
　　一　"三驾马车"基本构成情况 ………………………（23）
　　二　投资的特征 ………………………………………（25）
　　三　消费的特征 ………………………………………（26）
　　四　进出口的特征 ……………………………………（33）
　第四节　经济增长的产业结构及演变 ……………………（36）

一　深圳产业结构演变的基本脉络 …………………………（36）
　　二　深圳四大支柱产业发展分析 …………………………（44）
　　三　深圳的战略性新兴产业发展分析 ……………………（54）
第五节　经济增长的质量特征 …………………………………（85）
　　一　经济增长绿色化、低能耗 ……………………………（85）
　　二　人均GDP高，全要素劳动生产率高 ………………（89）
　　三　地均GDP高，集约化发展良好 ……………………（90）
　　四　经济增长的投入产出效率较高 ………………………（92）
第六节　经济增长与科技研发 …………………………………（95）
　　一　研发支出纳入GDP核算，并成为经济增长引擎 …（95）
　　二　科技产业化水平高 ……………………………………（105）
　　三　研发经费投入大，研发效率高 ………………………（106）
　　四　创新人才富集，引进规模较大 ………………………（107）
　　五　创新评价表现位于全国前列 …………………………（108）
第七节　经济增长的分配特征 …………………………………（110）
　　一　劳动者报酬所占比重 …………………………………（110）
　　二　政府收入占比情况 ……………………………………（111）
第八节　经济增长演变趋势 ……………………………………（112）
　　一　服务业比重稳步上升 …………………………………（112）
　　二　"新经济"成为发展新动能 …………………………（113）
　　三　质量型发展成为经济发展的主旋律 …………………（114）
　　四　创新驱动的决定性作用初步显现 ……………………（116）
　　五　民生需求和环境保护日益受关注 ……………………（118）
第九节　部分区域经济增长态势 ………………………………（120）
　　一　新常态下看宝安经济增长动力转换 …………………（120）
　　二　福田区当前经济增长隐忧、压力和挑战 ……………（129）
　　三　新兴产业引领坪山经济增长 …………………………（135）
　　四　制造业服务化成为龙华经济增长的新动力 …………（139）

第三章　深圳经济中长期增长的主要影响因素 …………（145）
第一节　要素投入对经济增长的影响 …………………………（145）

一　经济增长理论基础 …………………………………………（145）
　二　构造模型 …………………………………………………（146）
　三　产值与要素数据 …………………………………………（148）
　四　回归结果 …………………………………………………（151）
　五　对以上结果进行调整 ……………………………………（154）
　六　各要素贡献演变 …………………………………………（155）
　七　影响因素分析 ……………………………………………（156）
第二节　R&D 支出对经济增长的影响 ……………………………（162）
　一　概念界定与核算范围 ……………………………………（162）
　二　R&D 经费投入现状分析 …………………………………（164）
　三　R&D 支出纳入核算的主体 ………………………………（173）
　四　纳入核算后的影响 ………………………………………（173）
第三节　"三驾马车"短期对经济增长的影响 ……………………（177）
　一　"三驾马车"贡献度测算 …………………………………（177）
　二　"三驾马车"与经济增长的多元线性回归 ………………（179）
　三　GDP 增速与"三驾马车"增速之间的相关性关系 ………（180）
第四节　不同产业对经济增长的影响 ……………………………（183）
　一　三次产业对经济增长的影响 ……………………………（183）
　二　细分产业对经济增长的贡献度 …………………………（191）
　三　房地产业对经济增长的影响 ……………………………（194）
第五节　制度因素对经济增长的影响 ……………………………（205）
　一　政府经济政策在深圳经济增长中的作用与影响 ………（205）
　二　市场经济氛围有利于民营企业扎根发芽 ………………（207）
　三　深圳法律、政策制度的影响 ……………………………（208）
第六节　区域环境对经济增长的影响 ……………………………（209）
　一　区域空间因素对经济的影响 ……………………………（209）
　二　沿海的区位优势 …………………………………………（210）
　三　香港对深圳的影响 ………………………………………（211）
第七节　国际国内经济形势对深圳经济增长的影响 ……………（212）
　一　国内经济转型的大背景 …………………………………（212）
　二　国际经济形势对深圳经济增长的影响 …………………（214）

第四章　深圳中长期增长底线和潜力预测 ……………… (223)

第一节　通过计量经济学方法预测深圳经济增长 ………… (223)
一　模型介绍 ……………………………………………… (223)
二　模型说明 ……………………………………………… (224)
三　数据的平稳性检验及处理 …………………………… (225)
四　ARMA 模型的建立及检验 ………………………… (226)
五　模型中参数的估计 …………………………………… (226)
六　误差检验 ……………………………………………… (228)
七　预测结果图示 ………………………………………… (228)

第二节　需求端细分预测并汇总 …………………………… (229)
一　基本思路 ……………………………………………… (229)
二　数据的平稳性检验及处理 …………………………… (229)
三　ARMA 模型的建立及检验 ………………………… (229)
四　模型中参数的估计 …………………………………… (230)
五　三大需求结果预测 …………………………………… (230)
六　通过三大需求得到 GDP 结果 ……………………… (234)
七　结果调整 ……………………………………………… (235)

第三节　根据投资预测 GDP ………………………………… (238)
一　基本思路 ……………………………………………… (238)
二　GDP 与投资增速回归 ……………………………… (238)
三　预测结果 ……………………………………………… (240)

第四节　根据三次产业进行 GDP 预测 …………………… (240)
一　基本思路 ……………………………………………… (240)
二　数据的平稳性检验及处理 …………………………… (240)
三　ARMA 模型的建立及检验 ………………………… (241)
四　模型中参数的估计 …………………………………… (241)
五　三次产业结果预测 …………………………………… (241)
六　GDP 预测结果 ……………………………………… (247)
七　GDP 结果修正 ……………………………………… (248)

第五节　根据第二、三产业与 GDP 相关性预测 ………… (249)
一　基本思路 ……………………………………………… (249)

二　第二、三产业增速与GDP增速回归 …………………… (249)
　　三　预测结果 …………………………………………………… (250)
第六节　根据生产要素代入生产函数进行预测 …………………… (253)
　　一　基本思路 …………………………………………………… (253)
　　二　数据的平稳性检验及处理 ………………………………… (253)
　　三　ARMA模型的建立及检验 ………………………………… (253)
　　四　模型中参数的估计 ………………………………………… (254)
　　五　三次产业结果预测 ………………………………………… (254)
　　六　增长率预测结果 …………………………………………… (260)
　　七　通过GDP增长率与要素增长率回归关系
　　　　进行计算 …………………………………………………… (260)
　　八　预测调整 …………………………………………………… (262)
第七节　周边环境及国际形势对深圳经济增长的影响 …………… (264)
　　一　香港经济对深圳的影响分析与评估 ……………………… (264)
　　二　珠三角经济对深圳经济增长的影响评估 ………………… (267)
　　三　国际经济前景对深圳经济增长的影响 …………………… (267)
　　四　与深圳类似的城市经济增长的类比 ……………………… (269)
第八节　深圳经济中长期增长潜力综合预测 ……………………… (272)
　　一　GDP中长期增长预测的综合调整 ………………………… (272)
　　二　中长期（到2025年）生产要素变动预测 ………………… (274)
　　三　中长期（到2025年）重点行业变动预测 ………………… (277)
　　四　中长期（到2025年）整体经济预测总结 ………………… (278)

第五章　对深圳经济中长期增长的思考建议 ……………………… (281)
　第一节　充分发挥生产要素的作用 ……………………………… (281)
　　一　提高全要素生产率 ………………………………………… (281)
　　二　扩大资本存量来源，引导扶持中小企业
　　　　促进创新 …………………………………………………… (282)
　　三　重视人力资本质量提高，改善人口素质与结构 ………… (283)
　　四　优化土地利用集约化 ……………………………………… (286)
　第二节　通过"三驾马车"拉动优化经济增长 …………………… (287)

一　投资侧重公共产品，改革投资管理体制 …………（287）
　　二　扩大消费占GDP比重，保民生，稳经济 …………（289）
　　三　降低对出口的依赖，优化出口结构，促进
　　　　自由贸易 ……………………………………………（291）
第三节　把创新打造为经济增长的主要源泉 ……………（292）
　　一　加强官产学研合作，完善创新网络体系 …………（293）
　　二　继续强化企业技术创新的主体地位和作用 ………（293）
　　三　构建高科技金融支撑体系 …………………………（294）
　　四　突出人才资源在创新中的优势 ……………………（294）
　　五　探索技术和创新成果跨境转化转移新机制 ………（295）
第四节　大力优化调整产业结构 ……………………………（296）
　　一　加快建设都市型农业 ………………………………（296）
　　二　推进优势传统产业转型升级和技术改造 …………（297）
　　三　大力发展生产性服务业 ……………………………（298）
第五节　提高政府治理能力和区域合作水平 ……………（299）
　　一　建立具有特区优势的制度框架 ……………………（299）
　　二　加快完善现代市场体系 ……………………………（301）
　　三　推进市场体制的法制化 ……………………………（301）
　　四　加快深港融合和国际化进程 ………………………（302）
　　五　加强与珠三角的协同与合作 ………………………（303）
第六节　实现绿色低碳的经济增长 ………………………（303）
　　一　大力发展循环经济 …………………………………（304）
　　二　严格实施产业准入政策 ……………………………（304）
　　三　强化资源能源节约利用 ……………………………（304）
　　四　创新绿色生态制度 …………………………………（305）
　　五　提升城区绿色品质 …………………………………（305）
第七节　加强经济核算基础数据采集方式方法 …………（306）
　　一　抢抓统计先行先试的"改革红利" …………………（306）
　　二　深刻变革统计数据生产方式 ………………………（309）
　　三　打造全国领先的强力保障机制 ……………………（314）
第八节　重视经济核算方法改革创新 ……………………（319）

一　完善研发支出纳入 GDP 核算改革 ……………………（320）
二　居民自有住房服务价值核算方法改革 ……………（321）
三　服务业统计与核算改革 ………………………………（325）
四　与国际接轨，创新经济核算标准 ……………………（330）

参考文献 ……………………………………………………（332）

第一章

绪 论

第一节 研究目的和研究思路

研究目的分为四个层次：总结深圳近 40 年的经济增长特征及体现的增长规律；结合西方经济学中的增长理论，阐明影响深圳经济增长的主要因素，并测算各因素的影响；对未来经济增长进行预测；提出关于深圳经济中长期增长底线和潜力的相关建议。

一 研究目的

（一）掌握过去深圳经济增长的特征

在分析历史增长的特征情况下，结合未来的变化，思考哪些增长方式值得继续发扬，哪些因为条件发生变化需要改变，哪些需要摒弃。

（二）分析目前深圳经济增长的影响因素及影响大小

主要通过模型测算短期三驾马车的贡献度大小，长期看土地、资本、人力、技术、管理要素通过增长模型对经济发生影响，可以定量测算。另外政策、制度、地缘经济则通过需求端和供给端起作用。可以通过模型测算相关影响因素的大小。

（三）预测未来经济增速

通过线性回归、时间序列趋势外推，结合外生变量对其影响，可以预测相关指标未来走势，通过增长模型，输入各要素增长情况，进而预测未来经济走势。

(四) 为深圳提出政策建议

根据各要素的影响力及自身稀缺度分析,应发挥自身优势的生产要素,且边际要素产品价值较高。如资本交易平台、人力、科技、制度等。加快改革,释放经济活力,降低管制,发挥市场配置资源能力。经济政策熨平经济波动,降低风险。调整影响经济结构,促进产业结构升级。

二 研究思路

(一) 概述深圳改革开放以来经济增长情况

从人口、GDP、人均GDP、投资、消费、出口、人均收入等指标看改革开放后40年经济增长情况(见图1-1)。分阶段分周期来分析近40年深圳经济增长的特征及其变化趋势。

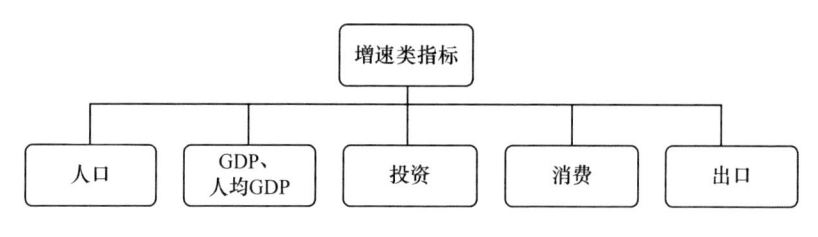

图1-1 衡量经济增速的主要指标

增速类指标:人口、GDP、人均GDP、投资、消费、出口

具体经济分析主要从行业、需求、收入、供给等角度来看。从行业角度,分析支柱产业和战略性新兴产业占比重情况;从需求角度,分投资、消费、出口来看三驾马车拉动情况;从收入角度,分政府税收、企业、人均可支配收入来看经济增长情况;从供给角度,分析劳动力、资本、土地、信息、交易平台等要素的投入情况。

(二) 概述深圳经济增长的特征

采用的重要方法之一是通过与国内、国外城市的对比来看深圳经济增长的特征。其次是分析不同时间段的特征。

第一,从生产要素供给的角度来分析特征,如人口增长情况、高素质劳动者的增长情况、土地利用情况、土地投入的增长情况等。

第二，从产业结构角度来阐述特征，主要有各行业产值结构及增长情况，尤其是四大支柱产业和战略性新兴产业等。

第三，从收入分配角度，按照GDP收入法，分析人均可支配收入和政府财政收入等，人均收入、政府收入和企业盈余的结构比例可以一定程度反映经济增长由哪个阶层获得。

第四，从政策制度角度，分析深圳经济政策的特点，包含货币政策和财政政策等。货币政策更多侧重深圳地区的金融环境，财政政策则从深圳市财政支出来看。

第五，从地缘经济区域经济的角度来分析，深圳最大的地缘特点是靠近香港，可以便捷快速吸收香港先进的生产要素，另外珠三角的经济情况也对深圳影响很大。

第六，从经济周期角度来分析，尤其是中等长度的经济周期的影响，重点分析改革开放以来经济周期（朱格拉周期）发生的作用影响。

第七，从制度的角度，分析深圳制度的先进性。

（三）深圳经济增长影响因素及其贡献度测算

1. 分析短期从需求角度，即"三驾马车"的拉动作用，投资、出口、消费（见图1-2）

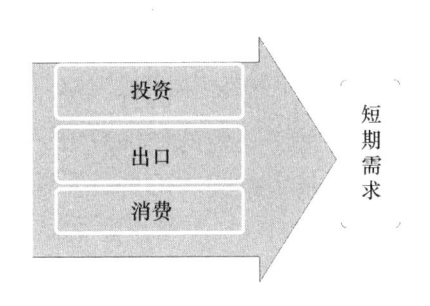

图1-2 "三驾马车"示意

通过对需求指标的时间序列与GDP的关系进行单位根检验，判断是否是非平稳的时间序列，如果非平稳，则需要进行误差修正模型，最后用格兰杰因果关系模型计算其贡献度。

2. 国内经济形势对深圳的影响

国内整体经济增速趋于放缓，政府不再单纯强调经济增速，而是注重通过改革优化产业结构。目前传统行业产能过剩严重,地产行业风险在二三线城市累积,部分地方政府和国企债务过多。因此转变经济增长方式需要强调高新技术、服务业、金融、传媒等。国内经济模式的转变和改革浪潮的推动,使得深圳更倚重经济发展方式的转变,深圳市肩负起改革先锋的重任。

3. 国际经济形势对深圳的影响

国际经济形势对深圳的影响主要体现在进出口贸易和国际资本流动方面,对深圳出口,进口商品价格,外商直接投资以及深圳企业"走出去"产生影响。

4. 结合国内经济政策进行分析(见图1-3)

(1)货币政策。目前国内货币政策处于结构化宽松的阶段,即针对小微企业、服务业、高新产业放开。通过再贷款和定向降准来支持特定行业,防止再出现大水漫灌现象,导致传统行业再受到错误信号和信贷的刺激。

(2)财政政策。从深圳市财政收入和支出结构来看对经济的拉动作用。

(3)行业政策。重点关注国家相关产业政策的扶持作用,深圳的优势在于第三产业和战略性新兴产业,因此受国家行业政策影响较大。

(4)区域经济政策。深圳最重要的资产就是靠近香港,重点关注香港的发展态势,关注关于香港的经济政策:长远来看,香港地位逐渐下降,对深圳存在较大挑战。重点关注珠三角发展态势,珠三角经济一体化对深圳的影响。珠三角产业格局对深圳影响较大。

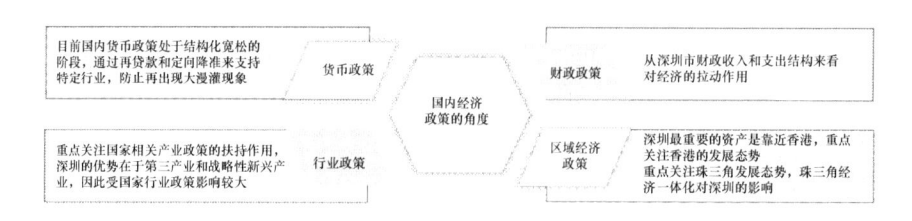

图1-3 国内经济政策对深圳经济增长的影响

5. 根据生产要素投入来分析对经济的影响（见图1-4）

（1）劳动力的影响。主要从深圳劳动力数量的增加，高素质人才占比来分析与经济增长的相关性，并测算其贡献度。

（2）土地的影响。主要从深圳地区土地开发利用数量来分析与经济增长的相关性，并测算其贡献度。

（3）固定资产投资的影响。根据人均资本存量与经济增长的相关性，并测算其贡献度。

（4）技术、企业管理的影响。根据全要素生产率来衡量其对经济增长的贡献度。

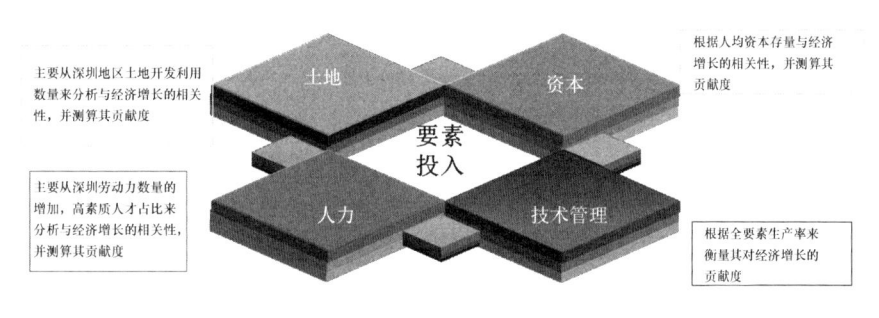

图1-4 各生产要素贡献度测算

6. 根据经济周期来衡量"十三五"时期对经济增速的影响

主要从两个方面来看经济周期的影响，其一是受经济政策影响的周期性行业的增速变化，其二是受国际经济影响的出口周期变化。

7. 从制度角度分析对深圳经济增速的影响

制度经济学也认为产权制度是影响经济效率的重要因素。包产到户就是一个实例。另外法律保障、交易规则的制定都是促进经济增长的重要因素。国内目前也是强调市场化、放权促进改革，改革促增长，提高效益。深圳作为经济特区，制度优势是促进经济增长的重要优势，应估算其对经济增长的贡献度。

（四）深圳未来经济增速预测

1. 从要素投入角度，供给面来看

主要根据生产函数进行预测。具体来看，从生产要素，如土地、资本、劳动力三个方面的增速分别进行预测，代入生产函数中。通过生产函数推算是基本方法（见图1-5）。

2. 从需求的角度进行调整

考虑投资需求、消费需求和国际需求的影响，如需求面发生变化，则对原值进行调整。具体预测方法上，可以考虑线性回归预测，时间序列平滑或者趋势外推法。

3. 根据政策对三大需求进行调整

主要从以下方面关注政策的影响。比如货币政策和财政政策对投资的影响，财政政策如转移支付对消费的影响，信贷政策对投资的影响，政府支出促进铁路、棚户区、能源机械升级对投资的影响，自贸区对出口的影响等。

需求的角度进行调整	根据经济政策进行调整	根据经济周期进行调整
• 考虑投资需求，消费需求和国际需求的影响，如需求面发生变化，则对原值进行调整 • 具体预测方法上，可以考虑线性回归预测，时间序列平滑或者趋势外推法	• 如货币政策、财政政策对投资的影响、财政政策如转移支付对消费的影响，信贷政策对投资的影响，政府支出促进铁路、棚户区、能源机械升级对投资的影响，自贸区对出口的影响等	• 经济周期主要是看周期性行业投资的波动，和出口方面受国际经济周期的影响，建立数据之间的关系 • 根据先行指标和需求之间的数据关系对其进行调整
根据制度因子进行调整	多维度影响因子对增长函数进行调整	**根据先行城市进行调整**
• 估计出在制度先行的情况下，制度对经济增长的影响，并进行调整 • 从方法上看，制度、周期、政策也可能是通过对供给端和需求端进行影响从而对经济增长发挥影响的		• 国际先进经济体增长轨迹是深圳发展的先行指标，具有很强的预测指导性 • 可以选取跟深圳情况比较类似的先进经济体，如中国香港或者日韩台新加坡，资源较为缺乏港口城市

基本方法是用生产函数进行预测
从生产要素，如土地、资本、劳动力三个方面的增速分别进行预测，代入生产函数中

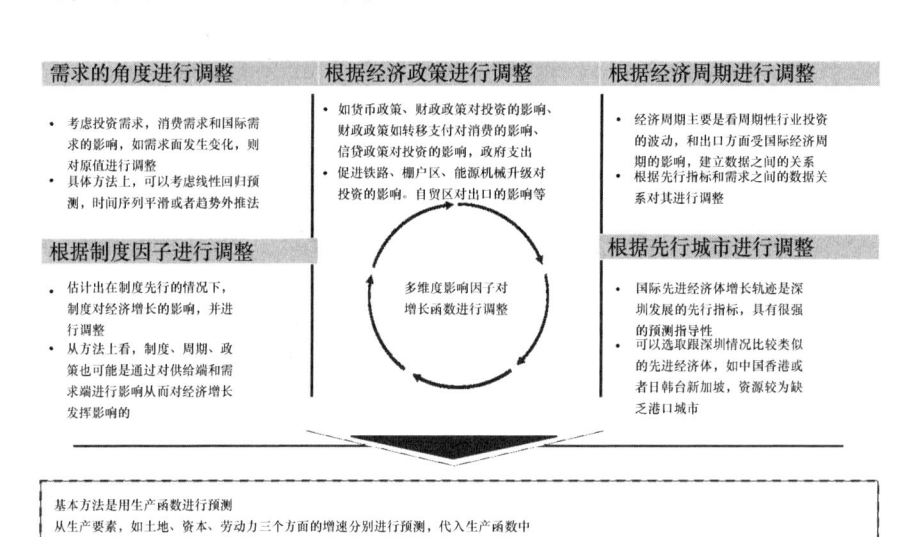

图1-5 各生产要素贡献度测算

4. 根据经济周期对需求进行调整

经济周期影响主要体现在周期性行业投资的波动，和出口方面受国际经济周期的影响。寻找并建立数据之间的关系，之后根据先行指标和需求之间的数据关系对其进行调整。

5. 根据制度因子对其调整

估计出在制度先行的情况下，制度对经济增长的影响，并对预

测结果进行调整。当然从方法上看，制度、周期、政策也可能是通过对供给端和需求端进行影响从而对经济增长发挥影响的。

6. 参考国际先进城市或经济体发展模式进行调整

国际先进经济体增长轨迹是深圳发展的先行指标，具有很强的预测指导性。可以选取跟深圳情况比较类似的先进经济体，如中国香港、新加坡，或者日韩台的资源较为缺乏港口城市。

（五）对深圳经济中长期增长的建议

（1）根据之前各生产要素的贡献度和未来预计的供应速度，深圳首先应该发展要素禀赋密集的行业，显而易见，土地非深圳强项。

（2）所有生产要素中，最重要的自然还是人才，只有当人力资本的边际产值不断提高，才能够吸引更多的人才，形成良性互动循环，才能够更好提高管理能力，提高全要素劳动生产率，尤其要发展人力资本密集的产业。比如咨询、研究、投资分析、战略管理和新兴信息产业。

（3）深圳有金融业的强大优势，应进一步抓住利率市场化、汇率市场化，建立现代金融市场，结合证券、信托等交易渠道，抓住金融改革的契机，实现更有效率的资本供给。

（4）深圳的土地资源虽不丰富，但合理的产权保障对经济增长有很强的保障作用。

（5）完善和公平的经济领域的法制是维护市场经济秩序的重要保障。

（6）政府投资会带来GDP效率的低下，应严格限制在公共产品领域。

（7）追求更有质量的绿色GDP增长，政府应重视环保。

（8）放开教育和医疗，市场化增加供给，深圳这些体制内资源较为缺乏，有利于人力资本的培育。

（9）政府通过财政政策和行业政策、金融政策来熨平经济周期波动的影响，缓和外部冲击和结构调整，保障就业。

第二节 研究方法和理论

一 国内生产总值（GDP）

衡量经济增长的主要指标是 GDP，是指一个国家（地区）在一定时期内（一般为一个季度或一年）的经济中生产出的全部最终产品和劳务的价值，目前情况下被公认为衡量一个国家（地区）经济状况的最佳指标。

GDP 也存在一定的缺陷，需要对其进行分析确保质量。习近平总书记最近强调不能单纯以 GDP 作为考量指标。GDP 只考虑交易的价值，未进入市场流通的价值不考虑在内。GDP 没有考虑环境成本，实际有价值的指标是扣除环保成本的绿色 GDP。GDP 如果按照需求法计算政府采购这块是按照花钱多少计入的，而政府支出未必按照市场价或者考虑利润，即不太考虑回报，因此这一点也影响经济增长质量。

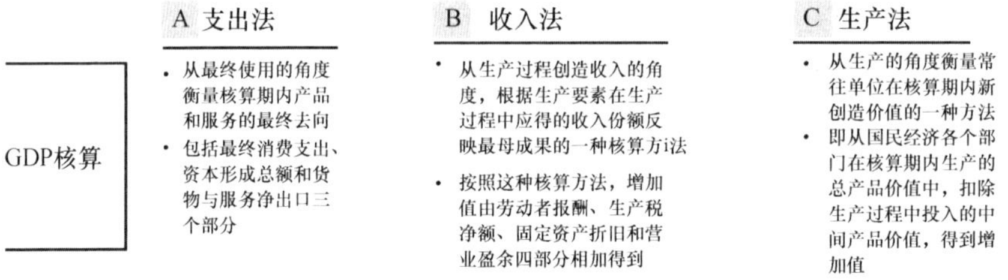

GDP核算	A 支出法	B 收入法	C 生产法
	・从最终使用的角度衡量核算期内产品和服务的最终去向 ・包括最终消费支出、资本形成总额和货物与服务净出口三个部分	・从生产过程创造收入的角度，根据生产要素在生产过程中应得的收入份额反映母成果的一种核算方法 ・按照这种核算方法，增加值由劳动者报酬、生产税净额、固定资产折旧和营业盈余四部分相加得到	・从生产的角度衡量常往单位在核算期内新创造价值的一种方法 ・即从国民经济各个部门在核算期内生产的总产品价值中，扣除生产过程中投入的中间产品价值，得到增加值

图 1-6 GDP 核算的三种方法

二 经济增长相关的理论

（一）经济增长理论

短期来看，经济增长主要是由需求决定的，主要看消费、投资、出口。而消费一般较为稳定，投资是考虑未来相当长一段时间的经济回报而做出的决策，因此相对波动较大。出口则主要受外部需求决定。长期来看，经济增长主要取决于生产要素的投入、劳动力的增长、技术进步、制度进步等。

新古典增长理论（neo classical growth theory）。人均实际地区生产总值的增长是因为技术变革，引起人均资本增加的投资水平和储蓄水平的理论，是由美国经济学家索洛所提出的。技术进步促进经济增长，技术进步停止则经济增长同时停止。技术变革引起高利率，以及资本积累和投资增加。资本积累导致收益递减，收益递减引起储蓄减少和资本积累减缓。因此，如果技术相同，而且资本在全球实现自由流动并实现最高利率，那么增长的最终结果是，全球增长率和人均收入水平将趋同。

新经济增长理论：经济可持续增长的原因是内生因素作用。经济增长的决定因素是内生技术进步，技术进步是厂商追求利润最大化并进行意愿投资的后果。人力资本和技术都存在一定的溢出效应，并成为经济持续增长必要条件。当政府干预存在时，经济均衡增长只能达到社会次优的效果，经济增长率也不能达到最优增长率。经济政策对经济长期增长率有重要影响，政府的R&D补贴对经济增长具有正向的促进作用。

（二）经济周期理论

经济周期是指经济运行中周期性出现的经济扩张与经济紧缩交替更迭、循环往复的一种现象，表现于国民总产出、总收入、总就业、投资、贷款等的波动。一般周期分为四阶段：繁荣、衰退、萧条、复苏。短期来看，经济受周期影响很大（见图1-7）。

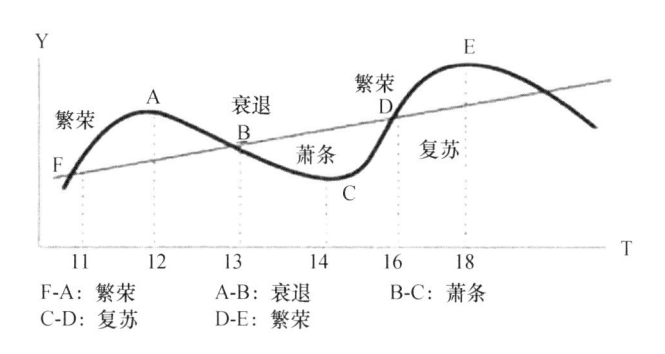

图1-7 经济周期示意图

(三) 创新理论

创新理论（Innovation theory）是经济学家约瑟夫·熊彼特（奥地利）提出的，其目的是解释经济波动与发展。创新意味着一种新的生产方式或生产函数，也可以认为是生产要素的"新组合"。生产要素"新组合"会推动经济发展并刺激经济繁荣。"新组合"不断使用并扩散，最后被大多数的企业使用，进入最后的阶段，"新组合"效用和作用失效和增长停滞。在最后的停滞阶段，技术创新停滞，没有企业家进行自发大规模投入，经济进入萧条阶段并难以摆脱。除非有创新的"新组合"出现并打破原有的萧条均衡状态，经济将再度出现复苏并繁荣。

(四) 政府经济政策理论

经济政策是国家（地区）为了实现宏观经济政策目标（一般是价格水平稳定、充分就业、经济快速增长、国际收支平衡等），解决经济中存在的问题并增加经济福利而实施的一揽子方法或措施。一般包括财政政策、货币政策以及收入分配政策等。以凯恩斯主义为代表的政府干预理论是政府经济政策理论的重要内容。

(五) 空间经济学

区域经济增长第一个需要面对的是商品在不容空间范围内流动及运输所产生的运输费用。经济学家克鲁格曼和藤田将地租以及运输费用引入到 D-S 模型中。假设运输费用为零，也就是当最终产品生产者、供应者和消费者处于空间一点的极端情况，形成了外部规模经济性，也就是集聚效应。由于土地稀缺性，空间集聚会增加土地使用成本，导致地租上涨，交通拥挤和生活成本上涨，企业成本也会增加，随之产生外部规模不经济，也可以称之为负集聚经济。

在一个区域经济的不断增长过程中，空间经济学认为首先产生集聚效应上升，随之人口与经济不断集中，到一定程度后外部规模经济效应会逐渐递减，随后人口与经济活动在空间上扩散，当企业由于迁移所产生的运输成本增加小于租金上涨时，持续的企业扩散行为就会一直发生。

当一个区域的地租升高时，生产低端产品的企业或行业由于扩散效应而迁出，同时高端产品的企业或行业进一步集中，这种扩散和集中现象同时出现，就形成了一个地区经济发展中所体现出来的产业升级。

三　经济增长相关的分析方法

（一）因素贡献度检验

1. 单位根检验

如果存在单位根，属于非平稳时间序列，因此需要检验序列中的单位根存在情况。如果存在单位根，将导致回归分析中产生伪回归现象。

2. 格兰杰因果关系

格兰杰因果关系检验有一个必要的前提条件，即时间序列必须具有平稳性。时间序列中如果经济变量X、Y之间有以下关系，那么可以认为二者之间存在格兰杰因果关系：如果同时包含经济变量X、Y的过去信息，那么对经济变量Y的预测结果要好于仅仅只由变量Y的过去信息对Y所做的预测结果，也就是说经济变量X对于解释经济变量Y的将来变化有显著效果，那么经济变量X是导致经济变量Y的格兰杰原因。

3. 协整关系

协整允许刻画两个以上的（包含两个）序列之间的平衡（平稳）关系。对于一个单独时间序列可能是非平稳的，序列的矩（均值、方差或协方差）随时间变化，但此类序列的线性组合形成序列却有可能存在不随时间的变化而变化的性质。

4. 误差修正模型

一般可以采用差分的方法，将非稳定时间序列转化为稳定的时间序列，再建立经典回归分析模型对数据进行处理或分析。

（二）经济预测方法

（1）根据增长函数，通过供给端来预测。

（2）根据指标的相关性，寻找先导性指标。

（3）短期受需求三驾马车影响，而短期需求受经济政策影响以及周期波动影响。

(三) 历史分析方法

深圳建市历史很短,但深圳历史很长,可以根据深圳历史各个时期的表现,尤其是通过深圳历史上城市所处的地位,来分析深圳整体的经济发展状况,长期来看,深圳的城市地位有一定的回归历史常态的趋势,改革开放后的一段时间则是明显的异常值,难以持久。

第二章

深圳经济中长期增长现状

第一节 经济增长的资源基础

一 深圳土地资源概况分析

深圳在广东南部，位于南海之滨，东面临近大亚湾和大鹏湾，南面由深圳河与香港隔开，西面靠珠江口，北面接壤惠州和东莞两市。地理形状呈东西宽，南北窄的狭长形。东西直线距离92公里，南北直线距离44公里，全市土地总面积1952.84平方公里，深圳的地形主要是平原和台地，二者面积合计占深圳的78%。平原较少，总面积仅占22%，山地和丘陵位于深圳东北面和北面，森林资源十分丰富。海产资源处于深圳的东部和西部沿海，海产品富饶。另有少量台地分布于各区。

（一）深圳建成区面积

截至2018年末，深圳全市下辖9个区，总面积1997平方千米，建成区面积928平方千米，城镇化率100%，是中国第一个全部城镇化的城市。

（二）深圳行政区域面积与国内主要城市的比较

国内直辖市、计划单列市及省会城市平均行政区域面积约12000平方公里。深圳则远远小于平均水平，仅为平均水平的六分之一，与一线城市相比，只有北京的八分之一，广州、上海的三分之一不到。在主要城市中，仅好于厦门，排倒数第二。

表 2—1　　　　　　　主要城市行政区域土地面积

城市	面积（平方公里）	排名	城市	面积（平方公里）	排名
哈尔滨	53068.00	1	青岛	11282.00	19
拉萨	29518.00	2	西安	10108.00	20
南宁	22244.00	3	宁波	9816.00	21
昆明	21012.00	4	银川	9025.00	22
长春	20604.00	5	武汉	8494.00	23
呼和浩特	17453.00	6	济南	8177.00	24
杭州	16571.00	7	贵阳	8034.00	25
北京	16410.54	8	西宁	7665.00	26
石家庄	15848.00	9	郑州	7446.00	27
乌鲁木齐	13788.00	10	广州	7434.00	28
兰州	13086.00	11	南昌	7402.00	29
福州	13066.00	12	太原	6977.00	30
沈阳	12980.00	13	南京	6587.00	31
大连	12574.00	14	上海	6341.00	32
成都	12121.00	15	海口	2305.00	33
天津	11916.85	16	深圳	1997.00	34
长沙	11816.00	17	厦门	1573.00	35
合肥	11445.00	18	平均值	12718.13	

资料来源：各城市统计局。

（三）深圳与国内重要城市平原面积比较

取重要城市，主要包括一线城市、沿海计划单列市及一些发达的省会城市，进一步计算出其中的平原面积。深圳平原面积仅占22%，约400平方公里，且分散分布，不能聚集成块状，导致城区难以扩大，即使扩大后，也因为各模块之间距离太远导致运输交流成本太高。平均来看，即使考虑到沿海一些缺乏平原的城市，深圳的平原面积也非常少，只有平均数的十六分之一（见表2-2）。

表 2-2　　　　　　　　国内重要城市平原面积比较

城市	行政区域土地面积（平方公里）	平原比例	平原面积（平方公里）	排名
天津	11916.85	0.93	11082.67	1
北京	16410.54	0.40	6564.22	2
上海	6341.00	1.00	6341.00	3
广州	7434.00	0.80	5947.20	4
大连	12574.00	0.40	5029.60	5
杭州	16571.00	0.26	4308.46	6
青岛	11282.00	0.37	4174.34	7
宁波	9816.00	0.40	3926.40	8
厦门	1573.00	0.50	786.50	9
深圳	1997.00	0.22	439.34	10
平均值	11237.42	0.71	6992.94	

资料来源：各城市统计局。

二　水和气候资源

（一）水资源

其他自然资源中最为重要的就是水资源，水资源不光是生活用水，也是工业生产的重要来源。

深圳属亚热带季风性气候，多年平均降雨量为 1837 毫米，降雨量虽然较多，但是在时间和空间上分布不均，深圳境内也没有湖泊水库以及大的江河。因此水资源匮乏和蓄水泄洪能力差并存，人均水资源较低。深圳属于水资源严重缺乏城市，年平均水资源总量为 18.7 亿立方米，2017 年人均水资源量约为 150 立方米，不到全国水平的 10%。五分之四以上的用水依靠从深圳境外调入解决。深圳有 310 条大小河流，其中只有深圳河、观澜河、茅洲河、龙岗河和坪山河 5 条流域面积大于 1000 平方公里。深圳只有 10 宗中型水库，总库容 5.9 亿立方米，每年可为深圳市提供用水量为 4 亿立方米左右。

目前与国内一线城市相比，深圳人均水资源量较北京上海天津略高，均较为紧张。跟武汉、重庆、长沙相比少很多，也少于杭州、宁波、厦门、广州等沿海主要城市（见表2-3）。

表2-3　　　　全国部分城市地区人均水资源占有量

省份	城市	人均水资源占有量（立方米/人）
直辖市	北京	134
	上海	182
	天津	116
	重庆	1802
辽宁	大连	583
山东	青岛	342
江苏	无锡	405
安徽	合肥	593
浙江	杭州	1024
	宁波	1260
福建	厦门	1092
湖北	武汉	90000
广东	广州	1375
	深圳	187
湖南	长沙	3600
四川	成都	862
西藏	拉萨	19000

资料来源：各城市统计局。

深圳市在过去的30多年里，由于经济的快速发展，对环境保护的政策和措施没有及时跟上，对环境造成了一定程度的污染，区内部分河流水质超标，已不能正常使用，对水资源可利用量带来了一定影响；同时随着社会的发展，居民生活用水及生产用水逐渐增加，水资源供需矛盾开始显现，出现了局部或暂时性的缺水局面，这些现象预示深圳市的水资源承载能力有超载的趋势。所以深圳正在进行水资源承载能力的现状及发展情况的调查，并采取有力措施提高水资源的承载能力，避免因水资源短缺而影响地区经济的可持续发展。

(二) 气候资源

深圳市全境属珠江三角洲，地势东南高西北低。深圳属亚热带海洋性气候，东南偏东风常年主导深圳风向，风景宜人，降水丰富。年日照时间约2121小时，太阳辐射量约为年每平方米5225兆焦耳。常年平均气温22.4℃，最高气温为38.7℃，最低气温为0.2℃。无霜期为355天，雨季为每年的4—9月，每年平均降雨量1930毫米。深圳气候适合常年开展旅游。

三 人力资源禀赋

(一) 人口总体情况

根据深圳市2017年统计年鉴，深圳常住人口达到1252.83万人。根据第六次全国人口普查数据显示，2010年11月1日0时，深圳市的常住人口总数为1035.79万人，比五普的700.84万人增长47.79%，10年间增加334.95万人，年平均增长速度为3.98%。深圳常住人口增长速度低于上一个十年（6.34%）增长速度，但高于广东（1.90%）和全国（0.57%）的平均水平。

过去10年，深圳人口流入量较大导致人口增长较快。10年来，深圳发展较快，经济高速增长，为社会提供了大量的就业岗位，吸纳大量的非深人口到深圳安家、生活和工作。2017年末，深圳常住人口中约有65.3%为非户籍人口，接近三分之二，约818.11万人，在深圳的发展中发挥重要作用。

深圳人口密度大，每平方公里居住4564人。根据美国《福布斯》杂志2010年的排行榜数据显示，深圳列中国人口最稠密城市第一位、在全球城市中列第五位。

(二) 户籍结构

根据深圳统计局2013年的数据，深圳现在全市总人口大约1252.83万，并以每年几十万的水平增长。

其中，第一层次是户籍人口，434.72万左右，肩负着维持深圳经济增长和社会稳定等重要功能，是目前深圳主流社会的主体构成，是深圳这个移民城市存在感和认同感产生的重要来源。

第二层次是非户籍人口中的常住人口，有818.11万左右，这部分人主要是深圳30多年改革开发和城市发展中定居下来的，这部分人中有的已经购买自有住房，也有的在城中村中居住，但都没有深圳户籍。

第三层次是在深圳流动务工人员，有500万左右，这部分群体流动性较强，居住时间一般在6个月以内。

深圳大量的非户籍人口，导致城市土地、水资源、环境、医疗、教育、交通和公共设施等基础公共资源面临着较大的压力。这部分群体总体来说层次较低，经济能力一般，消费水平有限。与广州相比，广州总人口比深圳略多，GDP略低于深圳，但广州的社会消费品零售总额是深圳的1.5倍。较高的非户籍人口导致本地市场的深度和广度，深圳消费市场与广州等城市相比存在较大的市场瓶颈。

深圳户籍人口占比与国内一线城市以及其他重要城市相比，远远低于其他城市（见表2-4）。这样也造成了传统资源不足的问题，另外户籍人口占比过低，反映了核心人口圈占比较低，城市人口容易被割裂分化。

表2-4　　　　　　　各大城市户籍与常住人口比例

	常住总人口	户籍人口	户籍人口比常住人口
深圳	1252.83	434.72	34.70%
广州	1283.89	832.31	64.83%
武汉	1022.00	822.05	80.44%
厦门	373.00	196.78	52.76%
宁波	762.80	580.10	76.05%
杭州	873.80	706.61	80.87%
大连	669.04	586.40	87.65%
北京	2114.80	1316.30	62.24%
天津	1472.21	1003.97	68.19%
上海	2415.15	1425.14	59.01%

资料来源：各城市统计局。

（三）人口年龄分布

深圳人口结构整体较为年轻。据初步统计测算，全市人口平均年龄为30岁左右；上海平均年龄36.6岁，北京37.2岁，广州

34.2 岁。深圳目前还处于"人口红利"的旺盛期，总人口的 88.40% 为 15—64 岁，比例比全省（76.36%）高 12.04 个百分点，分别比北京（82.70%）和上海（81.25%）高 5.70 个和 7.15 个百分点；按照国家老年社会（65 岁及以上人口占比达到 7% 以上）标准，深圳距离迈入老龄化社会还有一定距离。深圳的人口红利仍然较多。（见图 2-1）

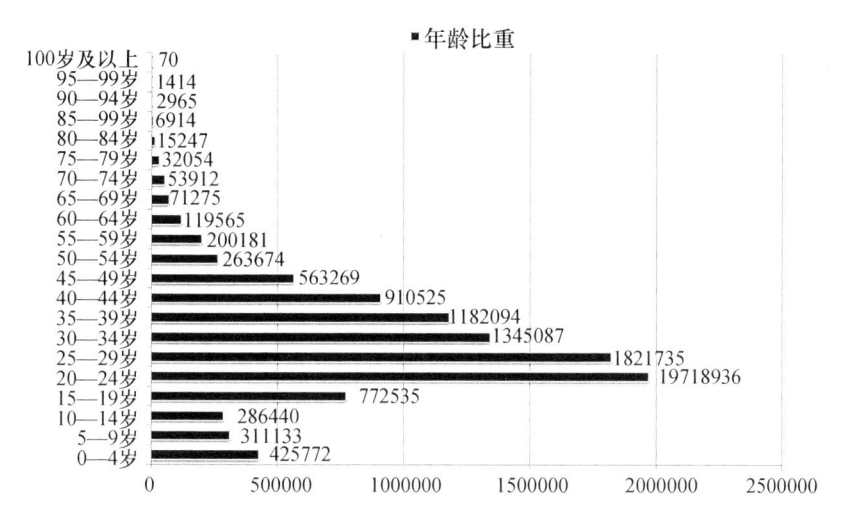

年龄段	人数
100 岁及以上	70
95—99 岁	1414
90—94 岁	2965
85—99 岁	6914
80—84 岁	15247
75—79 岁	32054
70—74 岁	53912
65—69 岁	71275
60—64 岁	119565
55—59 岁	200181
50—54 岁	263674
45—49 岁	563269
40—44 岁	910525
35—39 岁	1182094
30—34 岁	1345087
25—29 岁	1821735
20—24 岁	19718936
15—19 岁	772535
10—14 岁	286440
5—9 岁	311133
0—4 岁	425772

图 2-1 深圳人口年龄分布

资料来源：深圳市统计局。

（四）受教育程度排名

根据六普数据，2010 年北京每 10 万人中具有大学（含大专）程度的为 31499 人，南京 26119 人，武汉 25191 人，上海则为 21892 人，广州则为 19228 人，杭州 18881 人，深圳只有 17175 人（见表 2-5）。全国平均水平为 8700 人。整体来看，深圳大学以上人才比例与其经济地位不够匹配，相对偏低，这与高校数量较少有一定关系。北京、南京、武汉、上海、广州均是原大区中心，是高校云集的地区，这方面深圳传统优势相对较弱。但深圳后天经济增长和就业也快速吸引了高学历人才的聚集。

表 2-5　　各主要城市每 10 万人大学学历分布

城市	小学	初中	高中	大专及以上	大学比例
北京	9956	31396	21220	31499	33.48%
南京	16015	29640	20823	26119	28.21%
武汉	13254	32977	21782	25191	27.03%
上海	13561	36519	20953	21892	23.56%
杭州	22667	31841	17720	18881	20.72%
广州	15724	36127	22923	19228	20.45%
天津	17049	38150	20654	17480	18.73%
深圳	8883	44050	23965	17175	18.26%
全国	26779	38788	14032	8930	10.09%
重庆	33790	32982	13213	8643	9.75%

资料来源：深圳市统计局。

第二节　经济增长的动态过程

一　深圳经济增长现状基本研判

深圳作为中国改革开放以来的第一个经济特区，经济发展过程对其他城市以及全国乃至世界都具有加强的示范和引领效应。深圳市人均地区生产总值由 1979 年的仅 606 元，成长为当前国内人均地区生产总值最高的地区之一，经济效益也居于全国前列，其中人均收入等多项经济指标跃居国内首位，城市化水平已由 1980 年的 10.68% 跃升至 95.46%，亦居全省第一。

由于我国经济进入新常态，国内外经济放缓，深圳近年来也进入经济转型期，经济增长速度由以前的高速增长进入到中速增长区间，这也反映了当前深圳经济由以前的片面追求高速增长向当前的追求高质量发展的一个转变，体现了深圳当前经济转型和产业升级的特征和方向。

近年来，深圳突出经济的高质量发展，着力于传统产业的升级换代和新兴产业的研究开发，金融服务、互联网、人工智能和无人机等技术含量高的高精尖产业正成为深圳产业发展的方向，华为、中兴、腾讯、大疆等一大批企业集中涌现，成为中国新经济发展的代表。

深圳现已成为世界级大城市。深圳经过近40年的发展，今无论是城区规模、人口规模和经济规模，还是城市的综合发展实力、现代化水平和国际化程度，都已在国内城市中位列前茅，甚至进入到了全球城市排名的前列。从城市的经济、基础设施、人文信息、商业交流、文化价值、国际化程度等方面，分析世界各大城市的综合实力，深圳在国内仅次于香港、北京、台北、上海。

深圳已具备都市型经济体的基本特征。深圳自全面城市化以来，现代都市经济的类型特征日益鲜明，城市的经济中心地位十分显著。深圳经济快速发展，经济结构持续优化，二、三产业繁荣，人口、资本、技术和信息等生产要素迅速集中，集聚效应和规模效应显著，深圳以城市为物质载体和空间的都市经济明显，区域中间地位逐渐成型。

截至2017年，深圳不仅人均GDP与"亚洲四小龙"比肩，而且在服务业占比、新兴产业占比、金融业规模、社会投资额、技术创新能力、信息网络覆盖率、总部企业数量等方面，特别是商品零售、电子商务交易、进出口、港口集装箱和机场旅客吞吐量、商业会展、产品品牌、创意设计、企业效益、节能减排、城市生态等方面，都已走在了国内各大城市的前列。

深圳由于靠近香港的区位特点优势和改革开发较早的先发积累，成为珠三角乃至华南贸易、金融、交通、信息聚集地和集中地，成为全国四个一线城市之一。

二 深圳经济增长阶段

（一）快速增长期

1980—1983年期间，深圳地区生产总值年平均增长速度达58.3%，比珠三角平均增速14%高40多个百分点，从成因来看，一方面是由于当时深圳的GDP总量基数较小，另一方面是由于靠近香港的影响和经济特区设立之初政策迅速放松的影响。这段时期增速极高，稳定性很差，政策放松成为关键因素。

1984—1992 年期间，深圳保持 29.9% 的平均增长速度，深圳的 GDP 总量迅速增加。GDP 增速处于高位，波幅大，震动明显，比如 1986 年。

深圳成立经济特区后，充当并发挥了全国改革开放先行者和试验地的作用，在制度、要素和管理等多方面创新上先试先闯。许多重大的改革开放举措都是在深圳试点并生效，在短时间内对深圳的经济快速增长也起到重要作用。但同时，政策的频繁变动以及风险的累计释放，也对深圳经济增长的稳定性产生了一定的不利影响，导致深圳经济增长的波动加大。

（二）增速放缓期

到 1993 年后，深圳经济体量不断增加，同时珠三角包括深圳在内都进入到经济发展的调整阶段，经济增速由高速增长转向逐步放缓的态势。GDP 波动水平适度，波幅小，周期波动特征不明显。这一时期深圳地区生产总值主要指标增速经过 4 年左右的回落后，处于较为平稳的状态，围绕着 15% 的平均速度上下波动，除了 2008 年"次贷"危机时大幅下滑外，总体上处于平稳增长区间。2008 年波谷主要是对应"次贷"危机时期。

这一阶段深圳在全国改革开放政策试验田的角色和定位已经形成，所产生的成果已经从深圳开始向广东以及全国进行复制和推广，深圳经济发展的政策以及试验田的优势慢慢消失，原来依靠国家给政策的发展模式和动力来源已经减弱和不复存在。

此后，深圳在之前经济发展的基础上，立足于自身改革开放多年的积累，加大改革开放力度，推动经济转型和产业升级，在原有的金融等传统优势产业行业的基础上，充分发挥资本、人才优势，大力发展信息技术、互联网、生物制药、文化旅游、现代物流和生产服务业等产业发展潜力，逐渐培育了深圳新的优势产业和经济增长点，成为深圳经济持续稳健增长的支柱和来源。由此，深圳新的产业结构已经形成并逐渐成熟，深圳进入到依靠自身发展的内生增长时期，外部经济变化对深圳发展的干扰逐步减弱，深圳经济总体波动幅度变小，保持平稳较快增长态势。

在 2008 年，"次贷危机"对全球以及中国产生影响，深圳经济在当时的大环境下,也未能独善其身,受到了一定的影响和冲击。但是在国家以及广东和深圳积极出台多项刺激政策措施,政策效应也逐步显现,深圳经济增长在 2011 年达到一个阶段性的顶点,"次贷危机"也成为当前增长阶段中一个重要的扰动影响因素。

第三节 经济增长的"三驾马车"需求分析

一 "三驾马车"基本构成情况

从构成要素方面分析,深圳消费的分段与 GDP 保持同步;深圳投资领先 GDP 周期两年;净出口额则受到了国际市场因素、政策性因素等较多外生因素的影响(见图 2-2)。

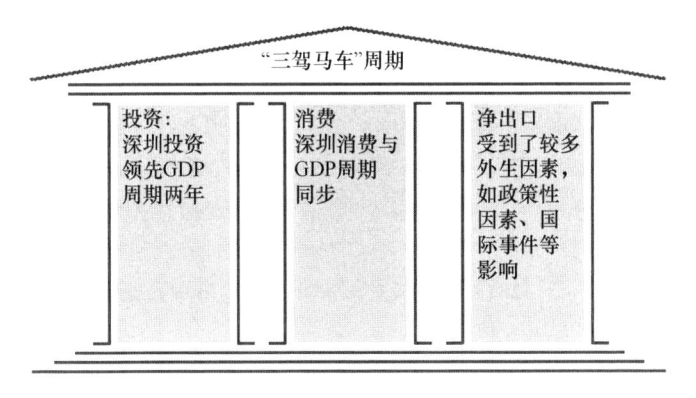

图 2-2 深圳"三驾马车"周期特点

深圳的净出口额总体增速呈平稳趋势,但是在 1994 年和 2005 年分别存在一个异常大值,两个时点的净出口额增幅均出现了异常增长。一个极值点对应 1994 年,当时受汇率双轨制并轨影响,一个极值点对应的是 2005 年,当时新一轮汇改重启,引起和带来人民币贬值效应。

1990 年和 2013 年也出现异常大值。而深圳利用靠近香港的独特区位优势,成为我国进出口贸易的重要中转地,导致深圳进出口数据激增。2013年出口数据异动主要是由于逃离资金借转口贸易入境套取无风险利润。这两个异常值均为深圳毗邻港澳的特殊地域性因素导致。

根据深圳市统计局公布的数据，深圳按照支出法计算的"三驾马车"情况如下。

从各大城市及一些发达省市的情况来看，深圳投资占GDP总额较低，一方面是受到净出口的挤出，另外深圳本身产业结构较为高级，经济增长对投资的依赖下降，重资产的行业发展较为缓慢，且深圳土地较少，单位面积资本形成额较高，固定资产投资已经相对饱和。这些因素均导致深圳投资形成率较低（见图2-3）。

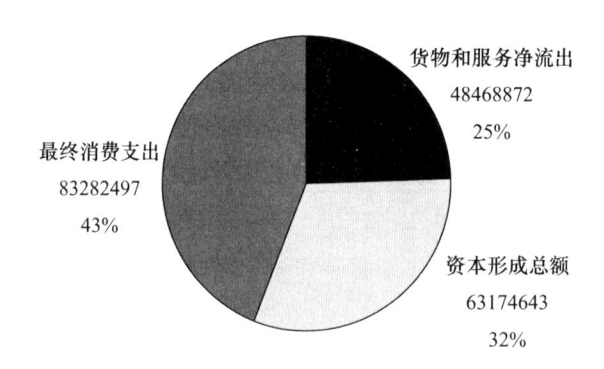

图2-3 2017年深圳支出法计算三驾马车占比情况

资料来源：深圳市统计局。

从深圳市最终消费率来看，消费占比较低，低于北上广，甚至低于浙江江苏，可能是因为净出口占比过高，导致对消费和投资均存在冲击，与同样港口城市天津、青岛相比，其最终消费率相对较高（见图2-4）。

从深圳净出口占比来看，处于绝对优势地位，反映深圳外向型经济和产品竞争力强的特征，与同样是港口城市的青岛比较，青岛进出口总额高于深圳，但是顺差小很多，天津净出口则为巨大逆差，一定程度上反映了深圳经济质量和竞争力。

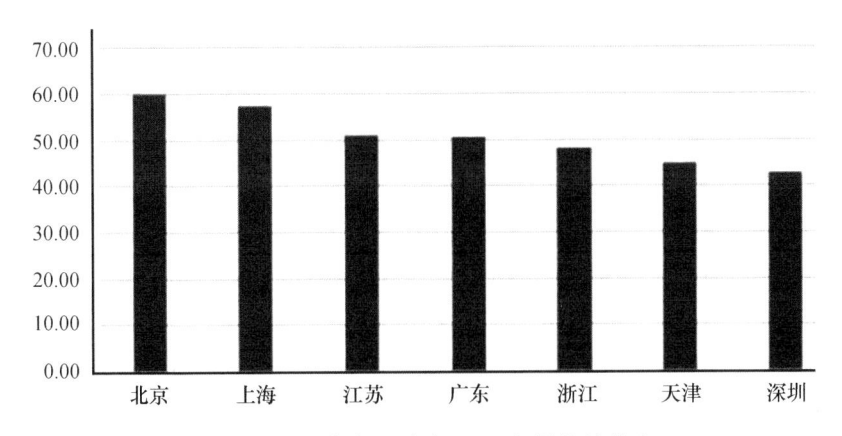

图 2-4　国内主要城市 2016 年最终消费率

资料来源：国内各城市统计局。

二　投资的特征

（一）历年投资及增速变化

从深圳 GDP 增速来看，2005 年之前波动很大，与 GDP 增速变动特点相似，且幅度更大，而之后即使有 2009 年的 4 万亿元的刺激，波动也相对较为平缓。整体略快于经济增速。

2017 年深圳市固定资产投资主要有以下特点：（1）固定资产投资增速高于全国、全省，并创 24 年新高。全年完成固定资产投资 5147.32 亿元，同比增长 23.8%，高出全国增速（7.2%）16.6 个百分点，高出全省增速（13.5%）10.3 个百分点，创 19 年来新高。（2）工业投资与工业技改投资增速高于全市投资增速，比重提高，投资结构优化。工业投资完成 915.89 亿元，同比增长 27.5%，增速比上年提高 10.4 个百分点，高出全市投资增速 3.7 个百分点，占全部投资比重为 17.8%，比重较上年提高 0.8 个百分点。2017 年新建工业项目完成投资 642.89 亿元，同比增长 59.6%，工业投资力度加大。工业技改投资为 352.97 亿元，同比增长 71.9%，增速比上年提高 56.6 个百分点，高出工业投资增速 44.4 个百分点，占全部投资比重为 6.9%，比重较上年提高 1.9 个百分点。（3）非房地产开发投资增速加快，比重提高。房地产开发投资 2135.84 亿元，同比增长 21.6%，增速比上年降低 10.4 个百分点，占全部投资比重为41.5%,比重较上年下降1.6个百分点;非房地产开发投资3011.48亿元,同比增长25.4%,增速比上年提高7.4个百分点,占全部投资比重为58.5%,比重较上年提高1.6个百分点。

(4)民间投资占比过半。从注册登记类型看,民间投资2627.29亿元,同比增长22.5%,占全部投资比重为51.0%,民间投资保持良好增长势头;国有控股投资1355.83亿元,同比增长42.4%,占全部投资比重为26.3%;外资投资169.27亿元,同比下降22.3%,占全部投资比重为3.3%。

(二)三大产业投资结构

深圳第三产业投资达到总量的85%,比重很高,其他地产投资约占总固投的三分之一。第三产业的迅猛发展反映了深圳经济增长质量较好,经济转型推动力很强。

由于第一产业投资可以忽略不计,重点分析第二产业和第三产业的情况,从2007年开始,第三产业的投资增速大幅超过第二产业,2010年受国家政策大力刺激出现了一个异常值,其他年份第三产业投资均显著超过第二产业。由于投资具有一定的先导性意义,预计未来第二产业仍将继续下降。

(三)细分行业投资额及增速

从深圳细分行业投资来看,地产投资占比很高,增速也很快,对投资贡献最大,虽然相对国内其他城市,深圳的地产投资已经很低,但地产投资的拉动效应对增量而言仍然是首屈一指,地方经济对地产的依赖仍短期难以摆脱。其次是公共管理、卫生社保方面投资增速较快。制造业增速8%,保持中位。教育和电力燃气等投资增速微降,值得关注的是水利、交运两大权重板块的增速较低,公共基础设施增速大幅下降。另外建筑和采矿的增速跌幅非常大,建筑业的下降反映了固投。随着地产受到调控的加剧,未来深圳投资增速必然逐渐下降。教育文化这些软实力对投资拉动实在太小。

三 消费的特征

从深圳市成立以来的消费总额来看,1995年之前,增速整体波动幅度很大,甚至年增速超过100%,1995年后则平均稳定在14%

左右。一般而言，消费是经济增长中较为稳定的变量。

2018年深圳消费市场规模持续扩大，消费增长的动力逐步从传统商业转向新的商业模式，增速虽有回落，但消费结构优化升级态势不变，消费市场实现有质健康的发展。全年实现社会消费品零售总额（以下简称"社消零"）6168.87亿元，同比增长7.6%，增速比上年同期低1.5个百分点，其中限额以上单位实现零售额3782.43亿元，占61.3%，同比增长7.0%。

（一）2018年消费市场主要特点

1. 消费市场增速有所回落

分季度看，2018年第一、二、三、四季度社消零增速分别为9.0%、7.9%、7.7%和6.0%，分别比上年同期回落0.1个、1.6个、1.1个、2.9个百分点，消费市场增速有所回落（见图2-5）。

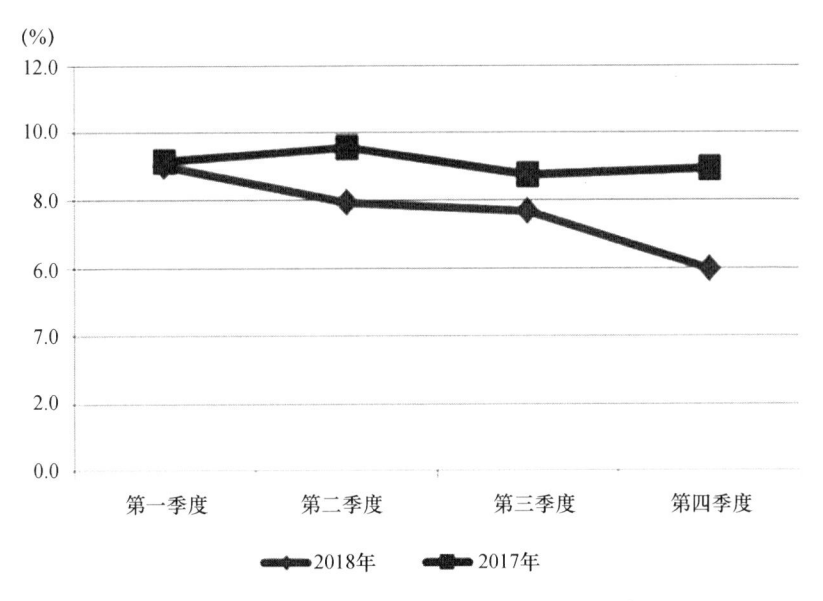

图2-5 2017年、2018年社消零分季增速情况

2. 汽车零售"虎头蛇尾"

2018年全市汽车零售呈现"虎头蛇尾"的走势。1月受春节购买需求上升以及厂家去库存冲销量的影响，汽车零售额101.81亿

元,同比增长66.0%,实现开门红。此后全市车市温度骤降,汽车零售额增速逐季回落,全年实现零售额1034.91亿元,占限额以上单位29.8%,同比增长8.1%,增速比1月回落57.9个百分点。分季度看,第一、二、三、四季度分别实现汽车零售额232.09亿元、249.56亿元、261.65亿元、291.61亿元,分别同比增长26.7%、5.5%、4.0%、-4.6%。汽车零售额增速的回落对全市社消零增长的拉动力在减弱,第一、二、三、四季度汽车拉动社消零的增速分别为4.0个、2.3个、1.8个、1.4个百分点(见图2-6)。

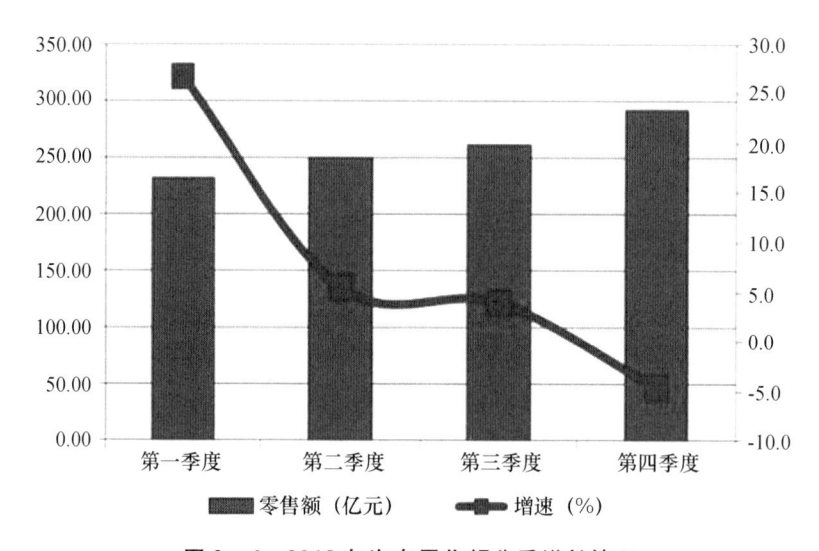

图2-6 2018年汽车零售额分季增长情况

汽车零售额增速回落的主要原因:(1)全市汽车保有量不断提高,用车成本不断增加,全市乃至全国汽车市场开始变得不景气,2018年全国实现汽车零售额38948亿元,同比下降2.4%;(2)对1.6升及以下排量的乘用车,自2017年开始征收车辆购置税,税率为7.5%,自2018年起车辆购置税增加至10%,部分消费者选择置换计划延后;(3)深圳市原定于2019年1月1日起实施国六排放标准,12月中旬出台文件将实施时间推迟到2019年7月1日,虽然实施时间推迟半年,但是消费者购车优先选择国六排放标准的车型,目前市场上符合国六排放标准的车型比较少,导致部分消费者推迟了购车计划;(4)罗湖区东益华鹏汽车市场拆迁导致该区域4S店被迫关闭或搬迁。

3. 基本生活类商品增速放缓

2018年限额以上单位食品饮料烟酒类实现零售额435.66亿元,同比增长7.0%,增速同比回落8.6个百分点,占限上的比重达到12.5%;服装鞋帽针织类实现零售额515.97亿元,占限上14.8%,同比下降1.7%,增速比上年同期回落9.1个百分点;日用品类实现零售额176.99亿元,占限上5.1%,同比增长12.2%,增速比上年同期回落0.4个百分点(见图2-7)。

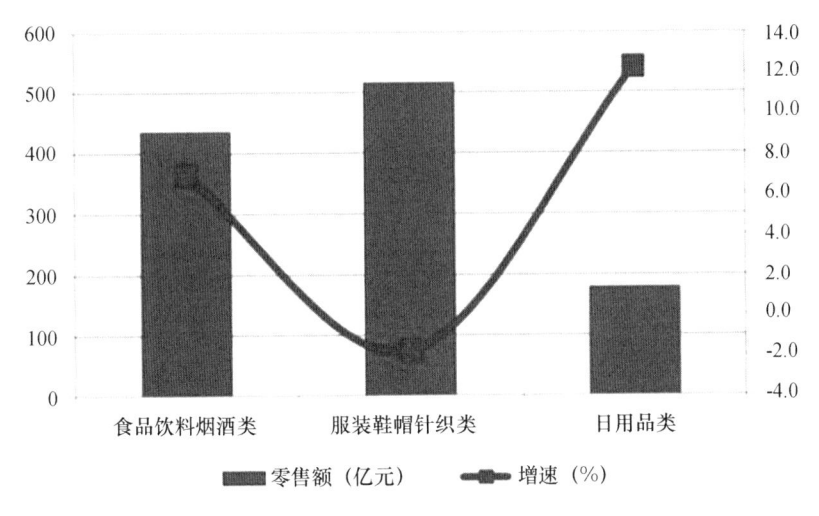

图2-7 基本生活类商品零售额增长情况

4. 消费升级商品快速增长

2018年限额以上单位通信器材类实现零售额174.66亿元,占限上单位5.0%,同比增长38.0%,增速比上年同期提高8.6个百分点。通过网络零售平台销售手机已经成为手机的主要销售渠道,2018年"双十一"全网零售额排名中,手机销售排名第一。深圳市苏宁云商销售有限公司和深圳分期乐贸易有限公司分别借助其自营网络零售平台销售手机,两家企业实现通信器材类零售额64.00亿元,同比增长202.9%,对全市社消零增长的贡献率为9.9%。

2018年限额以上单位文化办公用品类实现零售额67.85亿元,同比增长10.1%,比社消零高2.5个百分点,其中计算机及其配套产品实现零售额35.39亿元,同比增长49.2%。

5. 石油及制品类稳定增长

2018年国内油价进行了26次调整,分别是13次上调,12次下调以及1次搁浅,总体上油价比2017年上涨了15.5%左右,油价的上涨促使石油及制品类零售额保持稳定增长,全年实现零售额291.78亿元,占限额以上单位8.4%,同比增长16.5%,对全市社消零增长的贡献率为9.5%。分季度看第一、二、三、四季度分别实现零售额64.28亿元、72.41亿元、80.13亿元、74.96亿元,分别同比增长12.3%、15.7%、21.1%、16.2%,如图2-8所示,第三季度油价达到全年的顶峰,使当季石油及制品类零售额增速达到最高。

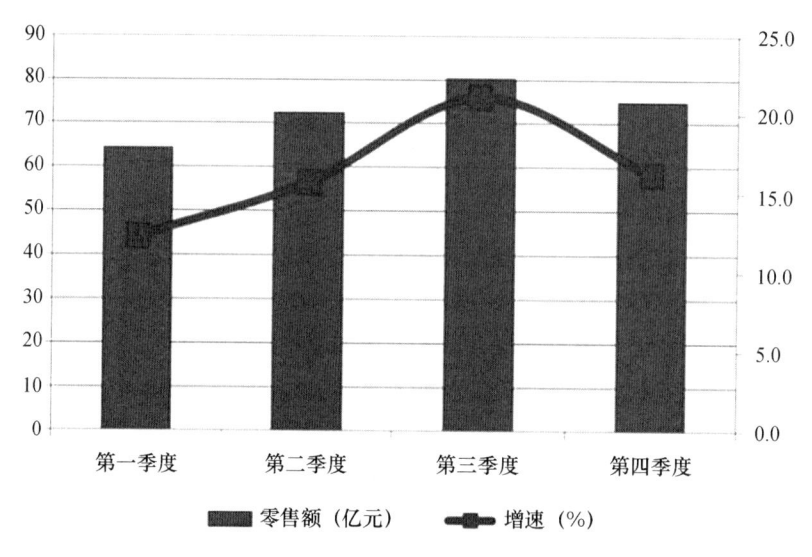

图2-8 2018年石油及制品类分季增长情况

(二)消费市场面临的困境

2014—2018年深圳社消零的增速分别为9.3%、2.0%、8.1%、9.1%、7.6%,增速均低于全国全省,其中2015年因小汽车限购因素的影响,2.0%为历年来最低的增速,扣除限购因素的影响,当年增速为9.7%。

1. 收入增长放缓

收入是消费的基础和前提,社会总体消费水平的高低与人们收入多少有密切的关系,近年来我市居民收入增速放缓,直接影响消费的增长,2014—2017年我市人均可支配收入扣除价格因素实际增长分别为6.9%、6.7%、6.5%、7.2%。2018年深圳全市居民人均可支配收入预计5.754万元,同比增长8.7%,剔除CPI影响后增长5.7%,增速比上年回落1.5个百分点,收入增长放缓难以支撑消费的快速增长。

2. 实体经营困难

"互联网+"的快速发展使消费者购物渠道发生了变化,网店已逐渐取代实体门店成为消费的首选,特别是服装类实体门店已经成为试衣间,越来越多的人在实体店试好衣服,然后再去网上购买,网店价格比实体门店便宜的思想已深入人心,对实体门店造成较大的影响。客流量不断下降,用工成本、租金却在逐年递增,对实体门店的经营造成了严重的影响,零售额增长乏力,经营困难重重。国际先进管理经营模式较早被引入深圳的消费市场,粗放式的单店经营模式已经逐渐消失,更多的是大型商业连锁模式,全市二十强连锁经营企业2018年在深圳市实体门店合计已超过800家,连锁门店遍地开花。

2018年十强超市百货店累计实现零售额469.99亿元,占全市社消零7.5%,同比下降3.2%,拉低全市社消零增速0.3个百分点,其中零售额正增长企业只有2家,负增长企业有8家,零售额下降超过20%的企业有4家。零售额下降迫使部分企业通过裁员来降低成本,天虹、人人乐、永旺、岁宝百货、百佳华、岁宝连锁、家乐福7家企业2018年从业人员平均人数明显少于2017年,合计减少4190人,减少24.6%,其中减少最多的企业达1186人。

(三) 消费市场发展的趋势

随着发展阶段的变化,生活水平的不断提高,居民更加重视生活质量,对生活质量的提升有了一定的追求,消费理念由温饱型转向享乐型,消费形态由实物消费转向服务消费,消费渠道由实体店转向网店，消费增长的动力由旧转向新，消费市场将实现有质量的增长。

1. 消费形态由实物消费向服务消费转变

2018年全市实现餐饮收入744.49亿元，同比增长8.4%，增速比商品零售额高1.0个百分点，其中限额以上法人实现餐饮收入296.03亿元，同比增长9.4%，增速比限上法人商品零售额高3.0个百分点。在限额以上法人餐饮企业中，正餐服务同比增长7.8%，快餐服务同比增长6.9%，饮料及冷饮服务同比增长63.2%。饮料及冷饮服务的快速增长主要是网红店喜茶（深圳美西西餐饮管理有限公司）的拉动，其凭借互联网口碑传播迅速扩展，2015年12月第一家店在海岸城开业，截至2018年底在深圳有54家门店，其中有21家店2018年新开业，2018年营业额超过10亿元，3年的发展规模已超过星巴克咖啡（深圳）有限公司，拉动全市餐饮收入增速超过3个百分点。

2. 聚合了零售、餐饮、休闲养生、娱乐、文化、教育等多种服务功能于一体的新商业模式——城市商业综合体近年来快速发展。2018年全市纳入统计的61家城市商业综合体实现服务收入70.68亿元，同比增长32.3%，其中电影院实现营业收入10.91亿元，同比增长23.2%，KTV实现营业收入1.46亿元，同比增长70.1%，教育培训实现营业收入12.25亿元，同比增长34.3%，服务消费的增长大幅度高于全市商品零售额的增长。

3. 线上线下融合将成为消费市场发展的主要方向。"互联网＋"的出现使零售行业发生了重大的变化，线上线下融合将成为未来消费市场发展的主要方向，近年深圳市不断出台政策措施促进电子商务的发展，使线上线下融合进一步加深，消费增长的动力已由线下逐步转换成线上线下融合。2018年全市实现网络零售额318.75亿元，占社消零5.2%，同比增长25.4%，拉动社消零增长1.1个百分点。苏宁易购、盒马鲜生、虹领巾、分期乐四个自营网络零售平台合计实现网络零售额103.95亿元，占全市32.6%，同比增长158.2%，对全市社消零增长的贡献率为14.7%。岁宝百货2018年6月与深圳盒马网络科技有限公司达成战略合作，旗下的12家岁宝门店将改造为盒马鲜生,盒马鲜生截至2018年底在深圳有12家门店,其中有11家为2018年新开业,消费者可以在盒马App下单,门店附近3公里范围内30分钟送货上门,线上线下融合进一步加深,为深圳市消费者提供便捷的购物体验。

展望未来,国内经济下行压力有所加大,深圳市消费市场的发展同样面临较大的下行压力,但是消费市场稳定健康发展的基本面不会改变,线上线下的融合将继续加深,消费转型升级态势将会延续,消费增长的动力将继续由旧转新。2018年9月深圳市印发《深圳市人民政府关于印发进一步促进消费增长的若干措施》文件,这对于维持深圳市消费市场稳定健康发展有着重要的支撑作用。

四 进出口的特征

(一)深圳与上海、广州、苏州的比较

2017年深圳的贸易顺差达5055.67亿元,是2006年的2倍多。深圳贸易的发展一方面依靠自身加工贸易,另一方面依靠外商投资劳动,由此形成的经济增长方式导致深圳贸易具有一定的不平衡性。

比较深圳、苏州、上海和广州四个城市的基本进出口数据,可以看出上海进口规模居全国之首,深圳仅次于上海。深圳和苏州贸易顺差较大,深圳贸易顺差与苏州有相同特征,但苏州在量上仅为深圳的50%。广州与上海基本上保持平衡。上海保税贸易和一般贸易在进口额和比重上都比深圳高,尤其是保税贸易进口额更是大大高于深圳。

究其原因,深圳和苏州有一定的相似之处。改革开放前,深圳从工业基础上来说相当于零;苏州工业底子倒是有一些,但并不突出。改革开放之后,深圳和苏州走上了两条不同的道路:深圳依靠香港引入外资,大力发展加工贸易,逐渐成为一个现代化创新城市,高新技术产业和加工贸易成为其主要特征,出口额全国第一、进口额全国第二;苏州重点发展民营经济和乡镇中小企业,采用引进外资推动工业园区的发展模式,同时吸纳上海转移出的一部分制造业,加工贸易在苏州得到了较快发展。

而上海和广州则明显有所不同。上海在新中国成立前就是亚洲最主要的工业和贸易中心城市，浦东在20世纪90年代初开发开放后，上海快速发展成为中国重要的金融中心、经济中心、贸易中心以及国际航运中心，一般贸易以及保税贸易快速增长。广州作为中国近代的重要通商口岸，一直都具备相对较好的工业化基础。广州一方面充分利用政策优势，大力引进外资，与珠三角的深莞惠等城市争相发展加工贸易；另一方面充分利用健全的商贸体系和较强的区域中心市场优势，内外贸一体化同时发展，形成了珠三角以及华南地区贸易中心，尤其是一般贸易成为广州的主要特色。上海和广州两种不同的进口模式是由各自的地理、历史和政策等多种因素综合相互作用形成的。

（二）深圳各历史时期进出口情况

整体来看，深圳进口和出口较建市初期均大幅提高，较1979年增长了接近3万倍，仅以出口来看，已经远远超过了深圳的本地生产总值，反映外向型经济明显，受国际经济形势影响很大。

从增速来看，1991年之前，增速极高，波动也极大，甚至每年增长好几倍。1991年后，整体增速较为平稳，出口平均增速为18%，进口为17%。进口和出口的增速整体相关性良好，存在几个低谷点，如东南亚金融危机后和次贷危机后等。

从1991年后进出口增速比较来看，1992—1998年这段时间出口增速快于进口，1998—2001年进口快于出口，2004—2009年出口增速再次快于进口，其他时间段进出口增速持平。

（三）深圳进出口国家分布

从深圳出口目的地国家的分布可以看出，从香港的转口贸易占比很高，占一半以上，在分析区域影响因素的过程中香港有重大影响，存在着较多的虚假贸易骗取税收优惠的情况，含水量较高。而国内整体出口中香港比重仅占七分之一，其次是美国，占一成左右，美国出口量约是欧洲2倍，国内一般美国和欧洲的出口量大致相等，然后是欧洲和东南亚，约占5%，国内东南亚出口量仅占欧洲一半，反映深圳出口更侧重东盟地区。

可以得出结论，香港对深圳出口非常重要，美国相对更加重要，以及东南亚。东南亚较为侧重显然与地理较近有很大关系。

从进口来看,前四名均是东亚东南亚地区的国家和地区,日、韩、中国台湾、东南亚等,中国香港的比重很低,美国欧洲占比也远低于出口份额。2006—2017年,深圳的进口额年平均增速比全国水平低,进口在满足市民消费需求,促进产业转型升级,保持贸易平衡等领域没有发挥明显作用。从中国台湾、韩国和日本等地的进口占进口总额的30%。深圳同这些国家(地区)间长期存在贸易逆差,主要是深圳从这些国家(地区)大量进口电子器件。深圳主要从东盟进口的为一些初级产品,另外从巴西、中东、澳洲进口大量原材料。

(四)深圳进出口贸易类型

深圳进出口方面,加工贸易占比仍然较高,具有"大进大出"的特点,约占总量的一半左右,处于绝对的优势地位,是以外向型经济为主的深圳经济增长的重要动力和源泉,具有重要的作用。一般贸易占四成左右(见图2-9、图2-10)。

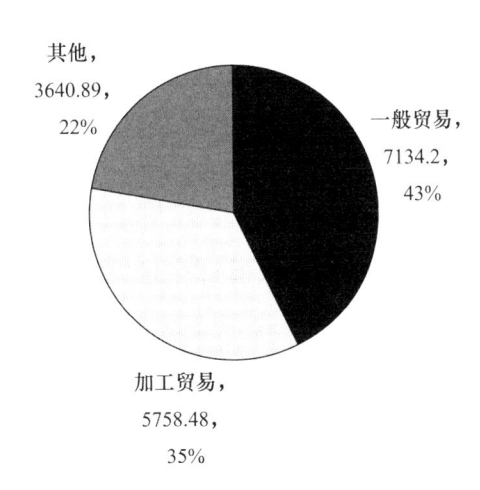

图2-9 深圳出口类型(2017年)

资料来源:深圳统计局。

(五)深圳进出口产品类别

从产品类型来看,深圳进口产品中九成左右均是电子元器件类

其他，
2067.69，
18%

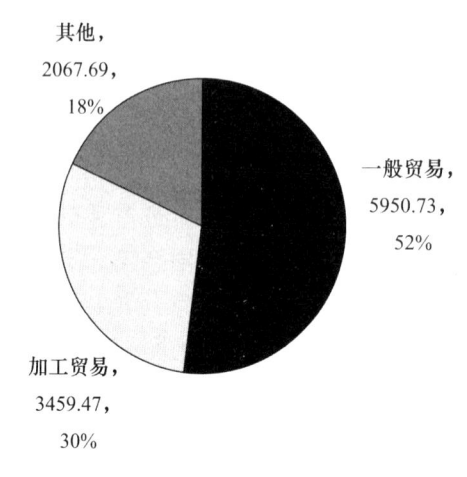

一般贸易，
5950.73，
52%

加工贸易，
3459.47，
30%

图 2-10　深圳进口类型（2017 年）

资料来源：深圳统计局。

的，以及钢材、棉花等，其他则是一些初级产品，如成品油、粮食等。出口则大量是电子类产成品、纺织品、塑料制品。电子元器件主要用于加工出口，从日本、韩国、中国台湾进口再出口，反映整体结构仍然是加工制造占据绝对优势的状况。

深圳出口电子类占七成多，另外还有纺织、鞋、家具、塑料制品等轻工业制造。

第四节　经济增长的产业结构及演变

一　深圳产业结构演变的基本脉络

（一）关于工业化阶段划分的理论

工业化是作为一个国家（地区）经济发展过程中必须经历的一个重要阶段，是一个长期、渐进的过程，是由低级阶段持续向高级阶段不断迭代演进的过程。对工业化发展阶段判断标准研究的主要代表人物有库兹涅茨、罗斯托等。

根据库兹涅茨等经济学家的研究成果显示，一个国家（地区）的产业结构变动最迅速的时期就是在工业化推进阶段，产业结构的变动往往也体现了工业化的演进过程。

在工业化的初、中期，产业结构变动主要是工业与农业之间二元结构的相互转化。

在工业化初始阶段，一产比重一般较高，二产比重相对较低。但是随着工业化进程的持续演进，一产比重不断下滑，二产和三产的比重都随之不断升高，且二产比重的上升速度快于三产比重上升速度，一产在产业经济结构中的主导地位逐渐被二产所代替。

在工业化中期阶段，一产增加值占比将会逐步下降到20%，二产比重将持续上升，且占比超过第三产业。

在工业化后期阶段，一产比重将逐步降低到10%左右，二产比重逐步达到一个峰值并在一段时间内保持相对稳定，然后呈缓慢下降趋势。二产占GDP的比重经历由低增高再降低，类似"∩"形变化的过程。

（二）深圳产业结构演进的历程

20世纪80年代兴起的"三来一补"加工贸易业，吹响了深圳产业结构演变的号角。深圳经济特区建立30多年来，快速实现了工业化。三次产业得到较大发展，产业结构持续优化升级。

特区自建立30多年以来，从一个南海边的小渔村成长为年GDP超过2.4万亿元的国际化新兴大都市、国家中心城市，经济快速增长，产业结构和产业体系不断完善。30多年以来，地区生产总值、工业总产值、外贸出口和财政收入增幅，均大大高于亚洲"四小龙"、原联邦德国和日本等国家（地区）繁荣时期的发展速度。经分析深圳产业结构演进过程，可分为4个阶段（见表2-6）：

表2-6　　　　　历年深圳三次产业增加值增速变化　　　　（单位：%）

时间段	GDP增速	第一产业增速	第二产业增速	第三产业增速
"六五"期间（1981—1985）	50.3	13.8	86.9	49.2
"七五"期间（1986—1990）	22.4	8.7	33.1	16.2
"八五"期间（1991—1995）	30.9	-0.4	33.4	29.6
"九五"期间（1996—2000）	15.9	2.9	16.5	15.4
"十五"期间（2001—2005）	16.3	-8.6	19.0	13.6

续表

时间段	GDP增速	第一产业增速	第二产业增速	第三产业增速
"十一五"时期（2006—2010）	13.24	-16.90	13.18	13.50
"十二五"时期（2011—2015）	9.7	-6.86	8.88	10.46
"十三五"时期（2016年至今）	8.5	10.17	8.67	8.23

资料来源：根据深圳市统计局数据计算。

1. 1980—1985年：产业结构初步形成阶段

这个阶段深圳市经济的发展特点，是以二产的初步萌生，推动整体经济和产业快速发展。内资的持续流入和外资的大量引进，深圳经济旧有的结构模式彻底被打破，开始大规模的建设，同时也为深圳工业经济的启动和发展创造了良好条件，建筑业高速增长，成为推动深圳市产业结构演变的重要驱动。这几年间深圳市二产年均增幅高达86.9%。

2. 1986—1995年："三来一补"主导期和工业化进程启动阶段

这个阶段深圳市产业发展最突出的特征是快速引进"三来一补"企业并得到持续发展，主要原因是由于香港产业结构进行调整，加工型企业大量转移到深圳等珠三角地区。1979年后，"三来一补"企业开始在深圳出现，1986年后更是步入大发展时期，但是到1994年后，进入了调整时期。

经过初创期的高速增长，深圳产业演变进入快速平稳发展期。这一阶段，二产年均增长33%，虽然增速比上一阶段下降50多个百分点，但增速仍然较高。基础建设逐渐衰落，工业化进程快速启动，并成为经济发展新的增长点。持续10年的工业化进程，深圳市工业增加值1995年达到326.3亿元（1986年仅为10.7亿元），增长29.5倍，工业总产值达到1054.2亿元（1986年仅为33.05亿元），增长30.9倍，深圳由一个传统的农业社会彻底演进为一个工业经济社会。

3. 1996—2010年：出口型经济和工业适度重型化主导阶段

1996年后，深圳二产年均增长16.8%，增幅比上一阶段回落一半。其发展主要特征是,二产对一产相对发展速度、二产对三产的相对发展速度都呈下降趋势,尤其是三产开始发力,占比逐渐上升。这一阶段通过扩大出口,推动产业结构升级,出口型产业二次创业,发展很快,成为深圳经济发展的一个主导方向,二产中的高新技术产业、三产中的现代服务业和物流业等得到较快发展。

进入21世纪后,同全国一样,深圳开始由信息化带动工业化的道路,重工业同时得到发展,重工业对经济发展的贡献有所提高,石油化工、化学产品、精品钢材、交通运输设备、汽车摩托车等行业快速增长,深圳产业结构中相对薄弱的重工业领域得到弥补。按照《深圳市国民经济和社会发展第十个五年计划纲要》要求,在"十五"(2001—2005年)期间,现代物流业、高新技术产业和现代金融业三大支柱产业得到重点培育和发展,三次产业进一步协调发展和全面升级。

4. 2010年后:高质量发展阶段

2010年底,深圳特区成立30周年时,中共深圳市委、深圳市人民政府站在全新历史起点上,下发《关于转变经济发展方式的决定》,郑重提出"以质取胜"新理念,要求树立"深圳质量"新标杆,推动深圳发展要从"深圳速度"转向"深圳质量"。

2011年深圳《政府工作报告》对"深圳质量"做了解释和说明。深圳要再创辉煌并做好应对时代挑战,必须以新标杆指引方向,必须以新理念引领发展。新标杆和新理念就是深圳质量。深圳质量不是量的简单增加,而是质的飞跃提升,是外延和内涵的进一步和深层次的扩展升华。深圳要追求卓越的理念思维,牢固树立崇尚质量信仰,从过去的片面追求经济规模和经济增长速度,转向追求经济社会质量和效益的全面发展。

2018年3月,习近平总书记到广东代表团参加十三届人大一次会议审议时要求,广东要在构建推动经济高质量发展体制机制方面走在全国前列。10月22—25日,习总书记到广东、深圳视察,赋予深圳新使命定位,要求深圳"朝着建设中国特色社会主义先行示范区的方向前行,努力创建社会主义现代化强国的城市范例"。

为了推动深圳高质量发展重大战略,自2017年以来,深圳市委连续3年做出"质量提升年"的决定。深圳经济社会各项指标发展良好,仅从GDP来看,深圳在2017年超越广州,位列全国各大中城市第3位,在2018年超过中国香港,位列亚洲城市第5位。深圳市委书记王伟中指出,深圳要全力实现"质量提升年"目标,坚持补短板、抓重点、强弱项,多管齐下,打下高质量全面建设小康社会牢固基础,以优异成绩为深圳建市40周年和新中国成立70周年献礼。

从三次产业产值比重可以看出,自2000年之后,深圳市的第一产业就一直低于1%,远远低于比例中的10%的临界水平;并且第二产业爬到顶峰之后比重有所下降,第三产业比重上升,比重最大,第二产业发展呈现出一个"∩"形变化。所以据此可以推断,目前深圳处于工业化后期,甚至已达到了发达经济阶段的前期阶段。

产业结构发展的演变趋势是一产逐步向二产转移,再逐步向三产转移,工业化进程的不断发展推动三产快速稳定增长。深圳市第三产业发展较快,比重目前仅次于北京和广州,居全国第三位,显示深圳市的工业化进程已经发展到相当高的阶段。

根据深圳历年的统计数据,深圳建市后GDP年平均增速高达24.0%,但2008年后,步入相对稳定的中高速增长阶段,基本维持在10%上下;从2014年起,增长幅度又略有下降,为8%—9%。"速度终有上限,质量永无止境。"深圳质量已经成为当前深圳市发展的核心思路和重要理念,并形成了相对的基本理论框架,无论是从突出表现到路径选择,还是从核心内涵到内在要求,都深深根植在深圳社会经济生活的方方面面。

重要判断:深圳产业结构演变的总体趋势,一方面,体现了典型的农业社会到工业社会的产业结构演变特征,表现为以工业为主体的二产对一产和三产两个产业的逐步替代;另一方面,二产相对增长速度由初期的快速上升到稳定然后开始下降,二产和三产达到一个相对稳定的均衡增长点。

(三)三次产业结构特征

据深圳市统计局数据,2017年深圳市GDP为22438.39亿元,同比增长8.8%。分产业来看,一产增加值18.54亿元,二产增加值9266.83亿元,三产增加值13153.02亿元,同比分别增长52.8%、8.8%和8.8%。一、二、三产增加值的比重分别为0.1%、41.3%和58.6%。人均GDP为1.83万元,同比增长4.0%,折合2.71万美元(按照2017年汇率)(见图2-11)。

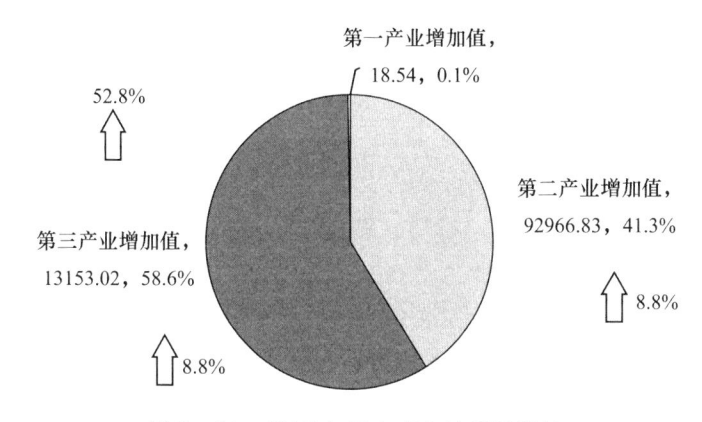

图2-11 2017年三大产业比重及增速

资料来源:深圳市统计局。

在现代产业中,现代服务业增加值9306.54亿元,增长9.0%,现代服务业因为聚集了新技术、新知识、新创意、新业态,而成为撬动经济持续发展的新"引擎";高技术制造业实现增加值5302.47亿元,同比增长12.7%,先进制造业实现增加值5743.87亿元,同比增长13.1%。在第三产业中,交通运输、仓储和邮政业实现增加值701.29亿元,同比增长21.5%;批发和零售业实现增加值2367.43亿元,同比增长5.8%;住宿和餐饮业实现增加值394.10亿元,同比增长5.9%;房地产业实现增加值1894.32亿元,同比增长3.4%;金融业实现增加值2924.26亿元,同比增长13.0%。

深圳先进产业和现代产业对GDP贡献率比重的提高,优化了经济结构。2017年深圳三次产业结构进一步优化为0.1:41.3:58.6。制造业中,先进制造业增加值占比达到66.1%;服务业中,现代服务业占服务业的比重达到70.76%,金融业增长13.0%,深圳港集装箱吞吐量超过香港居全球第三。

(四) 第一产业发展及其比重的演变分析

深圳的第一产业从 2007 年到 2017 年，第一产业总产值虽然处于增长中，但是在 GDP 中所占比例在逐渐下降。

第一产业以农业为主，比较容易受土地资源和城市化发展的制约，发展可利用的资源日益萎缩，发展的空间不断被挤压。深圳市目前基本农田只有 3 万亩、农业用地 6 万多亩，深圳市民消费农产品九成以上依靠从外地供应。其发展规模和速度，远不及第二、第三产业，因而比重逐年降低。

农业经济非农化趋势明显。农业生产要按贸工农综合发展方向，打破"以粮唯一"的单一格局，调整农业生产布局，推动农村经济打破自给自足的传统农业生产模式，完全转向商品经济，朝着外向型方向和集约化经营模式发展。

(五) 第二产业发展及其比重的演变分析

第二产业的两大产业产值都是在逐年增长。比重在近几年有些许滑落，由 2007 年的 50%，下降到 2017 年的 41.3%。主要受第三产业蓬勃发展的影响（见图 2－22）。

我们选取了第二产业中工业产值占 1% 以上的行业，计算机通信制造一枝独秀，超过了五成，其次是电气机械、文体产品、电力、橡胶等（见图 2－12）。IT 制造产业已成为拉动深圳经济发展的火车头。深圳矿产采掘业发展水平低，工业主要是以制造业为主。但传统制造业如纺织、玩具生产、鞋帽制造等传统优势行业的地位已经滑落，逐渐被通信设备、计算机及其他电子设备制造业取代了地位。

以"三来一补"为代表的劳动密集型工业产业结构已经成为过去，以高新技术产业为主的资本密集、技术密集和知识密集的工业产业结构已成为主流。以劳动密集为主要的传统产业需要进行技术改造、企业兼并重组和资源整合。家具、珠宝、玩具、纺织、钟表等产业在世界上有很强的竞争力，玩具、钟表、集装箱等产量均居世界前列。

存在问题主要有：产业结构单一，重工业结构以加工工业为主

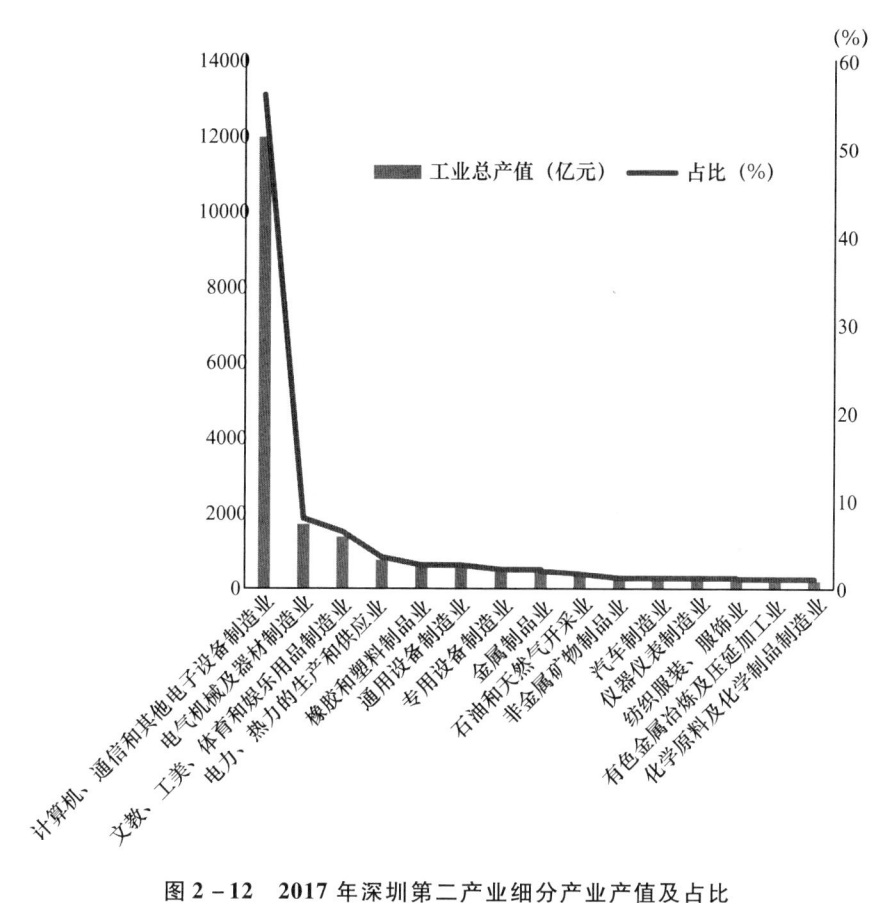

图 2-12 2017 年深圳第二产业细分产业产值及占比

资料来源：深圳市统计局。

体，其他重工业发展不充分；工业资源稀缺，缺乏水资源、能源，极度缺乏支撑企业规模扩大的土地资源。

（六）第三产业发展及其比重的演变分析

深圳第三产业整体增速迅猛，近年来保持快速增长，对深圳经济增长的贡献度接近六成，2017 年贡献度为 55.3%。第三产业比重持续提升，2017 年第三产业增加值占 GDP 比重达 58.6%（见图 2-13）。

深圳市的第三产业分成四个层次：（1）流通部门，包括交通运输和信息传输等。（2）生产和生活服务的部门，例如房地产和金融

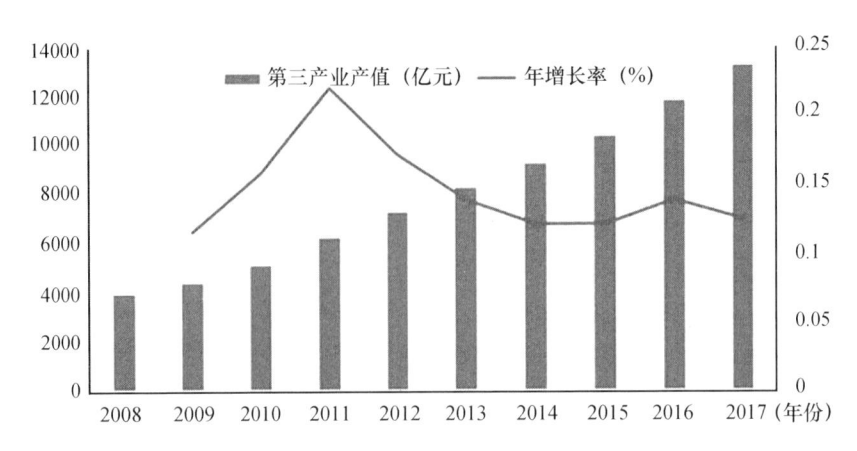

图 2-13　近年来深圳第三产业产值及增速

资料来源：深圳市统计局。

等。(3) 提高科学文化水平和居民素质服务等的部门，包括教育和卫生等。(4) 社会公共需要的部门，主要指国家机关等（见图 2-14）。

整体来看，流通部门所占比例下降，其余三部门都是上升状态，尤其是第二部门。金融业的迅猛发展使得证券市场异军突起，金融业所占比重大幅度增加。第三产业中的科教文卫福比重上升，说明这些部门正朝着良性发展。从深圳 2017 年第三产业增加值的贡献额来看，批发零售餐饮业、金融、房地产、交通邮电业和信息传输计算机服务和软件业贡献最大，这五个行业仍是深圳市第三产业优化升级的主要驱动力，也是三产最重要经济增长点。

深圳第三产业比重在国内处于领先地位，仅低于北上广和南京，与城市经济地位相适应，根据一般经验，第三产业的比重是随着经济增长不断提高，占比靠前反映深圳经济质量较好（见图 2-15）。

二　深圳四大支柱产业发展分析

近年来，深圳市委市政府对深圳经济发展的目标和定位十分清晰，将高科技产业、金融、现代物流和文化产业定为深圳的四大经济支柱产业来发展。深圳市委提出，要将深圳努力建设成为"高科技城市、物流枢纽城市、区域性金融中心城市、美丽的滨海旅游城

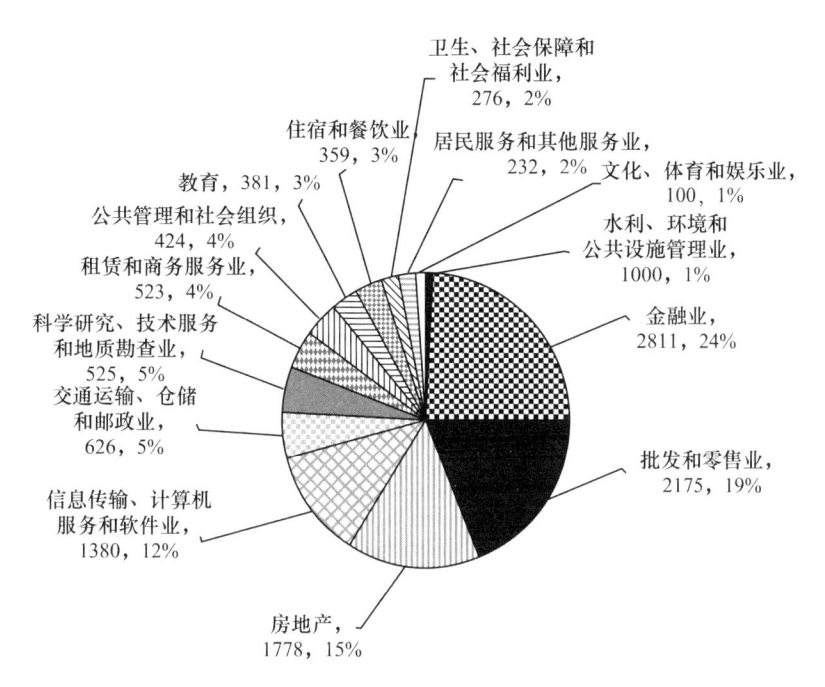

图 2-14　2017 年深圳第三产业内部结构（亿元）

资料来源：深圳市统计局。

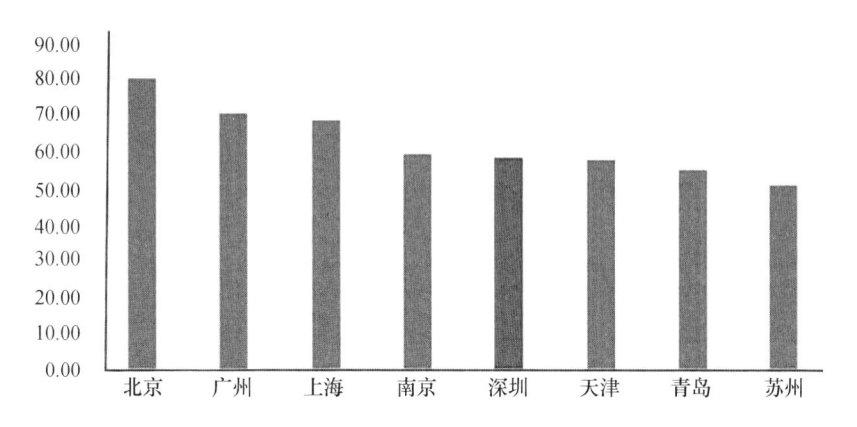

图 2-15　国内主要城市第三产业占 GDP 比重（%）

资料来源：各城市统计局。

市和高品位的文化和生态城市"（见图 2-16）。

四大支柱产业除高科技产业外，均为第三产业，均为技术密集、

(%)
25.00

文化及相关产业
增加值，20.6%，
1529.75

高新技术产业
增加值，12.2%，
7359.69

物流业增加值，
9.8%，2276.39

金融业增加值，
5.7%，3059.98

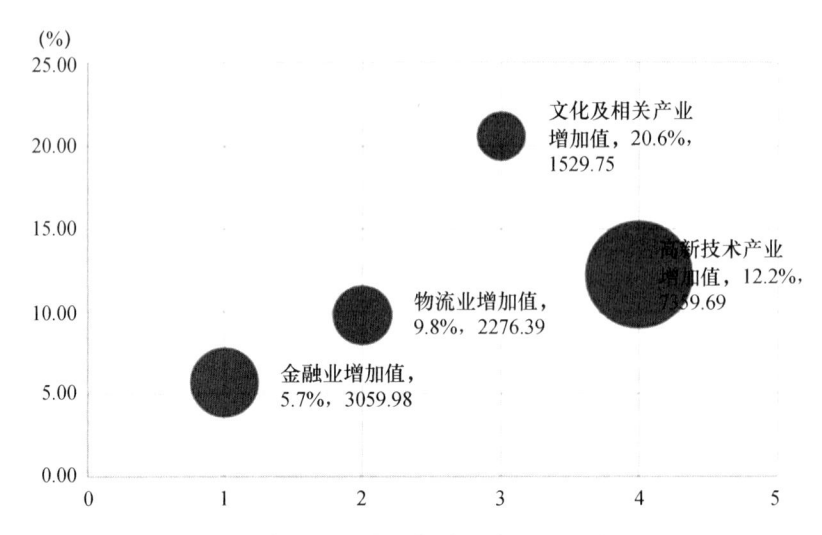

图 2-16　2017 年深圳四大支柱产业产值及增速（亿元，%）

资料来源：深圳市统计局。

资本密集型产业。金融、物流、旅游、文化四个行业全部属于行业分类中的第三产业，三产在深圳未来城市发展中发挥重要作用。

2017 年，深圳四大支柱产业中，高新技术产业增加值 7359.69 亿元，同比增长 12.2%；金融业增加值 3059.98 亿元，同比增长 5.7%；物流业增加值 2276.39 亿元，增长 9.8%；文化及相关产业增加值 1529.75 亿元，增长 20.6%。

（一）高新技术产业的发展态势

多年来深圳市高新技术产业一直保持快速增长和良好发展态势，在深圳市四大支柱产业中居重要位置。20 世纪 90 年代初期，深圳市抓住改革开放机遇和科技发展契机，出台一系列产业扶持政策，大力推动高新技术产业发展。深圳高新技术产业充分利用政策优势和发展机遇，实现过去十多年里产值年均增长速度超过 50% 的奇迹。目前，中兴、华为、大疆、迈瑞、腾讯、大族激光等知名企业已成为深圳的名片，成为深圳高新技术产业的代表。

深圳制定产业政策方面突出前瞻性，将高新技术产业发展放到战略位置，成为高新技术产业快速发展的重要原因，在产业政策方面大力支持扶持，推动了深圳高新技术产业的迅猛发展。

20世纪90年代，深圳市利用发达国家向发展中国家转移制造业的历史机遇，充分发挥IT产业崛起的后发优势，出台了率先发展高新技术产业的重大战略决策，开始推动产业结构优化和转型升级，改变过去的加工贸易模式，实现由"深圳制造"向"深圳创造"的转变。目前，深圳已涵盖高新技术产品从开发到生产再到出口的全流程环节，已建立起生物技术、新材料、电子信息、光机电一体化四大高新技术产业领域的产业集群。

电子信息产业从21世纪起就维持快速增长态势，成为深圳高新技术产业的支柱产业，产值占高新技术产业的90%。深圳的电子信息产业知名品牌较多，如中兴、华为、创维、华强、长城科技、比亚迪、桑达电子等企业都位居中国电子信息产业百强，尤其是中兴、华为等已成为领军企业，开始由深圳走向世界，在国际市场大放光彩。新材料技术产业和新能源产业也得到快速发展，同时，生物医药技术、光机电一体化产业都呈现较好的发展势头。

深圳高新技术企业普遍重视科技研发投入和自主知识产权研究，已走上一条自我创新的良性轨道。深圳市高新技术企业科技研发支出投入比例较高，高新技术产品注重自主知识产权的应用，改变过去引进技术加工制造的方式，转向通过自主研发为主的方式。高新技术产业技术迭代周期日益缩短，发展速度越来越快，企业的高新技术产品必须做到规划一代、研发一代、生产一代、储备一代，要做到日新月异和不断推陈出新，企业强大的研发实力已成为高新技术企业的强大支撑。深圳高新技术产业在这个方面已走在全国前列，先动优势明显（见图2-17）。

（二）金融业的发展态势

改革开放以来，深圳经济社会蓬勃发展，日新月异。深圳的金融业也搭乘改革开放的东风，开疆拓土，励精图治，发展为深圳的重要支柱性产业，成长为全国金融业发展和改革开放的代表。

深圳的金融业以银行业、证券业和保险业为支撑，其他多种类型金融机构共同发展的局面，现代化、多元化和结构合理的金融体系已经形成，作为地区性金融中心，在华南地区深圳全国都有较强影响力。证券交易、基金、创业投资、黄金、债券和外汇市场都在

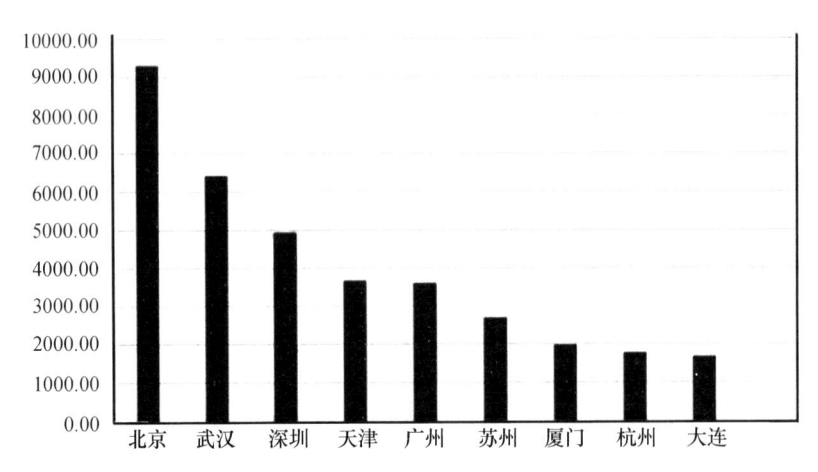

图 2-17 2017年主要城市开发区高新技术企业总产值排名（亿元）

资料来源：根据各市统计局数据整理。

全国占有重要地位。

金融业最能体现效益深圳、科学发展观和高质量发展的要求，金融业具有消耗低、占地少和人均产值高的优点，是国际化城市的重要标志之一。深圳市委市政府高度重视和大力支持金融业的发展，发展金融业成为市委市政府工作的重心。深圳举全市之力发展金融业，在资源、政策和服务上都大力支持和重点照顾，对深圳金融业的发展力争做到"三个最优"：最优良的环境、最优质的服务、最优惠的政策，努力把深圳营造为全国乃至全球金融业发展重点城市（见图 2-18）。

深圳金融业仍为国内金融产业的第三极，明显领先国内其他城市，但相对北京上海差距较为明显。从增速来看，城市的规模与增速呈现负相关的关系，深圳增速较快于北京上海，也快于广州。整体体现了较强的活力（见图 2-19）。

2017年9月8日，中国（深圳）综合开发研究院发布"中国金融中心指数"（CDI·CFCI）。CFCI指数通过构建金融产业绩效、金融机构实力、金融市场规模和金融生态环境四大领域的88项客观指标综合评价我国金融中心发展的优势与不足，评价范围涵盖全国的31个主要金融中心城市。评价结果的综合竞争力排名顺序为：上海、北京和深圳分居前三位，其次为广州、天津、成都、杭州、重

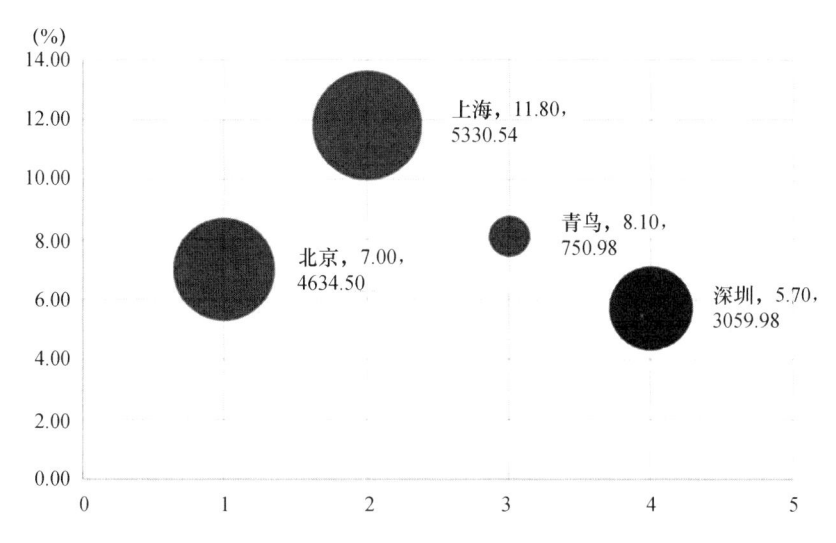

第二章 深圳经济中长期增长现状　49

图 2-18　2017 年主要城市金融业规模增速情况

资料来源：根据各城市统计局数据整理。

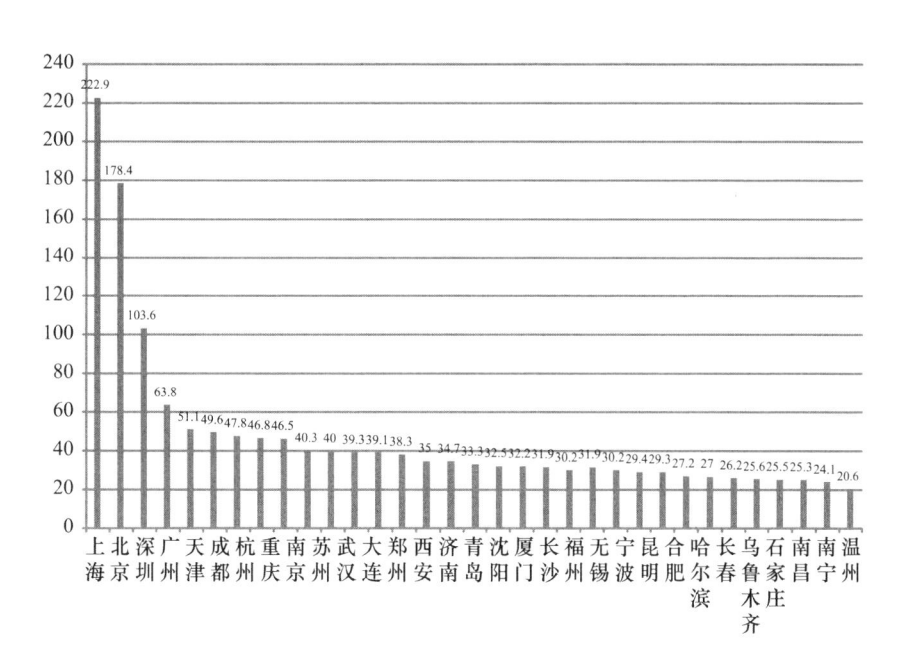

图 2-19　2017 年国内主要城市金融综合竞争力排名

资料来源：中国（深圳）综合开发研究院。

庆、南京、苏州等。

2017年9月11日，英国智库Y/Zen Group和中国综合开发研究院发布的"全球金融中心指数"，从公共设施、金融体系、营商环境、城市美誉和人力资本等多个方面，对全球92个重要的金融中心进行综合评分，其中，上海、北京两大金融中心入选全球十大金融中心，深圳也进入全球二十大金融中心之列。上海711分，全球排名第6；北京703分，全球排名第10；深圳689分，全球排名第20。这反映出随着中国实体经济实力的不断提升，金融中心在国际上的地位也相应有所体现。

（三）物流业发展趋势

深圳作为我国华南地区的重要港口，交通便利，成为多功能、高效率和全球化特点的现代物流交通枢纽城市，物流业已发展为深圳市的重要支柱产业之一。深圳物流业快速发展，一方面是依托现代综合交通网络构建的物流交通运输平台，另一方面是依托现代邮电通信及互联网为主的物流网络信息平台。

深圳背靠华南、接壤香港，具有良好的地理区位优势，同时还具有海陆空三位一体和国际性港口城市的众多优点，发展现代物流产业的区位优势十分明显。经过改革开放以来30多年的发展建设，城市的功能日益完善，在电子通信领域和物流基础设施都居于全国领先地位，在物流装备和基础设施方面取得了较大发展，尤其是在仓储设施、货物包装与搬运、交通运输和信息通信等领域。深圳市建成了妈湾、福永、沙鱼涌、盐田、内河和下洞等9个港区，建成128个各类泊位，其中39个万吨级以上的深水泊位，10个集装箱专用泊位，10个货运码头。

深圳市在2007年发布1号文件，现代物流业被确定为深圳市高端服务业的重要发展内容。深圳在"十一五"期间投入1030亿元，重点投资兴建物流设施及相关基础建设。2017年，深圳实现物流业增加值2276.39亿元，同比增长达9.8%。

在物流企业发展方面，深圳的现代物流产业已经具有一定规模，大部分区以第三方和第四方物流企业作为主体。深圳拥有4000多家物流和货运业务企业，其中有400多家现代物流企业。

深圳市物流园区的总规划面积达 22.48 平方公里，共分为六大园区。总投资额约 80 亿元，建设园区物流发展项目库，其中包括 19 个重点项目。六大物流园区为：前海湾物流园区、盐田物流园区、平湖物流园区、航空物流园区、龙华物流园区和笋岗—清水河物流园区。

目前，中国较为成熟的国际物流业为货运代理业。目前深圳有 1300 多家货运代理企业，以合资和民营两种投资形式，其中海格物流、华运国际、彩联和森邦国际 4 家深圳公司，已经跃居国际货运代理企业百强。

深圳交通运输行业虽然排名靠前，但与北京上海等国内主要城市相比差距较大，甚至不如青岛等港口较为发达的计划单列市，可见物流业虽然为深圳支柱产业，但领先幅度不及金融和高新技术（见图 2-20）。

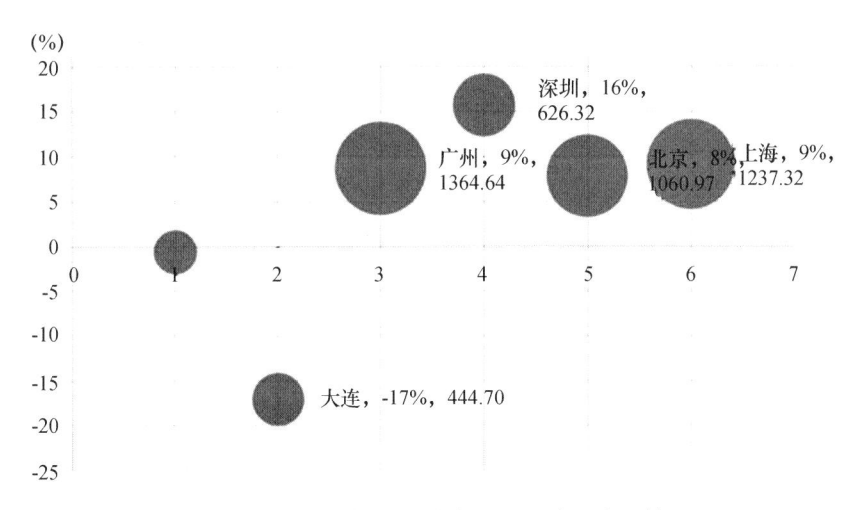

图 2-20 2017 年各大城市交通运输业发展情况

资料来源：根据各城市统计局数据整理。

（四）文化产业的发展态势

2005 年，深圳市委三届十一次全体会议提出，把文化产业确定为深圳市第四大"支柱产业"重点发展，与金融业、高新技术业和现代物流业一起，共同打造"和谐深圳、效益深圳"。2017 年，深圳文化及相关产业增加值1529.75亿元,增长20.6%。

深圳文化产业发展有其独特优势:市场经济体制相对完善,运作机制较为规范,市场环境良好;发达的金融业为文化产业发展提供多元化和充裕的资金支持;高新技术领先在提升文化产业层次有积极影响;靠近香港,对外经济合作频繁,文化产品生产和服务与国际交流密切。

深圳文化产业的产业结构体系以相关层为主体,以外围层和核心层作为新兴增长极,其中,核心层文化产业以出版发行、新闻服务、电影、广播、文化艺术服务和电视服务等为主,约占深圳文化产业增加值的五分之一。深圳的文化产业分为传统的文化优势和潜在的文化优势产业,传媒业、印刷业、文化旅游业、广告会展业和发行业是传统文化优势产业的代表,动漫与网络游戏业、设计业和娱乐业是潜在的文化优势产业代表,要在保持传统文化优势产业主要支撑力量的同时,充分发挥潜在文化优势创业作用。要加快构建文化产业发展合作交流机制,打造文化产业信息、展示和交易的广阔平台,把深圳发展为全国文化产业交易中心,营造为展示中国文化产品和文化产业的对外展示窗口。

深圳文化产业产值居于国内第五,排名较为突出(见表2-7)。但占比较低,明显落后于北京上海。2008年,联合国教科文组织正式批准深圳市加入全球创意城市网络,同时授予深圳市"设计之都"的称号。这是中国第一个、发展中国家第一个和全球第六个"设计之都"称号城市。

表2-7　　各主要城市文化创意产业指标比较(2017年)

城市		2012	2013	2014	2015	2016
北京	产业增加值(亿元)	2189.2	2406.7	2794.3	3179.3	3581.1
	占GDP比重(%)	12.3	12.6	13.1	13.8	14.0
上海	产业增加值(亿元)	2269.8	2500.0	2833.1	3020.0	3300.0
	占GDP比重(%)	11.3	11.5	12.0	12.1	12.1
广州	产业增加值(亿元)				2334.0	2614
	占GDP比重(%)				12.9	13.0

续表

城市		2012	2013	2014	2015	2016
深圳	产业增加值（亿元）	1150.0	1357.0	1553.6	1757.14	1949.7
	占GDP比重（％）	9.0	9.3	9.7	10.0	10.0

资料来源：根据各城市政府官网或统计局数据整理。

2017年8月，中国传媒大学发布《中国城市文化竞争力研究报告》。报告数据显示，深圳在此次城市文化竞争力综合指数得分中位居第6位，前五位分别为北京、上海、广州、杭州、南京。主要是从文化禀赋要素、文化经济要素、文化管理要素、文化潜力要素、文化交流要素五个方面对城市文化竞争力进行了新一轮评估（见表2-8）。

表2-8　　　　城市文化竞争力排名前十名（2017年）

城市	城市文化竞争力指数	排名	城市	城市文化竞争力指数	排名
北京	82.59	1	深圳	43.35	6
上海	65.02	2	武汉	41.96	7
广州	53.29	3	西安	40.58	8
杭州	44.83	4	重庆	40.21	9
南京	44.17	5	成都	39.63	10

资料来源：中国传媒大学文化发展研究院。

深圳文化市场展现巨大市场潜力和良好的发展前景，一批文化科技型企业蓬勃发展，尤其是以腾讯、嘉兰图、劲嘉、雅图、A8音乐和华视传媒等为代表，在动漫游戏、新媒体、高端印刷和创意设计等领域展现强劲上升势头。

大芬油画村面积4平方公里，位于深圳龙岗区布吉街道。20世纪80年代末，香港画商黄江带领一批画工到此租用民房，开始批量生产油画并销售，不少画工、画师和画商慕名而来。目前在大芬油画村，有工作室、画廊和绘画用品材料专营店超过800多家，其中规模较大的有40多家；大芬油画村加上周边区域，集聚油画产业从业人员1.5万人左右，集油画创作、生产、展示、交易、教育、培训和旅游休闲等多种功能于一体，具有一定规模的特色文化产业基地初步形成。

深圳作为最早为海外市场生产、设计和加工动画的城市，已发展成为全国重要的动漫产业基地。19世纪80年代中叶，翡翠动画落户深圳，是内地第一家港资动漫公司，当时曾集聚了全国近七成的优秀动漫创作工作者，创作生产了大量的动画片，输出到国内外。深圳的动漫产业实力雄厚，具有丰富的二三维动画、游戏软件和漫画创作加工经验，成长为重要的设计、生产和加工基地，在全球动漫游戏产业链中发挥重要作用。

每年5月份在深圳举行的，由国家文化部牵头，商务部、新闻出版总署、国家广电总局、中国贸促会以及广东省人民政府和深圳市人民政府联合主办的中国（深圳）国际文化产业博览交易会，作为国际展览联盟认证展会（UFI），已发展成为国家级文化产业博览交易盛会。

三 深圳的战略性新兴产业发展分析

2008年国际金融危机之时，深圳就着手谋划布局发展新兴产业，促进新技术、新业态、新模式等融合创新发展，夯实新经济发展的产业基石。自2009年，深圳在全国率先相继确定互联网、生物、文化创意产业、新材料、节能环保、新能源、新一代信息技术七大战略性新兴产业，制定了产业振兴发展规划，并推出专项扶持政策。

目前，战略性新兴产业经过快速发展，已成为深圳经济增长新一代"主引擎"。深圳战略性新兴产业在国内规模最大、集聚性最强。2017年全市新兴产业增加值合计9183.55亿元，比上年增长13.6%，比GDP平均增速高4.8个百分点，占GDP比重40.9%。七大战略性新兴产业中，新一代信息技术产业增加值4592.85亿元，比上年增长12.5%；互联网产业增加值1022.75亿元，增长23.4%；新材料产业增加值454.15亿元，增长15.1%；生物产业增加值295.94亿元，增长24.6%；新能源产业增加值676.40亿元，增长15.4%；节能环保产业增加值671.10亿元，增长12.7%；文化创意产业增加值2243.95亿元，增长14.5%。

(一) 深圳战略性新兴产业的发展趋势

深圳战略性新兴产业得到了快速发展，增加值从2012年的3878.22亿元增长至2017年的9183.55亿元，占GDP的比重逐年提升，从29.9%增长至40.9%。战略性新兴产业已成为深圳在新常态下实现有质量、可持续发展的动力源和增长点。深圳战略性新兴产业规模已经居全国首位（见图2-21）。

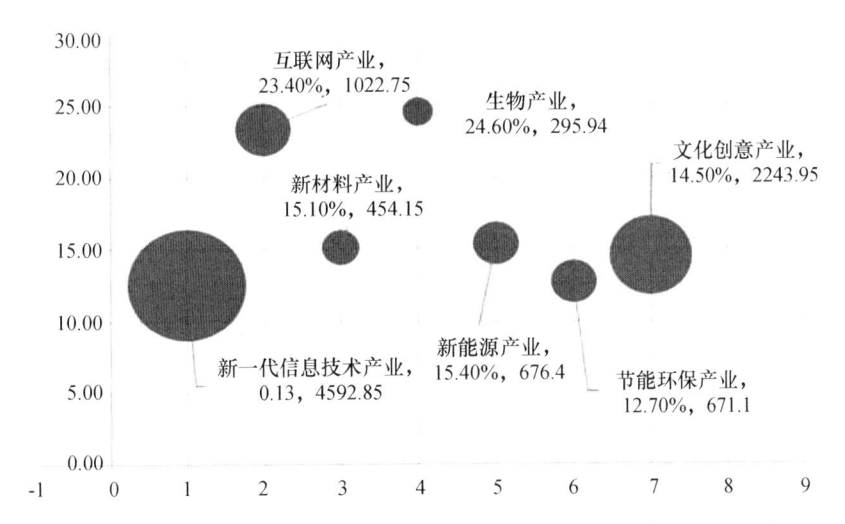

图 2-21　2017年深圳七大战略性新兴产业产值及增速（亿元，%）

资料来源：深圳市统计局。

1. 战略性新兴产业体现了高质量的增长

战略性新兴产业是产业增长点，也是未来深圳经济增长的支柱产业，其发展对于深圳未来具有决定性意义。深圳市战略性新兴产业起步较早。2009年开始，深圳陆续出台互联网、生物技术和可穿戴设备和智能装备等振兴和发展新兴产业规划，确定了战略性新兴产业的发展目标。2010年，深圳发展战略性新兴产业提速，将其定位为深圳抢占新一轮经济和科技发展高点的重要举措。到2018年，全市战略性新兴产业企业数达1万多家。2012年以来，深圳新兴产业快速增长，年均增长速度达到20%以上。2017年，新经济成为深圳经济增长的主要驱动力，新兴产业增加值占地区生产总值比重超四成，对地区生产总值增长的贡献率超过一半。

2. 高新科技企业是创新活动的主体

随着战略新兴产业的快速发展，大量具有全球业务的公司作为深圳的代言，走向世界。普联公司无线设备在世界的份额超四成，比2—10名的占有率总和还高；迈瑞医疗在世界医用诊断设备领域处于全球领先；迅雷为全球BT软件占有率首位，华为是全球最大的电信设备制造商，腾讯为全球互联网业行业巨头；此外，康泰和比亚迪等深圳产品品牌在国内和国际市场都占有较高的市场份额。

深圳科技创新领域存在著名的6个"90%"现象——90% R&D人员在企业、90%创新型企业为本土企业、90%专利产生于企业、90% R&D机构建立在企业、90% R&D投入来源于企业、90%以上重点科技项目发明专利产自行业龙头企业。2017年，深圳市认定的国家高新技术企业总数达到11230家，居全国第二，仅次于北京。2017年，深圳先进制造业和高技术制造业增加值分别占规上工业的69.5%和64.9%，快于同期规模以上工业增加值增速3.8个和3.4个百分点，对全市规模以上工业增长的贡献率分别为95.6%和86.8%，是拉动工业增长的主力军。

3. 科研机构市场化成为一个全新的发展新范式

科研机构为深圳经济增长带来源头活力，成为深圳创新的发展新范式，为深圳经济增长做出了重要贡献。截至2017年，深圳全市各级创新载体总数累计已达到1688家；深圳2017年的PCT国际专利申请数量已超过2万件，占全国总数的43.1%，连续多年位居国内各大中城市首位。超过10万从业人员从事工业设计工作，红点奖和国际iF设计大奖获奖总数居全国首位；夯实的源头创新，为深圳构建了完善的创新生态链条。如光启研究院推动深圳布局超材料领域，超多维推动深圳落子3D显示行业，华大基因带动深圳基因测序产业发展。深圳已有6家诺贝尔奖实验室等科技基础设施建成使用：依托南方科技大学组建的格拉布斯研究院，依托深圳中光工业技术研究院组建的中村修二激光照明实验室，依托香港中文大学

(深圳)组建的科比尔卡创新药物开发研究院及瓦谢尔计算生物研究院,依托清华大学深圳研究生院(清华伯克利深圳学院)组建的盖姆石墨烯中心,以及依托先进院组建的深圳内尔神经可塑性实验室等。

深圳还探索出一条在战略新兴产业领域通过市场与技术快速结合的新模式:以光启研究院和华大基因为代表的新型科研机构,一方面是科技创新的主力军,另一方面全力推动创新技术产业化。2017年,全市有115家新型研究机构,其中经省级认定的为41家,以"研究机构+公司"的模式,成为一种成功的范式。深圳是新型研发机构的优秀范本。深圳的新型研发机构数量在全国居于第一梯队,具有市场化、产业化、多元化、社会化和国际化的本质特性。

(二)新一代信息技术产业的发展趋势

经过改革开放30多年的发展,深圳已经初步形成了从集成电路的设计、制造、封装等完整的全流程产业链条。深圳新一代信息技术产业快速增长,优势明显,2017年实现增加值4592.85亿元,同比增长12.5%。深圳的信息技术产业不仅产业基础十分雄厚,而且汇集了一大批卓越优秀的高科技企业,已成为我国以及全球重要的IT产业研发基地、制造基地、出口基地和物流中心,且地位不断得到加强和巩固。

深圳新一代信息技术产业优势企业集聚,大型骨干龙头企业日益壮大,在相关领域发挥引领作用。腾讯在互联网领域已成为BAT三大巨头之一,华为、中兴在综合性通信领域处于全球领先地位,海思半导体填补了国内空白,产值在国内集成电路设计企业中居于首位。通过推出多项扶持和引导政策,优化调整空间布局,推动相关产业政策不断聚集,形成协同发展、特色鲜明的产业布局。如加快建设华为新一代通信产业基地、罗湖莲塘互联网产业集聚区,构建前海深港现代服务业合作区等。

未来几十年,新一代信息技术具有带动性、创新性和渗透性等优势和特色。软件技术日益智能化和网络化,信息技术研发创新突飞猛进,数据计算与处理能力以指数级别增长,网络技术继续沿着无线、高速和智能化的趋势和方向发展。未来深圳新一代信息技术的重点领域是语言和文字识别技术、新兴多媒体融合技术等领域，尤其是使信息技术向服务和研发两条路径同时演进。

（三）互联网产业的发展趋势

深圳的互联网产业开端早、基础牢、演进快，在网络游戏、移动互联网、物联网、电子商务、云计算、数字音乐和网络视频等领域，均居全国前列。2017年，深圳互联网产业增加值1022.75亿元，增长23.4%。深圳已成为中国重要的互联网聚集基地。

从增加值看，2017年，深圳互联网产业增长比全市战略性新兴产业的平均增长速度高出9.8个百分点，比全市生产总值现价增长速度高出14.6个百分点，呈现出强劲的活力和竞争力。尽管受到经济下行压力的影响，互联网产业4个季度增长情况有起伏，但增长势头却始终稳居七大战略性新兴产业的首位。其中，以腾讯科技（有限）公司、深圳创维—RGB电子有限公司、中国移动通信集团广东有限公司深圳分公司为代表的龙头企业，创造增加值占互联网产业比重接近五成。

"互联网+"应用于深圳经济各个领域，渗透到政务、社区服务、金融、生产和商务等方面。深圳是首批获准创建国家电子商务示范市的城市之一。产业园区包括福田国际电子商务产业园、蛇口网谷、深圳市宝安互联网产业基地等。互联网新经济日益成熟，已成为现代服务业发展的坚实支撑和依托，尤其是电子商务，作为互联网产业的龙头，带动移动通信和第三方支付等互联网新兴服务业态迅猛发展。

（四）生物医药产业的发展态势

2009年，深圳将生物产业纳入战略性新兴产业，作为重点产业扶持和培育。深圳生物产业近年来以年平均20%的增速快速发展。2017年，深圳的生物产业实现产值超过2400亿元，基因测序、高端生物医学工程、细胞治疗、生物信息等技术跃居世界前列，生物医药产业已在深圳新经济中占据重要地位，并成为经济增长新动力。2017年，深圳市生物产业增加值为295.94亿元，同比增长24.6%，位居全国前列。截至2017年，深圳有超过7000家各类生物企业，超过30万从业人员。包括国际生物谷、坪山国家生物产业基地和深圳高新技术产业园等主要产业基地,产业集聚发展势头良好。

深圳生物产业快速增长,具有贴近市场、规模潜力巨大和与国际接轨等特色。目前,深圳在基因工程药物和健康治疗等领域具有深厚的技术积累,已经形成疫苗和多肽药物等在多项细分特色领域居领先地位。深圳生物作为支出型产业,自身特色明显,产业环境逐渐成熟完善,集聚效应和规模效应显现。

深圳在高端医疗领域也优势明显,包括基因治疗、肿瘤免疫治疗和干细胞治疗等多项技术水平逐步提升。第三方医学检测机构日益增加。深圳占据我国生命信息监护和支持设备领域八成以上市场份额,四成以上的出口份额;国内细胞制备领域的第一个地方技术标准由深圳北科生物制定,建设的综合细胞库在亚洲规模最大,在粤、苏、黔等地建设了多个细胞制备中心,与国内多达400家的科研院所和机构建立了合作关系。中高端和便携彩超比重占据全国四成以上,出口份额占八成以上,只能在深圳生产,国内唯一。

截至2017年,在生物产业领域,深圳已经建成超过320家重点实验室等各级创新型载体,其中21家是国家级。深圳国家基因库无论是在可访问数据量,还是数据存储能力方面都达到国际前列,作为目前世界最大综合性基因库,为深圳国际生物谷的打造再创佳绩。深圳生物产业企业已经成为各个细分领域的龙头,通过持续研发前沿技术和不断自主创新,推动全国生物产业持续创新发展。

(五) 新材料产业发展态势

目前,深圳新材料产业已成深圳新的经济增长点,进入了快速增长阶段,产业特色优势突出,产业规模持续扩大。2017年,全市新材料产业增加值达到454.15亿元,增长15.1%。2017年全市新材料产业规模达1968亿元,预计到2020年产业规模将达2950亿元。

深圳本身资源禀赋并不具备在新材料领域的优势,却能在新能源材料、电子信息材料、超材料和复合材料等材料领域脱颖而出,尤其是在高性能膜材料、结构功能一体化材料、特种玻璃、高性能功能陶瓷、功能高分子材料、新型功能材料、电子信息材料等领域具有比较优势。在柔性显示和石墨烯太赫兹芯片等领域，深圳更是跃居世界前列。

在全国以及全球新材料细分领域，深圳一批科研机构和企业已经处于领先地位。在新型功能材料产业领导，深圳市产业规模较大，依托良好产业基础，新能源材料、电子信息材料和结构功能一体化材料快速发展；纳米材料和生物材料具有较高的附加值，但产业规模相对较小。深圳长园集团、格林美、嘉达集团、南玻集团、通产丽星和光启高等理工研究院等科研机构和企业重视研发投入，在新材料领域，已成为深圳专利申请重点企业。2017年，深圳有超过3000家新材料产业企业，其中有超过500家规上企业，全市有超过10000件新材料技术专利，尤其在细分领域，一批中小企业已经处于行业领先地位。目前，深圳相关高校、企业和科研院所成果丰富，发表400余关于石墨烯技术的SCI论文，申请了700余件相关专利。

深圳新材料产业的发展，市场的推动与政府的培育结合形成了强大的动力。多年来，深圳通过设立新材料产业领域的专项发展基金，通过创新能力的提升，推动新材料产业核心技术攻关、重点龙头企业发展、产业化项目规划建设和产业流程重点环节培育扶持等方面。主要产业园区包括光明新区电子信息材料集聚区、坪山新区动力电池材料产业集聚区等。

（六）新能源产业的发展趋势

作为低碳经济的代表性产业和国际公认的朝阳产业，新能源产业作为具有能耗低、污染低、排放低的优点，在当前全球新一轮产业竞争和经济结构调整中具有重要地位，也是实现经济社会可持续发展、推动产业结构转型升级的重要基础性产业。

2017年，深圳新能源产业实现增加值676.40亿元，同比增长15.4%。深圳新能源产业，已初步形成涵盖设备制造生产销售和能源服务全流程产业链条，纯电动汽车、太阳能、生物质能和核能等重点领域得到快速发展。

深圳的新能源装机应用规模和新能源产业规模均居全国大中城市首位，是全国第一批对私人购买新能源汽车进行补贴6个试点城市之一，是全国第一批新能源汽车示范推广13个试点城市之一，是全球新能源汽车关键零部件和整车研发、设计、测试和生产中心之一。深圳太阳能薄膜电池产业先进，生产规模全国领先，此外，全国首台插入式双模电动车、首个兆瓦级太阳能并网发电站、首个现代化垃圾焚烧发电厂、全国第一个大型商用核电站都诞生在深圳。在太阳能领域，深圳掌握了单晶硅、多晶硅关键技术和薄膜太阳能电池技术，新型平板式太阳能集热器技术位居全国前列。深圳在核能领域也处于全国领先地位，建成国内首个核级设备国产化技术研发平台。主要产业园区包括坪山新区新能源汽车产业基地、龙岗区新能源产业基地等。

新能源产业不断做强做大，已成为深圳重点培育的新经济增长驱动。深圳出台了《深圳新能源产业振兴发展政策》和《深圳新能源产业振兴发展规划（2009—2015年）》。市政府重点扶持智能电网、储能电站、生物质能、新能源汽车、页岩气、太阳能、风能、核能八大领域。

(七) 文化创意产业发展态势

文化创意产业发展在深圳市得到高度重视，经过多年技术积累，相对完整的产业体系已经初步形成，行业蓬勃活力竞相迸发。文化创意产业园区作为产业聚集的平台载体，在推动产业集聚蓬勃发展方面发挥了积极作用。国家级文化产业示范基地已有14个，大芬村、华侨城、腾讯和雅昌等家园区和企业成为其中的佼佼者；文博会以文化产业园区和基地为主体，分会场由首届的1个增加到第13届的68个。按照市场化运作的原则，以"平台+园区"功能布局，打造与文化创意产业链高度融合的文化贸易服务链，构建基地核心竞争力和可自我造血的商业模式。

深圳市政府创立"联合国教科文组织深圳创意设计新锐奖""深圳环球设计大奖"和"深圳设计周"等奖项，吸引设计企业总部、设计人才到深圳发展。"联合国教科文组织深圳创意设计新锐奖"面向年轻设计师，一般为35周岁以下全球创意城市的设计师；"深圳环球设计大奖"总奖金达100万美元，以加强全球设计领域合作与交流，重在发现具有驱动力、前瞻力、影响力、创造力的设计师;"深圳设计周"提供了一个国际性、跨行业的合作交流平台,打造面向国际的设计领域年度盛典。

2016年底,深圳市统计局联合市委宣传部、市文体旅游局共同推动完成了深圳市文化创意产业行业的界定工作。在参照国家文化产业行业目录的基础上,科学、严谨地进行了相关行业的补充,最终初步确认了145个统计行业小类组成了《深圳市文化创意产业行业目录(试行)》。市统计局根据初步确认的行业目录对"四上企业"进行了筛选认定,符合条件的文化创意"四上企业"共有3155家,并结合2016年年度快报数据进行了试算。

试算结果综合表明:2016年深圳文化创意产业全年实现增加值接近2000亿元,占全市GDP的比重达到10.0%;企业资产总额突破10000亿元,营业收入达到7561亿元,吸引了较大规模的劳动力。在文化与科技的融合、创新对发展的驱动下,文化创意产业对深圳经济社会发展的引领和推动作用进一步增强,对全市国民经济的贡献显著提高。

1. 文化创意产业的基本概况。

(1) 资产总额突破10000亿元,工业、服务业是主体

据统计,在深圳市3155家文化创意重点企业中,工业企业1393家,服务业1216家,分别占全市总企业数的44.2%和38.5%,两者合计占全市的82.7%;资产总额最高的是服务业,达到5169.68亿元,占全市的48.6%;营业收入最高的是工业和服务业,分别为3135.53亿元和2465.89亿元,占全市总数的比重分别为41.5%、32.6%;利润总额最高的是服务业657.87亿元,占全市的80.1%,其中,服务业的营业利润为609.74亿元,占比80.8%;吸纳从业人员最多的是工业企业,达到593765人,占全市的比重为55.0%。

按行政区域分,其中企业数最多的是福田区和南山区,分别有681家和655家,占比为21.6%和20.8%;其次是宝安区451家、龙岗区436家、罗湖区400家,占比分别为14.3%、13.8%、12.7%。资产总额最多的是南山区和福田区,分别达到3763.84亿元和2516.70亿元,占比35.4%、23.7%,其次是宝安区1287.46

亿元、罗湖区1277.62亿元，占比12.1%、12.0%。营业收入最高的是南山区和福田区，分别达2071.84亿元和1897.81亿元，占比27.4%、25.1%，其次是宝安区1005.38亿元、罗湖区950.62亿元，占比分别为13.3%和12.6%。实现利润总额最高的是南山区，达到539.38亿元，占全市的65.7%。从业人员最多的是福田区264184人，占比24.5%，其次是南山区188723人、宝安区182868人、龙岗区148587人，占比分别为17.5%、16.9%、13.8%（详见表2-9、图2-22、图2-23）。

表2-9 文化创意重点企业2016年主要指标情况表

指标名称	企业数（个）	资产总额（亿元）	营业收入（亿元）	利润总额（亿元）	营业利润（亿元）	从业人员（人）
合计	3155	10626.95	7561.28	821.47	754.55	1079657
按行业分组						
工业	1393	3414.88	3135.53	105.82	87.88	593765
服务业	1216	5169.68	2465.89	657.87	609.74	258577
批零业	334	1094.87	1264.40	27.09	25.49	32917
建筑业	212	947.53	695.46	30.69	31.44	194398
按行政区域分组						
罗湖	400	1277.62	950.62	34.43	31.61	78067
福田	681	2516.70	1897.81	122.96	113.78	264184
南山	655	3763.84	2071.84	539.38	502.35	188723
宝安	451	1287.46	1005.38	54.19	47.52	182868
龙岗	436	613.72	601.45	18.52	14.66	148587
盐田	77	503.81	450.77	19.97	16.69	24285
光明	108	141.21	150.44	4.17	3.49	67009
坪山	88	99.76	85.99	2.27	1.96	23143
龙华	240	397.63	317.83	25.03	22.10	96387
大鹏	19	25.21	29.14	0.55	0.39	6404

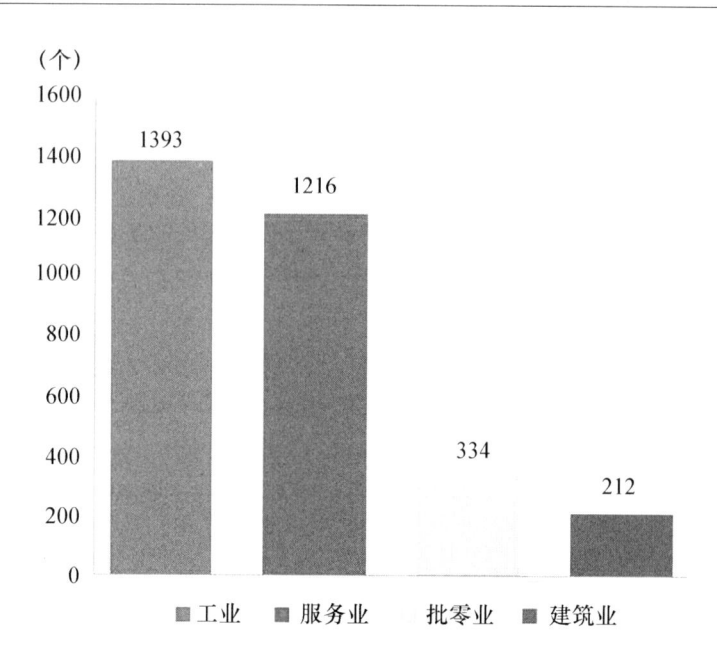

图 2-22 文化创意重点企业数按行业分组情况图

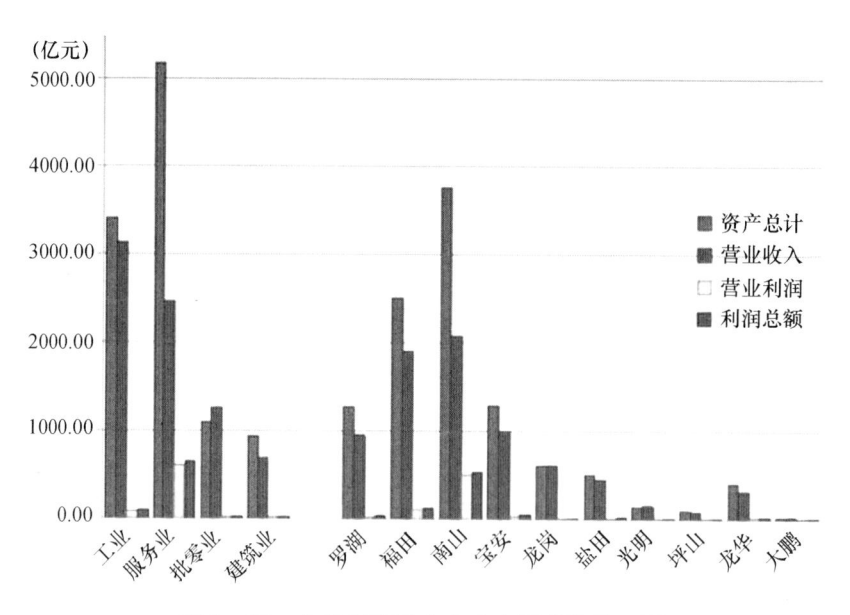

图 2-23 文化创意重点企业主要指标情况图

(2) 人均经济指标效益总体向好

2016 年深圳市文化创意重点企业按行业分人均资产、人均营业收入最多的都是批零业，分别为 332.62 万元和 384.12 万元；人均利润总额最高的则是服务业，为 25.44 万元。

按行政区域分，人均资产最多的区是盐田区和南山区，分别为 207.46 万元和 199.44 万元；人均营业收入最多的区是盐田区，为 185.62 万元，其次是罗湖区的 121.77 万元、南山区的 109.78 万元；人均利润总额最高的是南山区，达到 28.58 万元（详见表 2-10、图 2-24、图 2-25）。

表 2-10　文化创意重点企业人均主要效益指标情况表

指标名称	企业数（个）	人均资产（万元）	人均营业收入（万元）	人均利润总额（万元）
合计	3155	98.43	70.03	7.61
按行业分组				
工业	1393	57.51	52.81	1.78
服务业	1216	199.93	95.36	25.44
批零业	334	332.62	384.12	8.23
建筑业	212	48.74	35.78	1.58
按行政区域分组				
罗湖	400	163.66	121.77	4.41
福田	681	95.26	71.84	4.65
南山	655	199.44	109.78	28.58
宝安	451	70.40	54.98	2.96
龙岗	436	41.30	40.48	1.25
盐田	77	207.46	185.62	8.23
光明	108	21.07	22.45	0.62
坪山	88	43.11	37.16	0.98
龙华	240	41.25	32.97	2.60
大鹏	19	39.37	45.51	0.85

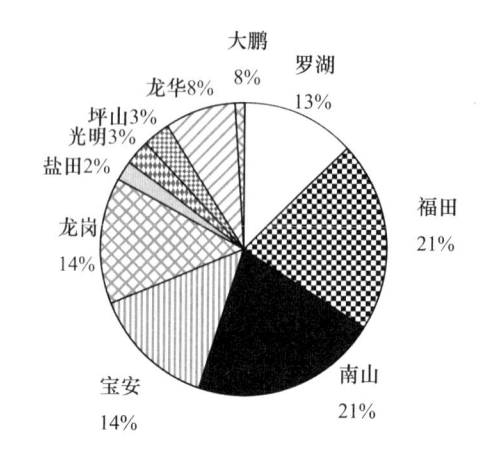

图 2-24 文化创意重点企业数分区情况图

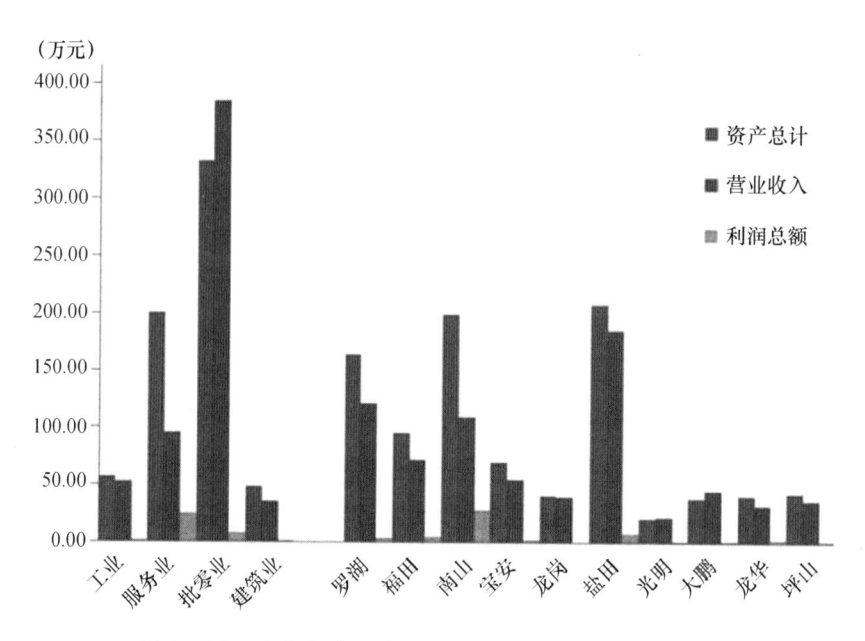

图 2-25 文化创意重点企业人均主要效益指标情况图

（3）文化创意产业增加值总量接近 2000 亿元大关，整体实力显著提升

2016 年，深圳文化创意产业实现增加值 1971.39 亿元，同比增长 11.0%，占全市 GDP 的 10.0%，比上年提高 0.3 个百分点。

2011—2016年增加值分别为920.00亿元、1150.00亿元、1357.00亿元、1553.64亿元、1757.14亿元和1971.39亿元,增速分别为26.7%、25.0%、18.0%、15.6%、13.1%、11.0%。2016年文化创意产业增加值是2011年的2.1倍,六年的年平均增速为18.1%,在七大战略性新兴产业中属于增长较快的产业。

——占七大战略性新兴产业比重平均达25%。文化创意产业增加值占七大战略性新兴产业增加值比重一直较为稳定,平均占比维持在25%以上,与新一代信息技术产业合计成为战略性新兴产业规模扩张的主导力量。为全市经济实现有质量的稳定增长、可持续的全面发展做出了重要贡献(详见表2-11)。

表2-11　　2011—2016年七大战略性新兴产业增加值占比表　　(单位:%)

年份	新一代信息技术	互联网	新材料	生物	新能源	节能环保	文化创意产业
2011	43.3	8.9	6.4	5.4	7.8		28.2
2012	42.3	9.2	5.9	5.3	7.6		29.7
2013	44.4	10.0	7.2	4.6	6.7		27.1
2014	45.1	10.1	6.7	4.3	6.5		27.3
2015	45.3	10.8	4.7	3.6	5.8	4.7	25.1
2016	48.4	9.2	4.5	2.7	7.1	4.8	23.3

——占GDP的比重逐年递增。深圳文化创意产业增加值占全市生产总值比重逐年提高。2011—2016年,文化创意产业增加值占全市生产总值比重分别为7.4%、8.0%、8.9%、9.7%、9.7%、10.0%,六年间比重提高了2.6个百分点,已成为我市的支柱产业,是带动全市经济快速健康发展的重要引擎之一(详见图2-26)。

——服务业超过五成。从四大行业看,服务业实现增加值1077.03亿元,占54.6%,位居第一;工业排名第二,实现增加值589.46亿元,占29.9%;建筑业排名第三,实现增加值228.55亿元,占11.6%;批零业排名最后,实现增加值76.34亿元,占

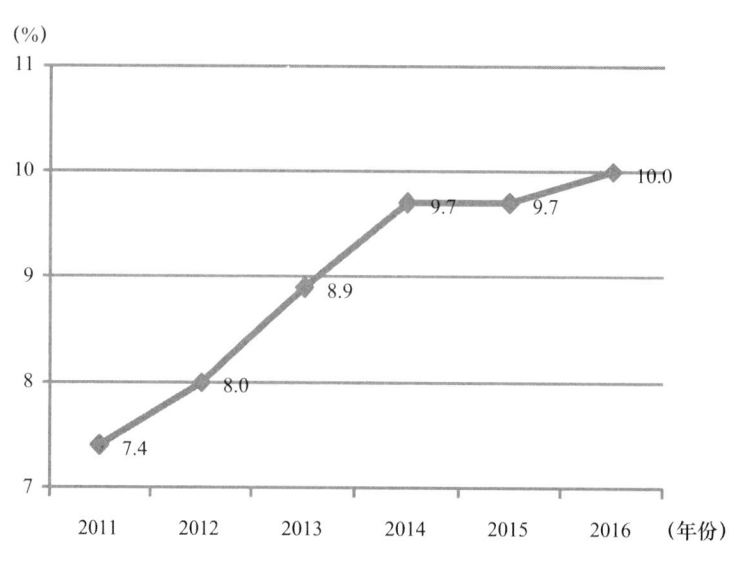

图 2 – 26　2011—2016 年文化创意产业增加值占 GDP 比重情况图

3.9%（详见表 2 – 12 和图 2 – 27）。

表 2 – 12　　　　　　　　重点企业增加值分行业情况表

指标名称	增加值（亿元）	比重（%）
合计	1971.39	100.0
服务业	1077.03	54.6
工业	589.46	29.9
建筑业	228.55	11.6
批零业	76.34	3.9

——南山区最高。从全市十个区来看，2016 年南山区文化创意产业的增加值最大，达 864.08 亿元，占 43.8%；其次依次为福田区 425.05 亿元，占 21.6%；宝安区 210.88 亿元，占 10.7%；龙岗区 132.14 亿元，占 6.7%；罗湖区 128.71 亿元，占 6.5%；龙华新区 95.67 亿元，占 4.9%；光明新区 46.13 亿元，占 2.3%；盐田区 41.37 亿元，占 2.1%；坪山新区 20.45 亿元，占 1.0%；大鹏新区 6.93 亿元，占 0.4%（详见表 2 – 13 和图 2 – 28）。

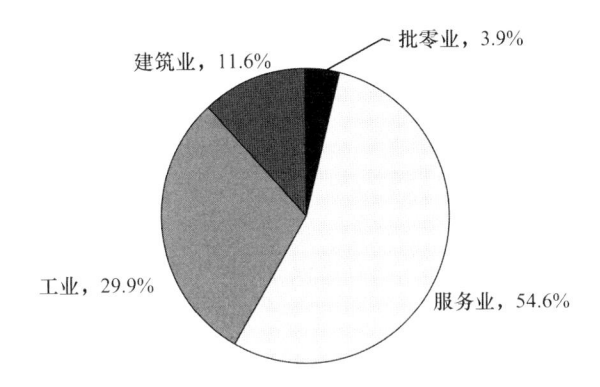

图 2-27 重点企业增加值分行业情况

表 2-13　　　　　重点企业增加值分区情况表

指标名称	增加值（亿元）
总计	1971.39
南山	864.08
福田	425.05
宝安	210.88
龙岗	132.14
罗湖	128.71
龙华	95.67
光明	46.13
盐田	41.37
坪山	20.45
大鹏	6.93

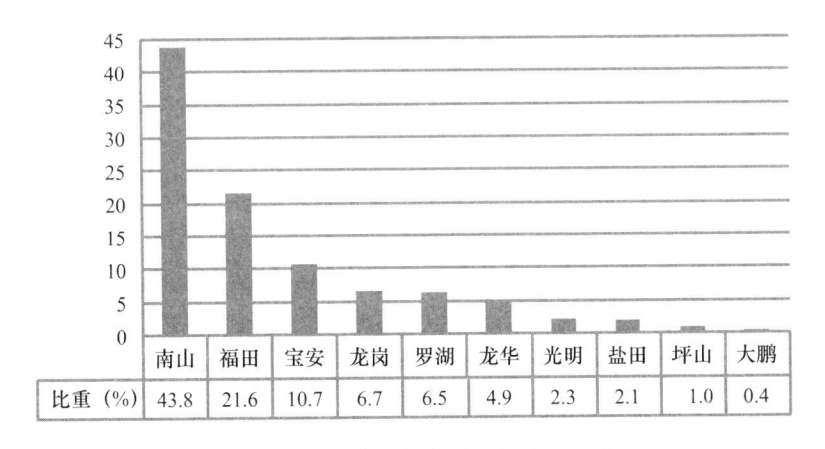

	南山	福田	宝安	龙岗	罗湖	龙华	光明	盐田	坪山	大鹏
比重（%）	43.8	21.6	10.7	6.7	6.5	4.9	2.3	2.1	1.0	0.4

图 2-28 重点企业增加值分区分占比情况

——内资企业增加值占比超过五成。按登记注册类型分,内资企业实现增加值1101.08亿元,占55.8%;港澳台投资企业实现增加值692.99亿元,占35.2%,外商投资企业实现增加值177.32亿元,占9.0%(详见表2-14和图2-29)。

表2-14　　　　　重点企业增加值分注册类型情况表

指标名称	增加值(亿元)	比重(%)
合计	1971.39	100.0
内资企业	1101.08	55.8
港澳台投资企业	692.99	35.2
外商投资企业	177.32	9.0

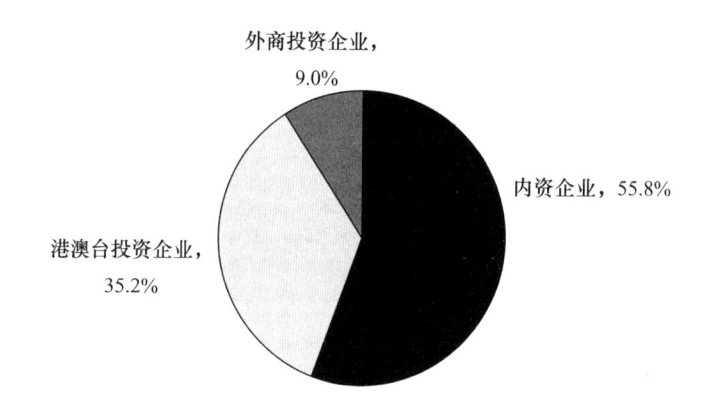

图2-29　重点企业增加值分注册类型情况

——私人控股与港澳台控股实现增加值势均力敌。按控股情况分,国有控股法人单位数160家,实现增加值161.76亿元,占8.2%;集体控股法人单位数31家,实现增加值55.76亿元,占2.8%;私人控股法人单位数1856家,实现增加值750.22亿元,占38.1%;港澳台商控股法人单位数726家,实现增加值696.85亿元,占35.3%;外商控股法人单位数190家,实现增加值157.55亿元,占8.0%;其他控股法人单位数192家,实现增加值149.25亿元,占7.6%(详见表2-15)。

表2-15　　　　　重点企业增加值分控股情况表

指标名称	单位数（家）	增加值（亿元）
总计	3155	1971.39
国有控股	160	161.76
集体控股	31	55.76
私人控股	1856	750.22
港澳台商控股	726	696.85
外商控股	190	157.55
其他	192	149.25

（4）排名前十企业龙头地位十分突出

2016年，深圳市文化创意重点企业增加值位于前100名的企业资产总额4939.25亿元，占全市文化创意产业企业的46.5%；营业收入3560.34亿元，占47.1%；营业利润566.91亿元，占75.1%，利润总额608.40亿元，占74.1%，从业人员314200人，占29.1%；增加值1133.72亿元，占57.5%；人均增加值36.08万元，是全市文化创意产业人均水平的1.98倍。其中，位于前10名的企业资产总额2738.79亿元，占全市文化创意产业的25.8%；营业收入1494.32亿元，占19.8%；营业利润392.93亿元，占52.1%，利润总额417.72亿元，占50.9%，从业人员70284人，占6.5%；增加值561.06亿元，占28.5%；人均增加值79.83万元，是人均水平的4.37倍。统计表明，前10名企业占有举足轻重的地位（详见表2-16和图2-30）。

表2-16　　文化创意重点企业2016年主要指标情况表　　（单位：亿元）

指标名称		资产总计	营业收入	营业利润	利润总额	从业人员（人）	增加值	人均增加值（万元）
全市总计		10626.95	7561.28	754.55	821.47	1079657	1971.39	18.26
前100名企业	绝对值	4939.25	3560.34	566.91	608.40	314200	1133.72	36.08
	比重（%）	46.5	47.1	75.1	74.1	29.1	57.5	—

续表

指标名称		资产总计	营业收入	营业利润	利润总额	从业人员（人）	增加值	人均增加值（万元）
前10名企业	绝对值	2738.79	1494.32	392.93	417.72	70284	561.06	79.83
	比重（%）	25.8	19.8	52.1	50.9	6.5	28.5	—

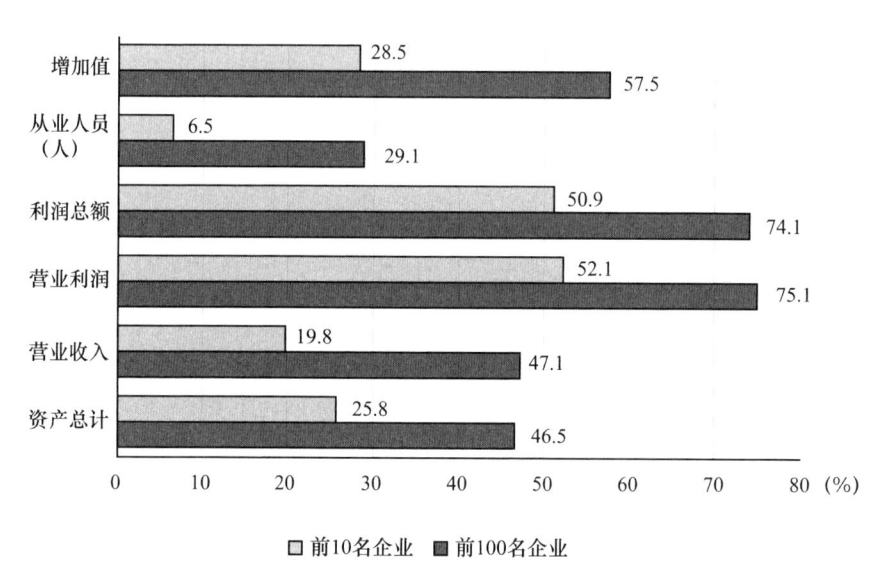

图 2-30　文化创意重点企业 2016 年主要指标情况图

从具体企业情况来看，增加值排名前五的企业是腾讯科技（深圳）有限公司、深圳创维—RGB电子有限公司、深圳腾讯计算机系统有限公司、深圳市云中飞网络科技有限公司、康佳集团股份有限公司。

2. 文化创意产业发展的特征

（1）文化创意产业一般以服务业为主

深圳市 2016 年文化创意服务业单位数虽然比工业少 177 家，但在主要经济指标中完全超越其他行业。资产总额占全行业比重 48.6%、利润总额占全行业比重 80.1%、实现增加值占全行业比重 54.6%。

工业在企业营业收入和实现就业方面表现抢眼。营业收入占全行业比重 41.5%，从业人员占全行业比重 55%。

一直以来，文化制造业都是深圳传统文化产业的优势所在，文化产业占 GDP 的比重高也得益于深圳文化制造业较为发达。随着近年来经济转型，落后产能迁转，文化创意和设计、新兴互联网产业等产业的兴起，文化创意服务业已超越文化创意制造业，各项指标的比重都在持续提高。

（2）区域发展不平衡

3155 家文化创意重点企业年度快报结果显示，罗湖、福田、南山、宝安 4 区集中了全市 69.3% 的企业、66.1% 的从业人员、83.2% 的资产、78.4 的营业收入、91.4% 的利润。而盐田、光明新区、坪山新区、大鹏新区四个区只占了全市 9.3% 的企业、11.2% 的从业人员、7.2% 的资产、9.5% 的营业收入、3.3% 的利润，区域布局严重不平衡。区域差距过大，无法形成功能互补、各具特色、协调发展、各展优势的区域产业均衡发展和齐头并进局面。

（3）新兴行业发展势头较好

近年来深圳统筹各类资源，加强协调配合，着力推进文化软件服务、建筑设计服务、专业设计服务、广告服务等现代文化产业和新兴文化产业，现代文化产业和新兴文化产业因其自身固有的产业特点，市场开放程度很高，特别是网络文化服务、文化休闲娱乐服务、互联网、多媒体等高新技术应用极为普遍，不断有新的增值业务，市场潜力远大于传统文化产业。文化创意产业小类"互联网信息服务"四上单位虽然只有 47 家，占四上文化创意法人单位的比例仅为 1.5%，却实现营业收入 989.9 亿元，占比 13.1%；利润总额 343.9 亿元，占比 41.9%；增加值 425.2 亿元，占比 21.6%。

3. 文创创意产业的机遇与挑战

深圳市创意设计业优势地位明显，是中国现代平面设计的发源地，工业设计、室内设计占全国较大市场份额，成为国内第一个被联合国教科文组织认定的"设计之都"。动漫游戏业起步早、发展快，文化软件服务、互联网信息服务、数字电视、数字音乐发展势头良好，涌现出腾讯等一批知名领军企业，汇聚了大批文化创意人才。文化旅游引领国内潮流，华侨城集团、华强文化科技集团是中国最具创意和创新能力的知名文化旅游企业。深圳还是中国最大的高端印刷及黄金珠宝生产基地，占据了国内较大市场份额。新闻出版、广播影视、文化会展等行业也都在全国具有重要的影响力，今后要继续发挥城市特色，与科技紧密融合，形成"文化+互联网""文化+科技""文化+旅游""文化+金融""文化+创意"等新兴企业，突出文化产业"深圳质量"，着力打造深圳文化产业的"2.0"时代。

（八）节能环保产业发展态势

节能环保产业是为节约能源资源、发展循环经济、保护生态环境提供物质基础和技术保障的产业，是国家加快培育和发展的七个战略性新兴产业之一。2017年，深圳节能环保产业实现增加值671.10亿元，同比增长12.7%。深圳市的节能环保产业正成为经济转型发展的内生动力。

深圳市政府重点支持高效节能产业、先进环保产业、资源循环利用产业、节能环保服务业等领域。从发展现状看，深圳在高效电机及其控制系统、高效风机、高效储能、高效节能电器、高效照明产品及系统、节能智能控制、绿色建筑材料、节能交通工具等高效节能领域；在环境监测仪器设备、电子行业废水处理、除尘脱硫脱硝技术、水生态修复技术、城市生活污水处理等先进环保领域；在危险废物资源化利用、垃圾焚烧发电、电子废弃物和废旧集装箱回收再利用等资源循环利用领域居全国领先水平。

2017年，深圳超过2000家相关企业从事节能环保产业，490家规模以上节能环保企业，100多家营业收入过亿元企业，20家10亿元以上企业，在资源循环利用领域、高效节能领域、先进环保领域均居全国前列。拥有一大批具有自主创新优势、综合实力强的龙头企业，以及增长潜力大的中小企业。在高效电机及控制系统领域，拥有汇川、英威腾、安托山等；在半导体照明领域，拥有万润、九洲、瑞丰、雷曼等；在水处理领域，拥有水务集团、光大环保等；在废弃物处理领域，拥有东江环保、能源环保、格林美、嘉达高科等；在节能环保服务领域，拥有铁汉生态、达实智能、世纪天源等。

深圳节能环保服务业发展迅速,已形成一定核心竞争能力,产值约占广东总产值的50%。目前有国家备案节能服务公司155家,占全国数量十分之一,城市综合节能规划、建筑节能、工业节能等领域设计开发能力在国内处于领先水平。环保服务业已经形成核心竞争能力,在城镇污水处理、生活垃圾处理、工业污染治理等重点领域发展迅速,形成了一批包括系统设计、设备成套、工程施工、调试运行、维护管理的专业化、社会化环保服务总承包企业。

深圳率先制定了《深圳经济特区循环经济促进条例》《深圳市公共机构节能管理办法》《深圳经济特区建筑节能条例》《深圳市建筑废弃物减排与利用条例》《深圳经济特区碳排放管理若干规定》等法规;出台了《深圳市合同能源管理项目管理暂行办法》《深圳市餐厨垃圾管理办法》《深圳市绿色建筑促进办法》等规章,节能环保产业发展的政策法规体系初步形成。

(九) 深圳新产业已成为新旧动能转换器

2017年,深圳市新兴产业加速发展,新动能持续迸发,总体呈现"稳中有进,高位突破"的良好态势。全年规模首次突破9000亿元大关,实现新兴产业增加值9183.55亿元(已剔除产业之间的重复),比上年增长13.6%(现价,下同),增速比上年同期提高3个百分点;占全市生产总值的比重由上年同期的40.3%提高到40.9%,提高了0.6个百分点,超过计划目标0.1个百分点;按现价计算,对全市生产总值增长的贡献率达到46.7%。新兴产业已成为深圳市新旧动能转换的推进器,为全市经济高质量、可持续地发展奠定了坚实的基础。

1. 总体稳中有进,增长高位突破

截至2017年12月末,深圳市在统的"四上"新兴产业企业有6589家。其中,工业3618家,服务业2014家,批发和零售业649家,建筑业308家。2017年,各季度(累计)创造的增加值分别为1853.88亿元、3936.03亿元、6269.66亿元、9183.55亿元,占全市生产总值比重分别为40.4%、40.5%、40.7%、40.9%,比上年同期分别提高0.4个、0.5个、0.6个、0.6个百分点,新兴产业整体规模保持着稳中有进的态势。

在总量保持稳步上升的基础上,深圳新兴产业仍然保持两位数的较高增长,2017年一季度、上半年、前三季度、全年增速分别高于上年同期增速0.7个、1.8个、3.4个和3.0个百分点,各季度累计增速较上年同期均呈现高位突破、小幅上涨态势(见图2-31)。

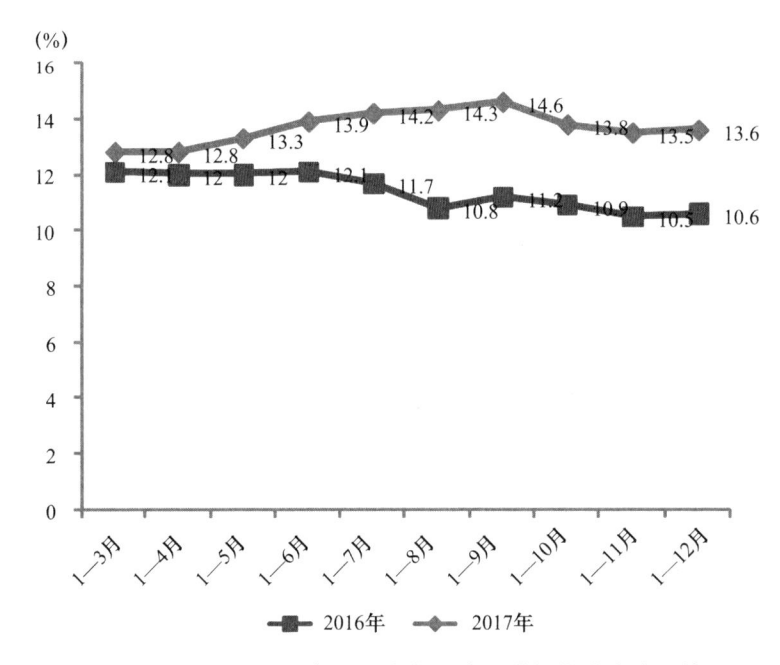

图2-31 2016—2017年深圳市新兴产业增加值增速分月情况

2. 十一个产业中有十个产业规模进入"百亿元"大关

深圳市新兴产业类别数的统计由少到多,产业类别由最初的三个逐步扩大到现在的十一个。2017年,十一个产业中有十个产业的增加值规模跨入"百亿元"大关。其中,有三个产业超千亿元(分别超过4000亿元、2000亿元和1000亿元);八个产业的增长速度高于全市新兴产业的平均增速,产业集聚效应和集群效应逐渐凸显(见表2-17)。

表 2-17　　　2017 年深圳市新兴产业各产业增加值情况

指标名称	增加值（亿元）	增速（%）
新一代信息技术	4592.85	12.5
文化创意	2243.95	14.5
互联网	1022.75	23.4
新能源	676.40	15.4
节能环保	671.10	12.7
机器人、可穿戴设备和智能装备	639.64	15.1
新材料	454.15	15.1
海洋	401.45	13.1
生物	295.94	24.6
航空航天	146.64	30.5
生命健康	98.12	19.5

注：（1）表中各产业之间有交叉重复情况。
（2）表中增加值的增长速度按现价计算。

新一代信息技术产业的主导地位持续升级，航空航天产业增速领跑。分产业看，新一代信息技术产业全年实现增加值 4592.85 亿元，规模最大，增长 12.5%；文化创意产业 2243.95 亿元，增长 14.5%；互联网产业 1022.75 亿元，增长 23.4%；新能源产业 676.40 亿元，增长 15.4%；节能环保产业 671.10 亿元，增长 12.7%；机器人、可穿戴设备和智能装备产业 639.64 亿元，增长 15.1%；新材料产业 454.15 亿元，增长 15.1%；海洋产业 401.45 亿元，增长 13.1%；生物产业 295.94 亿元，增长 24.6%；航空航天产业 146.64 亿元，增长 30.5%；生命健康产业 98.12 亿元，增长 19.5%。其中，航空航天产业的增长速度高于全市新兴产业平均增速 16.9 个百分点（见图 2-32）。

3. 新兴产业推动和支撑工业快速发展

深圳新兴产业涵盖了工业、服务业、批发和零售业、建筑业四个行业领域，其分别占全市新兴产业增加值的比重为 71.3%、21.8%、3.0% 和 3.9%。新兴工业既是深圳市新兴产业的最主要的组成部分，又是推动全市工业发展的生力军。2017 年新兴产业中的工业企业增加值占全市规模以上工业增加值比重达到78.0%，按可比价格计算，比上年增长10.2%，领先全市规上工业企业平均增速0.9个百分点（见图2-32、图2-33）。

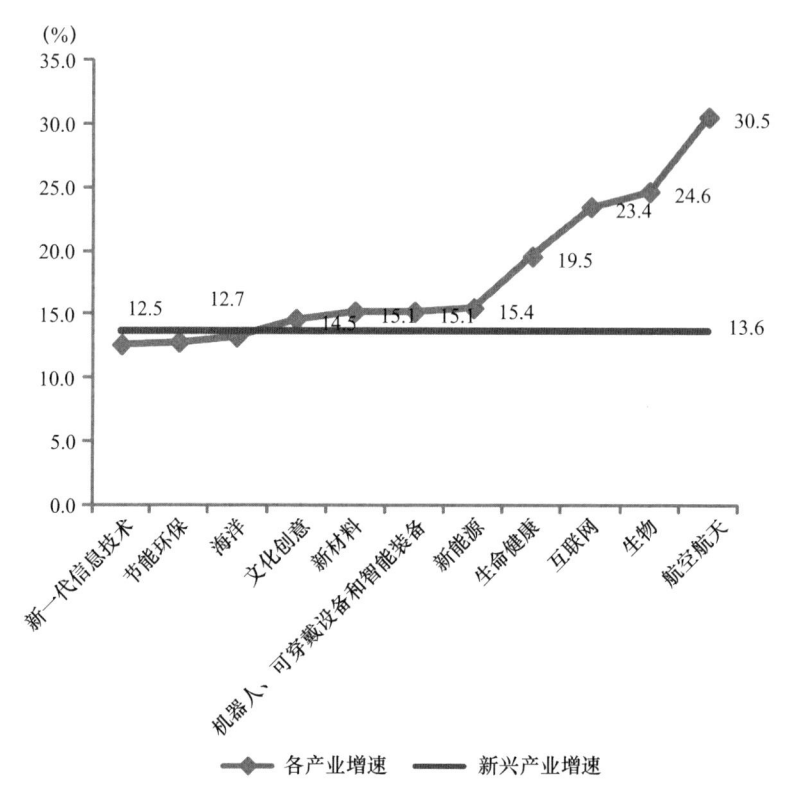

图2-32 2017年深圳市新兴产业各产业增加值增速情况

深圳新兴产业经过9年的发展，已形成一批具有较强的自主创新能力和技术引领作用的龙头企业，成为新兴产业的中坚力量。据统计，增加值排名前20强的新兴产业企业全年创造的增加值占全市新兴产业增加值比重为45.2%，对全市新兴产业增加值增长的贡献率达到56.9%。

随着互联网、航空航天、新材料、机器人、可穿戴设备和智能装备等新兴产业的快速发展，继华为、中兴、腾讯等一批深圳本土企业成为世界知名品牌之后，大疆、柔宇、光启、优必选等一批新

新兴服务业
21.8%

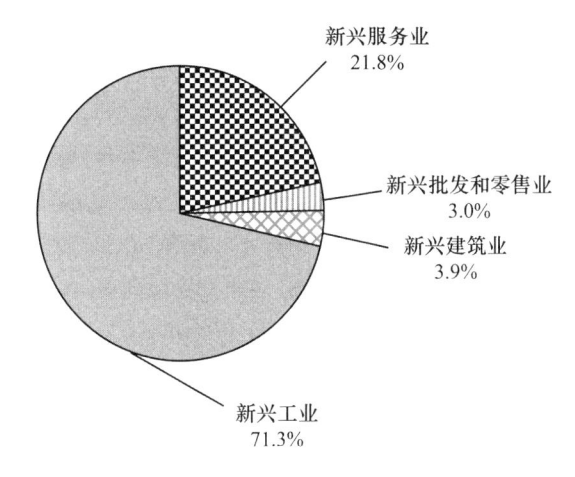

新兴批发和零售业
3.0%

新兴建筑业
3.9%

新兴工业
71.3%

图 2-33　2017 年深圳市新兴产业行业结构分布情况

兴企业正在蓬勃发展，增长势头喜人。其中，大疆集团增加值增速超过 57.0%，优必选增加值增速超过 25.0%，这批新兴企业为助力新技术与传统产业相融合，为推动产业升级、行业增长提供了有力支撑。

4. 新兴产业带动区域转型，区域发展各有所长

新兴产业的集聚效应有力支撑了区域经济的转型升级。分区域看，按增加值规模由高到低排列，南山区新兴产业增加值 2821.89 亿元，占全市新兴产业增加值比重为 30.7%；龙岗区 2314.21 亿元，占比 25.2%；宝安区 1244.97 亿元，占比 13.6%；龙华区 862.79 亿元，占比 9.4%；福田区 714.89 亿元，占比 7.8%；光明新区 342.91 亿元，占比 3.7%；坪山区 313.90 亿元，占比 3.4%；罗湖区 277.17 亿元，占比 3.0%；大鹏新区 214.18 亿元，占比 2.3%；盐田区 76.64 亿元，占比 0.8%（见图 2-34）。

从增加值增速看，与全市新兴产业增速对比，十个区呈现"五高五低"现象，坪山区增长幅度最大，增长 22.8%，遥遥领先全市增速 9.2 个百分点；紧接其后的是龙岗区和光明新区，分别增长 18.6% 和 18.1%，高于全市增速 5.0 个、4.5 个百分点。南山区增长 16.0%；宝安区增长 12.6%；罗湖区和盐田区均增长 8.6%；大鹏新区增长 6.2%；福田区增长 4.9%；龙华区增长 3.1%，低于全

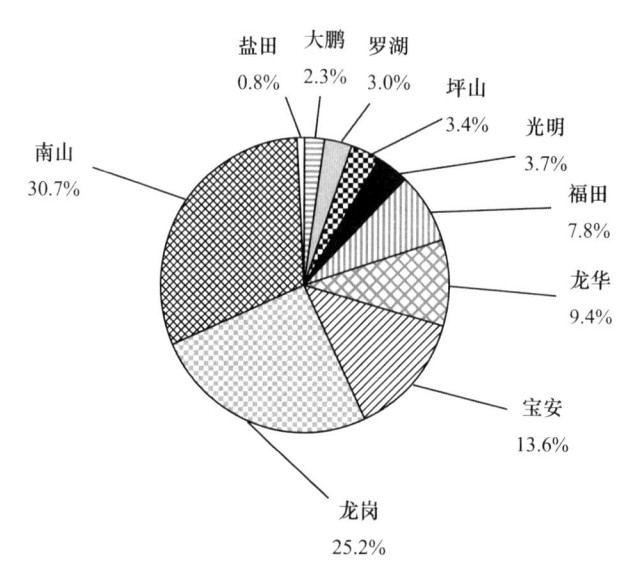

图 2-34 2017 年深圳市新兴产业各区分布情况

注：图中比重相加不等于100%，是由于数值修约误差所致，未做机械调整。

市增速10.5个百分点（见图 2-35）。

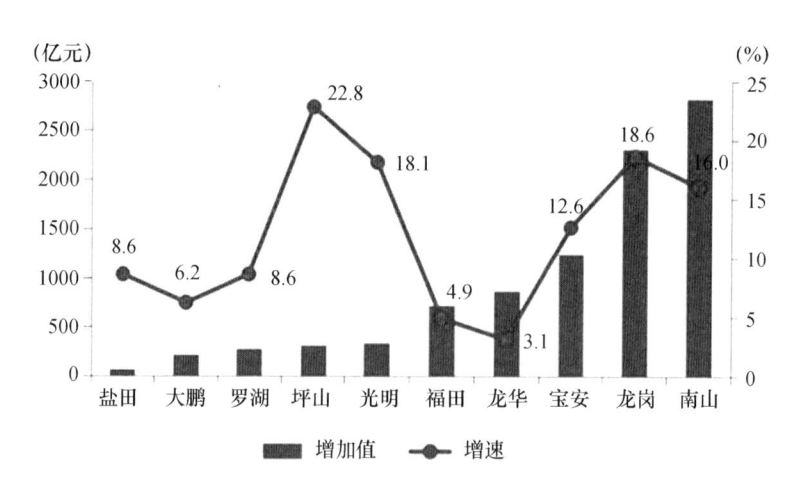

图 2-35 2017 年深圳市各区新兴产业增加值、增速情况

从新兴产业占各区生产总值来看，大鹏新区的比重为64.9%，为各区最高，超过全市比重（40.9%）24个百分点，南山、龙岗、坪山新兴产业占各自生产总值的比重也分别以61.3%、60.0%和51.9%的高份额占比领跑全市。

受功能定位不同的影响，各区新兴产业的发展可谓是各有所长。比如，南山是汇集了新一代信息技术、互联网、机器人、可穿戴设备和智能装备、文化创意、海洋产业的大区；龙岗是以华为技术有限公司为代表的新一代信息技术产业的重镇；坪山和大鹏是以比亚迪、核电为代表的新能源的大区。正是由于各区不同的定位才成就了深圳市多种新兴产业的共同发展，使全市拥有多个经济增长点成为可能。

（十）G20 重点企业增长分析

1. G20 数量与增加值变动

（1）数量变动

从企业变动情况看，2015—2017年度重点企业增加值前20名企业（G20企业）变化情况不大，企业变动情况分别为2016年较2015年变更3家，原有三家金融企业虽然增速较高，但仍被一家金融企业（中信银行股份有限公司信用卡中心）及两家发展较快的服务业企业（广深铁路股份有限公司、深圳航空有限责任公司）取代。2017年较2016年变更2家，2016年两家工业企业均被新入驻的一家金融企业（平安银行股份有限公司信用卡中心）和一家工业企业（深圳市裕展精密科技有限公司）取代。总体来看，G20企业名单变动幅度减小，变动率由15%降为10%，企业持续增长，发展稳定。从2015年至2017年连续三年一直保持在增加值前20的企业有15家，占75%（见图2-36）。

（2）增加值变动

分专业看，2015年至2017年G20企业增加值占全市GDP比重介于26%—31%之间，分别为30.2%、26.5%、26.5%，其中工业企业分别有7家、7家、6家，增加值为2930.30亿元、2866.14亿元、2941.72亿元，占G20企业总增加值比重近半，分别为55.39%、55.42%、49.48%，但2017年下降，较上年缩小近6个百分点；服务业企业分别有2家、4家、4家，增加值为379.71亿元、655.86亿元、774.52亿元，比重为7.18%、12.68%、

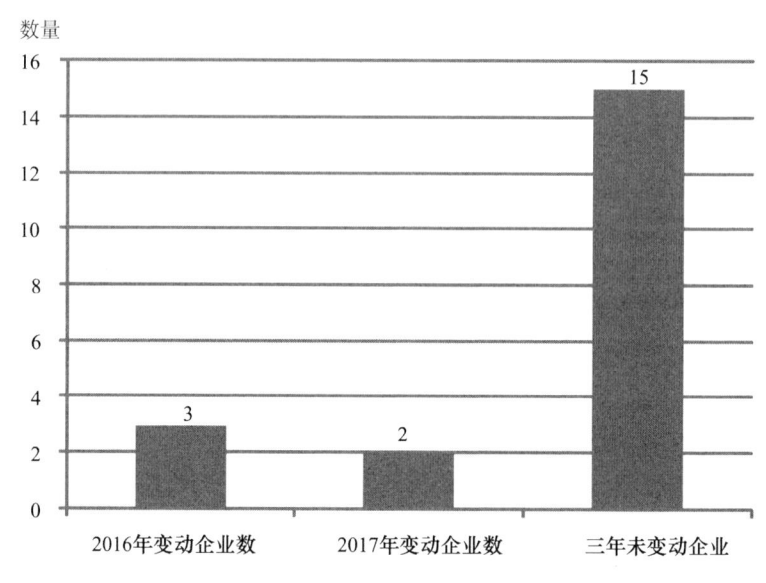

图 2-36 2015—2017 年 G20 企业变动情况

13.03%，呈逐年上升趋势；金融企业分别有 11 家、9 家、10 家，占 G20 企业总数二分之一，增加值为 1980.19 亿元、1649.41 亿元、2228.68 亿元，比重为 37.43%、31.89%、37.49%，占比近四成（见图 2-37）。

	2015年工业	2016年工业	2017年工业	2015年服务业	2016年服务业	2017年服务业	2015年金融业	2016年金融业	2017年金融业
增加值（亿元）	2930.30	2866.14	2941.72	379.71	655.86	774.52	1980.19	1649.41	2228.68
占GDP比重（%）	55.39	55.42	49.48	7.18	12.68	13.03	37.43	31.89	37.49

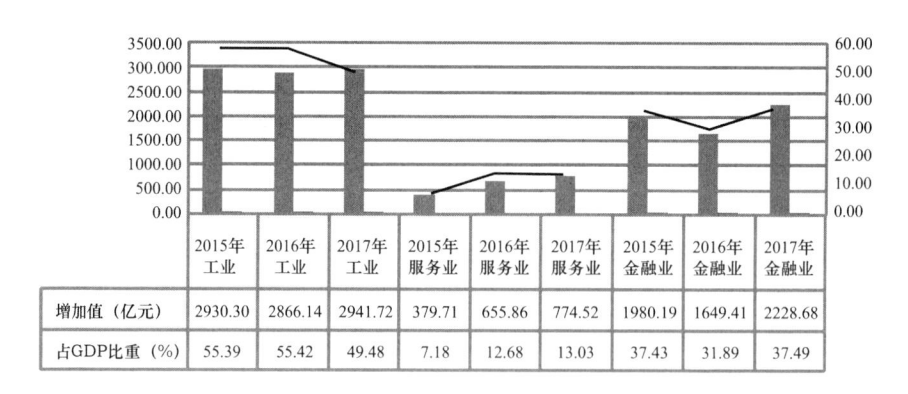

图 2-37 2015—2017 年 G20 分专业增加值及其占 G20 总额比重

2. 各行业重点企业分析

（1）数量变动

分行业看，规上工业，装备制造业，批发业，零售业，房地产开发业，租赁和商务服务业，信息传输、软件和信息技术服务业，文化体育和娱乐业企业变动较大，企业变动数量连续两年在 5 家及以上，两年平均变动率分别为 26.7%、32.5%、60.0%、57.5%、70.0%、27.5%、27.5%、25.0%，其中房地产开发业、批发业、零售业变动较为明显，两年平均变动率基本在 60% 左右，分别达 70.0%、60.0%、57.5%。交通运输业、住宿业、餐饮业、银行业、证券业、保险业、科学研究和技术服务业企业发展较稳定，连续两年企业变动数量均在 5 家以内，两年平均变动率分别为 12.5%、15.0%、17.5%、7.5%、20.0%、20.0%、20.0%，其中银行业两年平均变动率为 7.5%，为变动最小的行业（见图 2-38）。

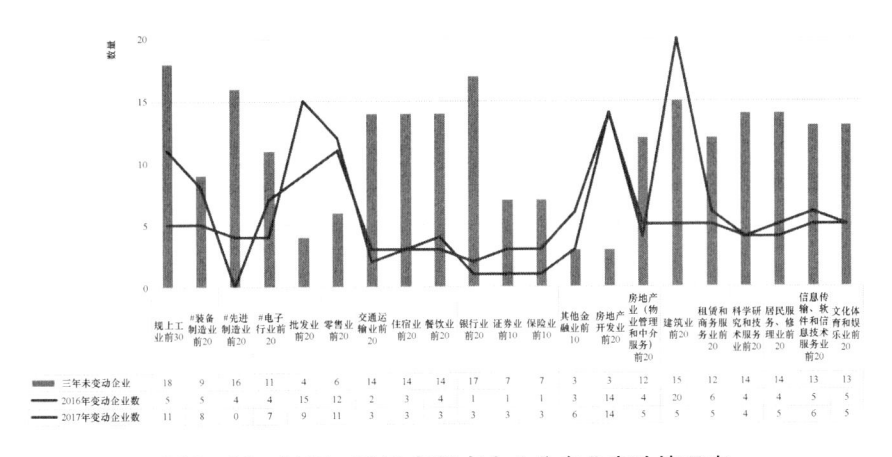

图 2-38　2015—2017 年重点企业分专业变动情况表

注：2015 年建筑业未进行增加值核算统计，2017 年先进制造业口径调整，暂时取消增加值核算，因此企业数量为 0。

（2）增加值变动

总体来看，各行业增加值基本呈现逐年上升的趋势，占各年度 GDP 比重变化不大（3% 以内）。分行业看，规上工业前 30 名企业

（包含装备制造业、先进制造业、电子行业部分企业）增加值占GDP比重最大，占比在17%—21%之间，但有逐年下降趋势；因2016年各专业数据最齐全，故以2016年各行业数据分析，其他各行业占比由大到小依次为银行业前20名企业，信息传输、软件和信息技术服务业前20名企业，保险业前10名企业，证券业前10名企业，交通运输业前20名企业，房地产开发业前20名企业，批发业前20名企业，建筑业前20名企业，租赁和商务服务业前20名企业，零售业前20名企业，房地产业（物业管理和中介服务）前20名企业，科学研究和技术服务业前20名企业，其他金融业前10名企业，餐饮业前20名企业，文化体育和娱乐业前20名企业，住宿业前20名企业，居民服务、修理业前20名企业，占比分别为8.2%、4.5%、3.0%、2.4%、2.0%、1.9%、1.2%、1.1%、0.8%、0.7%、0.6%、0.5%、0.4%、0.2%、0.2%、0.1%、0.1%（见图2-39）。

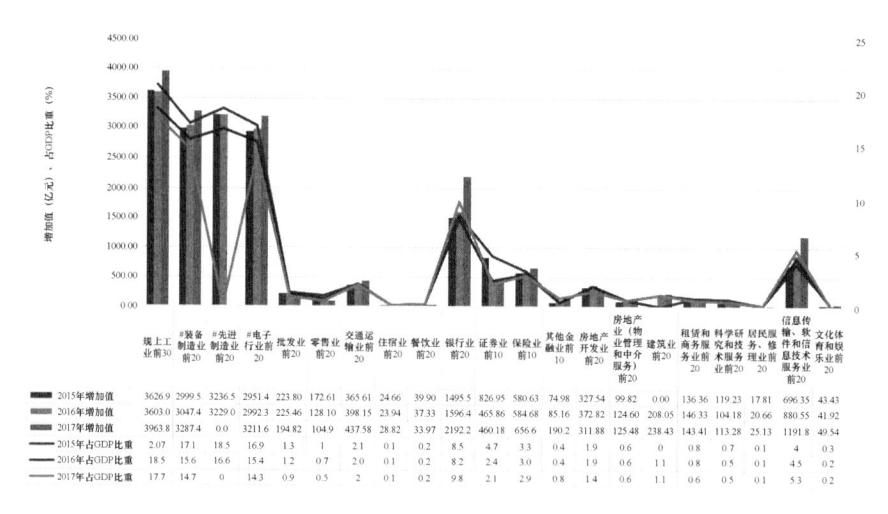

图 2-39　2015—2017 年重点企业分行业增加值及占 GDP 比重

注：2015年建筑业未进行增加值核算统计，2017年先进制造业口径调整，暂时取消增加值核算，因此增加值及比重均为0。

从企业来看，华为技术有限公司、比亚迪汽车工业有限公司、深圳市大疆创新科技有限公司及其子公司深圳市大疆百旺科技有限公司等知名工业企业，凭借在信息通信、新能源汽车、无人机等领域核心技术的自主创新能力位居世界前列，多次跻身深圳市规上工业前30名，甚至G20企业之列。服务业企业中，腾讯科技（深圳）有限公司通过创新，不断改善用户体验，打造了中国最大的即时通信平台，增加值一直位于行业前茅，并且保持高速良好发展（2015—2017年三年增速分别为29.5%、36.6%、31.4%）。中国移动通信集团广东有限公司深圳分公司、中国电信股份有限公司深圳分公司、中国联合网络通信有限公司深圳市分公司三大运营商以创新驱动发展，不断扩大网络覆盖、提升网络服务，也取得良好发展，连续三年位居信息传输、软件和信息技术服务业前10名。金融企业中，平安银行股份有限公司、中国平安人寿保险股份有限公司、招商银行股份有限公司作为深圳本土企业，得益于深圳优越的创新发展环境，近三年发展良好，增加值总量三年均位于行业前列。

综上，从重点企业的数量和增加值占比变化来看，占GDP比重较大的企业、行业均变动较小，G20及各行业重点企业增加值占GDP比重变化不大。深圳市占GDP超过七成的20家重点企业持续稳定健康发展，其中工业举足轻重，服务业呈上升趋势；各行业重点企业发展态势良好，持续拉动GDP增长，工业仍是支柱行业，服务业发展加快。总之，深圳经济基础厚实、结构合理、企业发展稳定，表现出较高的增长质量。深圳企业凭借改革创新，引领城市发展，驱动经济繁荣。

第五节　经济增长的质量特征

一　经济增长绿色化、低能耗

经济发展的持续性指经济持续发展的能力，主要指环境和资源承载经济不断增长的能力。经济发展持续性的衡量指标有：万元GDP水耗、建成区绿化覆盖率和万元GDP能耗等。根据环境库兹涅茨曲线理论，城市居民人均收入处于4000—8000美元区间时，一般是环境质量的最差阶段,经过此阶段后污染情况一般会有所改善,深圳市经济发展已经越过这个阶段,环境质量在近些年已经有明显改善,已经步入经济增长和环境质量同步促进发展阶段。

(一) 深圳能耗指标

据统计,深圳 2017 年万元 GDP 能耗、万元 GDP 水耗、单位 GDP 建设用地面积持续下降,仅为全国平均水平的三分之一、八分之一和十分之一。根据工业用电相关数据,深圳工业用电的产值为 56.09 元/度,比上年同期提高 2.57 元;工业用电增加值为 14.16 元/度,比上年同期提高 1.10 元。电耗、能耗和电耗产值相关数据,显示与全国相比,深圳在创造更多价值同时,消耗的资源更少。绿色低碳和经济增长,形成了良性互动。

2005 年以来,深圳单位能耗不断下降,从 0.6 吨(标准煤)下降到 0.45 吨,下降 25% 左右;国内则从 1 吨下降到 0.76 吨,下降幅度大致相同。深圳能耗低与深圳经济结构有关,第三产业占比六成,金融、零售、信息软件能耗很低,第二产业中大部分为电子产品加工制造业,相对重工业能耗也较低(见图 2-40)。

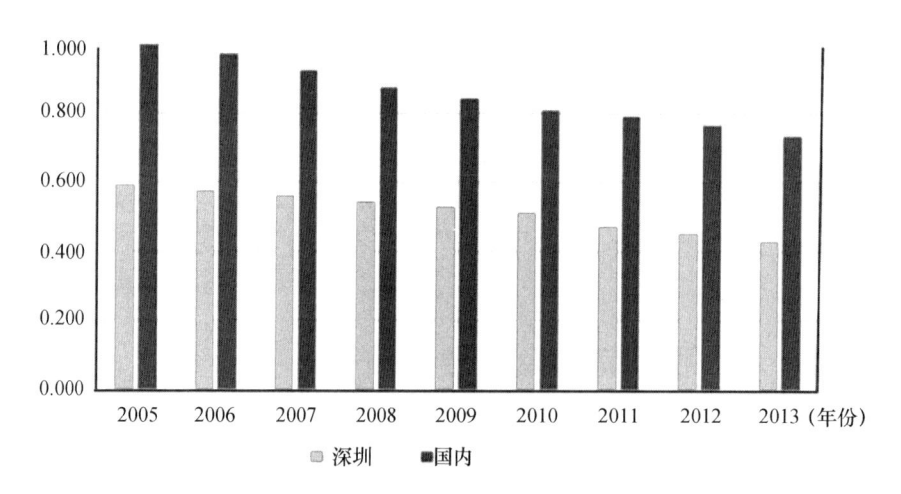

图 2-40 深圳单位 GDP 能耗走势

资料来源:深圳市统计局。

从各大城市单位 GDP 能耗排名来看,深圳处于较低的位置,仅相对北京较差，主要城市中，天津表现较差，传统重化工业较多，广东整体较长三角能耗低（见图2-41）。

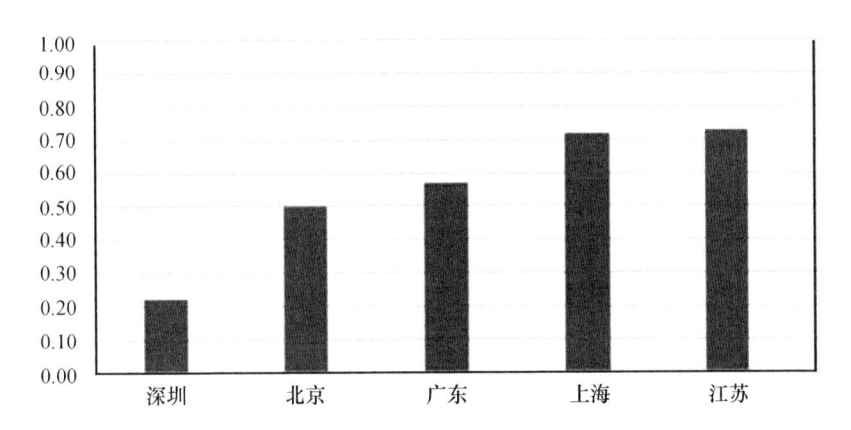

图2-41 各大城市或地区2016年单位工业增加值能耗

资料来源：各地省市统计局。

单从工业角度来看，深圳工业增加值能耗，低于广东平均水平，远低于北京、天津、上海、江浙，更低于东北老工业基地。这反映出在工业大类里面，深圳节能措施较好，或者是发展相对耗能较少的制造业，或者相同行业但能源成本较低，采用较为先进的工艺。而北京的工业能耗与天津持平，GDP能耗远低于天津，主要是因为总部经济等第三产业较为发达所致。

（二）其他环保指标

深圳市环境不断改善，氨氮、二氧化硫和化学需氧量排放总量持续下降，新增534万平方米节能建筑面积，相当于减排69.4万吨二氧化碳，节约7.1亿度电，PM2.5日均浓度在全国重点城市中处于较低水平。

目前，深圳国际低碳城市建设步伐加快，正开展污染物排放权交易模拟试运行，碳排放权交易率先启动，首批纳入碳排放管控单位197栋建筑物和635家工业企业，全年预计将达到900家。

《生态城市绿皮书：中国生态城市建设发展报告》指出，2015年全国284个生态城市健康状况排名中，4个直辖市（京、沪、津、渝）均位居前30名，深圳市位居第13名，比上年前进21个位次。

深圳工业废弃物处理与各大城市基本持平，人均绿地面积与一线城市相比高很多，在深圳这样一个土地稀缺的地区更加难能可贵，空气质量更是名列前茅（见表2-18）。

表2-18　　　　　　　主要城市环保指标比较

城市	工业废弃物处理	人均绿地面积（平方米）	空气质量良好的天数（%）
威海	100	17.5	100
珠海	95	13.7	100
东莞	90	20.4	98
深圳	96	16.0	94
绵阳	97	30.0	93
宁波	96	10.4	92
青岛	100	11.2	90
南昌	95	7.2	90
上海	96	10.1	85
苏州	99	8.6	84
绍兴	97	13.5	83
广州	92	10.3	83
杭州	97	10.5	80
北京	99	11.5	63
济南	98	28.4	58

资料来源：中国120城市研究报告。

深圳生态城市竞争力在大中华地区落后于港澳，与杭州、广州持平，但相比上海、北京还是有很大优势的（见表2-19）。

表 2-19　　　　　　　国内主要城市生态竞争力指数或排名

城市名称	竞争指数	排名	城市名称	竞争力指数	排名
澳门	1	1	济南	0.56252	33
香港	0.99304	2	无锡	0.53198	43
广州	0.63762	10	成都	0.52136	48
深圳	0.63055	12	上海	0.51417	51
杭州	0.62943	13	东莞	0.50357	56
长沙	0.62788	14	武汉	0.46645	74
沈阳	0.60588	18	宁波	0.41008	113
厦门	0.57645	27	南京	0.40166	115
青岛	0.57227	32	北京	0.39729	119
			苏州	0.38533	128

资料来源：《中国城市年鉴2017》。

二　人均 GDP 高，全要素劳动生产率高

在中国经济增长低位运行和全球经济低迷大环境下，在用电量、用水量、建设用地和劳动力等生产要素基本上没有增长的情况下，深圳地区生产总值实现 9.5 个百分点的快速增长，是有质量、可持续的稳定增长。

深圳主要生产要素的用水总量下降 1.93%，全社会用电量微增 0.19%，建设用地微增 0.8%，劳动力微增 0.1%。在更少要素投入的情况下，实现了更多产出，体现了深圳经济发展方式转变的意义和价值所在。

深圳建市以来，除个别年份 GDP 增速与人口增速持平外，平均较人口增速高 20% 左右，最近 10 年约为 11% 以上。反映深圳经济增长很大一部分并非靠人口增长。非人口数量带来的增长也可以通过人均 GDP 来衡量（见图 2-42）。

比较深圳市与国内各大城市人均 GDP 近十年的平均增速，常识可知，由于发展水平不同，城市人均 GDP 规模越小，增速往往越高，因此，比较规模和发展水平相对较为接近的城市的增速更有意义。

从人均 GDP 规模的角度来看，深圳第一，广州、苏州紧随其

后，增速基本跟深圳持平。合肥、武汉、青岛这些规模较小的城市整体增速较快。北京、上海虽然人均GDP与深圳相比差距较为明显，但城市综合发展水平较高，增速相对较低。天津增速相对较快，可能与天津改革开放后发展相对较晚有关。广深苏杭整体差不多。

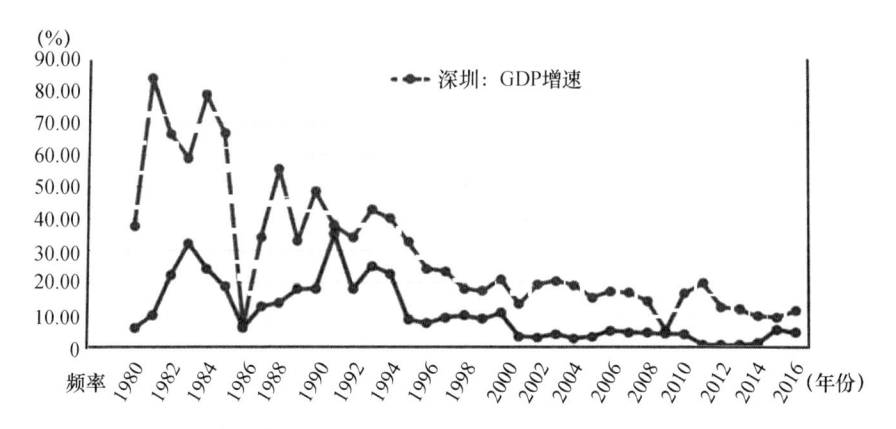

图2-42 深圳历年GDP增速与常住人口增速

资料来源：深圳市统计局。

从各大城市常住人口复合增长率来看，深圳作为经济特区和改革开放的前沿阵地，常住人口复合增长率增速相对较快。和上海、北京、广州一样，除了人口数量增加对经济增长的拉动作用外，高端人才的不断涌入深圳所形成的人力资本质量提升在经济增长中的影响越来越大（见图2-43）。

三 地均GDP高，集约化发展良好

土地作为经济增长的重要生产要素空间，对固定资产投资和房地产投资影响很大，粗放型的制造业对土地需求也比较大，可以看出投资的三大块均高度受制于土地。深圳出口这块主要是电子制造业，对土地要求也比较高。消费则主要受人口影响较大，而过高的房价对人口流入是一个抑制作用。

（一）土地供应情况

选取了各大城市的建成区面积，计算出近五年复合增长率情况，

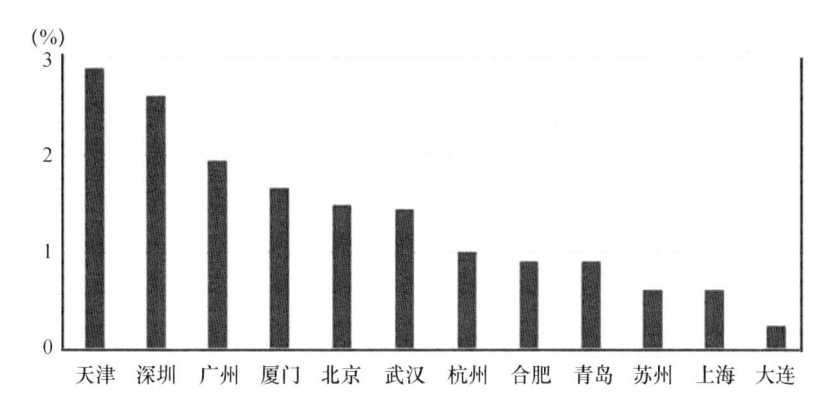

图 2-43　各大城市 2011—2016 年常住人口复合增长率情况

资料来源：各城市统计局。

可以得出苏州、合肥增速超过 10%，大连、青岛、厦门、杭州增速在 5% 以上，武汉、深圳增速较慢，深圳倒数第二，北京基本停滞。

从建成区与市辖区总面积相比来看，比例越低越说明潜力较大。深圳目前建成区已经占到总面积的四成五左右，而深圳平原面积仅有总面积的二成。除广州、武汉建成区面积占比较大外，沿海多山城市大连、青岛、厦门、杭州建成区只有 15%。天津、苏州、合肥则占比更低，更适合粗放型增长。

深圳特区出台多项优惠政策积极推动，到深圳发展的国内外资金蜂拥而至，带动了深圳地区的城市化和工业化，政府、村集体和农民一起联动。但是在经济高速发展的同时，由于土地资源快速消耗，土地资源利用度已经超过红线，深圳目前已处于无地可用状态。

因此造成的土地权属不规范和土地利用无规划，以及各种围绕土地而产生的利益刚性和既得利益，导致深圳规划和发展陷入严重无序中，深圳要实现城市合理规划、有序发展和产业升级，在调整土地权属方面还存在一些困难和障碍（见图 2-44）。

（二）各大城市地价比较

从各大城市平均地价来看，深圳平均地价远高于其他城市，紧随其后的是广州、厦门、上海，其次是杭州、北京，其他二线城市地价相对较低。高地价一方面反映了土地的稀缺，另一方面反映了

■ 近五年建成区复合增长率　　■ 目前建成区占市辖区比例

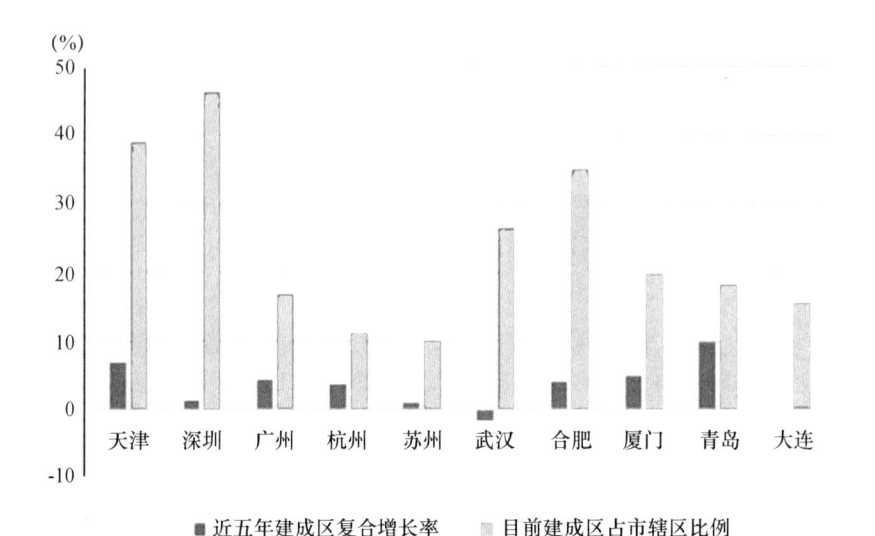

图 2-44　各大城市近五年建成区复合增长率与建成区占市辖区的比例
资料来源：根据各城市统计局数据整理。

单位面积产出对土地的需求。

（三）各大城市产出比较

深圳单位面积产出远高于其他城市，约为第二名上海的2倍，反映深圳土地利用效率很高，也反映开发利用程度和产业发育已经到了较高的阶段。这里的土地面积是根据各市行政区域面积统计的，主要由于实际土地面积难以统计（见图2-45）。

四　经济增长的投入产出效率较高

固定资产投资一般分为三大块，即房地产开发投资、城市基础设施投资和工业投资，前两块合计为城市建设投资。在房地产开发投资和城市基础设施投资的拉动下，固定资产投资也快速增长。天津和重庆的固定资产投资已突破万亿元大关，中西部很多城市固定资产投资额已接近经济总量，与之相比，深圳市的投资率处于最低水平（见图2-46）。

中国城市投资数据显示，天津和重庆投资额高居榜首，紧随其后的是北京、武汉、上海、南京等城市紧随其后，深圳居第10位。

(元/平方米)

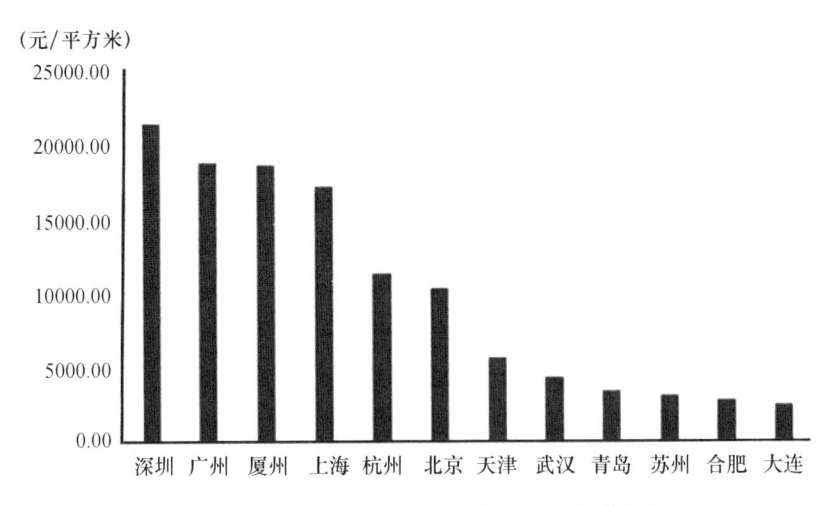

图 2-45 各大城市平均地价（2017年数据）

资料来源：根据公开媒体及各城市统计局数据整理。

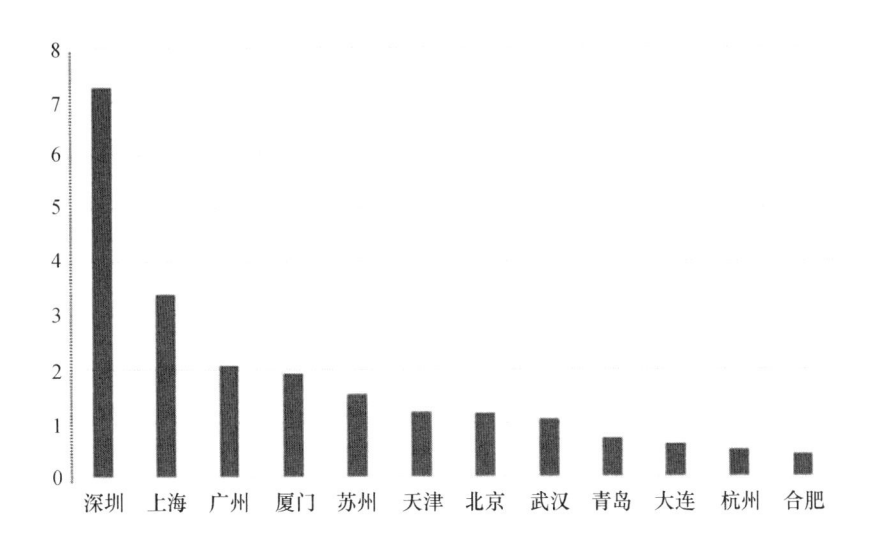

图 2-46 各大城市单位面积产出

资料来源：深圳市统计局。

从比较投资占 GDP 的比例来看，重庆的投资率高达 88.5%，武汉在 66.7% 左右。西北唯一的副省级城市西安，投资率高达 105%。西南的贵阳甚至达到 145%。此外，郑州为 71%；长沙达 64%。由于城市进程落后东部7—8年,中西部城市与东部城市的发展阶段有显著差异。在拉动经济增长三驾马车中,中西部内需增长幅度较小,外贸出口量很少,投资成为拉动经济增长的有效手段。上海投资率25.3%,广州28.9%,北京为36%,深圳仅为17.2%,在国内重点城市中处于最低。深圳相对较低的投资率已持续较长时间,已迈过投资推动经济增长的城市发展初级阶段。深圳城市基础设施建设已十分完备,基本实现城市化,城市面积相对较小,基础设施投资空间已基本饱和(见表2-20)。

表2-20　　　　各大城市固定资产投资完成额　　　　(单位:亿元)

城市 年份	北京	天津	上海	大连	杭州	合肥	厦门	青岛	武汉	广州	深圳
1991	192	129	258	39	14	11	12	27	35	51	71
1992	266	170	357	51	17	16	18	44	55	83	116
1993	410	227	654	54	29	21	38	59	84	107	133
1994	649	316	1123	88	46	32	48	69	126	234	157
1995	865	397	1598	126	63	46	63	77	241	262	158
1996	890	439	1997	137	83	35	73	141	280	264	186
1997	990	501	1981	149	182	44	153	58	375	542	374
1998	1125	571	1966	143	226	43	186	163	393	640	455
1999	1171	576	1856	106	176	76	192	172	431	747	545
2000	1280	611	1869	124	377	93	106	243	462	568	595
2001	1513	705	2005	253	462	124	184	293	486	978	647
2002	1796	808	2214	305	562	153	248	368	549	1009	800
2003	2169	1039	2499	407	717	245	238	548	623	1089	875
2004	2528	1246	3050	580	880	350	297	779	797	1254	1093
2005	2827	1495	3510	1110	1387	495	402	1457	1055	1519	1181
2006	3296	1821	3900	1469	1461	817	662	1486	1325	1696	1274
2007	3907	2353	4420	1931	1684	1310	928	1635	1733	1863	1345
2008	3815	3390	4823	2513	1981	1839	928	2019	2252	2106	1468
2009	4617	4738	5044	3114	2292	2468	882	2459	3001	2660	1709
2010	5403	6278	5109	4048	2753	3067	1010	3022	3753	3264	1945

续表

年份\城市	北京	天津	上海	大连	杭州	合肥	厦门	青岛	武汉	广州	深圳
2011	5579	7068	4962	4580	3100	3377	1128	3503	4255	3412	2136
2012	6112	7935	5118	5654	3723	4001	1333	4154	5031	3758	2314
2013	6797	9103	5644	6478	4263	4685	1337	5028	5975	4455	2501
2014	6873	10490	6013	6773	4953	5303	1562	5766	6963	4890	2717
2015	7446	11815	6349	4559	5556	5852	1888	6556	7681	5406	3298
2016	7889	12756	6752	1436	5842	6501	2160	7455	7040	5704	4078

资料来源：根据各城市统计局数据整理。

根据1992年以来固定资产投资的价格指数的情况，将其还原为1992年的固定资产投资总额。由于只有北京、上海、天津的固定资产折旧的数据，根据京沪津三地的每年折旧占固投总额比例的平均数，推测历年固定资产折旧情况。

用历年固投总额减去历年折旧的总和，作为资本存量的指标。用当年GDP，作为产出代表。从新增投资与产出增长的关系来看，可以看出近似于单位资本的边际产出情况，当然产出受到原有资本存量以及其他因素的影响，但一定程度可以反映新增投资的效率。

第六节 经济增长与科技研发

一 研发支出纳入GDP核算，并成为经济增长引擎

国际上通常采用R&D活动的规模和强度指标反映一国的科技实力和核心竞争力。一个地区的R&D水平体现着该地的政治经济实力，一个企业的R&D水平体现着该企业的竞争力。早在2009年，国际上修订GDP核算方法，将能够为所有者带来经济利益的研发成果视为知识产权产品列入固定资产，该研发支出由中间投入，修订为固定资本形成计入GDP。我国在2016年借鉴国际做法，研究形成将研发支出计入GDP的方法。在试点时，深圳成为研发支出纳入GDP核算全国唯一试点城市。

创新已成为当前引领深圳经济发展的第一动力，也是深圳建设现代化经济体系和全面增长的重要支撑。深圳R&D经费规模位居全国前列，2016年深圳全社会研发投入就高达842.97亿元，全社会研发投入占GDP比重提高到4.32%，标志着科技创新已逐步成为经济结构转型升级的推动力量。《中国城市和产业创新力报告2017》显示，深圳城市创新能力全国排名第二，是中国创新发展战略的排头兵和先行者。

（一）深圳市R&D经费支出总体情况

1. 深圳市R&D经费支出总体情况

2016年，深圳市R&D经费支出为842.97亿元，同比增长达到15.1%；研发经费投入强度（研发经费支出与国内生产总值比值）为4.20%，比上年提高0.13个百分点。

从1995年以来的数据看，R&D经费支出及投入强度均呈现总体向上快速增长的趋势。R&D经费支出从1995年的0.44亿元增加到2016年的842.97亿元，年均增加40.12亿元；R&D经费投入强度持续提高，从1995年的0.05%上升到2016年的4.20%，年均提高0.20个百分点（见表2-21）。

表2-21　　1995年以来深圳市研究与试验发展（R&D）经费支出情况

年份	R&D经费支出（亿元）	R&D经费投入强度（%）
1995	0.44	0.05
1996	2.95	0.28
1997	7.41	0.57
1998	15.40	1.00
1999	31.75	1.74
2000	48.10	2.17
2001	60.65	2.40
2002	73.20	2.43
2003	83.29	2.29
2004	101.45	2.33
2005	124.51	2.47

续表

年份	R&D 经费支出（亿元）	R&D 经费投入强度（%）
2006	153.96	2.60
2007	175.57	2.54
2008	219.99	2.77
2009	279.71	3.30
2010	333.31	3.33
2011	416.14	3.52
2012	488.37	3.67
2013	584.61	3.90
2014	640.07	3.89
2015	732.39	4.07
2016	842.97	4.20

2. 深圳市 R&D 经费投入强度分析

比较近 5 年深圳与全国、全省的 R&D 经费投入强度，深圳的数据远超全国、全省平均水平。R&D 经费投入强度是衡量一个地区对科技和创新的投入力度、被国际社会广泛使用的科技指标，反映了一个地区的科技实力和核心竞争力。近年来，深圳的 R&D 经费投入一直维持在 4% 左右的较高水平，体现了深圳对创新发展的重视，是经济后续平稳增长的有力支撑（见图 2-47）。

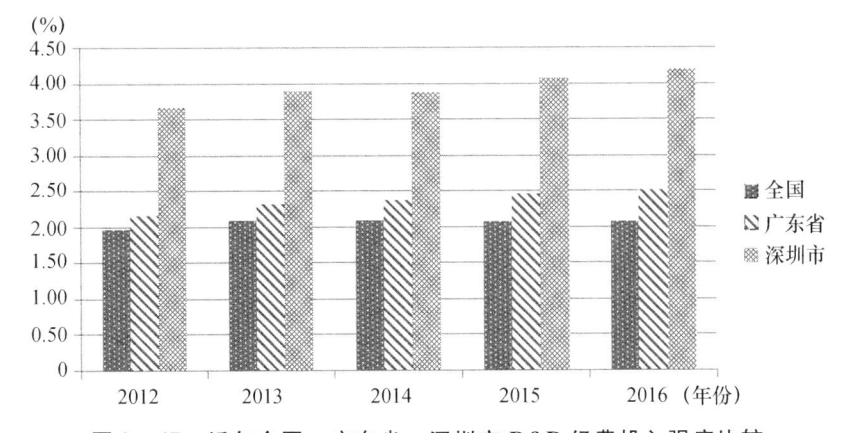

图 2-47 近年全国、广东省、深圳市 R&D 经费投入强度比较

3. 深圳市 R&D 经费支出结构特点

深圳是改革开放以来经济与社会发展最快的城市之一，R&D 活动也走在全国前列，但是仍然存在薄弱环节和巨大的发展空间。从 R&D 经费的资金来源构成看，2016 年深圳市的 R&D 经费支出总量中企业占比高达 97.3%，观察近年数据，R&D 经费支出总量中企业占比均达到 95% 以上，存在高等院校、科研机构支出规模较小的情况（见图 2-48）。

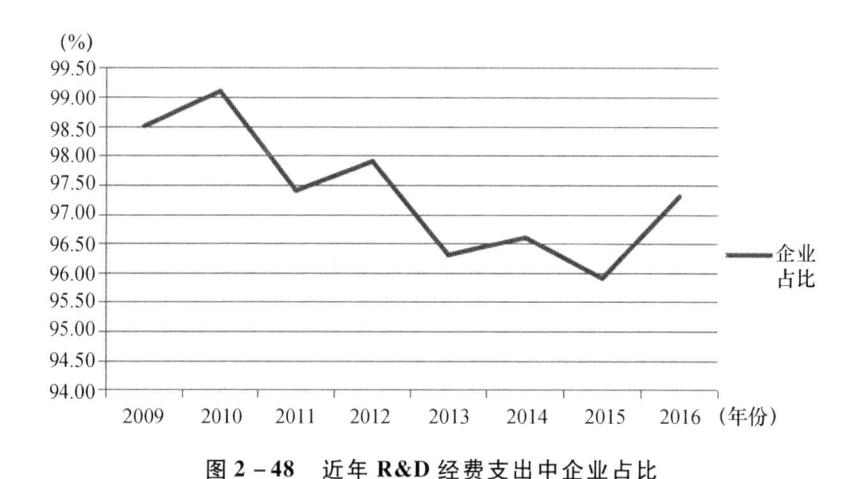

图 2-48　近年 R&D 经费支出中企业占比

（二）深圳市 R&D 投入指标分析

1. R&D 投入规模分析

R&D 投入一般包括经费和人员两个方面。随着深圳自主创新意识和自我创新能力的不断提升，深圳企业和政府科技创新投入力度持续增加，R&D 经费也随之保持高速增长，2016 年深圳 R&D 经费支出 842.97 亿元，比 2009 年 R&D 经费支出增加了 2 倍。深圳 R&D 经费投入强度（R&D 经费与 GDP 比例）稳步提升，到 2016 年，深圳 R&D 投入强度达到 4.20%，仅居北京之后。经过多年的积累，科技创新投入的成效将逐步显现，深圳的投资结构正在发生深刻的变化。

R&D 人员是科技人力资源的核心。参与 R&D 活动的人员数量和质量是衡量一个地区科技实力和技术创新能力的主要指标。2009

年以来,深圳 R&D 人员折合全时全量①总体上呈现上升趋势。2016年达到了 17.60 万人,比 2009 年增加了约 5.24 万人。研究人员②每年均保持在 7 万人以上,占比均超过 40%,R&D 活动人员素质水平较高(见图 2-49)。

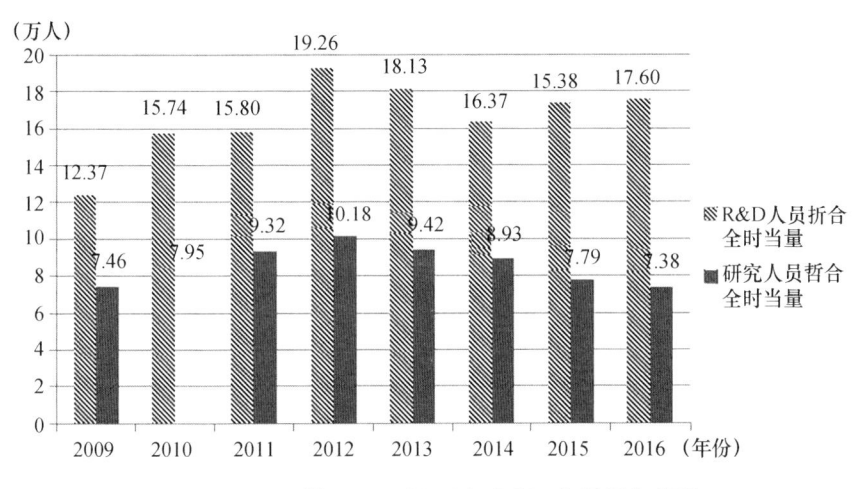

图 2-49 深圳 2009—2016 年 R&D 人员投入情况

2. R&D 经费配置结构分析

R&D 经费的总体规模是提升创新能力的重要基础,而合理的配置结构则是提升 R&D 投入效率的基本保证。R&D 经费配置结构 R&D 经费与 R&D 人员的匹配结构,以及 R&D 经费在不同研发阶段、不同单位类型间的配置。

近年来,深圳 R&D 经费主要用于人员费③,占 R&D 经费比例通常保持在 50% 以上。R&D 人员的人均人员费保持增长态势,2016年深圳 R&D 人员的人均人员费比 2013 年增长了 31.10%(见

---

① 全时全量是指本年度从事 R&D 活动的人员中的全时人员折合全时工作量与所有非全时人员工作量之和。
② 研究人员指从事新知识、新产品、新工艺、新方法、新系统的构想或创造的专业人员及 R&D 课题的高级管理人员。
③ R&D 经费按照用途,可以分为资本性支出、人员费和其他日常性支出。人员费是以现金或实物形式支付给 R&D 人员的工资、薪金,以及所有其他劳务费用。

表2-22）。

表2-22　　2013—2016年R&D经费与R&D人员匹配结构

年份	R&D经费中的人员费支出（亿元）	人员费占R&D经费的比重（%）	R&D人员的人均人员费（万元/人年）
2013	306.30	52.40	14.34
2014	321.31	50.20	16.68
2015	371.21	50.68	17.99
2016	439.80	52.17	18.80

R&D经费在不同研发阶段的有效配置，是长久保持科技创新活力和竞争力的基本保障。在2016年深圳R&D经费支出中，基础研究支出24.33亿元，占比为2.98%；应用研究支出82.89亿元，占比为9.83%；试验发展支出735.75亿元，占比为87.73%。可见，深圳在整个创新链条中更偏重研发活动后端（见图2-50）。

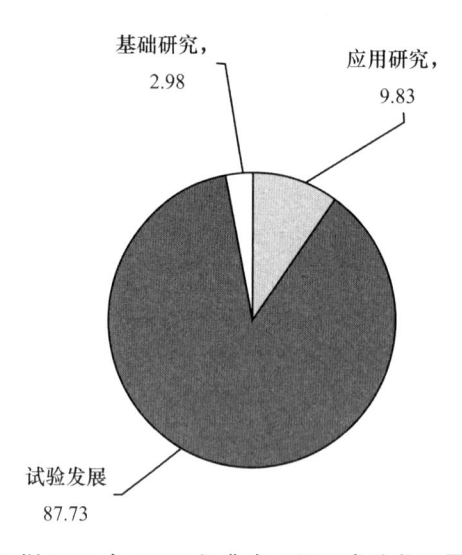

图2-50　深圳2016年R&D经费在不同研发阶段配置情况（%）

2016年深圳R&D经费支出中，科研院所支出10.97亿元，占比为1.30%；高等院校支出10.56亿元，占比为1.25%；规模以上工业企业支出760.03亿元，占比为90.17%；规模以上服务业企业支出56.07亿元，占比为6.65%。按资金来源分，政府资金40.77亿元，占比为4.84%；企业资金795.26亿元，占比为94.34%；其他资金6.93亿元，占比为0.82%。相比较而言，企业已是R&D经费的最主要来源和最大的执行部门，在R&D活动中的主体地位进一步巩固（见图2-51、图2-52）。

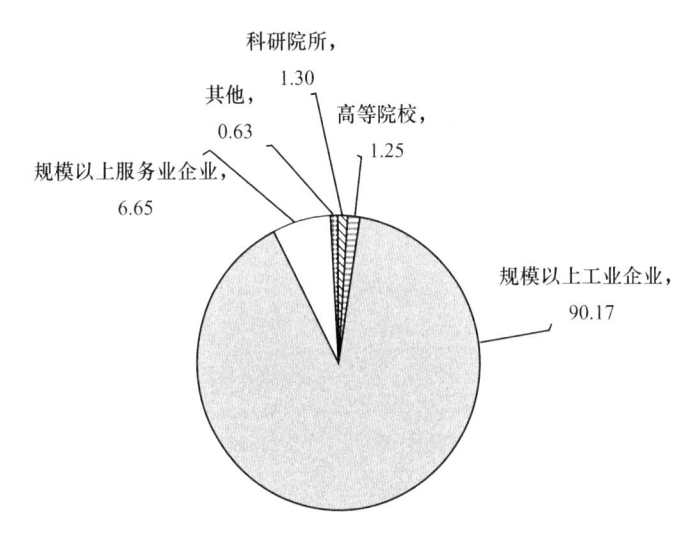

图2-51 深圳2016年R&D经费按单位类型分（%）

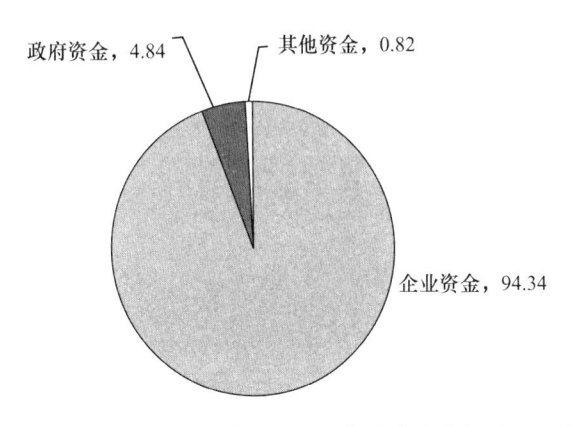

图2-52 深圳2016年R&D经费按资金来源分（%）

(三) 科技创新产出情况分析

1. 专利申请授权情况分析

专利是企业科技活动的重要产出之一。2016年，深圳专利申请量为145294件，其中发明专利申请量为56336件，分别是2009年的3.4倍和2.7倍。2016年，深圳PCT国际专利申请量达19648件，已连续13年居全国各大城市首位。根据对国际知识产权组织（WIPO）的PCT专利数据库的分析统计，截至2016年底，深圳累计PCT专利69347件。在全球创新相对活跃的全部城市中，深圳居第二名，仅次于东京，领先硅谷。专利申请量和发明专利申请量的大幅上升说明企业的专利意识在增强，专利的质量在提高（见图2-53）。

图2-53 深圳2009—2016年发明专利申请授权情况

2. 新产品产值情况分析

新产品①产值是反映经济转型升级情况的重要指标之一。近年

---

① 新产品指采用新技术原理、新设计构思研制、生产的全新产品，或在结构、材质、工艺等某一方面比原有产品有明显改进，从而显著提高了产品性能或扩大了使用功能的产品。既包括政府有关部门认定并在有效期内的新产品，也包括企业自行研制开发，未经政府有关部门认定，从投产之日起一年之内的新产品。

来，深圳规模以上工业企业新产品产值率呈上升趋势，新产品对工业经济增长贡献越来越大。2016年深圳规模以上工业企业新产品产值突破万亿，达到10498.69亿元，比上年增长18.3%。新产品销售收入达到10188.36亿元，占主营业务收入比重为38.07%。新产品出口达4526.46亿元，比上年增长1.2%，占新产品销售收入的44.43%。新产品出口总额及其占新产品销售收入比例的上升说明深圳大中型工业企业新产品的国际竞争力进一步增强（见图2-54）。

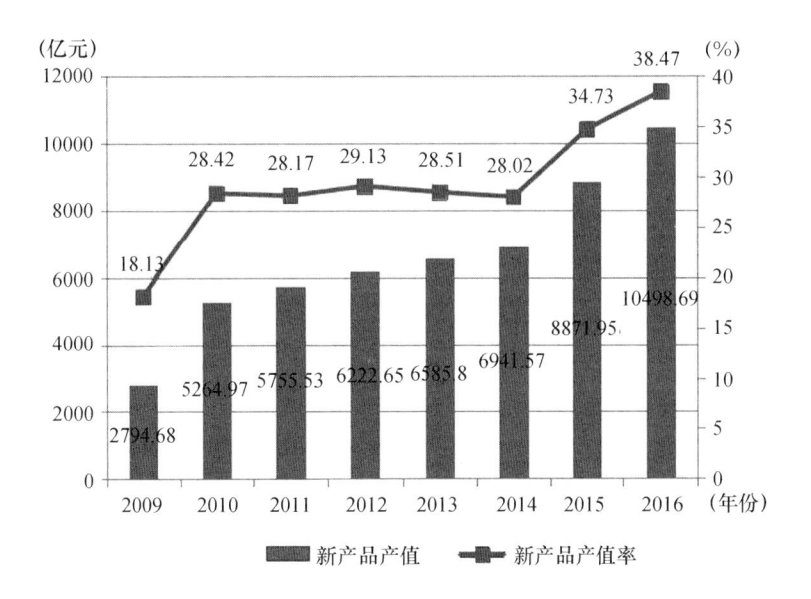

图2-54 深圳规模以上工业企业2009—2016年新产品产值

（四）企业科技创新情况分析

企业研发机构是企业开展科技创新活动的重要载体。2016年，在深圳6629家规模以上工业企业中，有32.39%的企业设有研发机构，研发机构总数为2147个，比上年增加了1.6倍。

企业R&D经费支出快速增长，2016年深圳规模以上工业企业的R&D经费支出达到760.03亿元，平均每个研发机构的R&D活动经费为3540万元（见图2-55）。

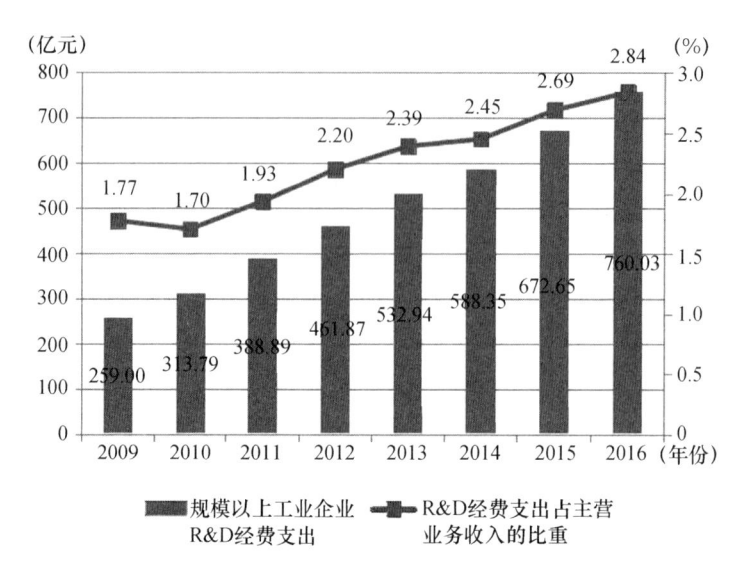

```
(亿元)                                                          2.84  (%)
800                                                   2.69          3.0
700                                            2.45
                                         2.39                       2.5
600                               2.20
                          1.93                                      2.0
500        1.77   1.70
                                                                    1.5
400                      388.89                              760.03
                                         532.94  588.35  672.65
300               313.79          461.87                            1.0
200  259.00
                                                                    0.5
100
  0                                                                 0
     2009   2010   2011   2012   2013   2014   2015   2016  (年份)
        ■ 规模以上工业企业            R&D经费支出占主营
          R&D经费支出                业务收入的比重
```

图 2-55 深圳 2009—2016 年规模以上工业企业 R&D 经费支出情况

(五) R&D 投入存在问题分析

1. 深圳 R&D 经费历史积累量不足

从当年 R&D 投入量来看,深圳 R&D 投入强度和经费投入总量都位居全国前列,但历史累计投入量与北京、上海仍有较大差距。2009—2016 年深圳累计投入 R&D 经费 4317.56 亿元,仅相当于北京投入总量的 49.0%、上海的 74.4%。R&D 投入具有较强的循环叠加和持续累计效应,只有长期持续的投入和累积,才能推动科技创新成果的不断显现。

2. R&D 人员的人均人员费偏低

按当年美元价折合,2016 年深圳 R&D 人员的人均人员费为 2.83 万美元/人·年,欧洲国家普遍在 10 万美元/人·年左右,日本和韩国也分别达到 8 万美元/人·年、5 万美元/人·年。人员费偏低将制约科研人员研究效率与产出水平的提高,更直接的影响在于难以吸引国际创新人才,甚至造成高级人才流失。

3. 基础研究经费和应用研究经费占 R&D 经费比例较低

基础研究和应用研究是试验发展的理论来源,是生产新的产品、建立新的工艺的基础。在 2016 年深圳 R&D 经费支出中,基础研究支出占比为2.89%；应用研究支出占比为9.83%，与国际先进水平相比，处于落后位置。基础研究经费和应用研究经费的长期不足势必会影响深圳的原始创新能力和科技总体发展水平。

4. 服务业R&D投入滞后

2016年深圳现代服务业增加值8278.31亿元，占地区生产总值42.47%，但在2016年深圳R&D经费中，规模以上服务业企业支出56.07亿元，仅占6.65%。信息通信、商务与研发、金融与保险等知识密集型服务业高度依赖技术与智力要素，而R&D投入水平的滞后会对调整产业结构，加速转型升级产生影响。

二 科技产业化水平高

深圳在20世纪90年代开始的产业转型，推动深圳由一个出口加工型城市，快速成长为以科技创新为基础、以高技术产业为支柱的新型创新城市。从90年代开始，高技术产业快速成长为深圳的支柱产业，并以生化医药产业、电子信息产业、光机电一体化产业和新材料产业等为特色。

国内的研发产业主要集聚于工业发达城市，如北京、上海、广州、武汉和深圳等。从与其他城市比较来看：近年来，深圳市科技创新成果不断涌现，高新技术行业产值持续快速增长，占工业行业整体的产值比重持续提高，大量的高新技术产品都具有自主知识产权，其产值占比已超过50%。

深圳科技创新企业一般都具有较强的研发能力和动力，高效的技术消化和知识吸收能力。2017年深圳国家高技术企业总量达10988家，占广东省49%，位居全国第二，仅次于北京。2017年深圳专利申请量17.7万件，授权量9.4万件，同比分别增长34.8%和25.6%；发明专利申请量6万件，授权量1.9万件，同比分别增长22.6%和7.1%；有效发明专利维持5年以上的比例达86.3%，位居全国大中城市第一；获中国专利金奖5项，占全国20%；新登记计算机软件著作权8.4万件，占全国登记总量的11.6%。

深圳科研创新企业众多，除了国内外熟知的中兴、华为、比亚迪、腾讯外，还有一些在业内有较高知名度和高度认可的企业，迈瑞医疗器械和研祥特种计算机，在金融业有招商和平安，医药业有海普瑞，地产业有万科，生命技术领域有华大基因研究院，可谓明星企业众多。这些企业不与外国企业合资，不靠国家政策扶持和垄断地位发展，依靠独立自主推动科技创新和技术研发，都拥有了自主知识产权，具备了一定的核心竞争力。

深圳也大量涌现创新型中小企业。从规模经济性的角度来说，这是模块化时代的特点，分工的细化，使得一个传统意义上的小企业也可以实现服务全球市场的规模经济性；从创新成本的角度来说，这是因为深圳所具有的专业化劳动力种类、数量和工资相互之间的匹配使创新成本降低到了甚至小企业都可以承受的水平。

随着市场规模的不断扩张，一些创新型中小企业逐渐成长为拥有核心品牌、技术和科学运营运行方式的成熟企业；更多的中小企业扎根专业化领域，与竞争性产业紧密合作，推动高成长型产业快速成长和专业化分工的不断细化。

2009年全球公布专利，我国已占19.7%，其中中兴通讯和华为技术所占比例已超大半。PCT国际专利申请量是创新能力的重要指标，深圳2017年申请量突破2万件，占全国40%以上，持续多年位居全国各大城市首位，远远超过科研机构和高等院校云集的上海和北京。

三 研发经费投入大，研发效率高

从R&D投入强度（研发支出占地区生产总值比重）来看，上海最低，北京高于深圳，深圳最近几年来一直保持在3.5%的水平。目前，世界主流发达国家投资强度普遍在2%以上，日本、芬兰、以色列和瑞典等中小型科技强国已超3%。

"研发经费支出占地方财政支出比重"反映出地方政府支持与投入，深圳最高，研发基础上的劣势已在一定程度上得到扭转。

"总研发经费中财政支出的比例"上海最高，深圳最低，揭示R&D经费来源渠道中政府投入比重的不同。地方政府以外的研发投入上海最低，深圳则最高。

研发的高投入并不一定代表高产出，研发质量与效率才是高技术产业发展的评估指标。深圳研发效率明显高于上海和北京,基本上是二者的两倍,差异显著。表明深圳研发产出能力在三个城市中最强,上海与北京大致处于同一水平(见表2-23)。

表2-23　　　　京沪深三市高技术产业基本情况

	北京	上海	深圳
产值(亿元)	2765	6042	8508
R&D支出(亿元)	620	362	260
R&D支出占GDP的比例(%)	5.58	2.58	3.5
地方财政R&D经费支出(亿元)	112	120	44.5
R&D经费支出占地方财政支出的比重(%)	4.67	4.6	5.56
总R&D经费支出中财政支出的比例(%)	18.1	33.1	17.1
专利数(个)	43508	24468	36249
研发效率(专利数/R&D支出)(1/万元)	1/142.5	1/147.1	1/71.7

资料来源:京沪深三市统计局。

四　创新人才富集,引进规模较大

政府高度重视人才的引进和培养。截至2017年底,已认定海内外高层次人才9933人,累计引进海内外留学人员10万余人,全市各类人才总量超过510万人,占常住人口的40.7%。

深圳设计已经处于全国领先地位。截至目前,中国设计业最具影响力的设计师和领军人物都在深圳。目前深圳拥有设计专业设计师6万余人、企业6000多家。在全国各大城市中,深圳工业设计实力最强、规模最大,产品占全国工业设计市场的49%。依托雄厚的软件生产研发能力和数字产品、设计人才和高新技术聚集的优势,深圳动漫及网络游戏、数字内容产业和创意设计发展迅速,成为深圳文化行业新名片。

深圳重视科技技术基地建设和创新机制的健全,规划建设了创新企业孵化器40多家,新技术产业园11.5平方公里,高新技术产业带150平方公里,创建了一批按新机制运作的创新平台,如清华北大研究院等,鼓励海内外科研机构到深圳进行研发中心建设。从

2005年开始,市政府设立创新人才奖,奖金2亿元。深圳的创新环境有效改善,创新步伐大大加快,主攻理工科南方科技大学等高等院校建立,为科技创新输入了源头活水。

五 创新评价表现位于全国前列

《GN中国创新城市评价指标体系》由包括政治创新指数、经济创新指数、科教创新指数、生态环保创新指数和文化创新指数在内的5项一级指标、28项二级指标、123项三级指标组成,根据该体系对国内创新城市进行评分,得出排名如下(见表2-24):

表2-24 中国创新城市排名前十

排名	城市	总分	排名	城市	总分
1	深圳	91.58	6	杭州	84.53
2	西安	90.40	7	天津	83.18
3	苏州	89.29	8	广州	81.23
4	北京	87.74	9	南京	80.13
5	上海	85.19	10	武汉	79.46

资料来源:2017年中国城市分类优势排行榜。

国内城市年鉴对城市创新主要从知识和信息两个方面进行评分,从年鉴评比结果来看,深圳市知识城市和信息城市排名较为靠前,仅次于北京、上海(见表2-25)。

表2-25 国内知识与信息城市排名

城市	知识城市竞争力指数	排名	信息城市竞争力指数	排名
北京	1	1	0.8334	4
上海	0.88295	2	1	1
深圳	0.84913	3	0.7396	5
香港	0.83988	4	0.9047	3

续表

城市	知识城市竞争力指数	排名	信息城市竞争力指数	排名
南京	0.79768	5	0.68401	8
杭州	0.78883	6	0.68804	6
广州	0.78199	7	0.92739	2
武汉	0.75648	9	0.58363	17
长沙	0.70608	11	0.46493	29
济南	0.70089	13	0.65898	11
沈阳	0.69881	15	0.52632	21
厦门	0.68782	16	0.52279	22
宁波	0.65883	18	0.62611	12
无锡	0.65198	19	0.68472	7
苏州	0.63432	26	0.49689	25
青岛	0.63187	27	0.67081	10
东莞	0.60355	35	0.6181	14
澳门	0.42913	76	0.43212	42

资料来源：根据中国城市年鉴数据整理。

著名商业杂志中文版《福布斯》发布专题"中美创新人物"（2014），中美各选出10位年度创新人物代表。中国10名创新代表中，有5位创新人物来自深圳，分别是华大基因总裁汪建、大疆创新科技创始人汪滔、比亚迪董事局主席王传福、顺丰速运集团总裁王卫、腾讯公司高级副总裁张小龙，深圳作为国家自主创新示范区的地位进一步凸显。2015年，《福布斯》中文版第二次发布"中美创新人物"10位中国创新人物中4位来自深圳，分别为一加科技创始人刘作虎、微芯生物总裁鲁先平、柔宇科技创始人刘自鸿、平安集团董事长马明哲。在福布斯2017全球最具创新力企业的榜单上，六家中国企业上榜，深圳的腾讯名列其中。

第七节 经济增长的分配特征

一 劳动者报酬所占比重

经济发展要取得成绩，是与健康、协调的国民收入分配关系密切相关的。通过比较分析发现，经济发展水平的高低与劳动者报酬占 GDP 的比重大小有较强的正相关性。无论其制度性质、地理区位和种族肤色，其劳动者报酬占 GDP 的比重越高，则经济发展越好越快，反之则阻碍其经济的可持续发展。

深圳人均可支配收入占人均 GDP 比重较低，可能与深圳非户籍人口众多，大部分从事制造业，收入占产值比重较低有关。这反映出深圳较高的增加值最终带来的消费收入有限（见图 2-56）。

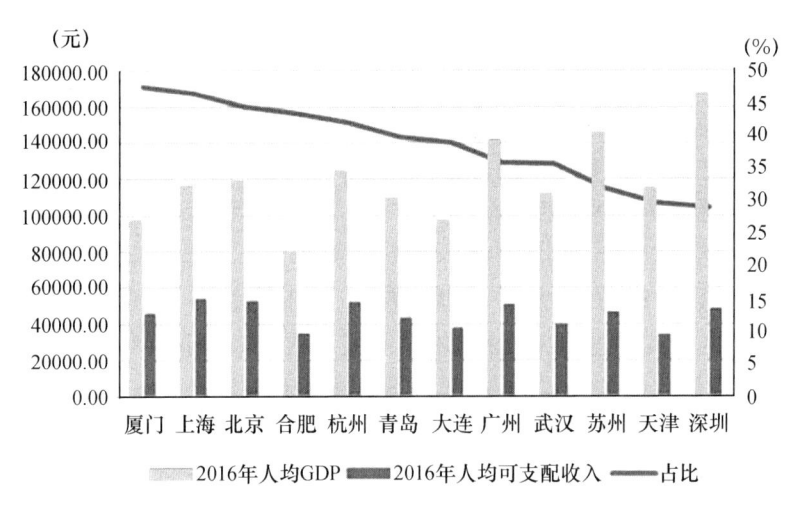

图 2-56 各大城市人均可支配收入与人均 GDP 比较

资料来源：各城市统计局。

从统计数据看，2017 年 GDP 总值中，深圳劳动者报酬占比约为一半，另外政府六分之一，折旧十二分之一，企业得四分之一左右（见表 2-26）。

表 2-26　　　　深圳 GDP 收入法核算（2017 年）　　（单位：万元）

行业	本市生产总值	劳动者报酬	生产税净额	固定资产折旧	营业盈余
合计	224900586	109120647	31029085	21326687	963424167

二　政府收入占比情况

（一）各城市地方财政收入对比

从地方财政预算内收入来看，一线城市中北京、上海较高，其次是天津，可能受直辖市因素的影响，另外总部经济也使得财政收入增加较多。其他城市比较来看，除厦门外，大都在 10%—15%，深圳略偏高，为 15%（见图 2-57）。

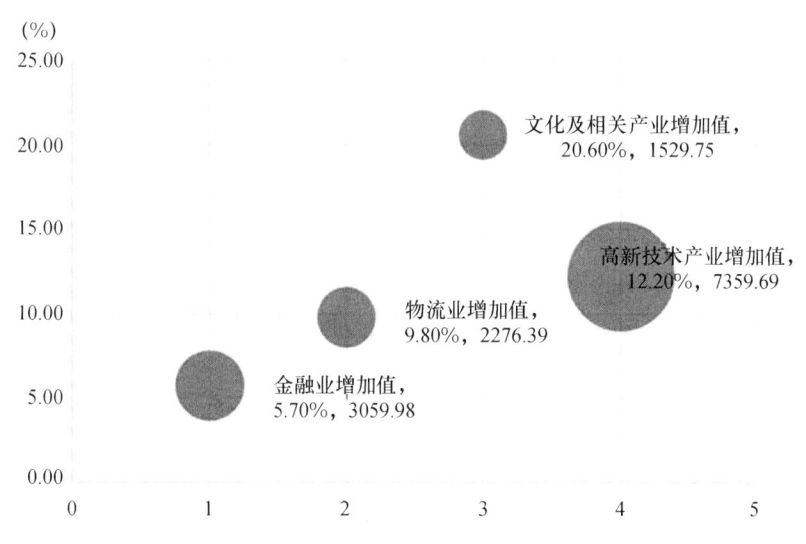

图 2-57　各大城市财政收入与 GDP 比较

资料来源：深圳市统计局。

（二）各大城市财政收入与 GDP 增速比较

国内一线城市财政收入增速大都超过 GDP 增速，尤其是天津和武汉，反映政府收入在 GDP 中的比例逐渐提高，深圳财政收入增速也较快，处于一线城市中上的位置。国内城市普遍财政收入高于经济增速，反映政府收入占 GDP 比重不断提高，这样对经济活力有较大冲击，且不利于消费和民间投资，也不利于经济效率的提高（见图2-58）。

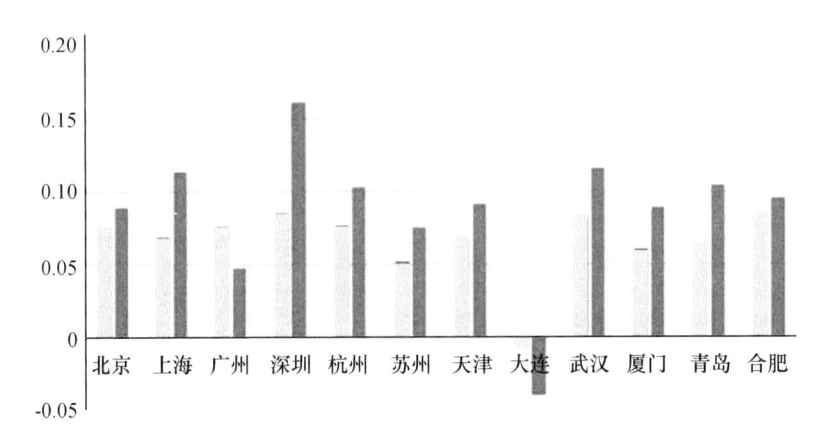

图2-58 各大城市财政收入和GDP增速比较（%）

资料来源：各城市统计局。

第八节 经济增长演变趋势

一 服务业比重稳步上升

进入21世纪以来，深圳积极发展金融、物流、零售、旅游、文化创意等新兴服务业，第三产业增长明显快于第二产业。随着2008年第三产业比重首次超过第二产业，深圳市产业结构继续优化，经济增长质量进一步提高。2000年深圳第三产业增加值占GDP的比重为49.6%，2009年增加到53.2%，2016年进一步增加到58.6%，上升势头明显。第三产业比重超过第二产业，经济由工业主导转变为第三产业主导，深圳经济迈入"服务化"时代，第三产业成为经济增长的新动力和经济增长的"火车头"（见表2-27）。

表2-27　　深圳三次产业结构变化历程（2000—2017）　　（单位:%）

年份	第一产业	第二产业	第三产业	年份	第一产业	第二产业	第三产业
2000	0.7	49.7	49.6	2009	0.1	46.7	53.2
2001	0.7	49.5	49.8	2010	0.1	47.2	52.7
2002	0.6	49.3	50.1	2011	0.1	46.4	53.5
2003	0.4	50.7	48.9	2012	0.04	44.3	55.7
2004	0.3	51.6	48.1	2013	0.03	43.5	56.5
2005	0.2	53.4	46.4	2014	0.03	43.9	56.1
2006	0.1	52.6	47.3	2015	0.04	42.6	57.4
2007	0.1	50.2	49.7	2016	0.04	41.4	58.6
2008	0.1	49.6	50.3	2017	0.1	41.4	58.5

资料来源：历年《深圳统计年鉴》。

国际经验表明，第三产业快速发展反映城市化和工业化的发达程度，通常发生在一个国家（地区）经济由中低收入水平跨入中上收入水平阶段。从全国的情况看，从2012年开始，中国国内生产总值中第三产业占比首次超过了第二产业（第三产业即服务业，两者等价同义）。我国正在从中低收入水平向中上收入水平进程迈进，第三产业占比持续上升，表明经济结构和增长动力正在发生深刻变化，转型升级已到了关键阶段，经济由工业主导向第三产业主导加快转变，"服务化"进程不可逆转，并且越来越快。在工业化、信息化以及居民消费升级的多重因素推动下，第三产业增长强劲，现代服务业快速，经济正处在向中高端演化的过程，并将持续这一过程。这需要我们转变观念，以新思维来观察和分析新的经济现象。

二 "新经济"成为发展新动能

著名经济学家熊彼特用"产业突变"来描述经济结构"创新性破坏"过程，生产技术的革新、生产方式的变革、企业生产组织的发展表现为：就是在不断摧毁陈旧过时经济结构同时，不断创造全新的经济结构。20世纪90年代，美国经济主要指标表现较好，出现近十年繁荣，失业率、增长平稳，财政赤字控制在较低水平，道琼斯指数突破一万点大关。这一时期的美国经济被《商业周刊》称为"新经济"(New Economy)。

目前我国经济发展已步入新常态,"新经济"在我国也有了很大的发展。近几年,具有资源消耗少、成长潜力大、技术含量高的新产业增长较快,装备制造业和高技术产业增速持续快于规上工业;新经济业态新商业模式以"互联网+"为基础,快速涌现,新产品新服务层出不穷,网络零售业务持续高速增长;"一照一码、五证合一"改革加快推进,新登记注册企业快速增加。

新时期"新经济"主要特征有:一是互联网成为核心基础设施。二是数据成为一种新的资源。三是跨界融合混营是大势所趋。四是分享无处不在。五是快速、高效、透明使竞争更加激烈。六是新经济推动动能转换。新经济发展往往伴随着一系列政策调整和制度创新。新经济带来的效益提升本身就是新动能。

三 质量型发展成为经济发展的主旋律

党的十八大报告指出:"把推动发展的立足点转到提高质量和效益上来",要加快"三个转变"——推动中国速度向中国质量转变、中国产品向中国品牌转变、中国制造向中国创造转变。走质量型发展新路,是党中央、国务院对经济发展的全新要求。

高质量的经济发展,包括了增长潜力大、投入产出率高、结构布局合理、国民分享经济增长成果、资源环境可持续发展以及经济快速发展等方面的内容,而不仅仅是GDP快速增长,其内涵应包括稳定性、协调性、有效性、创新性、持续性和分享性等。

2010年,深圳发布《关于加快转变经济发展方式的决定》,第一次提出从"深圳速度"向"深圳质量"转变,深圳质量成为引导深圳发展的新方向。最核心要求以质取胜、质量引领,把发展的质量放在发展目标的首位,不盲目追求规模和速度,以更少的能源资源以及其他消耗、更少的环境代价推动更可持续和更高质量的发展。

2011年,深圳市政府工作报告详细解释了深圳质量的内涵,要求把"深圳质量"牢固树立为经济社会发展新标杆和新理念。2012年,深圳质量的总要求被确定为"有质量的稳定增长,可持续的全面发展"。2013年，市政府工作报告再次全面深入阐述深圳质量的内涵特征。2014年，市政府部署了"打造深圳标准，铸就深圳品牌，树立深圳信誉，提升深圳质量"专项行动，初步形成了质量、品牌、信誉和标准"四位一体"的推动路径。深圳质量的理论框架随着实践不断深化并逐渐形成，实施路径进一步清晰鲜明。

2017年，党的十九大提出"高质量发展"新要求和新理念，中国经济从高速增长阶段向高质量发展转变。2018年3月，十三届全国人大一次会议审议的政府工作报告提出，围绕着高质量发展，在"深度推进供给侧结构性改革"等九个方面着力部署。"高质量发展"，在宏观上要求经济均衡发展；在中观上要重视国民经济结构包括市场结构、区域结构和产业结构的升级，把最紧缺资源配置到最重要的部位；在微观上不能靠要素投入量的扩大，而要建立在生产力、全要素效率和生产要素的提高之上。

作为全国经济中心城市，面对错综复杂的内外部经济形势，坚定不移走内涵式发展和质量型增长道路，始终坚持质量导向，通过质量提升和高质量发展，催生出新的经济增长点，保持了较高的增长速度和良好的增长质量，开辟发展新空间。深圳地区生产总值从2009年的0.8201万亿元快速增长，2017已达到2.249万亿元，增长幅度达174.23%，GDP总量超过葡萄牙，排名进入全球城市前30位。人均GDP也随之增长，2017年达到2.71万美元，与2009年相比增长幅度达99.26%，已超过中国台湾地区。全口径公共财政收入2017年为8624亿元，与2009年相比增长211.9%，其中地方公共财政收入3331.6亿元，比2009年的880.8亿元增长约2.78倍。2013年，深圳由于质量强市的突出成绩，获得全国首个"质量强市示范市"荣誉称号。

在产业质量方面，第三产业比重从2010年的52.7%提高到2017年的58.5%，年均提高0.83个百分点。战略性新兴产业产值总量超过3万亿元，对地区生产总值增长贡献率超过一半，成为全国在战略性新兴产业领域集聚性最强、规模最大的城市。投资质量方面，深圳在投资规模持续增长的同时，投资结构不断优化。在企业质量方面，深圳市2017年有世界500强企业6家，财富中国500

强27家,部分企业成为全球领军企业和行业龙头企业。到2017年,深圳境内外累计382家企业上市,首发合计募集3172.08亿元资金。其中,境外上市115家,A股上市267家,中小板和创业板上市企业数量占总量的10%以上,连续11年居全国大中城市首位,中小企业成为上市主力军和资本市场的受益者。在生态环境质量方面,2013—2017年,深圳单位GDP能耗累计下降19.5%,年均下降4.2%,2017年为0.199吨标准煤/万元,在国内处于领先地位,仅为全国水平的50%左右,国际上已与发达国家相当。2017年,深圳全社会能源消费总量为4272.64万吨标准煤,与1979年的5.46万吨标准煤相比,能耗年平均增长19.2%,但却支撑了年均22.4%的地区生产总值增速。尤其是党的十八大以来,深圳能耗增速年均4.4%,GDP年均增长9.2%,更少的资源能源,推动和支撑经济更有质量增长。深圳PM2.5在我国副省级以上城市中处于最好水平;在全国率先启动碳排放权交易,已成为全国碳市场交易量最大之一。截至2017年,合计推广12万辆新能源汽车,推广14603辆纯电动公交车,纯电动率超过90%,在全球城市中也处于前列。

四 创新驱动的决定性作用初步显现

2016年5月中央印发《国家创新驱动发展战略纲要》,同月召开的全国科技创新大会上,习近平总书记强调要站在我国新的历史发展起点上,更加突出科技创新的重要作用。党中央要求实施创新驱动发展战略,强调科技创新是提高综合国力和社会生产力的战略支撑,必须牢牢摆在国家发展和经济建设全局的重要位置。这是中央在新的历史发展机遇期,面向全球、聚焦关键、立足全局、带动整体的重大国家发展决策。

从深圳来看,创新工作起步早,成效显著。从2006年,深圳发布《关于实施自主创新战略建设国家创新型城市的决定》;2008年,深圳获批第一个创新型城市国家试点;2014年,深圳建立第一个以整个城市为单元的国家自主创新示范区。深圳加快全面创新改革试验,提出并构建综合创新生态体系,创新成为城市发展的重大战略驱动和重要引领，形成创新支撑经济增长的发展模式。

深圳颁布出台全国第一部国家创新型城市总体战略规划，并先后出台创新驱动发展"1+10"文件、自主创新"33条"等系列政策，从人才支撑、创新载体建设、科技服务业和财政金融支持发展等多个领域，形成了自主创新体系整个过程全覆盖的政策体系。

深圳创新驱动发展取得了积极成效。2017年，深圳全社会研发投入超过900亿元，占GDP比提升至4.13%。PCT国际专利申请量突破2万件，占全国四成以上，连续14年位居全国大中城市第一。国家级高新技术企业五年增长了6倍多，2017年底累计超过1万家。2017年度，国家科技奖共评选出271个项目和9名科学家，包括国家自然科学奖、国家技术发明奖和国家科学技术进步奖。由19家深圳高校、科研机构及企业主持或参与完成的15个项目获国家科技奖。自2010年以来，深圳连年斩获国家技术发明奖一等奖、科技进步奖特等奖等国家科技奖项累计达99项。

在创新政策引领下，深圳实现跨越式发展，布局了国家超级计算深圳中心等新型研发机构、重大科技设施等服务平台和创新载体。2017年，市级、省级和国家级工程实验室、重点实验室、企业技术中心和工程（技术）研究中心等创新载体合计1617家，其中110家为国家级，覆盖了国民经济社会发展主要领域，成为集聚创新人才、产生创新成果的重要平台。目前正规划建设的超材料工业技术、未来网络实验室、高通量基因测序及组学技术和下一代高速大容量光传输技术等国家级创新载体。这些创新载体为研究开发、产业孵化、成果转化、人才培养和技术服务等提供了强大的支撑服务，成为创新驱动发展不可或缺的助推器。目前深圳4G和5G技术、基因测序、超材料、无人机、柔性显示和新能源汽车等领域创新能力处于世界领先地位。

深圳涌现出一批新型研发机构，人们形象地称之为"四不像"：既像研究机构开展课题研究，又不像研究机构，还从事研发成果转化；既有大学培养研究生的功能，又不像大学，学生主要通过实验室实践培养；既像企业从事部分经营业务，又不像企业，还承担部分科研业务；既像事业单位按照编制管理，又不像事业单位，部分员工实行合同制聘用并按照企业化管理。华大基因研究院、中国科学院深圳先进技术研究院和光启研究院，在创新方面表现出广阔的未来和惊人的力量。

五 民生需求和环境保护日益受关注

人民对美好生活的向往，就是党和政府的奋斗目标。以习近平同志为核心的党中央，将全面建成小康社会确定为党的十八大以来统领全局的战略目标。党中央确立的"创新、协调、绿色、开放、共享"五大发展理念，是中国进入全面建成小康社会决胜阶段，党关于发展结构、发展动力、发展条件、发展目的和发展战略等各要素及其内在逻辑的新认识，体现了我国在发展理论方面的最新创新成果。

从经济发展和社会进步的角度看，这一战略决策和战略导向，将促使科学发展、环境保护、民生需求迎来更为有力的政治保障，是关系我国发展全局的一场深刻变革。

深圳将努力建成更高质量的民生幸福城市作为城市的重大使命。经过近40年发展，深圳城市发展的民生含量、价值含量、绿色含量显著提升，最低生活保障标准、居民人均可支配收入和最低工资标准均居全国领先水平。政府加大民生投入，着力补齐教育、医疗、住房等民生短板，让更多发展成果惠及市民。

教育，是社会民生之首。学位状况始终是最受社会关注的热点。高等教育工程加快实施，南科大自然指数在全国高校排名达到前30位，深圳大学4个学科进入ESI世界排名前1%。香港中文大学（深圳）一期校园交付使用，哈尔滨工业大学（深圳）获批正式设立，深圳技术大学（筹）、深圳北理莫斯科大学实现首批招生。基础教育加快发展，完成34所公办中小学校新改扩建工程，新增4.7万个公办中小学学位，高考一本录取率达到全省第一；民办小学义务教育学位补贴提升至7000元，初中提升至9000元。新增2万个幼儿园学位、126所普惠性幼儿园。

看病难一直是市民之痛，深圳加快推进医疗卫生基础工程建设。建成并运营深圳市萨米医疗中心、深圳大学总医院和孙逸仙心血管医院新院区。新增5家三级医院、5家三甲医院、3000张床位、2300名执业医师。市聚龙医院、新明医院、健宁医院等新建市属医院项目加快推进；启动市平湖人民医院建设。深圳全力推进社保全覆盖，全市五险参保总人次首次突破5000万人次，创历史新高。

住有所居，是老百姓的基本愿望。深圳进一步加大住房保障工作力度，2017年，深圳安排住房保障支出356.7亿元，增长165%。2017年，新开工和筹集人才住房和保障性住房8万套，供应4.5万套。大力实施人才安居工程，通过售、租、补相结合，全面推进领军人才、杰出人才、产业发展急需人才和新毕业大学生等群体的住房保障，进一步扩大人才安居覆盖面。

让百姓喝上干净的水，呼吸清洁的空气，关乎百姓福祉。到2017年，全市拥有超过900个公园，人均公园绿地面积达到16.6平方米，绿道网总长达到2100公里，社区公园建在家门口，公园数量全国最多，许多居民坐享绿色福利，开门见绿，推窗见景。全市生态环境质量良好并呈向好态势。2017年，全市PM2.5年均浓度58微克/立方米，空气质量在19个副省级以上城市保持最好水平。

城市交通拥堵，成为不少市民心中的难题。2017年，随着各项措施的逐步落实，"英雄难过梅林关"等现象渐成历史，特区内外交通瓶颈逐步打通。交通设施网络进一步健全，坪西路坪山至葵涌段扩建工程、东宝河新安大桥新建工程等项目完工，外环高速、深中通道等重点项目加快推进，开工建设轨道交通四期12号、13号、14号线等5条线路，同步推进三期12个在建项目。2017年，新开通国际航线12条，对外战略通道进一步打通，机场旅客吞吐量突破四千万人次，赣深客专开工，太子湾国际邮轮母港开港营运，外环高速和深中通道等建设加快。轨道交通建设全面推开建设，2号、3号、4号、5号、9号线延长线和6号、8号、10号线等开工，7号、9号、11号线开通运营，深圳地铁运营里程全长达到285公里。道路交通网络持续快速调整优化，坂银通道、坪盐通道和南坪快速三期等建设快速推进，沙河西路和春风隧道快速化改造等启动，15个原二线关口交通提升项目和41条断头路打通完工。46条社区微巴线路和427条定制化巴士线路开通。

深圳社会建设同样多点开花，亮点纷呈。"织网工程"在市区两级平台并网运行。截至2017年，深圳共有12600家社会组织，每万人拥有社会组织的数量9.6个，高于北京、上海、广州。深圳人均捐赠额多年排名全国第一。2017年，深圳市注册志愿者超过155万人、志愿服务团体11886个，分别是2012年的3.4倍和4.3倍。"送人玫瑰，手有余香"成为城市箴言。

第九节　部分区域经济增长态势

一　新常态下看宝安经济增长动力转换

改革开放以来，宝安充分发挥区位优势，经济实现了快速增长。从历年GDP增长轨迹看，宝安经济呈现出由往年的高速增长向中高速增长转变的趋势，尤其是"十二五"以来，这种趋势更为明显，经济步入增长新常态。是当前和今后一个时期宝安经济发展的大逻辑，应该是充分认识新常态，迅速适应新常态，力争引领新常态。宝安经济增速换挡是经济发展规律的体现，是转变经济发展方式的结果，而增速换挡的背后是宝安经济增长动力的转换。

（一）为什么说宝安经济增长进入新常态

1. 发展历程表明宝安经济步入新常态

从GDP增长趋势看，宝安经济增速呈换挡趋势。撤县设区初期，宝安经济总量小（1993年GDP为67亿元），增长的基数低，这一时期（90年代）是宝安经济的高速增长阶段，增速基本在30%以上，但整体呈现快中有降的趋势，2001年达到经济增长的第一个谷底（增长14.3%）。从2002年开始，进入新一轮增长期，增速连续三年加快，2004年达到新的峰值22.9%。从2005年开始，经济增长虽出现一定波动，但整体重新进入下降通道，到2009年达到第二个谷底、增长12.1%。之后两年增速再加快，但从2012年（分设龙华区）开始的连续四年，增速再次回落，2016年达到第三个谷底，增速为8.8%。

宝安经济增长轨迹类似广东、深圳,同期增速基本快于广东省和深圳市。对比广东省和深圳市经济发展历程,宝安经济回落的趋势与广东和深圳基本相同,第一个低点大概在 2001 年(广东增长 10.5%,深圳增长 14.3%,宝安增长 14.3%),第二个低点均在 2009 年(广东自 1989 年以来 20 年首次个位数增长 9.7%,深圳增长 10.7%,宝安增长 12.1%),第三个低点大致在 2016 年(2016 年广东增长 7.5%,深圳增长 9.0%,宝安增长 8.8%,这也是深圳和宝安 GDP 连续三年个位数增长)。也就是说,宝安经济增速的回落与大环境类似并受大环境影响。虽然宝安、深圳和广东的经济增长整体均呈回落趋势,但宝安增速基本均快于广东省和深圳市增长水平(除 2001 年与 2016 年外)(见图 2-59)。

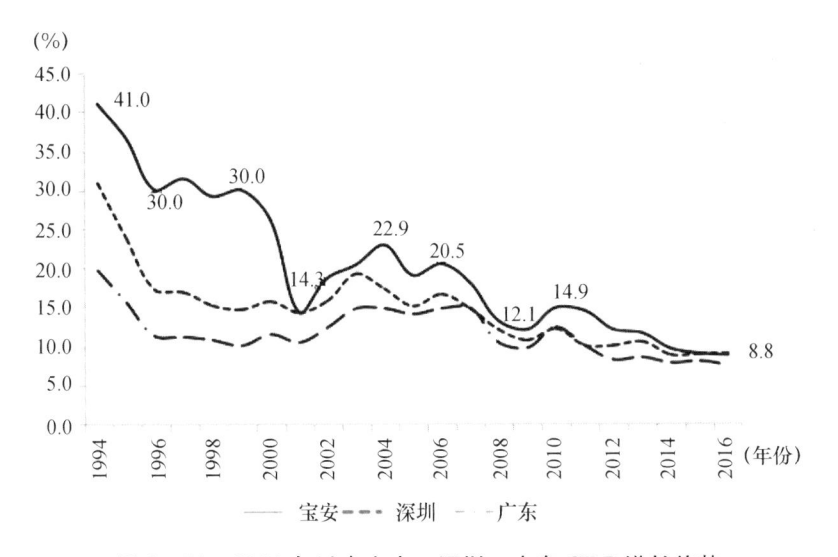

图 2-59　1994 年以来宝安、深圳、广东 GDP 增长趋势

2. 发展程度表明宝安经济步入新常态

宝安人均 GDP 达到中上等富裕国家水平。2016 年,宝安的人均地区生产总值为 15379 美元。如果按照世界银行对于贫富程度的划分标准,宝安已经处于中上等富裕国家发展阶段。目前,宝安人均 GDP 水平大概处在世界各国 45 名左右,超过克罗地亚、波兰、阿根廷、巴西等欧美国家。宝安人均 GDP 高于全国(约 8127 美元),在全国31个省市自治区中排在第四,位居上海(1.71万美元)之后、江苏(1.43万美元)之前。同时高于广东(10958美元),在广东省21个地级市中排在佛山之后位居第五,高于东莞,与中山(14975美元)大致相当。经济发展水平越高,向更高发展阶段迈进的难度越大,在较高发展水平上继续维持高速增长的困难更大。因此,从经济发达程度看,宝安已达到增速换挡的阶段水平。

3. 发展规律表明宝安经济步入新常态

当前,宝安正处在经济转型升级的关键时期。从世界各国发展历程看,在经济转型时期,增速暂时性下滑是一个必然趋势。美国经济在20世纪五六十年代的平均增速接近4.5%,但到70年代以后只有3%左右,而且整个经济转型时期,经济增速出现了持续下滑。但正是这一过程,推动了美国经济的持续转型,导致80年代美国服务业高速增长,以及90年代开始信息产业的高速发展。

日本经济在五六十年代的平均增速高达10%,但到70年代以后就降至4%左右,增速明显下了一个台阶。特别是其传统产业——食品、纺织、木材和皮革四个行业,占GDP比重不断下降;但同时,其精密仪器、电气机械通用设备、化工行业等资本技术密集型行业占GDP比重开始不断上升,推动日本GDP于1989年达到7%的增长,顺利完成产业转型。

中国台湾进入80年代后,出口加工业加速外移,经济开始下滑。1982年台湾GDP的增长只有7%,比2016年降低12个百分点,至1985年GDP增长更是跌至5.6%。台湾因此加快产业转型步伐,大幅度增加科技投入,进一步明确电子信息为主导产业,将电信、资讯、自动化、高级材料等13项产业定为优先发展对象。至2000年,台湾人均GDP达到14721美元;三次产业结构由1986年的5.4∶44.8∶49.8转变为2.0∶29.1∶68.9,正式跨入后工业化时代。

(二)新常态背后是经济增长动力的转换

宝安经济增长进入新常态是经济发展规律的客观体现,也是转变经济发展方式的主观结果,而新常态的背后是宝安经济增长动力的转换，概括起来就是"五个转变"。

1. 要素驱动向创新驱动转变

过去，宝安依靠土地、低成本劳动力等要素进行加工出口、低端装配壮大经济规模。近年尤其是近两三年来，宝安区明确提出"制度+科技+责任"方法论，出台了《宝安区贯彻落实深圳市委、深圳市政府〈关于促进科技创新的若干措施〉实施方案》、"两区两城"规划等一系列政策措施，打造创新动力强劲的产业聚集区。创新驱动宝安经济朝着可持续的全面发展和有质量的稳定发展不断迈进。

高端创新要素加速集聚。创新主体：国家级高新技术企业由2012年底的402家提高到1493家（2016年新增261家），居深圳市第二。创新平台：2016年组建VR、智慧城市2个产业创新联盟，新建各类技术中心17家、实验室16个，新增院士服务站2个、博士后工作站（创新实践基地）5个，引进高水平研发团队12个。加入中德工业城市联盟，成立中德（欧）产业发展合作联盟。创新成果：2016年，新增中国驰名商标3个，广东省著名商标18个。2016年专利申请量2.6万件，居深圳市第二；国际PCT专利申请量1147件。成功举办创新创业大赛，吸引1438个国内项目和100个海外项目参赛，102个优秀项目在宝安区产业化。区域孵化能力全国前十。

研发投入强度相对较高，创新成为经济发展主动力。2015年，宝安R&D投入占GDP比重为2.8%（2016年的数据2017年底左右出），比2010年提高0.8个百分点。从全国看（2014年数据），宝安的科技投入强度不仅高于全国（2.07%）、广东省（2.47%）平均水平，而且高于全国经济相对发达的浙江（2.36%）、江苏（2.57%）及苏州（2.68%）等地，与天津（3.08%）较接近。但从深圳市看，宝安R&D投入占GDP比重仍有较大提升空间，2015年深圳市平均水平为4.2%。

2. 粗放发展向高质发展转变

随着用地供应日益紧张、人口承载趋于饱和、水电耗用过快增长，宝安过去的粗放发展模式已难以维系，提高资源利用效率、走高质发展之路势在必行。近年来,宝安经济高质发展特征愈加明显。

从产业附加值看,产业链逐步向两端攀升。早期的贴牌加工对当时的宝安经济发展具有积极意义,但近年正在摆脱这一标签,逐步迈向中高端,工业增加值率的变化就是最好的反映。2016年宝安工业增加值率进一步提升至23.0%,比2010年(含龙华不含光明新区的小宝安)提高6.0个百分点。

从具体产品看,逐步成为全国知名的产业大区。全球每100台无人机,有21台产自宝安;全球20%以上的台式电脑装着"宝安造"的连接器;全国每10个智能穿戴产品,有4个是宝安制造;深圳产出的机器人,40%出自宝安;2016年全国LED产值,宝安蝉联前三甲。

从资源利用看,发展集约度大幅提升。"十二五"期间,宝安万元GDP水耗和电耗均连续五年下降,年均分别下降9.9%和7.3%,2016年进一步下降8.9%和5.2%。2016年,每平方公里土地产出GDP和税收分别为7.62亿元和1.36亿元,分别比2016年增加9176万元和2056万元。

3. 传统行业向现代产业转变

改革开放初,宝安是广东的农业生产基地,第一产业比重高达45%左右。此后,利用"三来一补"吸引外资,全面启动了工业化进程。撤县设区后,工业生产开始由劳动密集型为主向资金、技术密集型过渡。近年来,通过出台四大行动计划、"三大政策"等一系列举措以及"滨海宝安、产业名城、活力之区"的打造,宝安区逐步形成了以电子信息行业为主体、新兴产业和现代服务业为两翼的"一体两翼"现代产业格局。2012年到2016年,宝安通信设备、计算机及其他电子设备制造业产值占工业产值的比重由49.0%上升至53.7%,依旧是宝安的主导行业。而互联网、新能源等战略性新兴产业和物流、文化等现代服务业比翼齐飞、蓬勃发展。近五年,战略性新兴产业增加值年均增长14.9%(2012年用产值增长代替),占GDP的比重由31.8%上升至39.0%,现代服务业增加值年均增长12.0%,占GDP比重由25.6%提升至31.7%,均快于

GDP 年均增长，成为宝安区经济重要的增长极（见表 2-28）。

表 2-28　　近五年宝安新兴产业和现代服务业增长走势

指标＼年份	2012	2013	2014	2015	2016	年均增长
GDP 增长	12.1	11.6	9.6	9.0	8.8	10.2
战略性新兴产业增长	14.1	14.9	15.4	16.7	13.5	14.9
现代服务业增长	13.8	12.6	10.5	11.8	11.2	12.0

需指出的是，在宝安产业后续发展中，千亿产业集群或将成为宝安经济增长的新引擎。目前，宝安区正在加快培育若干千亿级产业集群：一是"激光＋"。龙头企业是大族激光，市场份额国内第一，全球激光上市公司市值、销售额、净利润排名第二，2016 年产值 81.52 亿元，增速接近 50%。2016 年大族激光就表示："大族激光有信心在 1 到 2 年内，在宝安区实现产值超过 100 亿元；而且大族激光技术上下游的配套产业和周边产业，也将会超过 100 亿元的产值，争取在两年内给宝安带来 200 亿元产值。"二是"太赫兹＋"。龙头企业是已成功做出世界第一块石墨烯太赫兹芯片的华讯方舟，其产值 2016 年已突破 130 亿元。华讯方舟负责人此前在媒体公开表示：中国天谷将形成以华讯为龙头的千亿元产业园，并在周边培育若干产值过百亿元的配套园区。此外，依托大铲湾的"汽车＋"、依托亚太卫星的"卫星＋"以及依托未来产业城的"互联网＋"等产业集群都将为宝安产业名城打造注入新的活力。

4. 一企独大向百舸争流转变

龙华区成立前，富士康是宝安经济的重要支柱。其直接创造接近八分之一的 GDP、四成左右的产值、近一半的出口，一企独大特征非常明显，这导致宝安经济社会发展对富士康的依赖过大，"一损俱损、一荣俱荣"。近年来，宝安区多措并举抓企业发展，出台了《宝安区领导联系服务五类百强企业工作方案》《宝安区贯彻落实市委市政府〈关于支持企业提升竞争力的若干措施〉实施方案》等一系列政策措施，推动企业成批高质发展。现如今，宝安区最大的企业是创维 RGB 电子，其产值仅占宝安区的 5% 左右。宝安经济发展更多是依靠团体作战，经济发展的平衡性更好，抗风险能力更强。一批中小科技型领军企业快速崛起，大大提升了宝安经济竞争力。2016 年，宝安区新增规模以上工业企业 384 家，总量达到 2450 家，新增上市企业 7 家，总数达 29 家。规模以上工业企业中，产值亿元以上的 876 家，10 亿元以上的 99 家，50 亿元以上的 12 家，超百亿元的 4 家。

举例来看，普瑞康有望成为分子诊断领域龙头。普瑞康专业从事分子诊断新技术研发、生产、销售以及技术服务，技术领先同行业，是国内唯一一家提供埃博拉病毒核酸检测试剂的生物公司，已有多款产品取得国家注册认证，产能有望加速释放。未来，该公司还可能择机进入基因科技领域。信维通信争当世界一流射频零部件供应商。深圳市信维通信股份有限公司 2006 年成立，主要从事移动终端天线及相关模组和连接器的研发、生产和销售，并于 2010 年登陆创业板，创造了公司从成立到上市时间最短的国内纪录。公司目前在国内外拥有五大研发中心，所获专利超百项。绿雪生物将酸奶发酵成宝安名片。绿雪生物工程（深圳）有限公司是一家"专心致志做最好酸奶"的企业，通过 17 年的发展，其生产的卡士奶凭借高端形象、优良品质位列宝安四宝（卡士奶、沙井蚝、合成号饼干、青岛啤酒）。未来，绿雪生物将组建独立的研发中心，为传统制造业插上科技的翅膀。

5. 外需拉动向内外并重转变

过去，以国际市场需求为导向的外向型增长模式对宝安出口和经济规模扩大做出了不可替代的贡献。但随着外围经济的低迷，过度依赖国际市场的结构风险也不断显现。因此，宝安企业逐步转变发展理念，加大开拓国内市场力度，国内国外两个市场共同驱动经济发展。外贸依存度由远高于深圳降至深圳市平均水平以下。在光明新区和龙华区成立前，宝安的外贸依存度长期保持在 300% 以上，远高于深圳市平均水平，最高的 2005 年高达 528%。排除分设新区的影响，从 2012 年开始，新宝安的外贸依存度同样呈下降趋势，2012 年为 209%，2016 年下降到 121%，近年来首次低于深圳市平均水平（135%）。内外销比重逐步趋向平衡。分区前，宝安工业产品外销比重常年保持在百分之七八十。由于2012年成立龙华区全区出口大户富士康基本划归龙华统计，外销比重大幅下降，但排除这个因素，从2012年开始，宝安的内外销结构同样出现了积极调整。宝安区内销比重由2012年的44.5%提高至2016年的53.3%，内外销比重相对协调。

（三）如何适应并引领宝安经济新常态

虽然经济发展步入新常态，但宝安发展仍处在重要战略机遇期，可以大有作为，只是机遇期的增长内涵和条件有所改变；宝安经济发展总体向好的基本面仍然存在，只是经济发展方式和经济增长动力要加快转变。正确认识宝安经济增长新常态，才能积极行动主动适应新常态，才能有所作为引领新常态，做到新常态下经济调速不调势、量增质更优。

1. 加大创新驱动发展力度

创新是宝安经济高质发展的驱动力，也是适应、引领经济新常态的主引擎。一是借助智慧宝安建设推动科技与产业融合发展。在智慧城市建设、企业信息化、信息化和工业化融合管理体系、信息化项目配套资助等方面进行大力扶持，充分发挥信息化对工业化、现代化和产业转型升级的关键性支撑作用，鼓励企业利用信息化技术改造和提升传统产业。二是优化区域创新体系。用好用足国家、省、市创新驱动推进措施，努力打造创新驱动政策高地，加大对创新重点领域的政策引导和支持力度。以推进源头创新为抓手，广泛吸引特色学院、科研院所、重点实验室、园所工作站等创新平台落户发展。三是大力推动大众创业、万众创新。加大对创客空间运营、科技人员和大学生创业的财政支持力度，积极鼓励新型产业园区引进建设创客空间、创业咖啡、创新工场等众创空间。探索设立创业投资引导基金，推动知识产权保护，支持创客和中小微创新型企业发展，积极打造和培育"大众创业、万众创新"的良好创新氛围。

2. 提升现代产业发展层次

提升产业尤其是现代产业发展层次，才能占据新常态下的发展主动。一是推动新一代产业集群集聚。"栽大树、育森林、筑体系、建生态",精准施策、精准发力,推动上中下游企业集聚发展、周边产业集群发展。依托大铲湾,打造千亿元级汽车产业集群;依托中国天谷,打造千亿元级卫星产业集群;依托大族激光,打造千亿元级激光智能制造产业集群。二是抢占未来产业发展制高点。抓紧布局培育机器人、可穿戴设备、智能装备等未来产业,出台未来产业发展规划,鼓励支持企业大胆涉足或转型发展未来产业。三是提升电子信息产业发展水平。加快发展新一代信息技术产业,大力发展航空航天电子、装备电子、交通电子、医疗电子、金融电子等,推动消费电子产品升级换代。四是加快现代服务业发展。推动物流业向产业链高端升级,培育会展服务业新业态,提升专业化服务水平,促进生产性服务业集聚。提升商贸企业经营水平,挖掘优质旅游资源,推动形成高端旅游新业态,优化生活性服务业。鼓励发展互联网金融、跨境电子商务、健康保险等新兴服务业态。

3. 打造宝安企业升级版

适应并引领新常态的主体是企业。一是实施龙头骨干企业培育引进计划。将成长性好、竞争力强、发展前景广阔的细分行业企业纳入培育库,实施龙头骨干企业培育计划。结合"两区两城"及中医药创新之都建设,重点加强先进制造业、战略性新兴产业和现代服务业龙头骨干企业的招引。二是实施上市企业倍增计划。通过加强政策激励、完善培育体系、健全服务机制、优化发展环境,促进已上市企业进一步做大做强,推动宝安战略性新兴产业、未来产业、先进制造业、现代服务业领域中的拟上市企业在境内或境外,间接或直接上市,做大做强在资本市场已有较强影响力的"宝安板块",形成品牌效应。三是推进园区企业规模集聚计划。通过编制产业园区空间布局规划、大力推进旧工业区升级改造、开展园区环境综合提升工程、加大创新型产业用房建设力度、鼓励工业楼宇分割转让、推广"产权换股权"合作模式等措施,规划建设一批生产、生活、生态相融合的现代化国际化产业园区,为构建宝安现代产业体系提供强大的空间支撑,推动企业入园集聚发展。

二 福田区当前经济增长隐忧、压力和挑战

深圳市政府六届七十五次常务会议提出当前深圳经济运行中存在"四大隐忧""四大压力"和"三大挑战"等突出问题,这些问题对深圳市经济的平稳、健康、可持续发展产生严重影响,亟待解决。福田区作为深圳中心城区,空间约束日益趋紧,产业发展后劲不足,以上问题更为突出,破解这些难题也更为迫切。

福田建区发展至今,经济发展呈现"速度质量同步提升、结构效益不断优化、动力活力显著增强、资源能耗持续下降"的良好态势。2016年地区生产总值突破3000亿元,经济总量高于宁夏、青海、西藏等省区;税收总额超1100亿元,财税收入与国内中等发达城市相当;进出口总额超1100亿美元,外贸指标在全国中心城区保持领先地位;社会消费品零售总额超1600亿元,保持深圳市第一,占深圳市比重达三成以上;固定资产投资总额突破300亿元,总量创新高,增速快于深圳市平均水平。基于此,福田区提出六项措施以应对"四大隐忧""四大压力"和"三大挑战"等突出问题:

(一)优化完善城市空间综合规划,以推动空间再造,实现扩容发展和转型升级

1. 加强规划先导,有效释放产业空间

一是加强规划引领作用。对现有重大发展规划进行深化和优化,尽快推出更为详细的城市更新发展规划,科学开展大片区、重点单元规划,完善城市更新工作机制。二是着力拓展发展空间。以福田为例,通过出台《福田区产业事业空间布局规划》,进一步摸清辖区产业空间底数,建立空间数据库,实现动态化监测与可持续发展。经全面排查,预计未来五年可提供各类高端产业空间近千万平方米。三是强化打造楼宇载体。立足发展立体经济的理念,向高空要空间,提高经济容积率。着力高端楼宇、亿元楼宇的打造力度,引导转型升级和产业高端集聚。

2. 加强高端引领,拓展转型发展空间

一是立足高端,抢占经济发展新的制高点。加大引进和发展高

端产业的力度,从产业规划、产业政策等多方面引导产业优化、结构升级,积极抢占高端经济制高点和话语权。以福田为例,华强北中国电子市场价格指数成为中国电子产品价格风向标;福田国际电子商务产业园、深圳文化创意产业园等高效运营为高端产业的发展赢得先机。二是腾笼换鸟,为高端产业发展提供新的空间载体。通过对"四旧"更新改造,将低效旧工业厂房及工商混合区改造成为高端产业集聚区,以高附加值新兴产业置换低附加值传统产业,扩大高端产业占比。以福田为例,梅林国际电子商务产业带的"工改新"、上沙创新科技园的"工改工"、田面创意产业园的"工改文"和华强北商业区的"工改商"四种产业升级转型模式,便是产业转型升级的典范,强有力地推动区域经济发展。

3. 加强转型升级,打造创新转型模式

首先是严禁高污染、高耗能和产能过剩项目开工建设。对申报备案的固定资产投资项目100%实施节能评估审查,并对新上项目强化节能、环保、安全等指标约束。强化落后产能的淘汰机制。限期整改和治理进入淘汰目录的落后工艺以及产品、产能,依法强制淘汰进入禁止目录的高污染企业。其次是加强地区合作,构建外溢型转型升级模式。引导企业构建"总部+分支、研发+制造、营运+配送、中心+网络"的外溢型发展模式,推动加工制造工序和流程进行转移深汕合作区等,从更高层次和更大范围配置资源,不断增强向华南地区乃至全国的辐射和影响。

(二)加大研发(R&D)投入力度,掌控核心竞争力,增强行业话语权

1. 推动政府科技经费投入,重点建设科研载体

推动政府加大科技经费方面的投入,尤其是对 R&D 经费的投入,采取有力方法措施带动和促进企业加大配套资金投入,通过企业 R&D 投入享受政府减免税额等优惠政策,发挥政府科技经费的引领带动效应,使企业加大科技经费计划和投入,促进企业提高科技研发创新能力。同时,加快加大科研载体平台建设,积极吸引科研创投资本,整合科研产业空间,大力打造科研创新载体,大力发展以实验室、工作室等为载体的研发设计产业。

2. 推动企业科技机构与科研单位和大专院校的有效合作

利用科研单位和大专院校的人才优势,支持企业加强工程技术研究中心、博士后科研工作站、企业技术中心等研发机构建设,实现强强联手,提高企业的科技研发创新和成果转化能力,推动企业创新能力多领域更高层次发展。

3. 未雨绸缪,保护企业科技创新的积极性

政府应做好协助企业创新成果尽快产业化和走向市场的准备,以保护企业科技创新的积极性,使企业科技创新工作健康发展。

(三) 推动智能制造、先进制造业发展,注重未来都市工业布局,抢占"微笑曲线"两端高经济增长极

1. 优存量促增量,以高附加值提升盈利能力

一是优化存量。一方面要集中优势力量和各类资源,瞄准行业制高点,通过深化自主创新,推动技术、品牌、服务的全面升级;另一方面通过产业扶持资金、优惠政策等手段,鼓励企业将研发、设计或营销等高附加值环节回流,促进产销分离。二是做大增量。紧扣"微笑曲线"两端,充分发挥行业集聚效应和总部经济的引领带动作用,重点引进企业营销中心、研发中心、设计中心落户。同时要着重引入行业发展领先、集聚效应明显、梯次层次完善、产业链条高端的工业体系。如引入工业机器人、高端飞行器、可穿戴设备、生命健康、人工智能、生物医药、智能物流等行业,不断做大做强高端工业及未来产业,提升企业增加值率及盈利能力。

2. 强化创新驱动,以高技术产品抢占市场

一是加大科技投入和成果转化,实施创新驱动发展战略。加强对企业的科研资金资助扶持,创新财政支持经济发展方式,充分用好政府投资引导基金,通过税收优惠、贷款贴息、租金减免等方式,发挥好市场资源配置和财政资金引导放大作用,激发企业自主研发、转型升级的积极性,同时做好软、硬件配套服务,帮助企业吸引人才、用好人才。二是加大产业深度融合工作力度。加快人机智能交互等关键技术在工业生产过程中的应用,促进制造工艺的数字仿真优化控制及状态信息自适应监控,以适销对路的高技术产品抢占国内、国外两个市场。

3. 聚焦转型升级，以高端定位引领行业发展

一是加快推动工业经济增长方式转变。通过提高先进产能比重、优化工业内部行业结构、加大发展战略性新兴产业力度、加快培育工业龙头企业品牌、有序推进工业入园、不断优化产品和技术结构等方式加快工业自身的转型步伐。二是加快老旧工业园区改造。一方面加快"四旧"改造步伐，为高端工业的发展释放产业空间；另一方面引入国际高端的网络化、数据化、集约化"智能车间"标准，不断提高土地和资源配置效率。

（四）做大做强金融传统优势产业，发挥产业"虹吸效应"，集聚更多优质企业资源

1. 打好总部牌，增强金融综合实力

一是加大对大型金融机构的吸引力度。抓住北京非首都功能疏解的历史机遇，积极吸引各类金融持牌机构、金融机构业务总部、营运总部、产品创新总部等落户深圳，支持其设立新的持牌金融机构和金融业务总部，在扶持政策、空间土地、人才保障上提供配套保障。二是借力香港，吸引国际金融机构进驻。依托区位优势，积极吸引香港发达的专门专业服务机构、中小金融机构进入；借力深港通，大力推动深港资本市场合作；协调规划"国际金融总部生态区"，力争在"十三五"期间，在引进国际金融总部上实现重大突破。三是培育全国领先的金融龙头企业。重点支持招商银行、平安集团、中信证券、招商证券、生命人寿、华润信托、国银金融租赁等金融机构提升总部功能，助推其做大做强；培育引进一批在创新金融领域、特色金融领域的国内领军企业总部，为确保金融规模再上新台阶夯实基础。

2. 打好创新牌，增强金融区域竞争力

一是规划建设金融新业态集聚区。加强引导金融新业态企业聚集，培育多个有鲜明主题、基础配套设施完善、交通便利、空间结构灵活、价格便宜的次级金融新业态集聚区，如互联网金融企业集聚区、消费金融集聚区、创业投资机构集聚区、专门专业集聚区等，鼓励企业同类聚集或链条式聚集，抱团错位发展。二是打造创新金融"公共技术服务平台"。学习引进北京中关村互联网金融服

务中心和上海全通金融谷的成熟做法，以"企业经营、市场化运作、政府支持"模式，推动公共技术服务平台建设，吸引各类金融创新业态企业接入和使用服务，集中各类创新金融产品形成旗舰型网上金融超市，为用户提供简单、高效、实时和专业的在线金融服务。

3. 打好宣传牌，增强金融影响力

一是提升福田金融的软实力。策划开放式金融主题系列活动，推出"金融App"和微信官网，开展在线式、互动式宣传，政府支持举办各类专业金融论坛和展会，培育和活跃区域金融文化；开展金融从业人员技能培训、职业提升培训和联谊交流，增强金融企业、人才对城市认同感和归属感。二是定期开展在国内外具有影响力的"金融创新论坛"。以国际顶级专业论坛为标杆，聚集海内外权威金融专家、学者和金融机构，讨论金融前沿热点，打造具有深圳特色、全球视野的金融论坛，树立深圳在全球的金融形象，促进国际金融合作与交流。

（五）注重高端人才引进，强化人才服务配套，抢抓区域竞争中"人才"这一关键要素

1. 优化服务业人才政策环境

一是完善人才服务规划政策，支持鼓励优秀人才资源的产业化和专业化发展。通过竞争机制培育人才市场服务品牌，强化人才中介机构服务质量，完善人才服务产业链条，提供便捷、优质、高端和全面的服务业人才服务。二是健全服务人才培训体系、规范完善补贴形式。积极通过政府补贴等多种政策措施，加大高端人才创业服务、专业培训和学术研修等扶持力度，引导高端优秀人才持续提升科研创新能力。

2. 合理服务业人才队伍结构

一是基础人才与高端人才之间的结构优化。一手抓基础人才、低端人才的培养与再学习，夯实城市发展基础；一手抓高端人才引进，通过"英才荟"和"孔雀计划"等，引导优秀团队和高端人才来深圳和福田创业发展。二是国内人才与国际人才之间的结构优化。在注重国内人才引进的同时，还要注重国际人才的引进，通过

"走出去和请进来"方式,大力推动与国际上的人才合作与交流,逐步形成一支专业配套、规模宏大、结构合理、创新创业的人才队伍和后备梯队。

3. 完善人才配置方式

一是健全网络化、开放型和高层次的人力资源市场机制体制。规范人才市场准入机制,鼓励民营人才中介组织进入市场并健康发展。规范人才市场运营管理体制,推进人才资源市场标准体系和诚信体系建设。汇集专业的人力资源服务企业,激活高端猎头、中介服务和人才交流等功能,打造针对服务业专业人才市场的产业园,充分发挥市场在人才资源配置中的决定性作用。二是充分联合社会和市场多方力量,大力培育优秀高端专业人才队伍。推动中高级经营管理人才培养和质量提升工程,培育企业中高层经营管理人才和企业领军人才。引导培训机构和行业协会等社会力量积极参与,加速培养专业服务业和高端金融人才。联合金融机构和金融监管部门,探索与培训机构合作和海外高端金融资质认证,打造金融专门人才培养基地,提高福田区金融培训国际化水平。

(六) 全方位完善产业扶持政策,加大招商引资力度,为经济发展助力、提速

1. 全方位完善产业激励引导政策

进一步规范和优化现有投资引导基金和产业专项政策,引导产业资金政策投入领域,细化行业分类,大力倡导"大众创业、万众创新",鼓励和支持科技创新、技术创新,着重向各类支柱产业、新兴业态等领域投放,实现"政府搭台、企业唱戏",促进优势产业、高端资源集聚发展。发挥财政资金对企业发展的导向作用和撬动作用,突出对重点行业、新兴业态、招商引资、技术研发等方面的支持,培育新的税收增长点,力促经济可持续发展。

2. 加大招商引资力度

一是加强招商引资,优化营商环境,吸引优秀的项目、重点企业落户,以新进流量对抗存量流失,在做大做强存量企业的同时,不断吸引品牌化国际化的优质大企业在深圳落户,尤其是加大对世界 500 强企业"请进来"力度,以行业龙头集聚相关产业,提高经

济辐射带动力，涵养税源，夯实税基；大力支持科技创新项目和重点实验室建设，突破核心技术难关，不断提升关键设备水平。二是找准深圳在"一带一路"经济发展中的定位，加强与"一带一路"沿线新兴经济体合作，拓展海外市场，为企业开发海外市场提供载体和平台，引导国内国际高端化产业领军企业入驻深圳，充分挖掘深港合作的潜在机会及地域优势，力争成为对外合作的通道、涉外业务的窗口、领军企业华南总部乃至亚太总部集聚地。

3. 提供专业高效优质的政府服务

建立重点企业专员对接机制，做好政策推送工作，积极解答企业问题，降低政策调整对企业的影响。开启园区驻点服务，在有关园区进行专家驻点答疑，为企业提供免费的一对一咨询服务。提供便捷的咨询服务，如咨询热线电话及建立QQ群，群内专家针对性指导解决企业发现的相关问题。

三 新兴产业引领坪山经济增长

坪山面对复杂多变的外部形势和持续加大的经济下行压力，新兴产业的发展成为坪山区经济逆势增长的一股重要推动力量，实现了"十三五"的良好开局，为经济可持续发展做出贡献。

（一）新兴产业规模小，但增加值增长速度位居深圳市十个区之首

2016年，坪山新区新兴产业实现增加值252.91亿元，仅占深圳市新兴产业增加值的3.2%，在深圳市各区中，仅高于大鹏、盐田两区，与排名第一位、第二位的南山区和龙岗区相比，分别是其总量的10.9%、13.6%（见图2-60）。

截至2016年底，新兴产业增加值增速34.5%，位居深圳市十个区之首，高出深圳市新兴产业平均增速23.9个百分点，比排名第二的宝安区（增速15.0%）高出19.5个百分点，比排名第三的龙岗区高出20.9个百分点。新兴产业增速自2015年起连续两年力压各区成为榜首。

（二）新兴产业规模占GDP比重近半

新兴产业占GDP比重逐年攀升，至2017年6月底，新兴产业

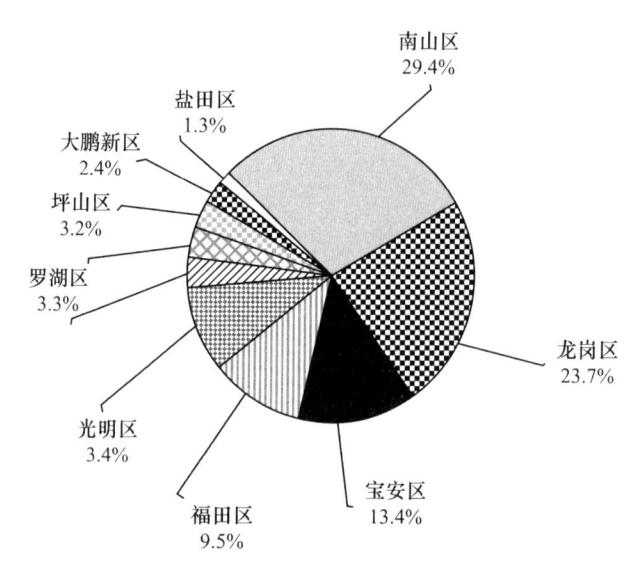

图 2-60　深圳市 2016 年十区新兴产业增加值分布图

实现增加值 120.81 亿元，已达到 GDP 的 49.1%；新兴产业增长拉动 GDP 增长 15.4%，超过 GDP（12.1%）增长速度，对 GDP 增长的贡献率达到 86%，是 GDP 增长的重要推动力量，随着比亚迪铁动力锂离子电池扩产项目即将竣工投产，新兴产业对 GDP 的贡献将进一步增加。

（三）战略性新兴产业支撑新兴产业增长

坪山区截至 2017 年 6 月底，在统新兴产业由七大战略性新兴产业和三大未来产业两部分组成。从增加值规模看，2017 年上半年战略性新兴产业和未来产业分别实现增加值 137.20 亿元和 9.67 亿元。战略性新兴产业规模快速壮大，比 2016 年同期增长 35.8%，高于新兴产业（不剔除重复企业）增速 1.7 个百分点，而未来产业规模仅为新兴产业规模的 7.05%，规模小幅增长，增加值同比增长 14.0%。

1. 新能源产业和新一代信息技术产业规模快速增长带动七大战略性新兴产业快速增长

其中新一代信息技术产业和新能源产业共计占比 63.0%，是战略性新兴产业的重要组成部分，分别增长 31.7%、42.6%，是战略性新兴产业增长的主要原因；其次是新材料产业和生物产业，共计占比24.9%，其中生物产业大幅增长，增长率达90.9%；其他三大产业占比小，其中互联网产业增幅达164.8%，但仅推动战略性新兴产业增长0.62个百分点（见表2-29）。

表2-29　　战略性新兴产业各产业增加值及占比情况表

（单位：亿元、%）

指标名称	增加值	增速	占战略性新兴产业比重	各产业比重图
新一代信息技术产业	31.75	31.7	23.1	
互联网产业	1.01	164.8	0.7	
新材料产业	16.73	19.7	12.2	
生物产业	17.37	90.9	12.7	
新能源产业	54.17	42.6	39.9	
节能环保产业	7.30	6.5	5.3	
文化创意产业	8.36	0.8	6.1	

2. 机器人、可穿戴设备和智能装备产业支撑未来产业

深圳市四大未来产业中坪山区仅包含三类：航空航天产业，机器人、可穿戴设备和智能装备产业及生命健康产业，不含海洋产业。其中机器人、可穿戴设备和智能装备产业2017年上半年增加值达到8.24亿元，占未来产业的85.2%，且仅机器人、可穿戴设备和智能装备产业实现同比增长（见表2-30）。

表2-30　　战略性新兴产业各产业增加值及占比情况表

（单位：亿元、%）

指标名称	增加值	增速	占未来产业比重
航空航天产业	0.16	-38.4	1.6
机器人、可穿戴设备和智能装备	8.24	18.3	85.2
生命健康产业	1.27	1.3	13.2

(四) 新兴工业企业成为坪山区新兴产业及规上工业企业发展的核心推动力量

1. 新兴产业形成以新兴工业为主要发展模式

从行业类别来看,2017年上半年坪山区新兴产业工业增加值占坪山新兴产业增加值比重的99.21%、批发零售占比0.64%、服务业占比0.06%、建筑业占比0.09%,新兴工业企业中新能源产业成为坪山区的特色产业,2016年占深圳市新能源产业增加值的19.4%,仅次于大棚新区的28.3%,重点企业有比亚迪汽车工业有限公司、深圳市沃特玛电池有限公司(见表2-31)。

表2-31 坪山区新兴产业个行业增加值及占比情况 (单位:亿元、%)

指标名称	增加值	占新兴产业增加值比重
新兴工业	119.86	99.21
新兴服务业	0.07	0.06
新兴批发零售业	0.77	0.64
新兴建筑业	0.11	0.09

2. 新兴工业企业占据坪山区工业前50强,龙头推动作用显著

从新兴产业工业企业产值看,坪山区前50强的企业全部为新兴产业,其中两家大型新能源企业比亚迪汽车工业有限公司、深圳市沃特玛电池有限公司2017年上半年总产值达到301.36亿元,占前50强企业产值的53.16%,占坪山区总产值的43.99%,新兴产业龙头企业地位凸显。

3. 新兴产业工业企业经营效益稳步增长

2016年,新兴工业企业实现主营业务收入1118.75亿元,占规上工业企业总量的84.6%,同比增长41.5%,高于规上工业企业平均增速14个百分点;利润总额增长74.01亿元,占规上工业企业总量的86.5%,增长41.7%,略低于规上工业利润总额平均增速7.7个百分点(见表2-32)。

表2-32　坪山区新兴产业工业企业与规上工业企业经营
指标对比表　　　　　　　　　（单位：亿元、%）

指标名称	主营业务收入	同比增长	利润总额	同比增长
新兴工业	1118.75	41.5	74.01	41.7
规上工业	1323.78	27.5	57.24	49.4
新兴工业占规上工业比重	84.5		129.3	

4. 坪山区"十三五"期间新兴产业将继续扩张

截至2017年6月底，坪山区在建项目中比亚迪锂电池项目已接近尾声，预计2017年下半年建成投产；海普瑞、新产业生物研发生产基地工程等项目也在有序地进行，相继还会有新能源汽车零部件生产基地、康哲药业制药生产厂区等大批重磅项目"起跑"，各行业在生产规模扩张的同时也在加大科技研发方面投入，这激发了坪山区更多的经济增长点，到2017年底，新兴产业增加值对GDP贡献率超过50%，至2020年，新兴产业将领跑坪山区国民经济和社会发展。

四　制造业服务化成为龙华经济增长的新动力

2017年上半年，龙华区服务业实现了高增长：批发和零售业销售额分别增长46.3%、34.7%，增速均位居深圳市第二，拉动GDP增速1.3个百分点；其他营利性服务业营收增长36.3%，增速位居深圳市第一，拉动GDP增速1.9个百分点。服务业合计拉动GDP增速3.2个百分点，成为2017年上半年龙华经济增长的重要动力源。2017年上半年服务业的高增长离不开制造业的支撑。高增长的几家企业富泰通、三九医药贸易、爱尔贝特等都是龙华区制造业重点的下属企业，体现了"制造业服务化"这一产业趋势。

制造业服务化是工业化发展到中后期的产物。在这个阶段，三产不但成为经济增长的重要动力，而且制造业也具有高度服务化的特征——制造业对技术、知识、管理等软性要素要求更高，许多原来生产内部的项目不断分离出来，如供应链、营销、广告、信息集成、工业设计、科学研发、金融衍生品等服务业开始成为主流，制造业服务化趋势呈现。工业化发展到中后期的主要标志：一是人均国民生产总值在5000—15000美元之间；二是工业占据主导地位，但第三产业比重接近或超过工业；三是工业"高技术"化倾向明显。

目前，龙华区人均GDP约12万元［估算折合美元（1996年）为1.4万美元］，三产占比44%，高技术制造业占比70%。主要指标显示龙华区大致已处于工业化中后期阶段。正是在工业化进程不断推进的背景下，龙华区制造业服务化得以发展，给经济带来新的动力。以下主要解释制造业服务化的起源和趋势，并结合龙华区制造业服务化的现状、特点和问题，提出相关建议。

（一）制造业服务化的背景、趋势以及对经济发展的意义

制造业服务化是指制造业的发展方向和趋势，制造业企业初始阶段是提供实物产品，发展到一定阶段后转为提供附加服务和产品。从国际上看，制造业与服务业由分化和分工再到互动融合，是产业发展到一定时期的必然阶段，制造企业越来越把服务作为竞争差异化和核心能力的体现。以GE为例，20世纪80年代通用电气公司拥有113家制造厂，分布在全球24个国家，其服务仅占到12%，而传统制造在总产值中的比重最高时接近九成。此后，通用电气公司推动"新服务战略"，"技术＋管理＋服务"的发展模式逐渐形成。战略的重大转变的结果是，通用电气公司"新服务战略"所创造的总产值占比达到七成。通用的经营范围，从计算机程序设计到信用卡服务，深圳还有卫星发射，为通用电气公司的发展提供了不竭的持久动能。德勤公司的2010年报告指出，在对80家制造业公司的调查中发现，服务收入占总销售收入的比重超过四分之一，其中有近五分之一的制造业公司的服务收入占比较高，超过总收入的一半。

从国内看，龙头企业开始了从单纯的商品制造销售，向解决方案提供者或服务外包等方向转型进行探索实践。海尔在2010年提出，逐步退出制造业转向服务业，重点领域是渠道服务和研发。宝钢、武钢和一汽大众等大企业集团原有的信息化支持部门，开始转

型为专业服务公司并独立运作,出现宝钢宝信、武钢自动化、一汽启明和东风东浦等一批具有典型特征的生产性服务企业,在物流、金融、研发和信息化等领域提供社会化服务,成为企业集团新的增长动力。服务化不但是制造业升级转型的趋势,更是生产性服务业增长的动力和源泉,制造业的服务化在经济结构调整和生产方式转变方面有积极意义。

(二)龙华区制造业服务化的现状、特点及问题

1. 龙华区制造业服务化的现状

根据已掌握的情况,截至2017年6月龙华区制造业服务化的工业企业共10家,覆盖计算机、通用设备、仪器仪表、医药、纺织和专用设备6大行业。其中4家工业企业旗下有商贸公司,2017年1—6月累计实现销售额103.91亿元,同比增长124.9%,拉动批发零售业销售增长27.4个百分点;8家工业企业旗下设有服务业公司,2017年1—6月累计实现营业收入14.12亿元,同比增长96.7%,拉动服务业增长9.3个百分点(见表2-33)。

表2-33 龙华区制造业服务化企业基本情况

工业企业	关联商贸业企业			关联服务业企业		
		销售额(亿元)			营业收入(亿元)	
母公司	企业名称	1—6月累计	累计同比	企业名称	1—6月累计	累计同比
富士康	夏普	51.09	新增	富泰通	6.72	54.7%
	展晶	1.51	25.7%	智联云网	0.80	23.2%
	精基精密	0.99	18.4%	—	—	—
	富能新能源	0.72	85.8%			
	富迅通	0.34	-76.3%	—	—	—
	富泰乐	0.26	-66.2%			
	富鸿源	0.16	-70.0%			
天王电子	时计宝商贸	1.83	67.4%	时计宝管理咨询	0.81	16.7%

续表

工业企业	关联商贸业企业			关联服务业企业		
母公司	企业名称	销售额（亿元）		企业名称	营业收入（亿元）	
		1—6月累计	累计同比		1—6月累计	累计同比
英飞拓	—	—	—	英飞拓软件开发	0.15	35.1%
宝德	—	—	—	宝德软件开发	0.31	124.8%
保千里	—	—	—	爱尔贝特	4.43	677.0%
华润三九	华润三九	39.23	3.6%	—	—	—
全棉时代	全棉时代电子	7.76	283.6%	—	—	—
英维克	—	—	—	英维克信息技术	0.64	57.4%
银星	—	—	—	银星投资集团	0.15	15.4%
慧锐通	—	—	—	慧锐通科技	0.10	-22.5%

商贸业中，富士康旗下夏普科技（排名第1位）、华润三九旗下华润三九医药（排名第2位），二者合计实现销售额90.32亿元，同比增长138.4%，占批发零售业销售额的30.0%，对行业的贡献率为57.9%；服务业中，富士康旗下富泰通（排名第2位）、保千里旗下爱尔贝特（排名第3位），二者合计实现营业收入11.15亿元，占服务业营业收入的13.4%，较2016年同期提升6.8个百分点，同比增长126.9%，其中，爱尔贝特在其他营利性服务业中排名第1位，占其他营利性服务业收入的比重为19.0%。

2. 龙华区制造业服务化的特点及问题

一是支柱行业的服务化趋势更为明显。计算机通信设备制造业是龙华区制造业最大的支柱，占据龙华区工业产值的70%左右。龙华区的优势产业为制造业服务化提供了条件：在此次研究的19家服务业企业中，有14家企业的母公司属于计算机通信设备制造业。由于支柱行业企业数量多、产出规模大、技术水平相对较高，内部专业化程度高，给制造业企业向服务化转型创造了条件。以富士康为例，仅商贸企业就有7家，2017年1—6月累计实现销售额55.08

亿元，占批发零售业的18.3%，拉动行业销售增长23.7个百分点；2家服务业企业，1—6月累计实现营业收入7.52亿元，占服务业的9.0%。

二是制造业企业的产出服务化特征显现。产出服务化，指的是越来越多的制造业企业不仅仅关注有形产品的生产，更要涉及向客户提供产品解决方案，服务逐步成为企业增强竞争力的途径。10家工业企业中，附属公司涉及软件信息的有5家。这是企业为提高产品附加价值、提高客户满意度的竞争策略。如保千里的全资子公司——爱尔贝特，主要从事图像采集软件信息技术，为硬件销售提供服务，2017年上半年实现营业收入3.52亿元，同比增长12.7倍，占其他营利性服务业的比重为19.0%，拉动行业增长24个百分点。英飞拓、宝德、英维克都软件技术公司，也都是为各自制造业企业提供信息系统集成，为客户提供服务，这说明不少企业把服务作为竞争的重头戏，制造业产品服务化的趋势明显。

虽然制造业服务化这一趋势，在龙华区的部分优势产业和重点企业中得到了印证，但龙华区制造业服务化面临的问题也不少：一是向服务业延伸企业数量少、产出比重低，制造业服务化仍处于起步阶段。从数量看，龙华区目前向服务业转型的在库企业共10家，数量占全部规上工业企业1%左右。涉及的服务业企业20家，仅占服务业（商贸和重点服务业）总数的3.9%；从产出比重看，2017年上半年服务业总产出仅占相关企业总产出的7%左右，服务远未成为企业收入的主要来源。同时，服务化集中于少数大企业中，也显示制造业服务化在龙华区仍未成为主流。二是制造业投入服务化程度有限，尚未延伸至价值链上游环节。目前，加工贸易仍占据龙华区出口的60%左右，说明加工制造环节仍占工业主导地位，商贸业仍是当前制造业服务化的主要方向。如华润三九、全棉时代和时计宝三家企业合计实现销售额42.23亿元，占龙华区批发和零售业销售额的14.0%，影响突出。制造业的研发、设计、品牌人力资源等投入环节的专业化服务公司还很少，在被调查的企业中，仅有深圳市智联云网科技有限公司、深圳时计宝管理咨询有限公司提供部分与生产投入有关的服务，制造业投入服务化的程度有限。

3. 推动制造业服务化的政策建议

制造业服务化是产业发展的重要趋势，对我们这样的工业大区转型具有很强的指导意义。虽然龙华区不少企业已经在积极推进服务化，但是这种转型还比较少，影响比较小。下一步还是要坚持以市场为导向，积极发挥政府作用，促进制造企业服务化转型，支持重点制造企业实施主辅分离，实行内部职能专业化经营，推动企业服务化：一是支持和引导企业发展商贸以及专业化供应链管理服务。推动传统的制造业企业产销分离，或者对供应链服务独立运营的企业，达到一定规模和贡献的，提供资金补贴及其他政策支持。二是支持企业转型为整体解决方案服务商。电子信息制造业是龙华区的支柱，当前特别是安防、云计算等领域是需求热点，要重点引进相关行业大企业。对现有的电子信息制造企业，鼓励企业发展成为信息系统设计、系统设备提供、系统安装等全方位的服务商转型。对启动转型的，予以启动扶持；对于具有一定规模和品牌的，予以奖励宣传。三是支持企业发展定制化业务。支持家居、服装等传统制造业发展定制业务。支持行业龙头企业建立独立品牌和法人企业经营定制业务，让定制设计成为龙华区的产业特色和品牌。四是引导总部企业的相关职能落户龙华。在引进总部企业时，要引导相关企业将研发、设计、营销、金融等职能一并落户龙华；在此基础上，支持企业将相关职能剥离出来，在龙华区设立法人企业，推动本地区的自主创新、自主设计和自主品牌，不仅贡献更多税收，也能对龙华区经济增长和产业体系完善做出贡献。

第三章

深圳经济中长期增长的主要影响因素

第一节 要素投入对经济增长的影响

一 经济增长理论基础

经济增长理论是近现代国内外主流经济学和经济学家研究的重点课题。经济增长,一般是指某个国家(地区)一段时间内产出或者人均产出的持续增长。决定经济增长最主要的因素是生产要素的投入以及全要素生产率(生产要素的利用效率,简称TFP)。早期的西方经济学理论认为,经济发展的决定力量是要素投入,而在完全竞争市场、假设规模经济报酬和土地总量均不变的条件下,总产出增加的决定因素是劳动、资本和技术进步,其中技术进步是一个外生变量,不变速度增长。

(一)全要素生产率内涵

而新增长理论学派则将经济增长的原因进一步内生化,认为人力资本积累、技术进步、知识和技术外溢等都是经济增长的因素,这三种要素投入均可以带来生产规模报酬边际递增。

制度经济学派提出,制度的创新也可以推动经济增长,是经济增长的重要因素。合理的制度安排和明确的产权关系均能降低交易费用,促进分工和提高专业化水平,从而推动经济的持续增长。

经济地理学家(以克鲁格曼为代表)通过进一步的研究指出,空间要素也是城市经济增长的一个因素,经济活动的城市分工和空间聚集也可以引起规模报酬递增。

因此在研究中,一般将除了要素投入以外,对经济增长的其他影响因素归于TFP。通过分析TFP对经济的影响重要程度，可以判断一个经济体是属于粗放型的增长还是集约型增长。

作为宏观经济学的重要概念，全要素生产率是分析经济增长因素的重要手段，也是经济管理者出台长期可持续增长政策的重要参考。一方面，分析全要素生产率可以对经济增长的原因进行分析，通过分析各因素（技术进步和能力实现、投入要素增长等）对经济增长的影响程度或贡献率，判断经济是效率型增长还是投入型增长，分析经济增长前景、潜力以及持续性。另一方面，通过分析全要素生产率，是长期可持续增长政策制定和评价的基础工具。

（二）集约化城市分析生产要素需要纳入土地

世界上一些高度发达但地域面积不大的城市，如东京、新加坡、中国的特别行政区香港、美国的纽约等，经济都已经发展到了一定阶段，面临如何使高起点上的经济持续快速增长的问题。同样，在国内经济高速发展和城市化快速推进的过程中，也有这种现象，出现一些经济增长空间"饱和"的地区，如广州、深圳和上海等城市，其中以深圳最为典型，市域面积最小。这些城市又被称为"集约型城市"，指具有产业密度高（一般以地均资本表示）、劳动力密度高（一般以地均人口或就业人数表示）、产出密度高（一般以地均GDP表示）"三高"特征的城市。对于"集约型城市"而言，经济高速增长的最重要约束条件通常是土地开发利用度，因此土地也应包含在集约型城市的投入要素中。

二 构造模型

集约型城市经济增长的影响因素一般包括劳动、土地、人力资本、资本存量和全要素（主要包括技术进步和制度创新等）。为定量研究集约型经济增长与这些影响因素的关系，这里介绍关于劳动、土地、人力资本和物质资本存量的柯布－道格拉斯（Cobb-Douglas）生产函数：

$$Y = A\alpha K\beta L\gamma TR_i \qquad (3-1)$$

其中，Y为总产出，即各年的国民（地区）生产总值，A为全要素生产率TFP，K为物质资本存量，L为劳动人员投入，T为建设用地投入，α、β、γ分别为 K、L 和 T 的产出弹性，且 α、β 和 γ 均为正数，大于 0。

通过对等式（3-1）两边同时取对数可得：

$$\ln Y = \ln A + \alpha \ln K + \beta \ln L + \gamma \ln T \qquad (3-2)$$

进一步对等式（3-2）两边同时取时间 t 的微分然后并整理，可总产出 Y 的增长率与 A、K、L 和 T 各要素增长率的关系等式：

$$G_Y = G_A + \alpha G_K + \beta G_L + \gamma G_T \qquad (3-3)$$

其中 G_Y 为 Y 的增长率，G_A 为 TFP 的增长率，G_K 为 K 的增长率，G_L 为 L 的增长率，G_T 为 T 的增长率。

为进一步定量分析 A、K、L 和 T 各要素对 Y 增长的贡献率，根据深圳 2013 年前的时间序列数计算，可以估算出 α、β、γ 的估计值，利用式（3-3）可计算出深圳 TFP 历年增长率，进一步可计算出 K、L 和 T 各要素对深圳经济增长率的贡献份额。

计算公式具体如下：

劳动贡献份额：$C_L = \beta G_L / G_Y \times 100\%$

资本存量贡献份额：$C_K = \alpha G_K / G_Y \times 100\%$

土地贡献份额：$C_T = \gamma G_T / G_Y \times 100\%$

此处采用地区生产总值作为衡量经济增长的基础性指标。为保证数据口径的一致，做到结果可比，本模型中以 1979 年的不变价格为基础，利用价格指数消除物价影响因素，得出经过调整的地区生产总值时间序列。

选取深圳历年社会劳动者人数作为劳动投入量指标，这个指标相对劳动人口或者常住人口等指标较好，劳动力数据纯粹代表劳动力数量。

资本投入包括间接或直接构成生产能力的资本总存量，可以简称为资本存量，这里以历年固定资产投资的资本存量来作为资本投入。采用永续盘存法，按可比价格计算资本存量。计算公式为：

$$K_t = I_t + (1 - \delta) K_{t-1}$$

其中，I_t 是第 t 期实际发生的投资量（此处 I_t 以 1979 年不变价格换算得出），K_t、K_{t-1} 是第 t，$t-1$ 期的期末资本存量，δ 为资本折旧率，为常数。

基期的资本存量直接从参考文献获得,5938亿元,来自《深圳物质资本存量估算》一文。1992年之前折旧率按照5%计算,1992年之后折旧率按照9.6%计算,并对资本存量有固定资产投资价格指数进行调整。

采用深圳市建成区面积来计算,目前数据从深圳统计年鉴中获取。

三 产值与要素数据

产值与要素数据如表3-1、表3-2所示:

表3-1 本地产值与劳动、土地、资本、人力的数据列举

t	Y (本地生产总值)	Labor (社会劳动力)	Land (建成区面积)	capi (资本存量)
1979	19638	13.95		5.9
1980	27012	14.89		6.9851
1981	49576	15.36		9.604245
1982	82573	18.49		16.499033
1983	131212	22.37		26.506081
1984	234161	27.26		44.637977
1985	390222	32.61		75.729578
1986	416451	36.04		96.798199
1987	559015	44.30		120.47759
1988	869807	54.53		158.07281
1989	1156565	93.65		200.16107
1990	1716665	109.22	69	252.49102
1991	2366630	149.32	72	331.09887
1992	3173194	175.97	76.5	492.77612
1993	4531445	220.81	81	693.25711
1994	6346711	273.00	84	908.64573
1995	8424833	298.51	88	1097.24
1996	10484421	322.12	101	1319.432
1997	12974208	353.53	124	1585.8322
1998	15347272	390.33	129	1913.9824

续表

t	Y （本地生产总值）	Labor （社会劳动力）	Land （建成区面积）	capi （资本存量）
1999	18040176	426.89	132	2299.8279
2000	21874515	474.97	136	2698.7437
2001	24824874	491.30	147	3126.0392
2002	29695184	509.74	168	3614.0854
2003	35857235	535.89	516	4216.2348
2004	42821428	562.17	551	4904.0333
2005	49509078	576.26	713	5614.3003
2006	58135624	609.76	720	6348.9968
2007	68015706	647.11	764	7084.4968
2008	77867920	682.35	788	7871.9894
2009	82013176	723.61	813	8825.4298
2010	95815101	758.14	830	9922.8894
2011	115055298	764.54	841	11031.21
2012	129500601	771.20	863	12166.646
2013	145002302	777.98	871	13284.0
2014	160018207	789.80	890	14405.9
2015	175028634	834.63	900	15527.8
2016	194926012	874.40	923	16649.6

资料来源：根据深圳统计年鉴等数据推算。

表3-2 对四个变量求对数后结果

t	ly	llabor	lland	lcapi
1979	9.885222	2.63548		1.774952
1980	10.20404	2.70069		1.943779
1981	10.81126	2.731767		2.262205
1982	11.32144	2.91723		2.803302
1983	11.78457	3.107721		3.277374
1984	12.36376	3.30542		3.798585
1985	12.87447	3.484619		4.327169

续表

t	ly	llabor	lland	lcapi
1986	12.93952	3.584629		4.572628
1987	13.23393	3.790985		4.791464
1988	13.67603	3.998751		5.063056
1989	13.96096	4.539564		5.299122
1990	14.35589	4.693364	4.234107	5.531376
1991	14.67698	5.006092	4.276666	5.802417
1992	14.97025	5.170314	4.337291	6.200055
1993	15.32655	5.397303	4.394449	6.541401
1994	15.66345	5.609472	4.430817	6.811955
1995	15.94669	5.698803	4.477337	7.000553
1996	16.1654	5.774924	4.615121	7.184957
1997	16.37847	5.867968	4.820282	7.368865
1998	16.54645	5.966993	4.859812	7.556941
1999	16.70811	6.056526	4.882802	7.74059
2000	16.90083	6.163252	4.912655	7.900542
2001	17.02736	6.197055	4.990433	8.047522
2002	17.2065	6.233901	5.123964	8.192594
2003	17.39506	6.283929	6.246107	8.346698
2004	17.57255	6.331804	6.311735	8.497813
2005	17.71767	6.356559	6.569481	8.633072
2006	17.87829	6.413065	6.579251	8.756052
2007	18.03525	6.472516	6.638568	8.865664
2008	18.17052	6.525543	6.669498	8.971066
2009	18.22239	6.584253	6.700731	9.085393
2010	18.37793	6.630868	6.721426	9.202599
2011	18.56092	6.639274	6.734592	9.308484
2012	18.6792	6.647948	6.760415	9.406454
2013	18.79226018	6.968746892	6.769641977	9.494315938
2014	18.89079816	6.982760705	6.791221463	9.575391937
2015	18.98046014	7.036913373	6.802394763	9.650384739
2016	19.08813062	7.082414219	6.827629235	9.72014383

资料来源：深圳统计年鉴等，并经推算。

四 回归结果

(一) 只从资本和劳动两个变量来看

利用 stata 对公式进行多元线性回归分析，考虑到规模收益不变，则资本和劳动的弹性系数之和为 1，增加限制条件 $\alpha + \beta = 1$，

```
Constrained linear regression           Number of obs  =    34
                                        Root MSE       =  0.2210

( 1)  lcapi + llabor = 1
------------------------------------------------------------------------
          ly |   Coef.    Std. Err.      t      P>|t|    [95% Conf. Interval]
-------------+----------------------------------------------------------
       lcapi |  .8430384  .0546083     15.44    0.000    .7318049   .9542719
      llabor |  .1569616  .0546083      2.87    0.007    .0457281   .2681951
       _cons | 7.986294   .065395     122.12    0.000   7.853089   8.119499
------------------------------------------------------------------------
```

将待估参数测算出来，得到回归方程如下：

$GY = 7.986294 + 0.8430384 GK + 0.1569616 GL$

$t = 15.44 、 2.87$

$R^2 = 0.9475 \quad F = 84.2421$

括号内的数字为 t 检验值，各系数的 t 检验值均大于 2 表示系数显著；R 平方 = 0.95 说明模型对数据的拟合程度高；P 接近于零表明方程显著。

算出资本存量、劳动和 TFP 对深圳经济增长的贡献率。

(二) 综合资本、劳动、土地三种要素进行回归

利用 stata 对公式进行多元线性回归分析，考虑到规模收益不变，则资本和劳动的弹性系数之和为零，增加限制条件 $\alpha + \beta = 1$，

```
. cnsreg ly lcapi llabor lland ledu , constraints (1)

Constrained linear regression           Number of obs  =    23
```

```
                                                    Root MSE   =   0.0564
(1) lcapi + llabor = 1
---------------------------------------------------------------
---------
     ly |   Coef.  Std. Err.       t        P>|t|      [95% Conf. Interval]
------------+--------------------------------------------------
---------
   lcapi |  .9761472  .2289312    4.26     0.000     .4969886   1.455306
   llabor |  .0946914  .2289312    0.10    0.918    -.4553058   .5030114
   lland  |  .1100499  .0498148    2.21    0.040     .0057862   .2143135
   _cons  | 6.522826  1.372885    4.75    0.000     3.649345   9.396307
```

得到线性方程为

$GY = 6.522826 + 0.9761472GK + 0.0946914GL + 0.1100499Gland$

根据之前的公式，计算出生产要素的贡献度。

（三）各生产要素和 GDP 增长率

各生产要素和 GDP 增长率如表 3 – 3、表 3 – 4 所示：

表 3 – 3　　　　　　　　　产出与各要素历年增长率

t	y 增长率	labor 增长率	land 增长率	capi 增长率
1991	38%	37%	4%	31%
1992	34%	18%	6%	49%
1993	43%	25%	6%	41%
1994	40%	24%	4%	31%
1995	33%	9%	5%	21%
1996	24%	8%	15%	20%
1997	24%	10%	23%	20%
1998	18%	10%	4%	21%
1999	18%	9%	2%	20%
2000	21%	11%	3%	17%
2001	13%	3%	8%	16%
2002	20%	4%	14%	16%
2003	21%	5%	207%	17%
2004	19%	5%	7%	16%
2005	16%	3%	29%	14%
2006	17%	6%	1%	13%
2007	17%	6%	6%	12%

续表

t	y 增长率	labor 增长率	land 增长率	capi 增长率
2008	14%	5%	3%	11%
2009	5%	6%	3%	12%
2010	17%	5%	2%	12%
2011	20%	1%	1%	11%
2012	13%	1%	3%	10%
2013	12%	1%	1%	9%
2014	10%	2%	2%	8%
2015	9%	6%	1%	8%
2016	11%	5%	3%	7%

资料来源：根据深圳市统计局数据推算。

表 3-4　　　　　　　　各生产要素贡献率

t	全要素贡献率	labor 贡献率	land 贡献率	capi 贡献率
1991	15%	4%	1%	80%
1992				
1993	3%	2%	2%	93%
1994	21%	2%	1%	76%
1995	35%	2%	2%	62%
1996	10%	3%	7%	81%
1997	4%	3%	11%	83%
1998	-16%	3%	2%	110%
1999	-17%	3%	1%	112%
2000	16%	3%	2%	80%
2001	-28%	7%	7%	115%
2002	10%	4%	8%	78%
2003				
2004	10%	4%	4%	82%
2005	-15%	4%	21%	91%
2006	22%	4%	1%	73%
2007	26%	4%	4%	67%
2008	19%	4%	2%	75%
2009				
2010	24%	3%	1%	72%
2011	43%	2%	1%	54%
2012	15%	3%	2%	80%
2013	22.8%	0.7%	1.6%	74.9%
2014	14.6%	1.4%	4.4%	79.6%

续表

t	全要素贡献率	labor 贡献率	land 贡献率	capi 贡献率
2015	10.7%	5.7%	2.5%	81.0%
2016	29.3%	4.0%	4.7%	62.0%

资料来源：根据深圳市统计局数据推算。

五 对以上结果进行调整

表3-3扣除了一些明显差距过大的异常值数据，尤其是某些年份GDP增速或者要素增速突然发生了重大变化，则会导致数据明显偏离平均值。为方便阶段性研究，对各个五年计划期间进行分段计算（见表3-5）。

（1）土地数据。深圳市建成区面积2003年突然从168平方公里增加到516平方公里，造成当年土地贡献严重超过100%，形成异常值。调整中我们将此增长数据，平滑反映到之前13年的数据增长中，如果作为异常值去掉则导致土地贡献严重低估。

（2）劳动力数据。劳动力数据如果只算劳动力数量，则导致对增长贡献衡量偏低，如增加劳动力教育的贡献，则贡献度有所增加。应将劳动力数量和质量综合考虑，因为大部分来深的劳动力本身也是有一定教育基础的，往往大学本科以上，不统计则贡献度有所下降。

（3）资本数据。制造业中大约四分之三是高新技术制造业，另外教育、文化、科研的投资均应视为科技投资，作为技术进步的贡献。因此应根据深圳各行业固投的比重，扣除相关行业的投资占比，降低资本的贡献度，而这部分则转移到全要素生产率的贡献中。

表3-5　　　　　调整后各五年计划各要素贡献率情况

	全要素贡献率	labor 贡献率	land 贡献率	capi 贡献率
"八五"时期	29.0%	5.6%	4.1%	61.3%
"九五"时期	22.8%	4.5%	9.3%	63.4%
"十五"时期	33.4%	2.2%	10.4%	54.0%
"十一五"时期	45.9%	3.2%	2.1%	48.8%

续表

	全要素贡献率	labor 贡献率	land 贡献率	capi 贡献率
"十二五"时期	21.7%	1.6%	2.7%	74.0%
"十三五"时期	29.3%	4.0%	4.7%	62.0%

资料来源：根据深圳市统计局数据推算。

六 各要素贡献演变

从图 3-1 中可以看出，资本发挥的影响最大，深圳整体来说还是在走资本密集型的发展方式，但资本贡献度逐步有所下降。劳动力发挥的影响和贡献度始终很低。土地贡献度早期有所上升，但最近十年贡献度快速下降。而快速上升的则是全要素劳动生产率，主要包含管理、技术等含金量较高的领域。另外值得注意的是，TFP 在"八五"期间占比也较高，可能是早期制度因素有较大的影响。

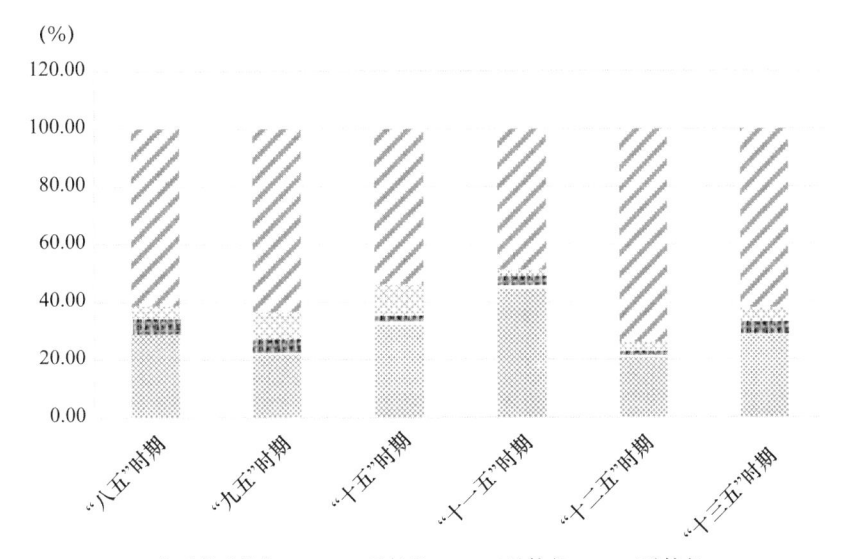

图 3-1 各生产要素不同时期对产出的贡献率

资料来源：深圳市统计局。

七 影响因素分析

(一) 资本是增长的第一核心要素

资本存量对经济增长拉动率最强,产出的弹性非常大,资本存量增长1个百分点,可以带来GDP约0.97个百分点,比土地的投入产出弹性(为0.11)高0.86个百分点,比劳动力投入产出弹性(为0.03)高0.94个百分点。资本存量对经济增长的贡献率也最大,年均贡献率达56.2%,近年来虽略有降低,但仍维持在50%左右的高位。相比于就业承载能力和土地供应瓶颈,资本投资更容易获得和增加。由此判断,资本存量在短期内仍将是深圳经济增长的第一核心要素。

投资相对不足也是深圳仍需面临的问题。地区生产总值增速比资本存量的年均增速要高,并且近几年二者的差距还有进一步增大的趋势。此外,固定资本投资占总产出的比值也呈逐年下降走势。

深圳地区对外资的吸引力较强。从全国来看,对外资公司的投资环境排名最高的一组城市都来自沿海城市,绝大部分在东南地区,小部分在环渤海地区。这与外资公司重视运输成本和距离出海口远近的因素是一致的,内陆城市排名较低,深圳则排名位居第二,仅次于东莞,与苏州较为接近。从对国内资本的吸引力来看,大部分也都是东南沿海城市,但部分内陆城市如北京、南京、成都、武汉也表现较好。深圳对投资吸引力较强,也反映了单位资本的产出效率和产出弹性较强(见表3-6)。

表3-6　　　　　　　　投资吸引力城市排名

外资企业排名				内资企业排名			
1	东莞	15	烟台	1	北京	15	厦门
2	深圳	16	绍兴	2	杭州	16	宁波
3	苏州	17	上海	3	苏州	17	淄博
4	珠海	18	宁波	4	广州	18	无锡
5	惠州	19	天津	5	大连	19	武汉
6	佛山	20	福州	6	上海	20	佛山

续表

外资企业排名				内资企业排名			
7	青岛	21	南京	7	深圳	21	合肥
8	江门	22	海口	8	东莞	22	沈阳
9	厦门	23	北京	9	天津	23	绍兴
10	广州	49	合肥	10	烟台	24	福州
11	大连	59	武汉	11	江门	25	济南
12	威海	68	成都	12	青岛		
13	杭州			13	南京		
14	汕头			14	成都		

资料来源：中国120城市研究报告。

(二) 劳动力对深圳经济的影响

单靠增加劳动力数量投入作用于经济增长的影响已显得微不足道；尽管深圳早期一直有较高的劳动增长率，但对于深圳市经济增长的影响很低。劳动力贡献度从6%下降到0.5%，自身仍然处于快速下滑状态中，随着深圳产业结构不断升级，劳动密集型产业占比越来越低，劳动数量的增加带来的贡献也越来越小。

最近十几年劳动力的增长率为0.7%，考虑普通劳动力按照最低工资2000元计算，约为平均工资的五分之二，因此，对经济拉动约在0.28%，与整体数据较为符合。

当然劳动人口的增长并不能仅仅看作是普通劳动力的增加，深圳作为移民城市，能够移民到深圳本身就是有很强素质和能力的，因此实际移民带来的经济增长远超过0.28%。

人口无法快速增长，与深圳本地的土地资源难以承载有一定关系，土地价格高导致房价成本，城市精细化发展对劳动力需求较小。与国内同等城市相比，将对深圳未来经济增长带来一定的拖累。

本书中的人力资本主要针对受教育水平而言，相对人力资本这样一个博大的概念，确实存在很大不足。人力资本乃生产要素中最为重要的部分，是经济增长的根本。以人为本才能带动科学发展。早期教育的贡献度大约为1.5个百分点，后来逐渐提高，达到3个百分点左右。教育只是人力资本的一个后天因素，已经占了如此明显的比重。

放眼全球，从先天智商因素来看，人均GDP和智商存在一定的相关关系，对二者进行回归，可以得出

```
. reg iq rjGDP

Source |       SS          df         MS         Number of obs  =    27
-------------+------------------------------       F（1，25）= 15.22
Model  |  1509.41651        1       1509.41651    Prob > F = 0.0006
Residual | 2479.10201259    9        .1640805    R - squared = 0.3784
-------------+------------------------------       AdjR - squared = 0.3536
Total  |  3988.5185        22       6153.404558  RootMSE = 9.9581
-----------------------------------------------------------------

    iq |      Coef.    Std. Err.      T       P>|t|    [95% Conf. Interval]
---------+-------------------------------------------------------------
 rjGDP |   .0003444   .0000883     3.90     0.001     .0001626    .0005262
 _cons |   85.681782  .9814862     8.74     0.00079    .5412991    .82226
-----------------------------------------------------------------
```

从 t 值，p 值来看，均表示两个变量有很强的相关关系：

可以看出各国智商与人均GDP存在明显的相关关系，位于回归线以下的国家，往往是制度、宗教仍然存在一定问题的国家。而位于此线之上则大都为市场经济加较为自由的政治制度和较为淡化的宗教信仰。而在此线以下的地区往往是潜力较大的地区，一旦政治和宗教束缚放松，就会迅速向该线靠拢，根据此线，可以预测中国未来的均衡值在每人37000美元左右。

深圳教育不足，移民结构中民工占比较多，高校资源不足等问题，影响了深圳人力资本的提高，且深圳本地文化和人均智力方面，相对长三角，环渤海并无优势，影响了人力资本对经济增长的贡献。

（三）土地对深圳经济的影响

根据测算结果，土地在经济中的贡献度"九五"期间之前逐步提升，甚至达到10%贡献率，之后则迅速下降，这个与深圳建成区

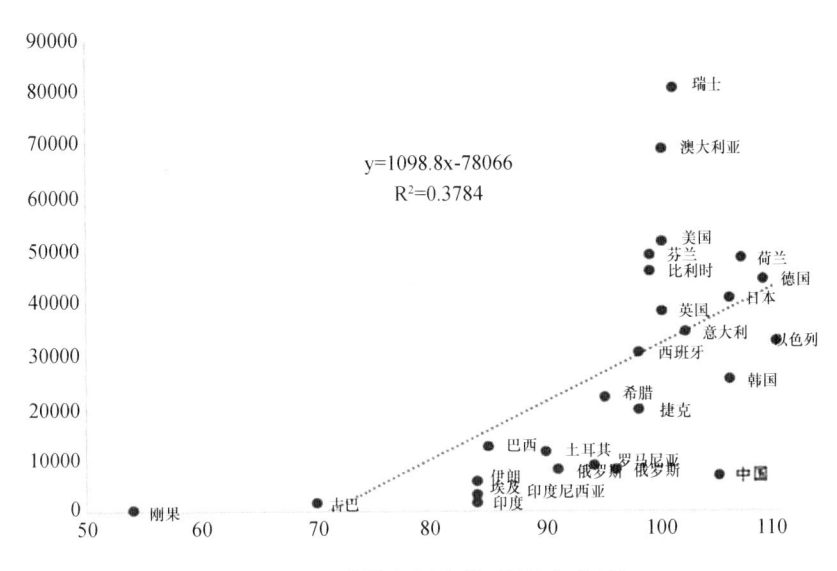

第三章 深圳经济中长期增长的主要影响因素　159

图 3-2　世界各国人均 GDP 与智商

备注：为方便显示，删除了一些影响力较小的国家。
资料来源：中国统计年鉴等。

增速的变化有很大关系，近年来由于潜力基本消耗殆尽，建成区增长也逐渐下降。另外由于深圳市公布的数据个别年份增长率高得离奇，可能是统计口径的问题。图 3-3 中的各大城市的斜率反映了土

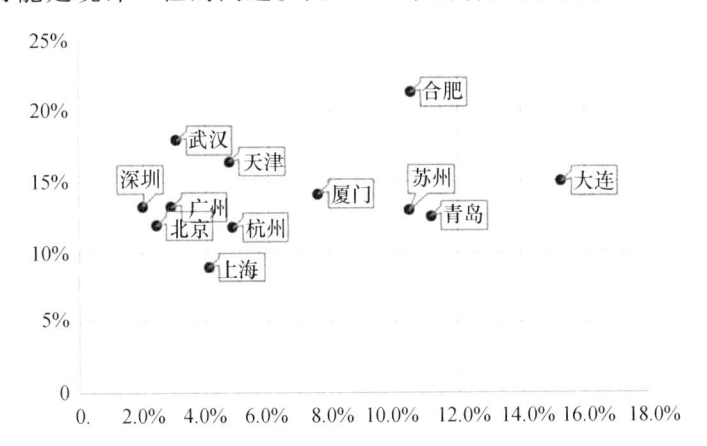

图 3-3　各大城市土地增长率与经济增长率列举
（纵轴经济增速，横轴土地）

资料来源：各城市统计局。

地增速相对于经济增速的弹性，发达地区弹性相对较高，也反映经济增长更多不靠要素扩张的粗放经济增长模式。

结合前文的作图，深圳的地价目前已经在国内主要城市中名列第一，超过了广州、上海，好在领先幅度不大，可以看出深圳的土地成本高企早已表现出来。幸运的是深圳单位面积产出相对一线城市有极其显著的优势，是紧随其后的上海的2倍。目前深圳扣除土地成本外的产出仍较强，对资本还有较强的吸引力，也可以说土地稀缺是迫使深圳进行产业升级的必要条件。

从土地供应的潜力来看，深圳市地域面积相比建成区，仅为2.5倍，而北京约为15倍，苏州10倍，合肥20倍，广州4倍，武汉5倍。这些城市均有较为丰富的土地储备，并且深圳市平原面积只有两成左右，而其他很多城市均是平原，即适宜建设的地区。

土地面积储备多，则对房地产投资、制造业投资、基建投资均产生很大影响。深圳地均产出远高于国内平均水平，可以理解为地均资本存量也显著高于国内其他城市，资本边际生产力下降，而房地产投资又可以拉动常住人口的增加。如果按照传统的经济理论，技术作为一个外生变量，则土地总量与总容纳人口之间存在线性关系，而总产出则是人口和资本的乘数，当然还要考虑弹性系数。对最终的经济总量有着深远而重大的影响。

深圳30多年来城市的扩张和经济高速增长还有另一个重要原因，即建设用地的大规模供给。但目前，劳动力和资本等其他要素依然可以进行持续投入和保障供给的情况，土地资源的日益稀缺性已成为深圳经济增长的瓶颈和重要制约因素。

深圳虽然是一个快速发展的新兴城市，但目前可供使用的建设用地却很少，已进入高度制约城市发展，对经济增长负面抑制阶段。根据建设用地计划和建成区面积计算，2008年前深圳为土地供给无约束期，2008年之后跨入到高度的刚性约束期。

生产函数计算结果显示，资本对深圳经济增长的贡献最大，土地对于深圳经济增长的贡献不到一成。但也绝不意味着土地对深圳经济增长不重要，土地作为劳动力、资本和技术聚集的先决条件，相当程度上体现出土地的"隐性贡献"作用。建设用地增加对经济总量增加影响在时间上存在周期关联,对经济增长的影响显现需要一定的时间,一般滞后2—3年。

(四)技术进步对深圳经济的影响

技术进步主要体现在索洛余量上面,即全要素生产率的贡献,可以看出近20年来,大致呈现一个由高到低再到高的过程,索洛余量含义丰富,除了技术外,还有制度管理等多种因素。早期比例较高可能是政策红利、管理红利发挥了作用。1995年之后的四个五年计划,TFP贡献率快速提高。深圳大力发展以技术密集和知识密集为基本特征的高新技术产业,在十几年的很短时间内,深圳由资金密集型发展阶段快速迈入了技术密集型阶段,经济增长方式也由片面追求速度的粗放式向追求效益的集约型方式转变。

20世纪90年代初期,深圳市发布《关于加快高新技术及其产业发展暂行规定》,以此为契机,深圳高新技术产业快速发展,进入全面启动阶段。90年代以来高新技术产业产值增长迅猛,占工业产值比重大幅上涨,其中具有知识产权的高新技术产品占了一半以上。技术与知识密集的高新技术产业,深圳产业结构加速转型,快速、健康和持续发展的高技术产业,产业结构和经济增长方式开始建立在依靠科技进步基础上,"三来一补"等粗放型的产业结构得到根本转变。高新技术产业蓬勃发展,已成为深圳经济增长的基础和最主要动力。

根据深圳2003—2013年高新技术且具有自主知识产权产品的价值(Value)和地区生产总值(GDP),数据来源于深圳统计年鉴,用双对数回归模型尝试寻找二者存在的相关关系。

模型方程为:$\log(GDP) = b1 + b2\log(Value)$

$\log(GDP) = 8.87171 + 0.814339\log(Value)$

结果显示,模型中的两个系数都十分显著。深圳地区生产总值和具有自主知识产权的高新技术产品的价值存在着高度的相关关系,高新技术且具有自主知识产权的产品价值变化1个百分点,深圳的地区生产总值便变化0.81个百分点。

第二节　R&D 支出对经济增长的影响

在高度发达的知识经济时代，技术进步与创新式经济发展将成为经济发展的驱动力，没有创新就没有经济发展。而在创新的过程中，研究与发展（R&D）是核心，是创新的源头和核心。当今世界，经济社会的发展越来越依赖于科学技术的研究创新，国际竞争越来越依赖于科学技术和研究创新，国际竞争越来越取决于不同国家研究创新能力的竞争。提高一个国家的研究创新能力，前提是其研发活动要保持在较高水平上，一个国家的 R&D 水平，体现着其一国的综合实力。所以研究 R&D 资本化核算，用以衡量其对经济的影响，意义重大。

R&D 活动界定、核算主体与核算范围是研究 R&D 资本化核算方法的前提。基于此，本章将对其进行系统探讨，同时对 R&D 资本化核算的影响与理论基础进行详细阐述。

一　概念界定与核算范围

（一）R&D 的定义及界定

OECD 在《弗拉斯卡蒂手册》中这样界定 R&D 活动："在科学和技术领域，增加了人类知识的总量，并运用这些知识创造新的应用程序和系统创造性的工作。"

SNA2008 中对 R&D 活动也有界定，R&D 是指为增加知识的总量，包括人类、文化和社会方面的知识，以及运用这些知识去创造新的应用而进行的系统的、创造性的工作，R&D 是指一项有计划有步骤进行的创造性活动，其目的在于增加知识存量，并利用这些知识存量发现或开发新产品——包括改进现有产品的版本和质量，或是发现和开发新的或更有效的生产工艺。R&D 活动的基本特征是：创造性、新颖性、运用科学方法、产生新的知识或创造新的应用。R&D 不是一项辅助性活动，应当尽可能为此单独设立一个基层单位。

(二) R&D 活动与非 R&D 活动的本质区别

为了调查的目的，我们必须将 R&D 活动能够与那些范围广泛而又与科学技术有联系的其他活动区别开来，一般来讲，R&D 活动与非 R&D 活动的本质区别在于，R&D 活动的目的是探索和完善知识或技术以及探索知识或技术的新应用，因而具有创造性和新颖性，常常导致新的发现或发明，对预定目标的实现存在技术上的不确定性，而非 R&D 活动只涉及技术的一般性应用或是一些常规性活动。与科技教育与培训和科技服务的概念不同，以下四种活动的定义是专门排除在 R&D 活动之外的：（1）教育与培训。（2）其他有关的科学技术活动。（3）其他工业活动。（4）管理和其他辅助活动。

(三) R&D 三种活动类型及特点

上述提到对 R&D 的界定，需要从 R&D 活动的性质和目的出发。R&D 活动根据其性质和目的分为基础研究、应用研究和试验发展三种类型。

基础研究是对所要研究的方面的一种探索，通过了解事物的客观现象，对现实中各种问题提出假设，以及对各种理论或者定律进行分析、验证，以求寻找内在事物运动的规律，为获得观察事实的基本原理的新知识而进行的实验性或理论性的工作，它不以任何特定的应用或使用为目的。基础研究的特点是：以认识现象、发现和开拓新的知识领域为目的，即通过实验分析或理论研究，对事物的性质、结构和各种关系进行分析，加深对客观事物的认识，解释现象的本质，揭示物质运动的规律，或者提出和验证各种设想、理论或定律。基础研究没有任何特定的应用或者使用目的，在进行研究时对实际的研究前景并不清楚，只是一种理论的认识。应用研究是指为获得新的知识，针对某一特定的实际目的而进行的创造性研究，其成果是某一专门用途的新知识或模型。应用研究的特点是具有特定的实际目的或应用目标，如为了发现基础研究成果可能的用途，或是为达到预定的目标探索应采取的新方法（原理性）或新途径，与基础研究的根本不同之处就在于应用研究是在解决实际问题的前提下进行的，是为了达到某种应用目标，是可以带来收益的，其研究结果一般只影响科学技术的有限范围，并具有专门的性质，针对具体的领域、问题或情况，表现为科学论文、专著、原理性模型或发明专利等形式。

试验发展是指利用现有的科学知识或实际经验，为了生产新的材料、产品和装置，建立新的工艺、系统和服务，或对已生产或建立的上述各项进行实质性的改进所进行的系统性的工作。试验发展的特点是运用基础研究、应用研究的知识或实际经验，以开辟新的应用为目的，如提供新材料、新产品和装置，新工艺、新系统和新服务，或对已有的上述各项进行实质性的改进，其成果形式主要是专利，专有知识、具有新产品基本特征的产品原型或具有新装置基本内特征的原始样机等。新产品开发出来一旦进入市场，就可以获得收益。

在上述三类 R&D 活动中，基础研究与研究者未来的经济收益不直接相关，它的资金来源以政府为主，政府是基础研究的主体，而企业则是应用研究和试验发展领域的主体。在实际 R&D 核算中，是否要将基础研究费用化处理，而将应用研究与试验发展做资本化处理。

二 R&D 经费投入现状分析

（一）国际上 R&D 投入强度分析

R&D 经费支出，是指实际用于基础研究、应用研究和试验发展的经费支出。人员劳务费、原材料费、固定资产购建费、管理费及其他费用支出都是研究与试验发展活动经费组成。研究与试验发展经费支出反映一个国家或地区 R&D 活动的总体规模。R&D 投入强度，是指一个国家或者地区 R&D 经费支出与其国内生产总值之比，是现行国际上通用的衡量一个地区或国家科技投入强度的指标，也是评价其科技综合实力和科技核心竞争力的指标之一。

作为创新型国家的标准，一个基本的要求就是认为有较高的创新性投入，即国家的研发投入支出占 GDP 的比例一般在 2% 以上。

当今世界科技研发投入已达到较高水平，"二战"后，世界范围内的科学技术突飞猛进，自 21 世纪以来，更是以生命科学和生物技术、信息化技术和纳米技术为标志的科技创新飞速前行，世界各大主要国家的研发投入都不断加大,成为科学技术发展的坚实基础。

20世纪以来,美国一直是世界上最大的研发活动执行国。研发是美国重要的投入领域。美国的研发投入始终保持着稳定增长的态势。1995年,美国研发经费投入为1840.8亿美元;到2001年,达到2782.3亿美元;2009年达到4015.8亿美元。2007年,全球研发的经费总共为1.1万亿美元,而美国就达到了3775.9亿美元,占全球研发经费的比重为34%,比第二名的日本高出20个百分点。

日本企业一向重视新技术、新产品的研究开发,经济实力不是很强的中小企业对此也十分重视。尽管近10年来日本经济一直处于低迷状态,但企业始终保持着较高的技术研发投入。1998年以来,日本的技术研发投入一直占国内生产总值的3%以上,比例在主要发达国家中是很高的。日本的技术研发费用有70%是由民间企业自己支出,比例也高于美国、德国、英国等其他发达国家。

中国在进入21世纪后科技研发投入加快了步伐,从2000年的108亿美元,逐步增加至2011年的1347亿美元,年均增长25.8%;广东省亦不落后,科技研发经费从2000年的107亿元人民币,增长到2011年的1045亿元人民币,年均增长23.0%,2013年更是达到1443.5亿元人民币,比上年增长16.8%。若按当年美元对人民币的平均汇率(619.36元/100)计算,已达233亿美元,超过了2011年俄罗斯联邦的研发投入水平。

R&D投入是一个总量指标,当我们需要衡量研发投入和国民经济发展的关系时,我们常采用R&D投入占GDP的比重,值得注意的是,由于现在R&D投入尚未纳入GDP核算,故这个比重的R&D投入量是现价的,是没有经过资本化核算的,所以从某种程度上说不具备相比的前提,这也是为什么要SNA2008将R&D纳入核算,也是本书为什么要研究R&D纳入GDP核算的原因。当前,由于存在这种局限,仍只有使用研发(R&D)投入(当年现在)占其国内生产总值的比重,它是在现阶段衡量GDP相对于经济总量的一个指标,在2011年全球领先的是韩国,达到4.0%;其次是芬兰、日本、丹麦和中国台北,分别达到3.8%、3.4%、3.1%和3.0%;德国、美国、奥地利、法国、新加坡和比利时等国的比重都在2.0%以上(见表3-7)。

表3-7 部分国家和地区研究与试验发展(R&D)经费(当年现价)占国内生产总值(GDP)比重 (单位:%)

国家（地区）	历年占比情况										
	2001	2002	2003	2004	2005	2006	2007	2008	2009	2010	2011
韩国	2.6	2.5	2.6	2.9	3.0	3.0	3.2	3.4	3.6	3.7	4.0
芬兰	3.3	3.4	3.4	3.5	3.5	3.5	3.5	3.7	3.9	3.9	3.8
日本	3.1	3.2	3.2	3.2	3.3	3.4	3.5	3.5	3.4	3.3	3.4
丹麦	2.4	2.5	2.6	2.5	2.5	2.5	2.6	2.9	3.1	3.1	3.1
中国台北	2.1	2.2	2.3	2.4	2.5	2.5	2.6	2.8	2.9	2.9	3.0
德国	2.5	2.5	2.5	2.5	2.5	2.5	2.5	2.7	2.8	2.8	2.9
美国	2.8	2.7	2.7	2.6	2.6	2.6	2.7	2.8	2.9	2.8	2.8
奥地利	2.0	2.1	2.3	2.3	2.4	2.4	2.5	2.7	2.7	2.8	2.8
法国	2.2	2.2	2.2	2.2	2.1	2.1	2.1	2.1	2.3	2.3	2.3
新加坡	2.1	2.2	2.1	2.2	2.3	2.2	2.4	2.7	2.2	2.1	2.2
比利时	2.1	1.9	1.9	1.9	1.8	1.9	1.9	2.0	2.0	2.0	2.0
捷克	1.2	1.2	1.3	1.3	1.4	1.5	1.5	1.4	1.5	1.6	1.9
中国	1.0	1.1	1.1	1.2	1.3	1.4	1.4	1.5	1.7	1.8	1.8
英国	1.8	1.8	1.8	1.7	1.8	1.8	1.8	1.8	1.9	1.8	1.8
加拿大	2.1	2.0	2.0	2.1	2.0	2.0	2.0	1.9	1.9	1.8	1.7
爱尔兰	1.1	1.1	1.2	1.2	1.3	1.2	1.3	1.5	1.7	1.7	1.7
挪威	1.6	1.7	1.7	1.6	1.5	1.5	1.6	1.6	1.8	1.7	1.7
葡萄牙	0.8	0.8	0.7	0.8	0.8	1.0	1.2	1.5	1.6	1.6	1.5
西班牙	0.9	1.0	1.1	1.1	1.1	1.2	1.3	1.4	1.4	1.4	1.3
新西兰	1.1		1.2		1.2		1.2		1.3		1.3
意大利	1.1	1.1	1.1	1.1	1.1	1.2	1.2	1.3	1.3	1.3	1.3

续表

国家 (地区)	历年占比情况										
	2001	2002	2003	2004	2005	2006	2007	2008	2009	2010	2011
匈牙利	0.9	1.0	0.9	0.9	0.9	1.0	1.0	1.0	1.2	1.2	1.2
俄罗斯	1.2	1.3	1.3	1.2	1.1	1.1	1.1	1.0	1.3	1.2	1.1
土耳其	0.7	0.7	0.5	0.5	0.6	0.6	0.7	0.7	0.9	0.8	0.9
波兰	0.6	0.6	0.5	0.6	0.6	0.6	0.6	0.6	0.7	0.7	0.8
墨西哥	0.4	0.4	0.4	0.4	0.5	0.4	0.4	0.4	0.4	0.5	0.4

注：国际数据存在一定的滞后性，且部分国家数据不全，收集到2011年是可比性最好，资料最全的年份。

资料来源：http://www.census.gov/。

1. 高收入国家增速放缓，中等收入国家增速加快

研发（R&D）投入在世界各国都得到重视，每年均有不同程度的增长，但是伴随经济的发展，科技研发（R&D）投入占其国内生产总值的比重的提升还是遵循着一定的客观规律，即研发（R&D）投入占其国内生产总值的比重总体在逐步提高，当占比达到一定比例时，又有一个较长的稳定期。如从20世纪90年代开始，美国研发经费投入占GDP的比重开始超过2.5%；到2001年，这一指标就达到了2.8%。2005年以来，美国研发经费投入占GDP的比重呈现稳步提升的态势，2009年达到2.9%的历史最高水平。而2011年又回到了2.8%。日本在2001年科技研发（R&D）投入占其国内生产总值的比重就已经达到3.1%，而10年之后的2011年，其占比也只有3.4%，10年间这一比例只提高0.3个百分点。

研发（R&D）投入占国内生产总值的比重，2000年世界平均为2.1%，到2005年下降为2.0%，2008年又回升至2.1%；其中高收入国家2000年平均为2.4%，到2005年下滑至2.3%，2008年继续回升至2.4%；中等收入国家2000年为0.7%，到2005年升至0.9%，2008年则提高到1.1%。可见，世界平均水平和高收入国家的研发（R&D）投入占国内生产总值比重在21世纪初出现波动，而中等收入国家则有较快的增长。

2. 发达国家R&D投入结构比较合理

从近年世界一些主要国家的科技研发（R&D）投入结构看，发达国家的结构比较合理，即对生产力推动较深远的基础研究占比较高，虽然应用研究和试验发展还是研发投入的主体，但对于长远的具有前瞻性的基础研究肯花本钱。例如瑞士、法国、意大利和捷克基础研究占科技研发（R&D）投入之比已分别占到26.8%（2008年）、26.3%（2010年）、25.7%（2010年）和25.5%（2011年），也就是说四分之一的科技研发（R&D）投入都是放在基础研究上；而澳大利亚、俄罗斯、奥地利、美国、韩国、丹麦等国近年也都在17%到20%之间。2013年中国基础研究占比仅为4.7%，广东省更低，为2.3%。

应用研究在发达国家占有较大的比重。一些高技术产品的核心技术如芯片制造、高性能发动机制造等技术研究都为一些发达国家所掌握和控制，近年发达国家的应用研究一般都在17%至50%之间，最高的几个国家如意大利、英国、法国和澳大利亚分别达到48.6%（2010年）、40.7%（2010年）、39.5%（2010年）和38.6%（2008年）；中国2013年为10.7%，相对于发达国家，具有较大差距（见表3-8）。

表3-8　　部分国家和地区研究与试验发展（R&D）活动的结构比较　　（单位：%）

国家和地区	中国	美国	日本	英国	法国	澳大利亚	意大利
按研究类型分	2013年	2009年	2010年	2010年	2010年	2008年	2010年
基础研究	4.7	19.0	12.7	8.9	26.3	20.0	25.7
应用研究	10.7	17.8	22.3	40.7	39.5	38.6	48.6
试验发展	84.6	63.2	65.0	50.4	34.2	41.4	25.7
国家和地区	瑞士	奥地利	捷克	丹麦	韩国	俄罗斯	
按研究类型分	2008年	2009年	2011年	2010年	2010年	2010年	
基础研究	26.8	19.1	25.5	17.6	18.2	19.6	

续表

国家和地区	瑞士	奥地利	捷克	丹麦	韩国	俄罗斯
应用研究	31.9	34.8	32.2	26.7	19.9	18.8
试验发展	41.3	46.1	42.3	55.7	61.8	61.6

资料来源：http://www.census.gov/。

（二）国内各地区R&D投入强度分析

从全国2014年科技研发统计年报的数据来看，全国R&D经费已经达到1.3万亿元，主要集中在东部地区，东部地区占全国的比重达到67.2%。而东部地区中又以江苏、广东、山东、北京四个地区最高，均达到千亿元的级别（见表3-9）。

表3-9　　　　全国各地区2014年R&D经费情况表　　　（单位：亿元）

地区	R&D经费内部支出	基础研究	应用研究	试验发展
全国	13015.63	613.54	1398.53	11003.56
东部地区	8750.66	386.02	828.87	7535.78
中部地区	1977.75	70.82	193.66	1713.26
西部地区	1559.97	109.58	242.98	1207.41
东北地区	727.26	47.12	133.02	547.11
北京	1268.80	159.49	274.94	834.36
天津	464.69	16.08	61.26	387.35
河北	313.09	5.89	27.57	279.62
山西	152.19	6.26	15.64	130.28
内蒙古	122.13	2.24	9.35	110.55
辽宁	435.19	20.01	62.32	352.85
吉林	130.72	14.71	40.11	75.91
黑龙江	161.35	12.40	30.59	118.36
上海	861.95	61.20	104.43	696.32
江苏	1652.82	45.85	94.90	1512.07

续表

地区	R&D 经费内部支出	基础研究	应用研究	试验发展
浙江	907.85	21.95	41.10	844.80
安徽	393.61	22.45	41.10	330.06
福建	355.03	7.54	16.23	331.26
江西	153.11	4.28	9.68	139.14
山东	1304.07	24.39	79.46	1200.21
河南	400.01	7.68	17.71	374.63
湖北	510.90	18.62	69.13	423.15
湖南	367.93	11.53	40.40	316.00
广东	1605.45	42.41	126.50	1436.53
广西	111.90	7.86	12.99	91.05
海南	16.92	1.20	2.47	13.25
重庆	201.85	6.94	18.90	176.01
四川	449.33	40.09	88.36	320.88
贵州	55.48	5.98	6.38	43.12
云南	85.93	8.50	13.44	63.99
西藏	2.35	0.40	0.54	1.41
陕西	366.77	19.54	68.81	278.42
甘肃	76.87	11.15	11.61	54.11
青海	14.32	1.69	2.79	9.84
宁夏	23.86	1.86	2.26	19.74
新疆	49.16	3.35	7.53	38.28

资料来源：《中国科技统计年鉴》。

从 R&D 占 GDP 比重来看，2013 年全国的比重达到 2.1%，标志着我国开始进入创新驱动发展阶段（国际通行标准为 2%）。截至 2014 年全国范围内比重超过 2% 的有北京、天津、上海、江苏、浙江、山东、广东、陕西八个省市（见表 3-10）。

表3-10　全国各地区历年R&D经费占GDP比重情况表　（单位:%）

地区	2007	2008	2009	2010	2011	2012	2013	2014
全国	1.4	1.5	1.7	1.7	1.8	1.9	2.0	2.1
北京	5.1	5.0	5.5	5.8	5.8	6.0	6.0	6.0
天津	2.2	2.3	2.4	2.5	2.6	2.8	3.0	3.0
河北	0.7	0.7	0.8	0.8	0.8	0.9	1.0	1.1
山西	0.8	0.9	1.1	1.0	1.0	1.1	1.2	1.2
内蒙古	0.4	0.4	0.5	0.6	0.6	0.6	0.7	0.7
辽宁	1.5	1.4	1.5	1.6	1.6	1.6	1.6	1.5
吉林	1.0	0.8	1.1	0.9	0.8	0.9	0.9	1.0
黑龙江	0.9	1.0	1.3	1.2	1.0	1.1	1.1	1.1
上海	2.5	2.5	2.8	2.8	3.1	3.4	3.6	3.7
江苏	1.7	1.9	2.0	2.1	2.2	2.4	2.5	2.5
浙江	1.5	1.6	1.7	1.8	1.9	2.1	2.2	2.3
安徽	1.0	1.1	1.4	1.3	1.4	1.6	1.8	1.9
福建	0.9	0.9	1.1	1.2	1.3	1.4	1.4	1.5
江西	0.8	0.9	1.0	0.9	0.8	0.9	0.9	1.0
山东	1.2	1.4	1.5	1.7	1.9	2.0	2.1	2.2
河南	0.7	0.7	0.9	0.9	1.0	1.1	1.1	1.1
湖北	1.2	1.3	1.7	1.7	1.7	1.7	1.8	1.9
湖南	0.8	1.0	1.2	1.2	1.2	1.3	1.3	1.4
广东	1.3	1.4	1.7	1.8	2.0	2.2	2.3	2.4
广西	0.4	0.5	0.6	0.7	0.7	0.8	0.8	0.7
海南	0.2	0.2	0.4	0.3	0.3	0.5	0.5	0.5
重庆	1.0	1.0	1.2	1.3	1.3	1.4	1.4	1.4
四川	1.3	1.3	1.5	1.5	1.5	1.5	1.5	1.6
贵州	0.5	0.5	0.7	0.7	0.6	0.6	0.6	0.6
云南	0.5	0.5	0.6	0.6	0.6	0.7	0.7	0.7
西藏	0.2	0.3	0.3	0.3	0.2	0.3	0.3	0.3
陕西	2.1	2.0	2.3	2.2	2.0	2.0	2.1	2.1
甘肃	1.0	1.0	1.1	1.0	1.0	1.1	1.1	1.1
青海	0.5	0.4	0.7	0.7	0.8	0.7	0.7	0.6

续表

地区	2007	2008	2009	2010	2011	2012	2013	2014
宁夏	0.8	0.6	0.8	0.7	0.7	0.8	0.8	0.9
新疆	0.3	0.4	0.5	0.5	0.5	0.5	0.5	0.5

资料来源：《中国科技统计年鉴》。

同时，R&D经费主要集中在国家中心城市、一线城市和直辖市，其占GDP的比重也较高，在大城市中，从城市间对比，可以看出北京在R&D投入强度上是一枝独秀，这主要得益于大量的国字号科研院所，一流的高等院校的大量投入，北京是全国基础研究和应用研究最活跃的城市，而上海、深圳的投入强度则与日韩处于同一水平，主要是依靠科技型企业作为投入的主体，天津则是高于全国的平均水平。而广州是东部地区大城市中R&D投入强度较弱的一个城市，位于西部的重庆则反映出西部地区总体上R&D投入强度较低的情况（见表3-11）。

表3-11　　　　　全国部分主要城市R&D投入强度　　　　（单位：%）

年份	北京	上海	广州	深圳	天津	重庆
2009	5.5	2.8	1.9	3.4	2.4	1.2
2010	5.8	2.8	1.8	3.5	2.5	1.3
2011	5.8	3.1	1.9	3.6	2.6	1.3
2012	6.0	3.4	1.9	3.8	2.8	1.4
2013	6.0	3.6	1.9	4.0	3.0	1.4
2014	6.0	3.7	2.0	4.0	3.0	1.4

资料来源：《中国科技统计年鉴》《广东科技经费投入统计公报》。

北京的占比最高，深圳比北京略低，深圳与北京的结构不同，R&D经费主要来源是企业，企业占据全社会R&D经费的95%以上，在企业中尤以华为、中兴为代表，2014年两个企业的总量接近300亿元，比重庆全市的R&D经费投入还高，与河北一省的投入总量水平相当，反映出深圳的民营企业在全球经济的竞争大潮下，充分意识到自主创新对于自身的重要性，其投入的来源主要依赖于自身，而非政府，其 R&D 投入对于加强企业竞争力、打破西方国家的专利壁垒等方面具有至关重要的作用。从 R&D 投入的发展来看，全世界的国家都从起初依赖国家投入，以国家投入为主体逐渐转入到以企业投入为主体。同时，深圳的基础研究和应用研究相对较少，在经费的纵向结构上还有待提升。上海的 R&D 经费结构则兼具北京、深圳两方面的特点，相对更加平衡，总量也接近千亿元。

三　R&D 支出纳入核算的主体

与 R&D 资本化核算相关的另一个重要问题是核算主体的确定。基于不同角度，R&D 资本化核算主体将有所不同。从 R&D 经费来源角度看，R&D 资本化核算主体将划分为政府、企业和其他三类；从 R&D 经费执行角度看，R&D 资本化核算主体将划分为高等院校、科研机构、企业三类。表面上看，无论从来源角度还是从执行角度，R&D 资本化核算主体大致相同，但由于同一执行主体可能具有不同的经费来源；而同一经费来源可能资助不同的执行主体，因此其内涵并不一样，它是从两个维度，分别从来源和使用两个角度来看待问题。

根据中国国民经济核算的实践，中国 R&D 支出是从执行角度展开的，缺乏从来源角度展开的 R&D 经费数据资料，因此，R&D 资本化核算主体只能按执行者划分。由于政府部门是高等院校与科研机构 R&D 活动的资金来源者，且均具有公共产品性质，因此将高等院校与科研机构统一归并为一般政府部门。这样，中国 R&D 资本化核算的主体为一般政府部门与企业部门。

不同执行者是中国国民经济核算中 R&D 资本化核算的主体，其活动类型则决定了 R&D 资本化核算的范围。

四　纳入核算后的影响

（一）对 GDP 核算方法的影响

在国民经济核算中 GDP 有三种计算方法，分别为收入法、支出法、生产法。下面分别按三种计算方法分析 R&D 资本化对地区生产总值的影响。

从支出法角度看，根据 R&D 活动界定与核算主体，从事 R&D 活动的主体为企业部门和一般政府部门。根据国民经济核算的基本原理，R&D 资本化将对不同主体产生不同的影响。对于企业部门而言，SNA1993 中 R&D 支出是做费用化处理的，因此，R&D 资本化后将增加固定资产投资，从而增加 GDP。对于一般政府部门而言，R&D 支出在 GDP 核算中已经纳入到总产出中，从而包括在政府消费中，这就需要将其调整为固定资本形成；同时依照相应固定资产计算固定资产消耗，并将其计入政府消费中，从而增加 GDP。[①] 此外，由于一般政府部门的 R&D 资本通常没有市场价格，具体处理过程中往往假定一般政府部门的产出等于其投入成本。因此，对于一般政府部门来说，R&D 资本化后还需要考察其产生的投资收益，且这部分投资收益计入政府消费中，从而增加 GDP。[②]

从收入法角度看，GDP = 劳动者报酬 + 固定资产折旧 + 生产税净额 + 营业盈余。由于 R&D 资本化将增加固定资产投资，从而固定资产折旧也相应增加；同时，由 R&D 资本化产生的投资收益将导致营业盈余增加。因此，GDP 的增加值等于营业盈余增加值加上 R&D 固定资产折旧额。

从生产法的角度看，GDP = 总产出 − 中间消耗。企业 R&D 先前是作为中间产品，其支出作为中间消耗被扣除；现在中间消耗减少，其总产出将增加。而一般政府部门 R&D 资本化将产生投资收益，这部分需要计入到其总产出中。因此，GDP 的增加值等于总产出增加值。

由以上三种方法计算的 GDP 可能会不一致，这是因为在核算中数据的来源渠道不同所产生的误差。但是从理论上讲，这三种方法得到的数值应该是相同的。

根据 2008SNA 中所述，只有能带来经济效益的 R&D 支出才能进行资本化，但在实际中很难严格地区分哪些 R&D 支出会带来收

---

① "SNA 的修订与中国国民经济核算体系改革"课题组：《SNA 关于生产资产的修订及对中国国民经济核算影响的研究》，《统计研究》2012 年第 12 期，第 39—44 页。

② 倪红福、张士运、谢慧颖：《资本化 R&D 支出及其对 GDP 和经济增长的影响分析》，《统计研究》2014 年第 3 期，第 21—26 页。

益。R&D 进行资本化后,实际调整后的 GDP 就为原生产总值加上企业 R&D 资本化产生的固定资本形成额再加上高等院校和科研机构的私人 R&D 收益额。

即调整后 GDP = 原 GDP + 企业 R&D 资本化产生的固定资本形成额 + 高等院校、科研机构的私人 R&D 收益额。

(二) 对投资与消费的影响

从支出法角度,GDP 等于最终消费(包括政府消费和居民消费)、资本形成总额(包括固定资本形成总额和存货增加)、货物和服务净出口三者之和。R&D 支出资本化导致消费与投资数额比例发生变化。R&D 支出部门有企业部门、科研机构和高等院校部门。R&D 资本化后,企业部门的 R&D 支出额由费用额转为投资额,投资增加,固定资本形成增加;科研机构与高等院校部门 R&D 支出由消费转化为投资,最终消费减少,投资增加,固定资本形成增加,其产生的私人 R&D 收益计入消费中,消费额增加。因此,投资增加额等于企业 R&D 资本形成额加上科研机构和高等院校 R&D 资本形成额;消费减少额等于科研机构与高等院校部门 R&D 资本形成额减去科研机构和高等院校 R&D 私人收益额。并且,R&D 资本化以后,投资额与消费额的改变会导致投资率与消费率发生改变。即:

消费减少额 = 科研机构和高等院校 R&D 资本形成额 – 科研机构和高等院校 R&D 私人收益额

投资增加额 = 企业 R&D 资本形成额 + 科研机构和高等院校 R&D 资本形成额

调整后的消费额 = 原消费额 – R&D 资本化后消费减少额

调整后的投资额 = 原投资额 + R&D 资本化后的投资增加额

调整后的消费率 = 调整后的消费额/GDP

调整后的投资率 = 调整后的投资额/GDP

通过以上几个等式,可以清楚地了解各个指标的含义以及如何获得各个指标的具体数值,从而进一步了解 R&D 资本化对经济结构中消费和投资的影响。

综合以上分析,R&D 资本化对 GDP、投资与消费的影响汇总如下(见表 3 – 12):

表 3-12　　R&D 资本化对 GDP、投资与消费的影响

指标	核算主体	影响	投资变化	消费变化	GDP 变化
投资	一般政府部门	由消费转为投资	增加		不变
	企业部门	重新纳入投资	增加		增加
消费	一般政府部门	由消费转为投资		减少	不变
		纳入私人收益		增加	增加

（三）R&D 资本化对基本核算表的影响

在 R&D 资本化后，原本全部计入中间投入的研发费用根据活动性质的改变，根据产出性质的不同而部分归为资本，因此也会对核算表中的国内产出表、资金流量表、投入产出表以及资产负债表产生影响。我国国民经济核算体系主要由基本核算表、国民经济账户和附属表这三个部分构成。R&D 资本化后主要涉及的是基本核算表中"国内生产总值表""投入产出表""资金流量表"和"资产负债表"，和国民经济账户中的"生产账户""资本账户"和"资产负债账户"。原来 R&D 费用是计入中间消耗部分，R&D 资本化后，根据活动性质和产出性质的不同，R&D 费用也不能全视作资本，因此会对基本核算表中"国内生产总值表""投入产出表""资金流量表"和"资产负债表"造成影响。

R&D 资本化对国内生产总值表的影响。

R&D 资本化后，国内生产总值表的结构没有变化，如表 3-13 所示，而是生产法国内生产总值，收入法国内生产总值和支出法国内生产总值的构成和结果发生了变化。

表 3-13　　　　　　　　国内生产总值表

生产	金额	使用	金额
一、生产法国内生产总值		一、支出法国内生产总值	
（一）总产出		（一）最终消费	
（二）中间投入（-）		居民消费	
二、收入法国内生产总值		城镇居民消费	
（一）劳动者报酬		农村居民消费	

续表

生产	金额	使用	金额
（二）生产税净额		政府消费	
生产税		（二）资本形成总额	
生产补贴（-）		固定资本形成总额	
（三）固定资产折旧		存货增加	
（四）营业盈余		（三）净出口	
		出口	
		进口（-）	
		二、统计误差	

第三节 "三驾马车"短期对经济增长的影响

一 "三驾马车"贡献度测算

表3-14展示了三大需求增加值与GDP的历年数据，GDP等于三大需求之和。

表3-14　历年深圳出口消费投资的增加值与GDP增加值的比较

年份	支出法本市生产总值增加值（万元）	最终消费增加值	资本形成总额增加值	货物和服务净流出
1993	1358251	459399	687627	211225
1994	1815266	475612	803929	535725
1995	2078122	649450	786679	641993
1996	2059588	764764	835949	458875
1997	2489787	997956	718693	773138
1998	2373064	922898	900094	550072
1999	2692904	1042359	1111585	538960
2000	3834339	2142680	1279978	411681

续表

年份	支出法本市生产总值增加值（万元）	最终消费增加值	资本形成总额增加值	货物和服务净流出
2001	2950359	2182953	744355	23051
2002	4870310	2957869	1571357	341084
2003	6162051	3258368	2335673	568010
2004	6964193	3448090	2907780	608323
2005	6687650	-2508626	4463747	4732529
2006	8626546	3202990	2101347	3322209
2007	9880082	3812152	1441007	4626923
2008	9852214	4234487	1237930	4379797
2009	4145256	4666408	-16409	-504743
2010	13801925	5883945	3543338	4374642
2011	19240197	7393869	5613120	6233208
2012	14445303	7856140	1573617	5015546
2013	14556074	7856140	1573617	5126317
2014	16012017	5012832	6496398	4502787
2015	14291518	8732649	4614906	943963
2016	15010427	7169820	4545669	3294938

资料来源：深圳统计年鉴2017。

从图3-4中可以看出，投资和净出口两者呈现出一定的相关关系，深圳出口加工占比重较高，出口制造业行业的投资占比也较高，而消费贡献度则与之呈现一定的负相关的关系，主要由于消费相对较为稳定。2005年到2008年国际金融危机期间出口大幅下降，贡献度为负，投资也大幅下降，完全靠消费增长支撑。到2012年，消费的作用再次缓步回升，而投资贡献度保持不变。出口贡献度保持平稳。值得注意的是，深圳大部分时间一直是贸易顺差，因此净出口一直占有一定的权重（见图3-4）。

(%)

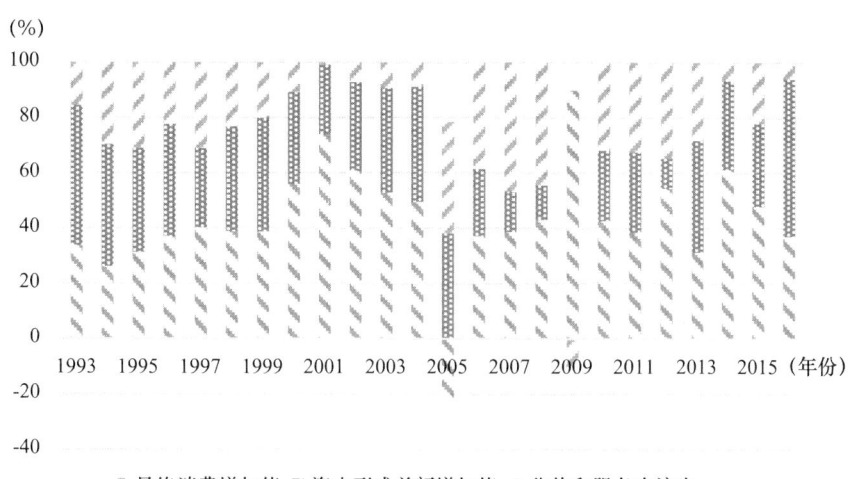

```
          1993  1995  1997  1999  2001  2003  2005  2007  2009  2011  2013  2015 (年份)
```

▨ 最终消费增加值 ▦ 资本形成总额增加值 ▨ 货物和服务净流出

图 3-4 深圳历年"三驾马车"对经济增长的贡献度

资料来源：深圳统计局。

二 "三驾马车"与经济增长的多元线性回归

深圳经济增长、消费、投资和进出口需求四个时间序列数据的对数都是非平稳变量，并且是一阶单整序列，存在着长期均衡稳定的协整关系。深圳的经济增长主要受到消费和投资的共同影响，三者的走势基本一致，后两者是前者的 Granger 原因。

```
. reg ly lc linv lnx, noconstant

   Source |       SS           df       MS      Number of obs   =       21
----------+------------------------------------   F(  3,    18) =        .
    Model | 4901.28997          3   1633.76332   Prob > F        =   0.0000
 Residual |  .134821623         18     .00749009  R-squared       =   1.0000
----------+------------------------------------   Adj R-squared   =  1.0000
    Total | 4901.42479         21   233.401181   Root MSE        =   .08655

       ly |      Coef.   Std. Err.      t    P>|t|     [95% Conf. Interval]
----------+-----------------------------------------------------------------
       lc |   .264175    .0999673     2.64   0.017    .0541516    .4741984
     linv |  .7411649    .0778376     9.52   0.000    .5776341    .9046956
```

| lnx | -.0637879 | .0642793 | -0.99 | 0.334 | -.1988337 | .071258 |

得出回归方程为:Y 增长率 = 0.264175 × 消费增长率 + 0.74 × 投资增长率 - 0.064 × 出口增长率

三 GDP 增速与"三驾马车"增速之间的相关性关系

表 3-15 展示了经济增速与三驾马车增速的历年情况。

表 3-15　　　　深圳市"三驾马车"增速

t	yzzl	czzl	invzzl	nxzzl
1993	18.9%	39.7%	45.1%	43.2%
1994	18.5%	29.4%	36.3%	76.5%
1995	18.1%	31.0%	26.1%	52.0%
1996	15.5%	27.9%	22.0%	24.4%
1997	19.8%	28.5%	15.5%	33.1%
1998	19.1%	20.5%	16.8%	17.7%
1999	18.4%	19.2%	17.8%	14.7%
2000	18.0%	33.1%	17.4%	9.8%
2001	16.0%	25.3%	8.6%	0.5%
2002	18.2%	27.4%	16.7%	7.4%
2003	19.9%	23.7%	21.3%	11.4%
2004	17.9%	20.3%	21.9%	11.0%
2005	13.8%	-12.3%	27.5%	76.9%
2006	14.9%	17.8%	10.2%	30.5%
2007	12.4%	18.0%	6.3%	32.6%
2008	8.1%	17.0%	5.1%	23.3%
2009	6.7%	16.0%	-0.1%	-2.2%
2010	12.9%	17.4%	13.9%	19.3%
2011	13.9%	18.6%	19.4%	23.0%
2012	9.5%	16.7%	4.5%	15.1%
2013	12.0%	-9.6%	45.0%	11.7%

续表

t	yzzl	czzl	invzzl	nxzzl
2014	10.4%	38.2%	-9.9%	2.8%
2015	9.4%	10.4%	9.6%	7.5%
2016	11.4%	9.7%	21.9%	2.5%
2017	12.0%	11.2%	13.1%	11.8%

资料来源：根据深圳统计年鉴2018数据计算。

(一) 经济增速与消费增速相关性

从以下的相关性回归来看，t 值 >1.96，$p<0.1$，可以看出深圳经济增长率与消费的相关性较强，消费是经济增长的稳定的组成部分，也与消费在经济中所占比例较高，权重较大有关。

```
. reg yzzl czzl

Source |      SS           df       MS         Number of obs =    20
-------+------------------------------         F(  1,    18) =  5.68
 Model | .007108412          1  .007108412     Prob > F      = 0.0283
Residual| .022511497         18  .001250639    R-squared     = 0.2400
-------+------------------------------         Adj R-squared = 0.1978
 Total | .029619909         19  .001558943     Root MSE      = .03536

-------+------------------------------------------------------------
 yzzl  |   Coef.   Std. Err.      t    P>|t|    [95% Conf. Interval]
-------+------------------------------------------------------------
 czzl  | .1869816  .0784293    2.38    0.028    .0222077   .3517556
 _cons | .1145854  .0188059    6.09    0.000    .0750756   .1540952
-------+------------------------------------------------------------
```

(二) 经济增速与投资增速相关性

从以下的 $p=0.002$ 可以看出，深圳经济增长率与投资的增长率相关性更加明显。雄厚的资本投资在深圳经济特区成立以来一直发挥着关键作用。从一个小渔村到一个现代化的城市，深圳从道路、照明、环卫到绿化、给排水、交通等市政基础设施建设粗具规模，管理水平不断提高，城市功能趋于完善。基础设施的建设与投资密切相关。除此之外，地产投资和制造业投资也是投资的组成部分，均与深圳的快速增长保持密切关系。

```
. reg yzzl invzzl

  Source |       SS           df       MS       Number of obs =      20
---------+------------------------------         F(  1,   18) =   13.52
   Model |   .012704848        1   .012704848    Prob > F      =  0.0017
Residual |   .016915061       18   .000939726    R-squared     =  0.4289
---------+------------------------------         Adj R-squared =  0.3972
   Total |   .029619909       19   .001558943    Root MSE      =  .03065

    yzzl |      Coef.   Std. Err.      t    P>|t|     [95% Conf. Interval]
---------+--------------------------------------------------------------
   invzzl |   .2376639   .0646367    3.68   0.002    .1018673    .3734605
    _cons |   .1134088   .0132877    8.53   0.000    .0854924    .1413252
---------+--------------------------------------------------------------
```

（三）经济增速与净出口相关性

从以下的 t 值为 0.76 和 p 值为 0.46 可以看出，深圳经济增长率与净出口的相关性较差，主要由于深圳净出口受到外部波动因素较多。比如外部经济环境、重大金融危机、政治事件的冲击影响，而与深圳自身经济增速的相互影响较小。

```
. reg yzzl nxzzl

  Source |       SS           df       MS       Number of obs =      20
---------+------------------------------         F(  1,   18) =    0.57
   Model |   .000910418        1   .000910418    Prob > F      =  0.4597
Residual |   .02870949        18   .001594972    R-squared     =  0.0307
---------+------------------------------         Adj R-squared = -0.0231
   Total |   .029619909       19   .001558943    Root MSE      =  .03994

    yzzl |      Coef.   Std. Err.      t    P>|t|     [95% Conf. Interval]
---------+--------------------------------------------------------------
```

```
nxzzl |    .0316191    .041851     0.76    0.460    -.0563065   .1195447
_cons |    .1470399    .0140796   10.44    0.000     .1174598   .1766201
------+----------------------------------------------------------------
```

第四节 不同产业对经济增长的影响

一 三次产业对经济增长的影响

（一）三次产业对于经济增长的贡献度

表3-16展示了第一、第二、第三产业相对于经济增长的贡献度。

1990年以来，第一产业对经济增长的贡献率已经下降到0，第二产业和第三产业的贡献率形成了一个关于50%的线轴对称的结构。1990—2008年第二产业贡献率一直大于50%，第三产业贡献率则低于50%。细分这段时间，可以看作第二产业贡献度大于或等于第三产业交替进行的阶段，直到最近第三产业贡献度开始明显反超第二产业，整体呈现出较大的波动性和一定的周期性。

表3-16　　　　　　　　深圳市三次产业贡献度

年份	本市生产总值	三次产业				
		第一产业	第二产业			第三产业
			合计	#工业	建筑业	
1980	100	1.9	12.3	6.5	5.8	85.8
1981	100	13.5	31.4	17.8	13.6	55.1
1982	100	14.0	19.8	0.4	19.4	66.2
1983	100	1.9	19.8	12.6	7.2	78.3
1984	100	0.6	31.6	19.3	12.3	67.8
1985	100	-0.3	68.7	61.9	6.8	31.6
1986	100	42.3	77.8	83.9	-6.1	-20.1
1987	100	1.3	46.7	47.2	-0.5	52.0

续表

年份	本市生产总值	三次产业				
		第一产业	第二产业			第三产业
			合计	#工业	建筑业	
1988	100	-1.2	44.7	37.4	7.3	56.5
1989	100	5.5	78.8	69.3	9.5	15.7
1990	100	0.9	63.7	58.9	4.8	35.4
1991	100	0.5	57.0	46.3	10.7	42.5
1992	100	—	45.2	27.0	18.2	54.8
1993	100	0.1	65.3	48.4	16.9	34.6
1994	100	-0.3	61.1	56.1	5.0	39.2
1995	100	-0.1	50.8	44.6	6.2	49.3
1996	100	0.1	52.1	49.6	2.5	47.8
1997	100	—	52.0	46.8	5.2	48.0
1998	100	0.1	58.0	50.9	7.1	41.9
1999	100	0.3	58.6	53.1	5.5	41.1
2000	100	0.1	62.1	61.1	1.0	37.8
2001	100	0.3	49.0	47.9	1.1	50.7
2002	100	0.3	55.3	54.0	1.3	44.4
2003	100	-0.5	66.1	63.6	2.5	34.4
2004	100	-0.5	63.8	64.3	-0.5	36.7
2005	100	-0.4	63.7	63.7	0	36.7
2006	100	-0.4	52.6	51.2	1.4	47.8
2007	100	-0.1	51.0	50.5	0.5	49.1
2008	100	-0.1	51.8	51.7	0.1	48.3
2009	100	-0.1	45.0	40.2	4.8	55.1
2010	100	—	60.2	56.5	3.7	39.8
2011	100	—	54.4	51.4	3.0	45.6
2012	100	—	34.6	32.4	2.2	65.4
2013	100.0	-0.1	36.1	34.4	4.5	64.0
2014	100.0	—	34.3	31.5	2.8	65.7
2015	100.0	0.1	26.3	25.4	0.9	73.6

续表

年份	本市生产总值	三次产业				
		第一产业	第二产业			第三产业
			合计	#工业	建筑业	
2016	100.0	0.0	28.8	26.4	2.4	71.2
2017	100.0	0.2	27.3	26.8	0.5	72.5

资料来源：根据深圳统计年鉴数据 2018 计算。

2008 年国际金融危机导致第二产业占比跌破 50%，而之后的四万亿元政府刺激又使得第二产业贡献度过半，然后再次回归危机后新常态，第二产业贡献度下降，第三产业贡献度则快速增加到 65%，为 1985 年以来的最高水平（见图 3-5）。

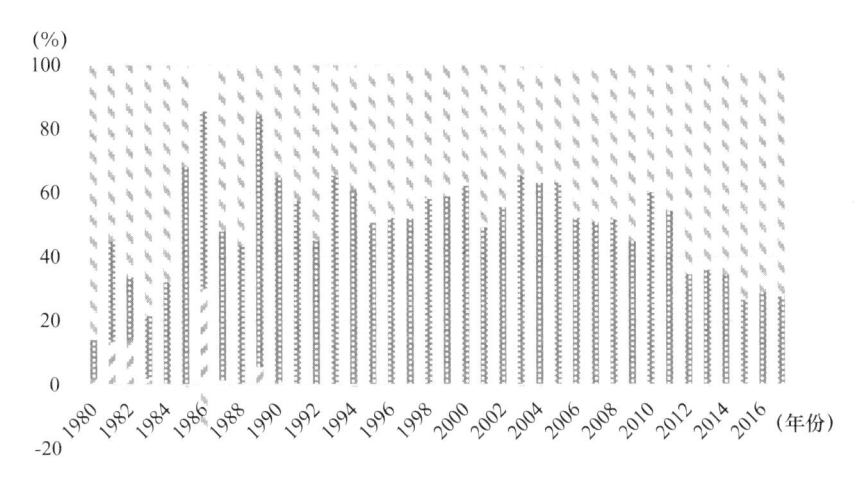

图 3-5　深圳历年三大产业对经济增长贡献率

资料来源：深圳市统计局。

对 GDP 与三次产业进行线性回归：

通过数量统计的方法进行检验，由于本书变量间呈现非线性关系，因此对变量取对数，一方面进行线性化处理，另一方面为了消除异方差。取对数后的名称分别为 LnY，LnY1，LnY2，LnY3。这样也可以使得经济结果较为有意义,表示各产业相对经济增长的弹性(见表 3-17)。

表 3-17　　　　　　　　对 GDP 和三次产业取对数

t	ly	ly1	ly2	ly3
1979	9.885222	8.891924	8.298291	9.029777
1980	10.15525	8.962264	8.858795	9.406976
1981	10.66112	9.498747	9.681531	9.914131
1982	11.0959	9.850087	10.3558	10.37891
1983	11.53927	10.02632	10.93039	10.87332
1984	12.05261	10.16323	11.5769	11.52903
1985	12.36045	10.17011	12.00509	12.20869
1986	12.36629	10.40144	12.00264	12.30301
1987	12.5259	10.74762	12.30349	12.58462
1988	12.72052	10.95089	12.79172	13.02491
1989	12.77924	11.13627	13.13303	13.27524
1990	13.15834	11.15939	13.55326	13.68441
1991	13.44968	11.30018	13.93426	13.96368
1992	13.67251	11.57038	14.23582	14.25044
1993	13.84563	11.59556	14.69937	14.50996
1994	14.01537	11.80673	15.02685	14.86444
1995	14.18179	11.72902	15.25569	15.22143
1996	14.32628	11.91033	15.43805	15.47748
1997	14.50683	11.90267	15.63587	15.7105
1998	14.68175	11.93008	15.82171	15.86456
1999	14.85041	11.92135	16.01334	15.99979
2000	15.01558	11.9554	16.20068	16.20041
2001	15.16436	11.98551	16.32492	16.33053
2002	15.33162	12.02327	16.49976	16.51562
2003	15.51315	11.86392	16.71552	16.68005
2004	15.67778	11.72208	16.91165	16.84011
2005	15.80709	11.48643	17.08983	16.95041

续表

t	ly	ly1	ly2	ly3
2006	15.9459	11.1516	17.23654	17.12843
2007	16.0627	11.14782	17.34673	17.3354
2008	16.14067	11.32534	17.46888	17.48369
2009	16.20562	11.11086	17.4602	17.5923
2010	16.32676	11.07705	17.62735	17.73782
2011	16.45716	11.09043	17.79394	17.93547
2012	16.54776	11.05118	17.86514	18.09303
2013	18.79	10.87	17.96	18.22
2014	18.89	10.93	18.04	18.34
2015	18.98	11.10	18.09	18.45
2016	19.09	11.18	18.17	18.58
2017	19.23	12.13	18.34	18.69

对经济产出与三大产业进行回归，得出结果如下：

```
. reg gdpzzl y1zzl y2zzl y3zzl

      Source |       SS           df       MS              Number of obs =      32
-------------+----------------------------------           F(  3,    28) =  279.33
       Model |  .69539675         3   .231798917           Prob > F      =  0.0000
    Residual |  .023235299        28   .000829832           R-squared     =  0.9677
-------------+----------------------------------           Adj R-squared =  0.9642
       Total |  .718632048        31   .023181679           Root MSE      =  .02881

      gdpzzl |      Coef.   Std. Err.      t    P>|t|     [95% Conf. Interval]
-------------+----------------------------------------------------------------
       y1zzl |   .0192337   .0432142     0.45   0.660    -.0692865    .107754
       y2zzl |   .1662582   .0244949     6.79   0.000     .1160826    .2164338
       y3zzl |   .6355255   .0407257    15.61   0.000     .5521027    .7189483
       _cons |   .0434986   .0091333     4.76   0.000     .0247898    .0622074
```

GDP 增长率 = 0.019 × 第一产业增长率 + 0.17 × 第二产业增长率 + 0.65 × 第三产业增长率。

第三产业的权重较大，第三产业与整体经济增长密切相关，是拉动经济增长的重要火车头，是代表未来产业的主要力量，是重要的增量贡献者,也反映了深圳经济自身质量较高。

(二) 三次产业增速与 GDP 增速相关性分析

首先通过对 GDP 和三次产业的价格指数进行折算,扣除了价格指数的波动,计算出增长率(见表 3-18)。

表 3-18　　　　　　　　"三次产业"增长率

年份	GDP 增长率	第一产业增长率	第二产业增长率	第三产业增长率
t	GDPZZL	Y1ZZL	Y2ZZL	Y3ZZL
1981	54%	28%	153%	47%
1982	58%	38%	64%	64%
1983	58%	6%	62%	73%
1984	60%	3%	99%	59%
1985	25%	-1%	71%	11%
1986	3%	18%	6%	-1%
1987	25%	4%	35%	22%
1988	36%	-7%	44%	35%
1989	19%	24%	38%	5%
1990	33%	7%	46%	23%
1991	36%	5%	41%	33%
1992	33%	0%	29%	40%
1993	31%	1%	40%	22%
1994	31%	-6%	35%	27%
1995	24%	-2%	22%	27%
1996	17%	2%	16%	18%
1997	17%	0%	16%	18%
1998	15%	3%	16%	14%
1999	15%	7%	16%	13%
2000	16%	3%	18%	13%
2001	14%	7%	14%	15%
2002	16%	6%	18%	14%
2003	19%	-15%	25%	13%
2004	17%	-16%	21%	14%

续表

年份 t	GDP增长率 GDPZZL	第一产业增长率 Y1ZZL	第二产业增长率 Y2ZZL	第三产业增长率 Y3ZZL
2005	15%	-20%	18%	12%
2006	17%	-31%	16%	17%
2007	15%	-8%	14%	16%
2008	12%	-9%	12%	12%
2009	11%	-16%	9%	12%
2010	12%	-9%	14%	10%
2011	10%	-6%	12%	9%
2012	10%	0%	7%	12%
2013	12%	-17%	10%	14%
2014	10%	6%	8%	12%
2015	9%	19%	6%	12%
2016	11%	8%	8%	14%

进行三大产业与GDP的相关性分析，从增长率可以直观看出y2和y3与整体增速相关性较高，且由于y2+y3接近于GDP，因此两者呈现围绕GDP增速对称的状态，其与GDP的相关度与权重有很大关系（见图3-6）。

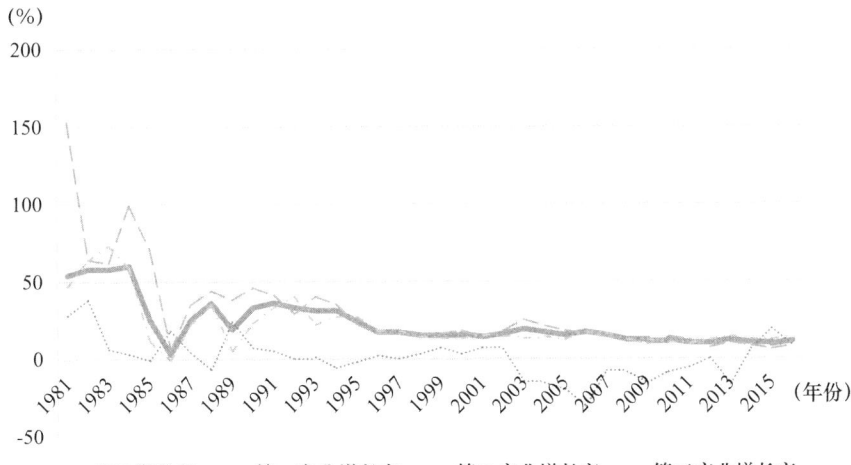

图3-6 深圳历年GDP增速与三次产业增速对比

资料来源：深圳统计局。

```
. reg gdpzzl y1zzl

      Source |       SS           df       MS            Number of obs =        32
-------------+----------------------------------          F(  1,    30) =      7.39
       Model |  .142033243         1  .142033243          Prob > F      =   0.0108
    Residual |  .576598805        30  .01921996           R-squared     =   0.1976
-------------+----------------------------------          Adj R-squared =   0.1709
       Total |  .718632048        31  .023181679          Root MSE      =   .13864

------------------------------------------------------------------------------
      gdpzzl |      Coef.   Std. Err.      t    P>|t|     [95% Conf. Interval]
-------------+----------------------------------------------------------------
       y1zzl |   .4929989    .181354     2.72   0.011     .1226246    .8633733
       _cons |   .2389834   .0245248     9.74   0.000     .1888971    .2890697
------------------------------------------------------------------------------
```

从 R 的平方可以看出，第一产业与 GDP 总量相关性较差，增速方向也经常不一致，p 值也相对较高。

```
. reg gdpzzl y2zzl

      Source |       SS           df       MS            Number of obs =        32
-------------+----------------------------------          F(  1,    30) =     64.98
       Model |  .491640632         1  .491640632          Prob > F      =   0.0000
    Residual |  .226991416        30  .007566381          R-squared     =   0.6841
-------------+----------------------------------          Adj R-squared =   0.6736
       Total |  .718632048        31  .023181679          Root MSE      =   .08698

------------------------------------------------------------------------------
      gdpzzl |      Coef.   Std. Err.      t    P>|t|     [95% Conf. Interval]
-------------+----------------------------------------------------------------
       y2zzl |    .412818   .0512128     8.06   0.000     .3082274    .5174086
       _cons |   .1061033   .0227704     4.66   0.000     .0595999    .1526068
------------------------------------------------------------------------------
```

第二产业 R 的平方为 0.68，反映相关性较高，从 t 值来看，也更为显著，p 值为 0，反映其与经济增速相关性较强。

$$GDPzzl = 0.418 \times y2zzl + 0.1061033 = 0.84 \times y3zzl + 0.052$$

```
. reg gdpzzl y3zzl

      Source |       SS           df       MS            Number of obs =        32
-------------+----------------------------------          F(  1,    30) =    283.13
       Model |  .649782302         1  .649782302          Prob > F      =   0.0000
    Residual |  .068849746        30  .002294992          R-squared     =   0.9042
-------------+----------------------------------          Adj R-squared =   0.9010
       Total |  .718632048        31  .023181679          Root MSE      =   .04791

------------------------------------------------------------------------------
      gdpzzl |      Coef.   Std. Err.      t    P>|t|     [95% Conf. Interval]
-------------+----------------------------------------------------------------
       y3zzl |   .8395879   .0498968    16.83   0.000     .737685     .9414908
       _cons |   .0520845   .0140858     3.70   0.001     .0233175    .0808514
------------------------------------------------------------------------------
```

第三产业 R 的平方为 0.90，相关性很高，从 t 值来看，非常显著，反映其与经济增速有很高相关性。

二　细分产业对经济增长的贡献度

以下分类并非按同一个维度，而是重点分析对宏观经济有重大影响的行业。

首先是现代服务业贡献度。现代服务业是服务业较为高端的部分，对深圳经济增长贡献度已经达到45%，而第三产业整体贡献度为62%。可见现代服务业增量在第三产业增量中占比很高。

其次是先进制造业贡献度。先进制造业增加值贡献度33%，而第二产业贡献度为37%，因此先进制造增量在第二产业增量尤其是制造业中占比较高。先进制造中高技术制造业贡献度占了先进制造的八成，进一步反映深圳整体增长质量很高，产业结构较为优化。先进产业不但在技术外溢和创新方面发挥巨大作用，而且本身也成为拉动经济增长的主要推手，且在自身行业中占比很高。

最后是第三产业贡献度。第三产业中交运行业也是深圳支柱产业之一，但其对经济增长的贡献度仅有3%。交运行业本身技术含量有限，内地和周边城市在港口基础设施方面正逐渐赶上深圳，对深圳交运及物流行业产生了一定影响。尤其是广州的影响，硬件方面差距已经不是很大。且深圳交运产业占第三产业的比重也在逐渐下降。

近四年各产业对经济增长的贡献度如表3-19所示：

表 3-19　　　　近四年各产业对经济增长的贡献度

	2013	2014	2015	2016
第一产业对经济增长贡献度	0%	0%	0%	0%
第二产业对经济增长贡献度	36%	34%	26%	29%
工业对经济增长贡献度	34%	32%	25%	26%
建筑业对经济增长贡献度	4%	1%	1%	2%
第三产业对经济增长贡献度	64%	66%	74%	71%
交通运输、仓储和邮政业对经济增长贡献度	0%	2%	3%	4%

续表

	2013	2014	2015	2016
信息传输、计算机服务和软件业对经济增长贡献度	10%	8%	12%	14%
批发和零售业对经济增长贡献度	21%	8%	4%	8%
住宿和餐饮业对经济增长贡献度	1%	3%	1%	1%
金融业对经济增长贡献度	15%	16%	20%	16%
房地产业对经济增长贡献度	5%	8%	16%	11%
租赁和商务服务业对经济增长贡献度	3%	3%	1%	1%
科学研究、技术服务和地质勘查业对经济增长贡献度	9%	3%	5%	2%
水利、环境和公共设施管理业对经济增长贡献度	0%	0%	1%	1%
居民服务和其他服务业对经济增长贡献度	-1%	2%	2%	1%
教育对经济增长贡献度	3%	3%	3%	4%
卫生、社会保障和社会福利业对经济增长贡献度	2%	2%	2%	3%
文化、体育和娱乐业对经济增长贡献度	-2%	0%	0%	1%
公共管理和社会组织对经济增长贡献度	2%	2%	3%	4%

资料来源：根据深圳市统计局数据测算。

从各产业年度增量来看对经济增长的贡献度，可以看出经济结构变化的趋势。2008年金融危机以来，第二产业增量对GDP增量贡献度是负的，在2010年政府强刺激下，投资快速拉升，从而导致第二产业贡献度大幅提升，达到50%，之后第三产业的贡献度继续快速提升，成为主导。

从第三产业细分来看，传统消费零售仍然占据较大的增量权重，为18%。其次是地产，虽然深圳相对其他地区地产贡献较小，但仍权重较大。再次是深圳金融产业，贡献度11%，最近几年有所下降，金融业优势强大使得整体增长质量较好。另外IT行业也是对经济贡献突出的部门，为10%，信息产业对经济发挥全方位支持作用，本身环保，具有高技术含量和高附加值。金融、信息的先锋带头使得深圳经济增长质量出现了闪光点。

首先是深圳金融产业对经济的影响。

金融与经济发展二者关系紧密，相互融合又相互作用。经济发展对金融起决定作用，经济发展导致了一定的金融发展，反之，金融的发展又对经济的发展起着不可忽视的反向推动作用。

金融对经济的推动作用主要体现在以下几个方面：

一是金融业自身的产值增长和规模扩大直接为经济发展做贡献。金融产业值的快速增长，直接增加了国民生产总值，提高了经济发展水平。另外，随着金融业的不断发展，各种金融机构的数量和规模不断地扩大，为社会提供了更多的就业岗位，减少了社会劳动力的闲置，从而可以为社会创造出更多产值。

二是金融市场能够调节资金流向和供给水平，促进资源合理配置，推动产业结构的优化升级。金融市场能够通过信息甄别和利率调整，使资金流向具有较高发展潜力的企业和产业，从而使具有较好发展前景的企业和产业能够有充足的资金实现自身的优化和发展，创造出更高的社会产值。

三是金融体系能够把储蓄转化为投资，提高资金的使用效率。一方面，金融体系通过金融机构吸收居民的存款，将社会闲散资金集中起来，然后把资金贷给有需要的企业或个人，投资于能够创造出更多社会产值的项目，从而避免了资金的闲置浪费，提高了资金的使用效率。另一方面，金融体系的发展和完善，使居民或企业不再局限于将闲置资金存入金融机构，而是通过多渠道的投资，例如购买债券、股票等，增加资本的收益。

其次是信息产业对经济的影响。

信息产业对经济增长的影响表现在两个方面：

一是信息产业对经济增长产生直接的影响。信息产业作为经济活动的组成部分，其就业规模和产值规模的不断扩大，意味着经济活动规模的扩大，信息产业自身的发展直接促进了经济的增长。

二是信息产业对经济增长产生间接影响。信息产业本质上有利于信息的自由流动、储存、收集。而信息作为市场经济的一个重要的生产要素，在各个产业中均发挥着普遍的作用，对所有产业的管理均存在很大的提升空间。

另外信息产业与其他产业之间存在着很强的关联性。一方面，社会各行各业对它们的需求日趋增大，使其对社会发展产生较大的推动作用；另一方面，科学文化教育事业对信息设备、信息基础设施的需求增大，带动着这些行业的发展，从而信息产业通过对经济产生直接和间接影响，使产业结构得到调整，朝着优化方向提升，最终提高经济增长率水平。

最后是地产行业对经济影响。

房地产业在国民经济中具有先导作用，各行各业的发展必须由房地产业提供基本的物质基础，改革开放以来我国房地产业超前于国民经济的发展，获得了跨越式的大发展，但任何产业的发展都必须符合其自身的发展规律，还要与其他产业的发展相适应。由于我们对房地产业过分重视、地价上涨的推动、供给结构变动推动及多种住房需求旺盛等因素的影响，导致房地产业的发展超出了限度，产生了许多问题，如过快增长的房价、重复建设、配置不合理等。鉴于房地产业对深圳经济增长的特殊影响，下文将重点论述。

三 房地产业对经济增长的影响

本部分将从国民经济核算、固定资产投资、就业、税收以及产业关联等方面对深圳市房地产业与国民经济关系及影响进行分析，论述房地产业在国民经济中的重要地位和作用。

（一）房地产业概念、内涵及与国民经济的关系

房地产业是以土地和建筑物为对象，从事房地产开发、建设、经营、管理及服务的经济活动。根据现行的《2011国民经济行业分类》（GB/T 4754－2011），房地产业包括房地产开发经营业、物业管理、房地产中介服务、自有房地产经营活动及其他房地产业五个小类。

房地产业是国民经济的重要组成部分，与国民经济发展有着密切联系，既受到整个国民经济发展水平的制约，又对国民经济发展起着重要促进作用。

(二) 深圳市房地产业发展现状及特点

1. 房地产业总体规模大、增速快

一是企业数量逐年增加。2014年至2016年,深圳市符合统计条件的房地产业企业数量逐年增多。企业数量2014年为816个,2015年为1089个,2016年增至1156个。

二是增加值占GDP比重逐年上升。2014年至2016年,房地产业增加值总量逐年增加,分别为1323.86亿元、1564.41亿元、1866.18亿元;占GDP比重不断提高,分别为8.3%、8.9%、9.6%。

三是主要经济指标增速较快。2014年至2016年,深圳市房地产业各主要经济指标持续较快增长,资产总计年均增速为38.3%,营业收入年均增速为38.3%,营业利润年均增速为53.4%,应付职工薪酬年均增速为32.9%(详见表3-20)。

表3-20　　　2014—2016年深圳市房地产业总体运行情况

房地产业	单位	2016年		2015年		2014年	
		总量	同比(±%)	总量	同比(±%)	总量	同比(±%)
企业数量	个	1156	6.2	1089	33.5	816	-0.9
增加值	亿元	1866.18	-0.5	1564.41	13.8	1323.86	10.2
资产总计	亿元	19892.29	25.5	15849.7	52.5	10392.86	1.9
营业收入	亿元	2967.44	26.1	2353.88	47.4	1596.8	9.8
营业利润	亿元	913.73	40.2	651.74	67.8	388.44	-22.7
应付职工薪酬	亿元	271.18	19.5	226.88	47.8	153.48	8.6

2. 房地产业内部结构以房地产开发经营业为主

房地产开发经营业在房地产业中居主导地位,其主要经济指标占整个房地产业相应指标的80%以上,是房地产业的最大构成部分,如2016年房地产开发经营业资产总计为16433.74亿元,占房地产业资产82.6%;营业收入2412.62亿元,占81.3%;营业利润776.86亿元,占85%。

从增加值看,2015年深圳市房地产业增加值为1564.41亿元

（2016年增加值分类还未公布，故采用2015年数据），其中房地产开发经营业增加值为705.94亿元，占房地产业增加值比重达45%，在房地产业中排名首位；其次为自有房地产经营活动，增加值为532.51亿元，占比34%，这主要是由于自有房地产业经营活动增加值中约95%为居民自有住房折旧，而深圳市居民自有住房存量较大，故该分类增加值在房地产业中仅次于房地产开发经营业；再次为物业管理业，增加值为236.85亿元，占比15%；房地产中介服务业及其他房地产业增加值较少，分别为73.59亿元和15.53亿元，占比分别为5%和1%。结构分布如图3-7所示：

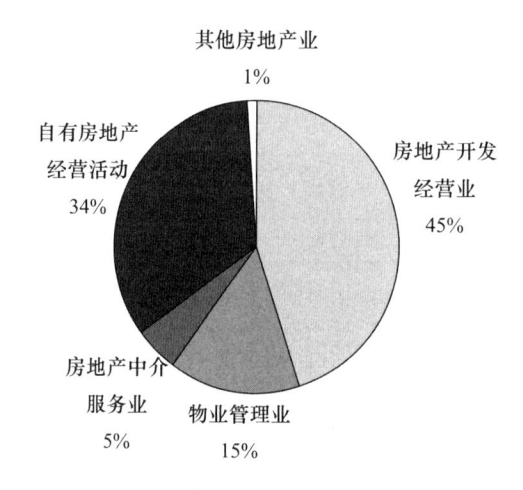

图3-7　2015年房地产业增加值细分示意图

（三）房地产业与国内生产总值（GDP）的关系

1. 房地产业是深圳市GDP的重要组成部分

房地产业与国民经济增长的关系主要表现在房地产业增加值对国民生产总值（GDP）的贡献，通过研究房地产业增加值占深圳市GDP比重情况，可以了解房地产业对总体经济的影响程度。

从近10年数据来看，深圳市房地产业增加值占深圳市GDP比重在7%—9%，总体趋势受房地产开发经营业行业周期影响较大。2007年深圳市房地产开发经营业发展较好，房地产业增加值占比较高；2008年由于次贷危机影响，深圳市房地产开发经营业受到冲击,导致该年房地产业增加值占比由 2007 年的 9.0% 降低至 6.3%,其后 2009—2011 年受到当时政策支撑占比逐渐回升,2012 年后至今占比一直处于上升趋势,2016 年达到历史最高值 9.6% (见表 3-21)。

表 3-21　　　　房地产业增加值与深圳市 GDP 关系表

年份	房地产业增加值 (亿元)	深圳市 GDP 总量 (亿元)	房地产业占 GDP 比重 (%)
2007	613.02	6801.57	9.0
2008	490.05	7786.79	6.3
2009	677.30	8290.28	8.2
2010	749.53	9773.31	7.7
2011	857.99	11515.86	7.5
2012	1088.81	12971.47	8.4
2013	1203.27	14572.67	8.3
2014	1323.86	16001.82	8.3
2015	1564.41	17502.86	8.9
2016	1866.18	19492.60	9.6

2. 房地产业增加值增速对 GDP 核算的影响

一是商品房销售面积增速对季度 GDP 增速影响直接。按目前季度 GDP 核算方法,季度房地产行业的增加速度与三项指标计算所得:房地产业从业人员增速以及当期房地产业从业人员工资总额不变价增长速度和商品房销售面积增速,其结果直接影响季度 GDP 增速。三项指标中又以商品房销售面积增长速度对季度 GDP 增速影响最大。

以 2017 年 1 季度为例,1 季度深圳市商品房销售面积同比下降 24.1 个百分点,经测算该指标的负增长拉低深圳市地区生产总值增速 0.79 个百分点,可以理解为,商品房销售面积增速每下降一个百分点,拉低地区生产总值增速 0.03 个百分点。值得注意的是,当商品房销售面积增速由负转正时,销售面积增速每提升一个百分点，GDP 增速提升仅约为 0.02 个百分点，这是因为在国民经济核算中，参与计算的换算系数在商品房销售面积增速为负时和为正时是不同的数值，当商品房销售面积增速为正时，换算系数较小。换算系数是国家统计局按照其设计的经济模型固定的，商品房销售面积增速正与负对经济影响的程度是不同的，因此换算系数也不同。

二是房地产业劳动者报酬对年度 GDP 影响较大。房地产业增加值在年度核算时，采用收入法进行计算：房地产业增加值 = 房地产业固定资产折旧 + 房地产业生产税净额 + 房地产业营业盈余 + 房地产业劳动者报酬。用以上方法得出的现价增加值除以相关的价格指数即可得到不变价增加值。2015 年房地产业固定资产折旧占比为 20.8%，生产税净额占比为 20.4%，营业盈余占比为 25.9%，劳动者报酬占深圳市房地产业增加值比重 32.9%。

由于季度 GDP 核算时效性很强，因此季度核算时往往利用季度当期相关指标进行推算。而年度 GDP 核算时有详细的数据，故采用传统的收入法计算，其结果主要用于季度 GDP 数据的修订，因年度 GDP 核算次年 7 月才出最终数据，所以季度核算数据更为常用。

三是对 GDP 增长贡献率呈波动态势。房地产业政策性、周期性的特点决定了其对 GDP 增长贡献率受调控政策影响较大，而且存在一定程度的大小年情况。2016 年房地产业增长对 GDP 增长贡献率为 -0.5%，而 2015 年增长贡献率为 11.1%，2014 年增长贡献率为 8.2%，2013 年增长贡献率为 3.3%。

（四）房地产业与固定资产投资的关系

1. 房地产业投资是固定资产投资的重要组成部分

房地产业以房地产开发经营业为主体，而房地产开发投资作为固定资产投资的其中一部分，在固定资产投资中占有重要地位。固定资产投资可以划分为两个部分：房地产开发投资和项目投资。

2. 房地产业投资增长推动固定资产投资增长

2016 年深圳市固定资产投资完成额为 4078.16 亿元，其中房地产开发投资 1756.52 亿元，非房地产项目投资 2321.64 亿元。房地产开发投资占深圳市固定资产投资的比重为 43.1%。

自 2000 年以来，除 2008—2011 年受国际金融危机影响占比下降外,其余年份所占固定资产投资比重都在30%以上。近几年其占比更是达到四成以上,对深圳市固定资产投资增长起到积极作用(见表3-22)。

表3-22　　　　房地产开发投资与固定资产投资关系表

年份	固定资产投资 (亿元)	房地产开发投资 (亿元)	房地产开发投资 占比(%)
2000	619.70	260.97	42.1
2001	686.37	315.64	46.0
2002	788.15	388.44	49.3
2003	949.10	412.66	43.5
2004	1092.56	434.24	39.7
2005	1181.05	423.69	35.9
2006	1273.67	462.09	36.3
2007	1345.00	461.04	34.3
2008	1467.60	440.49	30.0
2009	1709.15	437.46	25.6
2010	1944.70	458.46	23.6
2011	2060.92	514.74	25.0
2012	2199.43	736.84	33.5
2013	2391.46	887.71	37.1
2014	2717.42	1069.49	39.4
2015	3298.31	1331.03	40.4
2016	4078.16	1756.52	43.1

3. 深圳与其他重点城市比较

从全国8个重点城市数据比对来看,四个一线城市房地产开发投资占固定资产投资比重均在40%以上,杭州房地产开发投资占比也达到四成以上,而重庆的房地产开发投资占比相对较低。相关情况如表3-23所示:

表3-23　　　　　　　2016年重点城市数据对比表

城市	固定资产投资（亿元）	房地产开发投资（亿元）	占比（%）
北京	8461.69	4045.45	47.8
上海	6755.88	3709.03	54.9
广州	5703.59	2540.85	44.5
深圳	4078.16	1756.52	43.1
天津	14629.22	2300.01	15.7
重庆	17361.12	3725.95	21.5
南京	5533.56	1845.60	33.4
杭州	5842.42	2606.41	44.6

虽然一线城市及部分发达二线城市房地产开发投资占比较高，但这并不意味着这些城市对房地产依赖度高。固定资产投资中的非房地产投资多为基建投资和工业投资，东部发达城市工业化和城市化发展到一定阶段后，城市建设已经基本完成，基建投资和工业投资需求很小，而第三产业成为产业发展的主导。但是，发达城市拥有较好的基础设施、医疗教育和就业机会，大量外来人口会涌入，本地居民的改善性居住需求也会随着收入增加，房地产市场的需求和发展空间很大，因此，房地产投资快速增长，在固定资产投资中的比重不断增加。相反，中西部欠发达城市还处于城市化进程当中，基建投资和工业投资还有相当的改善和发展空间，房地产投资的占比相对较低。

（五）房地产业与建筑业的关系

建筑业在三次产业分类中属于第二产业，主要从事工程勘察设计、土木工程、房屋建设和设备安装等工作，属于物质生产部门，其生产的物质产品是各种楼宇、工厂、铁路、桥梁等建筑物和设施。房地产业在三次产业分类中属于第三产业，具有开发、经营、服务和管理等多种综合性业务。在项目开发建设活动中，房地产企业和建筑业往往是房地产企业为甲方，建筑企业为乙方，房地产企业将项目的建设委托给建筑企业进行建设施工，因此房地产业与建筑业是正相关关系，房地产业的繁荣会带动建筑业的发展。

（六）房地产业与就业的关系

房地产业不属于劳动密集型产业，从业人员占全部劳动人员比重不大。2016年深圳市年末劳动者合计为926.38万人，其中，房地产业从业人员为33.8万人，所占比重为3.6%。同年深圳市城镇非私营单位从业人员（不包含私营个体劳动者）年末从业人员为456.23万人，其中，房地产业从业人员为20.42万人，所占比重为4.5%。

（七）房地产业与税收的关系

1. 房地产业主要税种

房地产业税收税种包括：契税、印花税、增值税、城建税、教育费附加、地方教育费附加、土地增值税、土地使用税、房产税、企业所得税等。

2. 房地产业税收是深圳市重要税源

2016年深圳市税收收入总额6895亿元，其中房地产业税收为675亿元，占比9.8%（见表3-24）。

表3-24　　　深圳市税收总额与房地产业税收对比表

年份	总体税收收入（亿元）	房地产业税收（亿元）	占比（%）
2012	3726	290	7.8
2013	3978	356	9.0
2014	4707	353	7.5
2015	6423	482	7.5
2016	6895	675	9.8

注：税收数据取自深圳市地税局。

从近5年的数据来看，房地产业税收占深圳市税收收入总额的比重保持在7.5%至10%之间；房地产业税收增长较快且呈逐年加速态势（除2014年受到楼市调控影响增速较低外）（见图3-8）。2016年，房地产业税收占比及增速均创近5年新高，占比达

9.8%，与房地产业增加值占深圳市 GDP 比重（9.6%）非常吻合，增速达 40%，高于深圳市约 33 个百分点，较强地拉动了深圳市税收收入增长，这主要得益于地价及房价的上涨。

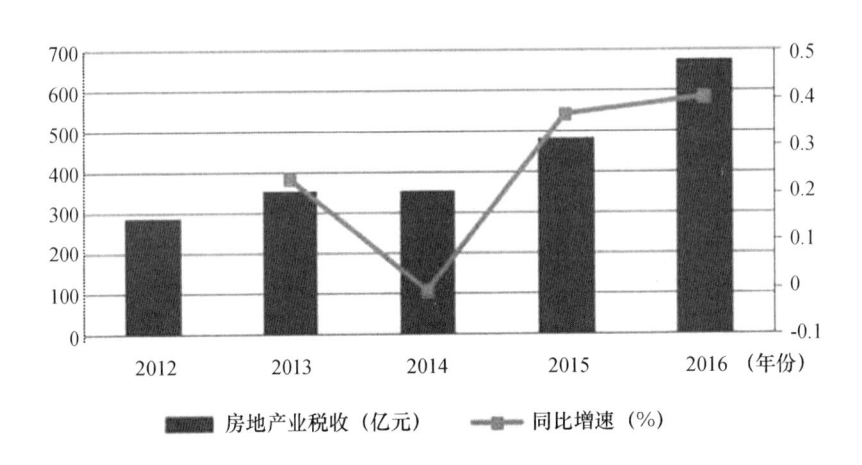

图 3-8 房地产业税收趋势图

（八）房地产业与关联产业的量化关系

1. 房地产业与其他相关产业的关联效应分析

房地产业在国民经济行业中涉及行业面广，上下游产业链长，对相关产业的拉动作用十分明显。通过产业关联效应分析，可以衡量房地产业与其他相关产业的关系和拉动作用，以及对整个国民经济的作用和影响。产业关联效应分析包括前向关联效应和后向关联效应两个方面。从产出角度出发的是前向关联，分析房地产业与以其产品或服务为生产资料的产业之间的关联效应；从投入角度考察后向关联，分析房地产业与为其提供生产要素的产业之间的关联效应。

2. 房地产业前向关联效应分析

与后向关联类似，前向关联的密切程度，是通过投入产出原始流量表计算直接分配系数，进而再计算出完全分配系数。分配系数是指国民经济各部门提供的货物和服务（包括流入）在各种用途（指中间使用和各种最终使用）之间的分配使用比例。计算得到与房地产业密切相关的前向产业情况如表 3-25 所示：

表 3-25　　与房地产业关系密切的 12 个前向产业

产业部门名称	完全分配系数	关联度排名
通信设备、计算机和其他电子设备	0.2809	1
金融	0.1539	2
批发和零售	0.1058	3
交通运输、仓储和邮政	0.0793	4
住宿和餐饮	0.0560	5
电气机械和器材	0.0507	6
租赁和商务服务	0.0501	7
信息传输、软件和信息技术服务	0.0383	8
通用设备	0.0292	9
居民服务、修理和其他服务	0.0240	10
化学产品	0.0197	11
科学研究和技术服务	0.0195	12

由表 3-25 可见，受到房地产业明显推动作用的前向产业数量较后向产业多，通信设备、计算机和其他电子设备业，金融业及批发零售业受到房地产业推动作用较大，其余交通运输、仓储和邮政业，住宿和餐饮等也受到房地产业的明显推动作用。

3. 房地产业后向关联效应分析

后向关联的密切程度，使用投入产出原始流量表可以计算出直接消耗系数，之后可以再计算完全消耗系数。本文投入产出原始流量表数据为深圳市最新的 2012 年投入产出调查数据。计算得到与房地产业密切相关的后向产业情况如表 3-26 所示：

表 3-26　　与房地产业关系密切的 12 个后向产业

产业部门名称	完全消耗系数	关联度排名
金融业	0.1625	1
租赁和商务服务	0.0792	2
通信设备、计算机和其他电子设备	0.0499	3

续表

产业部门名称	完全消耗系数	关联度排名
金属冶炼和压延加工品	0.0356	4
化学产品	0.0236	5
电力、热力的生产和供应	0.0229	6
石油、炼焦产品和核燃料加工品	0.0224	7
住宿和餐饮	0.0214	8
交通运输、仓储和邮政	0.0187	9
建筑	0.0178	10
批发和零售	0.0109	11
信息传输、软件和信息技术服务	0.0106	12

受到房地产业拉动作用较为明显的产业有12个，金融业高居榜首，这表示房地产业每增加1个单位，可以拉动金融业增加0.1625个单位。

(九) 基本结论

第一，从整体看，房地产业是整个国民经济产业体系中的一个重要构成部分，深圳市房地产业增加值占深圳市GDP比重相对稳定，近10年保持在7%—9%，对重要产业的拉动、税收的增长、劳动者就业及GDP的贡献较明显，表现出一些支柱产业的特征。

第二，从季度GDP核算指标看，房地产业中商品房销售面积增长速度对房地产业增加值增速乃至季度GDP增速影响最大，2016年以来商品房销售面积增速出现下滑，对深圳市季度GDP增速产生了不利影响。

第三，从固定资产投资看，房地产开发投资占全社会固定资产投资40%左右，对深圳市的固定资产投资增长发挥了重要作用。但与国内不少城市相比，深圳市经济发展对房地产业的依赖性相对较低。

第四，从就业看，由于房地产业并非劳动密集型产业，就业人口比重不高，为4%左右，但创造的直接及间接就业机会不容小视。

第五，从税收看，近年来房地产业税收占地税收入的比重逐步升高，2016年占比达历史最高值9.8%，表明房地产税收重要程度加大。

第六，从与相关产业关联性看，房地产业与深圳市支柱产业具有紧密的关联性，特别是对金融业和占深圳市工业半壁江山的通信设备、计算机和其他电子设备业拉动较大。此外，房地产业发展对批发和零售业、物流业也有较强推动性。

第五节 制度因素对经济增长的影响

一 政府经济政策在深圳经济增长中的作用与影响

解释经济增长的索罗模型指出，政府政策作为外生变量，其变化对经济增长的影响一般没有增长效应，只有水平效应。政府出台的经济政策有利于发展，但只能使收入水平提升到某个高度或水平，但并不能推动和促进经济实现持续高速增长。

根据理性预期理论、货币主义理论等新经济理论，长期来看，政策并没有明显地推动经济增长，主要的作用只是抚平经济周期。

由于前文已经对深圳政策的特征做了较为详细的描述，以及简单的影响分析，这里主要从几个方面来进行描述，首先是优惠政策，比如税收方面的减免；其次是对制度的放松，把市场的东西交给市场；再次是发挥制度规范作用，如产权制度等；最后是对市场的调节政策。

（一）早期优惠政策对深圳产生了很大促进作用

深圳特区建立之初，主要是大量的优惠政策对经济起到了快速的推动作用，比如税收优惠政策、外商投资的优惠政策、出口优惠政策，以及国家给予的投资审批的优惠、政策放开等。这些在深圳建立最初十年发挥了重要作用。

（二）新税法的影响

随着市场经济的推进，政策制度强调公平，对内资外资统一，各省市统一，各地的扶持政策也由直接的税收优惠、财政补贴，变成给予制度探索尝试的特权。我国自2008年起"两税合一"，内资和外资企业的所得税合二为一，实施统一的一个税率。新税法颁布实施，可以为各种类型的企业发展提供规范、公平和统一的税收环境，可以克服由于制度原因造成的税负不平和税收监管漏洞等多种问题。

但由于深圳一直具有优惠性税收政策，"两税合一"后优惠性税收政策取消，对深圳带来一定不利影响。根据旧的内外资企业所得税法，深圳特区企业的所得税率为15%，比内地企业的33%低18个百分点。新税法"两税合一"取消优惠税率后，国内所有内外资企业所得税率统一调整为25%。调整后，内地企业所得税税率由33%调整为25%，下降8个百分点，企业税负有所减轻；深圳企业所得税率由15%逐步上升为25%，提高幅度为10个百分点，企业税负有所增加，曾被视作深圳特区最后的优惠政策被取消。

"两税合一"对不同产业的影响不同，根据深圳产业现状分析，对现代服务业和高新技术产业具有积极作用，对传统产业负面影响更大。房地产业和高新技术产业继续享受产业优惠政策，整体税负水平也比较低，同时深圳高新技术产业经过多年发展，在技术技能和适应能力等方面具有较强的优势，"两税合一"影响有限。主要是传统制造业在受到一定的负面消极影响，"两税合一"深圳传统制造企业税负有所增加导致成本升高，利润下滑，盈利能力受到影响和冲击，发展前景不容乐观。

（三）深交所对地方经济的增长功不可没

深交所作为全国两大主要交易所之一，在早期政策分配资源的时代，深交所为深圳证券、保险产业打下了坚实的基础。1989年11月，深圳市政府做出了建立深圳证券交易所的决定，初期的管理权赋予中国人民银行深圳市分行。1993年后深交所划归新成立的深圳证券管理委员会管理。早期深圳交易所归深圳市政府管辖，为支持本地企业发挥了重要优势。

20世纪90年代以来，深圳围绕证券交易所，证券行业获得了极大的发展，在证券配额极度稀缺的情况下，上市意味着迅速升值，有利于快速在行业内跑马圈地，也等于一个企业推广和实力体现的金字招牌。

从深圳交易所上市的企业分布来看,注册地在深圳的企业明显较多,为深圳经济增长做出重要贡献。截止 2020 年 7 月底,深圳 A 股上市公司数量达到 308 家,超过上海的 307 家,跃居全国第二,仅次于北京。同时,深圳 A 股上市公司数量、总市值和净利润均位居全国第二。

(四)深圳出台了大量新兴产业的规划和政策

深圳在国内率先启动战略性新兴产业规划,并同时颁发多项配套政策。经过多年积累和发展,深圳战略性新兴产业已经具有独特的技术优势和深厚产业土壤,成为珠三角以及全国最重要的高新技术产业聚集地。

深圳市高度重视产业规划在战略性新兴产业发展中的重要作用,截至 2013 年,已出台多个战略性新兴产业发展规划和一系列配套政策。2009—2015 年产业发展规划有:《深圳新能源产业振兴发展规划(2009—2015 年)》《深圳生物产业振兴发展规划(2009—2015 年)》《深圳互联网产业振兴发展规划(2009—2015 年)》;2009—2015 年产业发展规划有:《深圳新一代信息技术产业振兴发展规划(2011—2015 年)》《深圳文化创意产业振兴发展规划(2011—2015 年)》《深圳新材料产业振兴发展规划(2011—2015 年)》。这些新兴产业的规划和政策对于高新技术发展起到了积极引领作用。

二 市场经济氛围有利于民营企业扎根发芽

深圳传统国有制企业较弱。深圳体制内资源本身相对不发达,因此非市场化主体造成的阻力也会小很多。国有企业目前已经成为扭曲我国信贷市场、证券市场乃至一般市场的重要因素。国有企业对私营企业的发展具有"挤出效应",挤占了民营企业的融资资源。

政府积极培育市场机制。深圳市政府就已经着手培育与规范有利于技术创新的高级市场经济形态,制定了一系列的法律、法规,培育技术转让市场、风险投资机构,并建立政府创新激励基金。政府建立一整套技术创新所必备的,运转系统有效的市场经济制度,包括人才引进,知识财产化的法律认定,技术产权交易规则,知识产权的评价与保护,对创新失败的宽容。

明星民营企业众多。完善产权、资本与技术市场机制与政府激励企业自主创新是深圳政策优势的核心，促使深圳诞生了一大批创新企业，比如华为、中兴、腾讯、比亚迪、迈瑞医疗、平安、万科、海普瑞、华大基因等。其中一个重要的原因，就在于深圳具有比较完善、法制化程度较高的有利于分工深化的市场机制。

三 深圳法律、政策制度的影响

（一）深圳拥有立法权的优势

立法权是深圳现有最大的政策优势，对开创深圳经济特区事业新局面发挥着基础性根本性的制度平台作用。深圳利用中央对特区赋予的立法层面的开拓创新和先行先试的权力，一方面可以快速有效保证特区社会经济发展，尤其是改革创新在法制层面上的立法需求；另一方面可以为国家层面的立法发挥示范探索的先行地和试验田作用。在特区的其他优惠政策逐渐取消，相对优势削弱的情况下，特区立法权已成为深圳保持改革创新地位和排头兵的最重要的制度保障，将在深圳未来发展中发挥更大作用。

（二）率先制定公司法律规范，有利于探索建立现代企业制度

深圳率先制定公司法律规范，建立了规范高效的现代企业制度，形成了一批真正具有典型意义的现代公司，同时，也为全国市场经济体制建设在法律上不断探索，为全国其他地区公司法制制度的成熟完善提供参考借鉴。深圳在公司法制建设中的创新探索和先行先试，为全国建立和完善现代企业制度和企业法制建设起到特区的先行示范作用，并在后来的法制建设实践中被国家所吸收借鉴，起到了巨大作用，做出了积极贡献。

（三）土地交易制度放开较早，有利于激发土地价值开发

20世纪80年代中期，深圳特区已出现了地租的雏形。根据城市土地的区域和质量划分不同等级，土地使用者向政府缴纳土地使用费，"土地价格"属于协议价，一般以双方协商达成，特区土地价格初步形成。

从1987年开始，深圳土地价格开始正式形成，建立了土地有偿使用转让制度。土地价格根据土地使用权出让的不同形式可以分为

3种，分别是拍卖价格、招标价格和协议价格。到2001年期间，在深圳土地一级市场，3种地价体系共同存在并发挥作用。

进入2001年后，土地协议出让开始按照国土部门根据市场评估的价格收取地租，并根据相关制度征收市政配套设施金和土地开发费用，协议地价在深圳被正式废除。

土地逐步进入市场，最终实现对土地使用权进行市场定价，是深圳土地政策的摸索和创新，而土地是极其重要的生产要素，土地生产要素市场化对房地产、基建等行业的发展发挥了巨大的促进作用，而这些产业开全国风气之先，有利于发挥先发优势，从而诞生出万科、招商地产等一系列地产巨头。深圳探索的土地有偿转让和使用制度，在社会主义公有制的前提下把土地使用权和所有权分离，土地的经济效益和利用效率大幅提升，推动了中国经济的高速增长和社会的快速发展。

但是在土地利用上也出现了一些不利问题和消极影响，如一些地区出现城市土地面积专用农业耕地等问题，因此在当前的土地利用中要提高土地的空间利用效率和经济效益，为深圳经济发展提供充足的土地供应保障。

第六节 区域环境对经济增长的影响

一 区域空间因素对经济的影响

区域市场一体化是当前经济发展的趋势，指在一个国家（地区）经济整体运行中，各种生产要素和物质产品可以无障碍、无歧视地自由流动。市场在空间区域上高度融合，在更大范围和更广空间上体现市场经济的规模效应、技术创新、分工效应和竞争效应的优势，最终推动和促进整体经济的平衡高速增长。

城市诞生的本质从经济角度来看是为了更好地降低交易成本，简而言之，相互靠近使得交易更加容易进行。因此，越是"抱团"越是经济发达，越是经济发达的地区抱团越是经济发达。

由于珠三角的位置优越，存在大片平原，因此置身其中的深圳相对其他经济特区就有了很好的发展优势。靠近香港也是抱团的重要因素，因此深圳的发展要好过珠海。当然，有着更大经济腹地的长三角未来将无疑成为中国经济的第一中心。

二 沿海的区位优势

中国沿海地区经济发达，交通便利，是国内外投资者的优先选择。从国内近些年的情况来看，外商直接投资与人均GDP具有较高的相关性。一方面富裕地区的居民更有能力购买外国企业的产品。另一方面较富的地方政府更有能力负担起在基础设施、环境质量、教育等方面的投入，以吸引外国投资者。

运输优势仍是决定性的。尽管房地产成本在中国内陆城市要比一些主要港口城市低25%—50%。内陆城市的劳动力成本也普遍较低。但运输仍然有很大的影响。在全球化浪潮下，进口的产品和原材料价格全球趋同，运输成本将抵消内陆城市低的劳动力成本和土地成本的优势，维持沿海的区位优势（见表3－27）。

表3－27　　　　内陆城市与港口城市营商主要成本比较

内陆城市	土地	劳动力	运输	沿海港口城市	土地	劳动力	运输
长春	5240	10491	3948	大连	10556	14061	/
哈尔滨	12341	9080	5244	天津	19274	14429	/
太原	16539	8666	3342	上海	24603	21095	/
呼和浩特	8014	7983	4176	广州	6760	20772	/
西安	10188	10786	6684	深圳	20453	21005	/
兰州	5899	8695	11016				
乌鲁木齐	13930	9937	22710				
成都	19049	10618	15048				
长沙	8911	9917	4770				

注：土地成本按1000平方米土地的平均月租金计算。劳动力成本按十名工人的月工资计算。运输成本按照每公里6元人民币的价格把一个20英尺的集装箱用卡车运输到港口所需费用来计算，相对于内陆城市，沿海港口城市的运输成本可以忽略不计。

资料来源：调查数据来自世界银行、亚洲开发银行、国家发改委综合运输研究所以及调查员的计算。

三 香港对深圳的影响

深圳最关键、最重要的地缘优势是毗邻香港的区位优势,靠近香港,深圳可以利用香港自由港的优势,吸收香港以及国际技术、人才、资金以及先进的管理经验理念等资源,奠定深圳奇迹增长的基础。深圳发挥区位优势,承接香港在产业北移和要素扩散中产业资源,成为包括香港在内的国际市场,与珠三角经济以及内地联系的重要枢纽,外向型经济得到长足发展,为深圳未来的发展积累了产业基础和物质基础。

中国加入 WTO 后,深圳加速发展,深圳与香港发展差距不断缩小,深圳和香港在经济上的关系发生了一定程度的转变,互补关系减弱,由过去简单的垂直分工方式转变为水平分工和垂直分工结合,在一定领域还形成了激烈的竞争格局。

尤其是近年来,香港经济持续低迷,股市不振,楼价回落,自身经济增长势头放缓,对深圳经济的正向拉动作用也持续减弱;而珠三角及内地经济的强劲增长势头,对深圳经济作用的影响已超过香港。随着深圳经济的增长和香港经济的不振,二者之间的地位也发生了微妙的变化。

但是,由于香港是全球重要的国际商贸中心、国际金融中心,法律体系完善规范,经济管制少,货币和资本可以自由流动,市场自由化程度高,长期被视为全球最自由的经济体系。因此,香港经济对深圳经济发展有不可忽视的作用,深圳制定未来发展战略也必须将香港的影响考虑在内。深圳要实现国际化城市的目标,加快与香港经济的全面融合是重要的路径。

深圳可以学习香港良好的经济基础环境和完备的市场经济法律体系,利用香港重要商贸中心和国际金融中心的作用,连接国内和国际两个市场。要利用与香港签署 CEPA 的有利契机,大力提升深圳产业的核心竞争力和发展水平。利用香港高等院校和科研机构的优势,在科研技术和人才资源等方面加强交流,做到优势互补。香港的交流便利,是东南亚的交通枢纽,大力推进深圳与香港空港和海港一体化,推动深圳在世界物流业的地位和作用。

香港的经济目前也处于产业转型阶段。香港的产业升级，是经济发展到一定程度的高度发达经济体的转型升级，将在更高水平和层次上对深圳经济产生更强的引领作用，对深圳经济的发展具有更强的借鉴意义。香港经济转型升级成功，深圳香港经济深度融合，地缘优势将得到进一步发挥，优势互补的创新产业得到进一步发展，开创深圳香港经济合作共赢的崭新局面。

香港经济近年来的转型的突出特点是把服务业向外拓展，而深圳经过近年来的改革开放，已经具有广阔的市场、较好的营商环境、优秀的产业人才，尤其是随着香港、深圳之间打通跨境基础设施建设，香港港口类物流业务、房地产投资及中介业务和电信增值业务等部分服务业，将加快向深圳以及珠三角地区转移。因此，深圳将有可能出现以服务业为主要领导的产业发展浪潮。

目前，由于香港与深圳之间的互联互通，以及深圳消费市场的快速发展，香港人到深圳消费已成为消费趋势。香港抽样调查数据表明，在香港人北上消费的目的地中，首选为深圳的占总数的59%。因此，应该大力改善深圳的消费环境，提高消费服务水平，引导更多香港人到深圳进行消费，推动深圳市场全方位发展。

第七节　国际国内经济形势对深圳经济增长的影响

一　国内经济转型的大背景

（一）"新常态"三期叠加导致整体趋势放缓

中国名义GDP除了由于2009年"4万亿元"的刺激暂时反弹，但在2012年之后持续低于11%，这一名义增速在类似1998—1999年、2001—2002年以及2008—2009年，大体上对应的是衰退时期。从经济周期的角度来看，国内经济处于新常态，也处于三期叠加阶段，即经济增长速度换挡期、结构调整阵痛期、前期刺激政策消化期三期叠加。

红利开始衰减，要素成本上升。"三大红利"，也就是市场红利、人口红利和经济全球化红利,它们曾经成功拉动中国经济高速发展,但随着经济的不断发展,目前的拉动效应已经处于减弱期。国内生产要素成本上升以及资源环境压力不断增大。

传统增长模式需要改变。片面依赖"投资—出口"等外部因素为主来拉动经济增长的模式已经成为过去,而应该转换为"投资—消费"等内生因素成为经济增长的动力。"次贷危机"终结了美国的加杠杆进程,也终结了"老常态",美国加杠杆的进程因为地产泡沫的破灭而终止,去杠杆令美国国内需求萎缩,让中国面临的外需明显走弱,经济增速下滑(见图3-9)。

国内整体经济周期	◆ 中国名义GDP除了由于2009年"四万亿元"的刺激暂时反弹,但在2012年之后持续低于11%,这一名义增速在类似1998—1999年、2001—2002年以及2008—2009年,大体上对应的是衰退时期 ◆ 从经济周期的角度来看,国内经济处于新常态的三期叠加。即经济增长速度换挡期、结构调整阵痛期、前期刺激政策消化期三期叠加
生产要素红利衰减	◆ 拉动中国经济高速成长的"三大红利",即人口红利、市场红利和全球化红利虽然继续存在,但效应开始衰减 ◆ 国内生产要素成本上升以及资源环境压力不断增大
传统增长模式的改变	◆ 此前由"投资—出口"这个外循环拉动的高增长不可持续,但要从外循环转为"投资—消费"形成的内循环需要段时间 ◆ "次贷危机"终结了美国的加杠杆进程,也终结了"老常态",美国加杠杆的进程因为地产泡沫的破灭而终止,去杠杆令美国国内需求萎缩,让中国面临的外需明显走弱,经济增速下滑

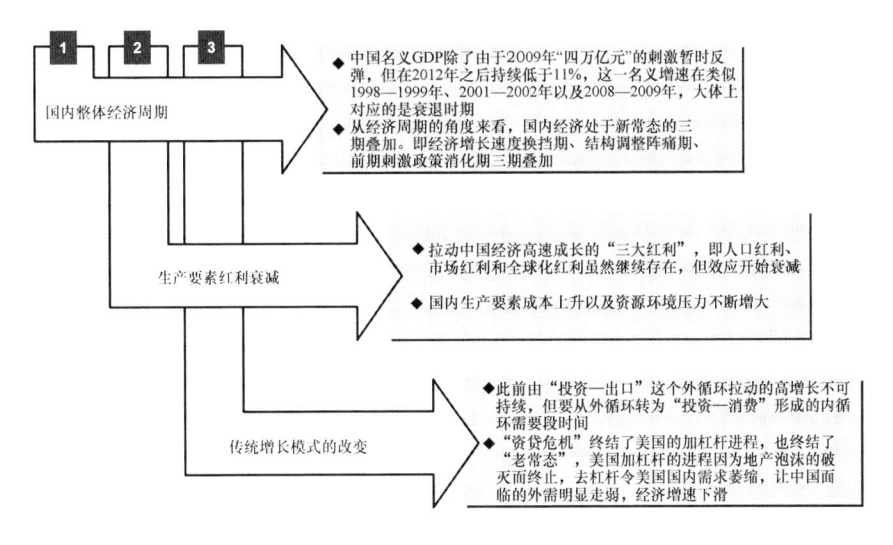

图3-9 国内经济背景

(二)宏观调控和制度改革的新方向

整体来看,从中国当前宏观调控的总体思路来看,将更加重视市场在经济调节中的基础性作用,政府也不会有大的刺激措施,通过减政放权,发挥市场潜力的总体调控思路是不出台大规模刺激政策、坚持市场的决定性作用,通过落实减政放权、优化营商环境等措施激发民间经济活动,通过稳定就业和增加居民收入稳定和促进消费。此外,在国际上推行"一带一路"建设,在国内构建"自贸区",寻找经济新的增长点。

金融体系改革。对民营银行的限制进一步放宽,进一步推动市场准入,重点推进存款利率市场化,推行企业上市注册制改革。央行可能减少对人民币中间价的干预,放宽人民币对美元双向波动幅度,最终目标是逐步实行市场化汇率。短期可能进一步放开企业和个人的对外直接投资限制,长期中加强国内金融市场建设,扩大开放程度,力争实现资本项目基本开放。

对内对外开放改革。优先推进放松对外资准入限制,推动有序开放特定服务业领域;自贸区相关改革进一步推进,发挥其政策试点的作用,为全国提供可复制的改革经验;对外贸易领域,进一步推动与韩国和欧盟等自贸区谈判,争取进一步取得重大进展。最终目标是建立对内外资企业同样适用的、统一的负面清单制度,建立外资准入前国民待遇+负面清单的制度。

国企改革。国企的行业性行政垄断将进一步被打破,民间资本准入限制类进一步放松,进一步推动国企改革。中期内,进一步深化聚焦于现代化的国有资产管理体制试点和国企混合所有制试点。国有资产管理体制的建立和混合所有制改革是长期目标。

城乡一体化改革。开展农村承包土地经营权的抵押融资试点;启动户籍制度改革试点,重点解决已经在城市生活和工作较长时间,尚未取得户籍的存量人口的户籍问题,优先推广和试点建制镇和小城市户籍放开。启动区域性户籍制度改革试点,完善农民住房财产权抵押和承包地流转等法律法规,进一步解决农村户籍人口向城镇户籍转移问题。长期内,完善和建立涉及农村居民财产权和土地流转相关法律法规,在财税体制改革的配合下,基本完成全面的户籍制度改革。

生态文明体制改革。加速治理水和大气污染并取得初步成效,有序推进土壤以及固体废物污染治理。进一步建立生态补偿和资源有偿使用制度,推动社会资本进入污染治理环境保护领域;在长期内推动建立一系列与排放权等相关的市场化交易机制。

二 国际经济形势对深圳经济增长的影响

近年来,全球经济在总体上延续了相对稳定的复苏态势,但增长力度不及预期。深圳作为中国改革开放的前沿，经济对外依赖程度高，外向型经济占比高，产业与世界经济关联度大，国际经济形势对深圳经济增长具有不可忽视的重要影响。

（一）全球预期经济增长水平

世界经济缓慢复苏，为各经济体发展提供了相对稳定的外部环境：根据国际货币基金组织的数据，2008年国际金融危机后，世界经济的整体增长速度维持在3%到4%。缓慢复苏的整体局面为各国发展提供了较为稳定的外部环境，但进一步的发展需要新的增长点推动。

OECD最新的预期也说明了这一趋势，从最新的OECD综合领先指标看，9个主要经济体有一半预期值下行。当然，美国经济预期指数自2015年7月以来再次站上100，显示美国经济依然在延续2016年以来的惯性上行。但德、法、日、英的预期值呈现下行态势，从而使全球经济综合预期指数呈现下行态势。

（二）美国经济形势的主要研判

2017年，美国经济增长稳中有升，一改2016年的低迷状态，保持了2015年的增长水平。2017年，美国实际GDP增长率为2.3%，与2016年1.5%的增长速度相比有明显回升。

美国2017年4个季度的GDP不变价环比折年率分别为1.2%、3.1%、3.2%、2.5%。美联储实行宽财政、紧货币的经济政策，减税带来的财政赤字和贸易赤字有利于刺激经济发展，在经济发展状况良好的基础上为紧缩的货币政策提供机会（见图3-10）。

2017年美国就业情况整体向好，全年失业率延续2016年的下降趋势，从1月的4.8%下降到12月的4.1%。全年新增非农就业岗位206万个，一改2016年的低迷状态。其中，新增非农就业人数全年维持较高水平，在2017年9月处于全年最低水平，为14万人，但相较过去失业人数始终增加的状况有所改善，在2017年10月新增非农就业人数达到顶峰，有271万人次（见图3-11）。

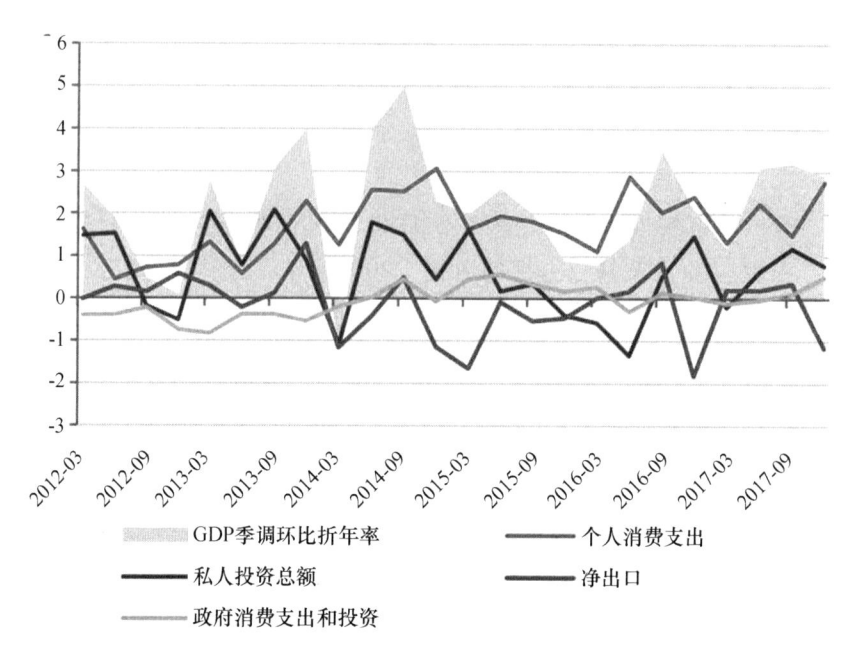

图 3-10 美国 GDP 环比

资料来源：Wind，公开媒体数据。

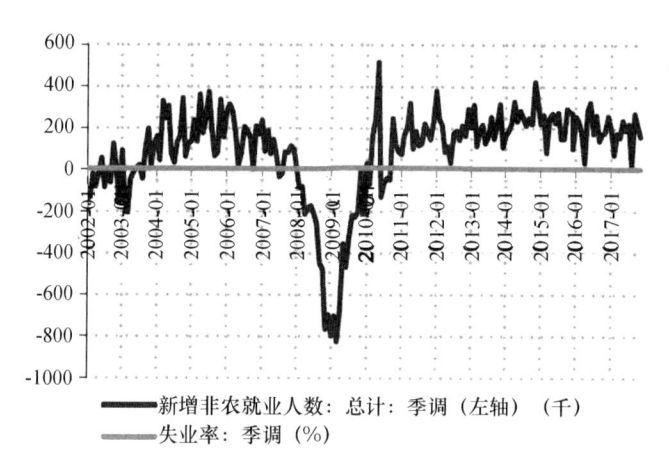

图 3-11 美国就业状况分析

资料来源：Wind，公开媒体数据。

2017 年美国物价指数相对于 2016 年同期有所上升，CPI 同比先是有所下降而后逐渐回稳,核心 CPI 同比连续多年保持稳定。原油现货价格在上半年持续震荡下行,自年中开始回暖,全年由 52.33 美元/桶上升到 60.42 美元/桶。食品价格全年保持稳健增长,1 月食品 CPI 同比增长 -0.2%,12 月同比增速上升到 1.6%。CPI 指数保持多年来稳步上升的变化态势,从 1 月的 242.84 涨至 12 月的 246.52。

2014 年 7 月份美国零售和食品服务销售同比增长 3.68%,比上月走低 0.38 个百分点。密歇根大学消费者信心指数从 4 月份的 84.1 持续回落,7 月份为 81.8。

(三) 欧洲经济形势的主要研判

2017 年,欧洲经济整体状况良好,采取了中等扩张的财政政策和宽松的货币政策。总体来看,2017 年欧元区四个季度环比增长率分别为 0.6%、0.7%、0.7%、0.6%。分国家来看,2017 年德国经济发展势头迅猛,GDP 不变价同比增长 2.2%,是自 2012 年以来的最大增幅,主要受国际经济增长尤其是欧元区经济增速的影响,德国出口发展良好,居民收入较高,消费增加,再加上低利率带来投资的低成本,德国企业投资量也同样提振国家经济。法国 GDP 不变价同比增长 1.8%,较 2016 年的 1.2% 有明显提升,四个季度环比增长率为 0.56%、0.62%、0.56%、0.56%,经济增长主要受家庭和企业投资带动,而投资得益于国家的减税政策。意大利房地产市场发展对经济刺激作用较大,GDP 不变价同比增长 1.5%,远高于前几年的负增长,较 2016 年 0.9% 的增长有所好转,四个季度环比增长率分别为 0.46%、0.43%、0.40%、0.31%(见图 3-12)。

2017 年,欧洲经济全年发展迅猛,在中等程度扩张的财政政策刺激下居民消费和政府消费拉动经济增长,同时采取宽松的货币政策,拉动整个欧元区物价走出通货紧缩的困境,只是通胀率仍旧处于较低水平。2017 年欧元区调和 CPI 同比增长始终为正,通缩压力明显减小,增长率维持在 1.4% 左右。意大利、德国和法国 CPI 同比增速相近,德国全年增长水平略胜一筹,与该国在 2016 年率先显现出通胀的发展态势不无关系。

2017 年,欧元区整体就业状况明显改善,失业率呈现逐渐下降

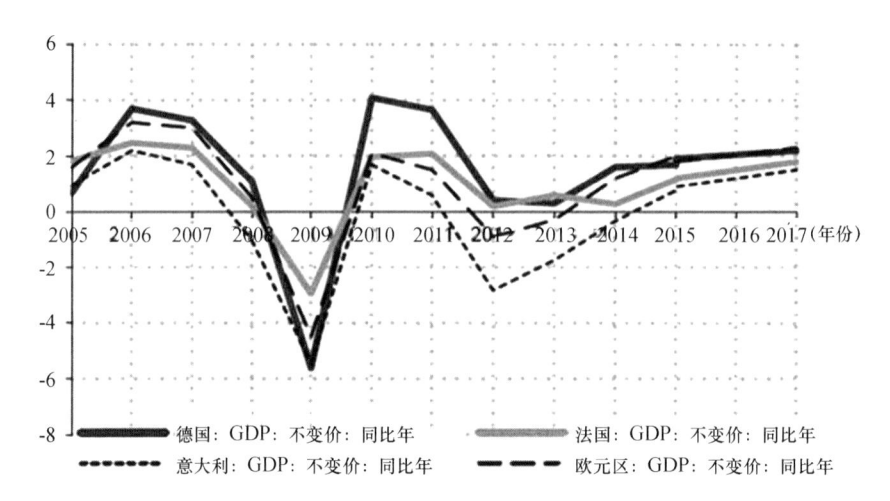

图 3-12 欧洲三大经济体经济增长情况分析

资料来源：Wind，公开媒体数据。

的趋势，到 2017 年 12 月，季调失业率降到 8.7%，虽有所下降，但仍旧处于较高水平。分具体国家来看，德国失业率在欧元区主要国家中处于相对较低的水平，始终保持逐渐走低的发展态势，2017 年 12 月，德国的调和失业率为 3.6%。相较而言，法国和意大利的失业率水平虽然同样保持下降趋势，但整体水平相对较高，尤其意大利失业率水平近年来始终高于欧元区整体失业率，在 2017 年 12 月达到 10.8%，同样处于较高水平的法国在 12 月份的失业率为 9.2%。

（四）日本经济形势的基本研判

截至 2017 年底，日本经济处于 30 年来最长扩张期，连续 8 个季度处于扩张期。2017 年四季度日本国内生产总值增长 1.6%，较上季度加快 1.1 个百分点。日本增长的主要原因是，当前全球经济前景改善，日本企业资本加快开支，但是由于进口增长速度快于出口增长速度，净出口并没有对日本经济的增长起到积极有效拉动作用（见图 3-13）。

（五）新兴经济体概况

2017 年中国香港和中国台湾地区经济增长表现较好。2017 年 4 个季度，中国香港地区 GDP 同比增速分别为 4.3%、3.9%、

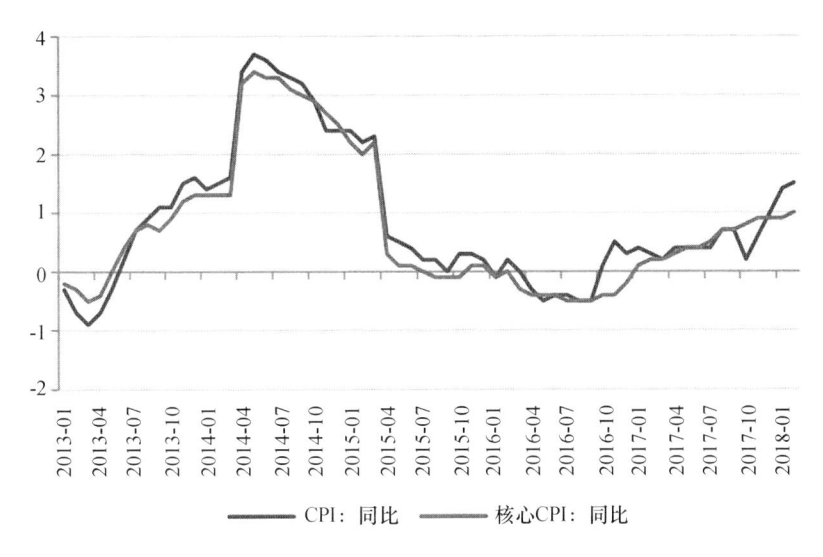

图 3-13 日本货币供应和 CPI

资料来源：Wind，公开媒体数据。

3.6%、3.4%，得益于内地经济稳步向好以及内需带动，香港也将在"一带一路"建设中做出重要贡献。2017 年台湾地区 GDP 同比增速分别为 2.64%、2.28%、3.18%、3.28%，经济发展状况良好，与全球经济增长的大背景趋势一致。

2017 年我国周边国家经济普遍较快增长。分国家来看，日本内需和外需共同推动经济增长。2017 年日本 GDP 同比增速为 1.5%，高于 2016 年的 1.2%，维持稳定向好的发展态势。韩国经济增长依靠外部环境，2017 年全球经济稳定增长，同时韩国半导体外部需求旺盛，推动韩国经济的复苏发展，2017 年韩国经济同比增速为 3.1%，是自 2014 年以来首次高于 3%，季度 GDP 同比增速分别为 2.98%、2.67%、3.75%、2.99%。新加坡经济增速回升，制造业和服务业的发展及出口推动整个国民经济的增长，2017 年 4 个季度同比增速分别为 2.5%、2.8%、5.5%、3.6%，全年 GDP 增长为 3.5%，是 2014 年以来最大增幅。

泰国在国内需求叠加出口增加的推动下，经济稳步增长，国内能源转型顺利推进以及合理的货币政策也同样具有带动作用，全年经济增速达到 3.9%，4 个季度 GDP 增速分别为 3.4%、3.9%、

4.3%、4.0%。马来西亚作为中国商品的转运站，在中国经济增长的2017年，经济也同样呈现良好的发展态势，全年经济增速达到6.9%，4个季度经济增速分别为5.64%、5.81%、6.21%、5.93%。马来西亚如今想要背靠中国来发展数字经济，若发展顺利，未来整个国家经济将会取得巨大进步。印度尼西亚2017年经济增速为5.07%，较2016年的7.11%上升0.04个百分点，4个季度经济增速分别为5.01%、5.01%、5.06%、5.19%。

（六）国际经济对深圳经济的影响

国际经济形势对国内经济的影响主要表现在两个方面，一个是实体经济，另外一个是资本流动。实体经济包括出口、进口以及外商直接投资等，金融体系则是体现在流动性、跨国资本流动等方面。

1. 对深圳出口的影响

从深圳出口目的地国家的情况来看，美日欧呈现整体复苏的情景，新兴经济体表现不确定性较大。整体来看，国际经济形势在"十三五"期间预计平稳向上，可以带动出口增速有所提高。

出口目的地国家一旦失业率升高会加剧贸易保护。尤其在发达国家，失业率往往是出台更具保护性贸易政策的重要催化剂之一，比如美国，在特朗普上台后，与中国的贸易摩擦加大，目前双方仍在谈判中，尚未看到有解决的迹象；此外部分发展中国家政府也加强干预部分产业，对本国企业和产业进行保护，限制国外资本和商品进入，扶持本国企业产业发展。国际上的贸易保护主义抬头和贸易摩擦增加，中国作为世界制造中心成为焦点，近年来在全球遭遇"双反"（反倾销、反补贴）数量最多。

这一块对深圳出口也会产生很多不利的影响。比如国内光伏产业就由于受到欧美反倾销遭到灭顶之灾，另外深圳通信领域也受到美国所谓"国家安全"的限制，比如对华为等企业。

2. 对深圳进口的影响

深圳经济与国家市场联系密切，对外依存度高，大量的能源和原材料需要从其他国家进口。随着美国第四轮量化宽松货币政策的退出，导致美元逐渐升值，欧洲和日本货币政策可能逐步走向宽松，包括能源商品和原材料等在内的国际市场上大宗商品的价格可能逐步上涨。一方面增加深圳制造业企业生产成本，另一方面价格上涨因素将通过价格传导因素通过商品转嫁给消费者，造成一定的输入性通胀压力，对经济增长造成一定的不利影响。

深圳大量进口日本、韩国、中国台湾的基础零配件，进行加工再出口。一旦日本及新兴经济体下滑，则深圳也会受到牵连。

3. 对深圳吸引外资和对外投资的影响

一旦部分国家和地区发生债务危机，全球金融市场大幅波动，全球经济复苏放缓，全球外商直接投资将面临消极因素影响。

目前中国对外投资已经与国外对国内投资基本持平，反映国内资本已经不算稀缺。国内在制造业的优势，可以"放之四海"。国际经济景气度直接影响其投资吸引力。

4. 对产业链分工的影响

发达国家是全球产业链的领导者，主导着产业分工，其产业结构的调整对我国及深圳有重大影响。随着发达国家经济增长模式和发展战略出现新变化，新兴产业成为各国发展重点，呈现出产业链高端共同投资、联合开发的国际合作新趋势，深圳可以抢抓机遇，参与国际分工和合作，带动产业结构优化升级。

美国再工业化政策，也对深圳出口加工业的投资造成影响。美国再制造业化使得深圳出口为主的传统结构可能随之出现变化，制造业往美国转移，则深圳目前在加工制造全球产业链的地位必然会弱化。美国自身不断去杠杆，过度消费、过度借贷、过度福利、过度出口的失衡关系正在被打破，投资将向发达国家倾斜，国内出口加工业投资将步入递减区域，从而形成一个倒逼机制，使得深圳降低出口加工的比重。

5. 对金融体系的影响

我国目前正处于汇率市场化改革的时期，资本项目自由流动，汇率自由化改革正逐步推进。而资本自由流动则可能带来危机。20世纪90年代以来，多次货币危机在全球发生，1997年在亚洲发生的亚洲金融危机，以及最近一次发生的波及世界主要国家和经济体的2008年国际金融危机。金融危机发生后，国际资本从发生危机的国家或地区大幅流出,造成经济的大幅波动和衰退。深圳金融及企业单位应注意保持一定的外汇储备,根据汇率变化做出适当的调整,防止人民币贬值对金融体系自身的冲击,逐步开拓全球化的视野,在全球范围内合理配置资产。

我国货币发行准备是外汇,外汇的流入导致基础货币的被动投放。随着国际资本的流入,则导致国内货币供应量的增加,反之,美国经济出现危机,流动性收缩,则导致国内流动性紧张。

第四章

深圳中长期增长底线和潜力预测

第一节 通过计量经济学方法预测深圳经济增长

一 模型介绍

ARMA 模型是一种常用的随机时序模型,由 Box-Jenkins 创立,亦称 B-J 方法。它是一种精度较高的时序短期预测方法,现已广泛应用于经济分析与预测中,也是目前公认的用于一个国家或地区经济预测中比较先进的科学的时间序列模型之一。其基本思想是:某些时间序列是依赖于 t 的一种随机变量,构成该时序的单个序列值虽然具有不确定性,但整个序列的变化却有一定的规律性,可以用相应的数学模型近似描述,从而能够更深入地认识时间序列的结构与特征。其基本形式如下:

设 $\{X_t\}$ 为零均值的实平稳时间序列,则 ARMA(p, q)为:
$$X_t = \phi_1 X_{t-1} + \phi_2 X_{t-2} + \cdots + \phi_p X_{t-p} + \varepsilon_t - \theta_1 \varepsilon_{t-1} - \theta_2 \varepsilon_{t-2} - \cdots - \theta_q \varepsilon_{t-q}$$

变形为
$$X_t - \phi_1 X_{t-1} - \phi_2 X_{t-2} - \cdots - \phi_p X_{t-p} = \varepsilon_t - \theta_1 \varepsilon_{t-1} - \theta_2 \varepsilon_{t-2} - \cdots - \theta_q \varepsilon_{t-q}$$

或者记为 $\phi(B) X_t = \theta(B) \varepsilon_t$

其中:p 为自回归模型的阶数,ϕ_1、$\phi_2 \cdots \phi_p$ 为自回归模型的待定系数;q 为滑动平均模型的阶数,θ_1、$\theta_2 \cdots \theta_q$ 为滑动平均模型的待定系数。$\phi(B)$ 和 $\theta(B)$ 分别为 $\phi(B) = I - \phi_{1B} - \cdots - \phi_p B_p$ 与 θ

$(B) = I - \theta_{1B} - \cdots - \theta_q B_q$，$B$ 为滞后算子，且 $\phi(B)$ 和 $\theta(B)$ 无公共因子，$\phi(B)$ 满足平稳性条件，$\theta(B)$ 满足可逆性条件。满足 ARMA（p, q）模型的随机序列称为 ARMA（p, q）序列。显然，当 q = 0 时，ARMA（p, 0）就是 AR（p）；当 p = 0 时，ARMA（0, q）就是 MA（q）。

ARMA 模型是精度相当高的短期预测方法。它不需要事先假定数据存在一定的结构模式，而是从数据本身出发，来寻找可以较好描述数据的模式，从而保证模型与数据的拟合较好，便于进行统计分析与数学处理。

模型分解：AR 模型

AR 模型即自回归模型，将时间序列看成是前期值和随机项的线性函数，当期的前期值与随机项无关。AR 模型的数学公式为 $y_t = \varphi_0 + \varphi_1 y_{t-1} + \varphi_2 y_{t-2} + \cdots + \varphi_p y_{t-p} + u_t$。

式中：p 为自回归模型的阶数；φ_1，φ_2，$\cdots \varphi_p$ 为自回归系数，是模型的待估参数；u_t 为误差项；时间序列 y_t 为自回归序列。

模型分解：MA 模型

MA 模型即移动平均模型，将时间序列看成是当期和前期的随机误差项的线性函数。MA 模型的数学公式为 $y_t = u_t + \theta_1 u_{t-1} + \theta_2 u_{t-2} + \cdots + \theta_q u_{t-q}$。

式中：q 为自回归模型的阶数；θ_1，θ_2，$\cdots$，θ_q 为移动平均系数，是模型的待估参数；u_t 为白噪声过程；时间序列 y_t 为移动平均序列。

二 模型说明

建立时间序列模型就是要利用时间序列的过去值和当期值及滞后随机扰动项的加权之和建立模型，以便"解释"时间序列的变化规律。平稳时间序列是建模的前提条件，也就是只有平稳时间序列才能建立 ARMA 模型。如果时间序列是齐次平稳的，则可以直接建立自回归—移动平均模型 [ARMA（p, q）]，其中 p 是自回归滞后的阶数，q 是随机扰动项滞后的阶数；如果时间序列是非平稳的，那么可以通过一次或更多次的差分得到平稳序列再建模，也即 ARI-

MA 模型。

模型中涉及的一些符号举例说明如下：

LOG（变量）：对变量取对数；

D（变量，0，4）：对变量取年度季节差分，即 $Y_t - Y_{t-4}$；

D（变量，1，4）：对变量取年度季节差分和一阶差分，即 $(Y_t - Y_{t-4}) - (Y_{t-1} - Y_{t-5})$；

D（变量）：对变量取一阶差分，即 $Y_t - Y_{t-1}$；

L_q：q 期滞后，即 $L_q Y_t = Y_{t-q}$；

u：随机扰动序列（白噪声序列）；

R_2：拟合优度 adj-R_2：调整后的拟合优度；

D. W.：Durbin-Watson 一阶自相关检验值；

Q（n）：Ljung-BoxQ 统计值，n 为自由度。

对于某一特定的时间序列，例如 GDP，我们建立的 ARIMA 模型为：

$D [LOG (GDP), 1, 4] = u (1 - 0.9405L + 0.3814L_4)$。

三 数据的平稳性检验及处理

平稳时间序列是建立 ARMA 模型的前提条件。但是通过 1979—2012 年深圳市 GDP 时间序列数据可以看出，30 多年来，深圳市 GDP 呈现出明显的增长趋势，具有明显的非平稳性。如果用非平稳序列来建立模型，就会出现虚假回归问题，即尽管基本序列不存在任何关系，也会得到回归模型。当随机变量不平稳时，统计量的拒绝域远远超过了检验的正常值，由按照一般的检验方法得出的接受假设很可能是错误的。

根据前文对 ARMA 模型的介绍，对于含有指数趋势的时间序列，可以通过取对数将指数趋势转化为线性趋势，然后再进行差分以消除线性趋势经过处理后，序列 dlGDP 达到较好的稳定性。在序列 dlGDP 的自相关—偏自相关图中，样本自相关系数和偏自相关系数都落入随机区间，即可认为序列的趋势性已基本消除。

本部分主要对深圳 GDP 取对数，进一步差分，经过处理后，序列 dlGDP 达到较好的稳定性，其走势在序列 dlGDP 的自相关—偏自相关图中，样本自相关系数和偏自相关系数都落入随机区间，即可认为序列的趋势性已基本消除。

四 ARMA模型的建立及检验

ARMA（p，q）的自相关函数和偏自相关函数均是拖尾的。可以看出，自相关函数（AC）和偏自相关函数（PAC）都具有拖尾性。自相关系数在q>1时显示截尾现象，对q=1，2进行比较最终确认最合适的值；偏自相关系数在p>3时显示截尾现象，但在p>6又出现了一些冲突矛盾，所以最终取消了移动平均的考虑，对p=0进行比较最终确认最合适的值。

五 模型中参数的估计

模型参数估计的方法有矩估计法、极大似然法、非线性最小二乘法等。矩估计法比较简单但精度较低；极大似然法比较精确，但是要求对样本的分布函数已知。非线性最小二乘法过程包含运筹学中的迭代搜索技术，具有较高的准确度。所以本部分选用了非线性最小二乘法（NLS法）来估计参数。

经过stata软件对$LNY_t - LNY_{t-1}$和LNY_t进行回归

得出函数为$LNY_t = -0.046111 \times (LNY_t - LNY_{t-1}) - 0.869135$

根据此类推出$LNY_t - LNY_{t-1}$的数据，进而推出LNY_t的数据，再推出GDP数据（见表4-1）。

表4-1　　　　　　　　　　对y的自回归预测

t	Lnr - LNy (-1)	Estimated LNY	Estimated Y
1991	0.262391		
1992	0.248957		
1993	0.238682		
1994	0.230699		
1995	0.222872		
1996	0.215198		
1997	0.208536		
1998	0.200211		

续表

t	Lnr – LNy（–1）	Estimated LNY	Estimated Y
1999	0.192145		
2000	0.184368		
2001	0.176751		
2002	0.169891		
2003	0.162179		
2004	0.153808		
2005	0.146217		
2006	0.140254		
2007	0.133854		
2008	0.128468		
2009	0.124873		
2010	0.121878	16.3305	12366419.08
2011	0.11612	16.45237	13969301.89
2012	0.1105	16.56849	15689343.67
2013	0.105145	16.67899	17522422.99
2014	0.10005	16.78414	19465168.28
2015	0.095202	16.88419	21513413.61
2016	0.090588	16.97939	23662186.78
2017	0.086198	17.06998	25905790.74
2018	0.082021	17.15618	28237896.56
2019	0.078047	17.2382	30651641.35
2020	0.074265	17.31624	33139728.01
2021	0.070665702	17.39051	35694524.92
2022	0.067241292	17.46117	38308163.35
2023	0.063982825	17.52841	40972631
2024	0.060882262	17.5924	43679860.27
2025	0.05793195	17.65328	46421810.13

资料来源：根据深圳市统计局数据推算。

六 误差检验

根据2010—2012年的测算数据与实际数据的比较,可以看出误差较小,预测效果较好(见表4-2)。

表4-2　　　　　　　　对y预测误差检验

	实际值	预测值	误差系数
2010	12320316	12366419	1.003742
2011	14036269	13969302	0.995229
2012	15367343	15689344	1.020954

资料来源:根据深圳市统计局数据推算。

七 预测结果图示

根据GDP自回归移动平均的方法进行预测,可以得出2010—2025年深圳增速在6%—13%区间逐渐递减,预计到2025年经济总量达到46422亿元(见图4-1)。

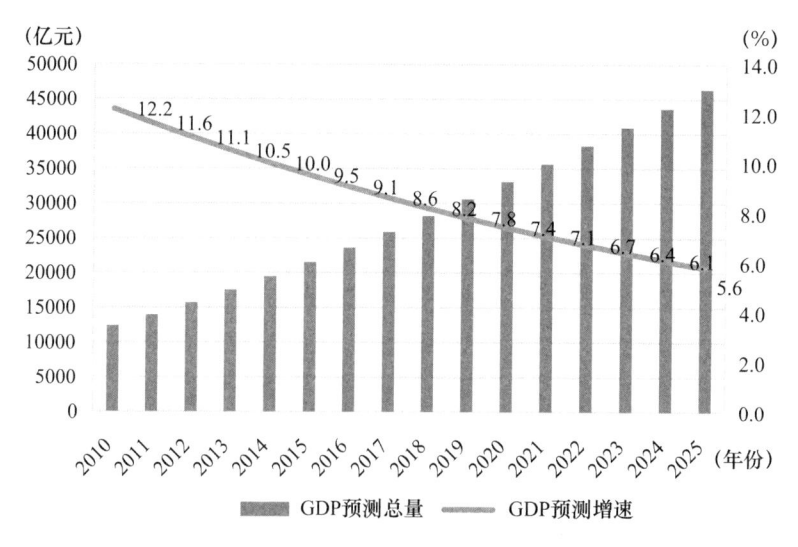

图4-1 经济预测初步结果

资料来源:深圳市统计局。

第二节 需求端细分预测并汇总

一 基本思路

仍然采用 ARMA 模型,分别对最终投资、最终消费、净出口进行预测,再将其汇总。

二 数据的平稳性检验及处理

通过 1979—2012 年深圳市"三驾马车"时间序列数据可以看出,30 多年来,深圳市"三驾马车"呈现出明显的增长趋势,具有明显的非平稳性。如果用非平稳序列来建立模型,就会出现虚假回归问题,即尽管基本序列不存在任何关系,也会得到回归模型。当随机变量不平稳时,统计量的拒绝域远远超过了检验的正常值,由按照一般的检验方法得出的接受假设很可能是错误的。因此,要建立模型,随机序列必须是平稳的。

对于含有指数趋势的时间序列,可以通过取对数将指数趋势转化为线性趋势,然后再进行差分以消除线性趋势,经过处理后,序列 dlc、dlinv、dlnx 达到较好的稳定性。在序列 dlc、dlinv、dlnx 的自相关—偏自相关图中,样本自相关系数和偏自相关系数都落入随机区间,即可认为序列的趋势性已基本消除。

本部分主要对深圳"三驾马车"取对数,进一步差分,经过处理后,序列 dlc、dlinv、dlnx 达到较好的稳定性。在序列 dly 的自相关—偏自相关图中,样本自相关系数和偏自相关系数都落入随机区间,即可认为序列的趋势性已基本消除。

三 ARMA 模型的建立及检验

ARMA (p, q) 的自相关函数和偏自相关函数均是拖尾的。可以看出,自相关函数 (AC) 和偏自相关函数 (PAC) 都具有拖尾性。也为简便起见,自相关系数在 q = 1;偏自相关系数 p = 0。

四 模型中参数的估计

模型参数估计的方法选用了非线性最小二乘法（NLS法）来估计参数。

经过 stata 软件

对 $LNC_{1t} - LNC_{t-1}$ 和 LNC_t 进行回归

对 $LNINV_{1t} - LNINV_{t-1}$ 和 $LNINV_t$ 进行回归

对 $LNNX_{1t} - LNNX_{t-1}$ 和 $LNNX_t$ 进行回归

得出函数为：

$LNC_t = -0.130794 \times (LNC_t - LNC_{t-1}) + 1.403558$

$LNINV_t = -0.061302 \times (LNINV_t - LNINV_{t-1}) + 1.17456$

$LNNX_t = -0.045678 \times (LNNX_t - LNNX_{t-1}) + 0.937402$

五 三大需求结果预测

根据此类推出 LNCt-LNCt-1、LNINVt-LNINVt-1、LNNXt-LNNXt-1 的数据，进而推出 LNCt、LNINVt、LNNXt 的数据，再得出 Ct、INVt、NXt 数据，通过求和得出 GDP 数据（见表 4-3、表 4-4、表 4-5）。

表 4-3　　　　　　　C 预测过程、结果及误差

t	C	lC	lC-lC(-1)	estimatedlC	EstimatedC	error
1992	1158215	13.96239058				
1993	1617614	14.29646278	0.297045299	14.25943588	1558814.079	
1994	2093226	14.55421697	0.280636341	14.57709912	2141675.711	
1995	2742676	14.82444464	0.267975971	14.82219295	2736507.267	
1996	3507440	15.07039698	0.254702928	15.07914757	3538266.84	
1997	4505396	15.32078635	0.242622241	15.31301923	4470537.59	
1998	5428294	15.50713546	0.230323616	15.55110996	5672326.81	
1999	6470653	15.68278759	0.22117052	15.72830598	6771992.959	
2000	8613333	15.96882191	0.212542839	15.89533043	8003027.199	
2001	10796286	16.19471274	0.198493405	16.16731531	10504510.72	
2002	13754155	16.43685152	0.187398099	16.38211084	13021479.79	

续表

t	C	lC	lC-lC(-1)	estimatedlC	EstimatedC	error
2003	17012523	16.64946028	0.175504727	16.61235625	16392856.94	
2004	20460613	16.83401228	0.16506181	16.81452209	20065692.78	
2005	17951987	16.70321136	0.155996985	16.99000926	23914828.5	
2006	21154977	16.86738575	0.162421664	16.86563303	21117930.57	
2007	24967129	17.03307068	0.154357746	17.0217435	24685917.6	
2008	29201616	17.18973461	0.146219634	17.17929031	28898212.85	
2009	33868024	17.33798188	0.138524616	17.32825922	33540332.36	
2010	39751969	17.49816993	0.189048823	17.51730805	40520073.3	1.019322422
2011	47145838	17.66875629	0.179952171	17.69726022	48509015.14	1.02891405
2012	55001978	17.82287971	0.171293233	17.86855345	57572377.34	1.046732853
2013			0.163050945	18.0316044	67768252.82	
2014			0.15520526	18.18680966	79146383.81	
2015			0.147737093	18.33454675	91747128.59	
2016			0.14062828	18.47517503	105600644	
2017			0.133861528	18.60903656	120726299.8	
2018			0.127420379	18.73645693	137132330.7	
2019			0.121289165	18.8577461	154815725.5	
2020			0.115452973	18.97319907	173762342.1	
2021			0.109897607	19.08309668	193947232.1	
2022			0.104609554	19.18770623	215335155.3	
2023			0.099575951	19.28728219	237881256.7	
2024			0.094784556	19.38206674	261531878.8	
2025			0.090223713	19.47229045	286225481.2	

资料来源：根据深圳市统计局数据推算。

表 4-4　　　　　　INV 预测过程、结果及误差

t	INV	lINV	lINV-lINV(-1)	estimatedlINV	estimatedINV	error
1992	1526307	14.23836165				1526307
1993	2213934	14.61028158	0.29532805	14.5336897	2050695.783	2213934
1994	3017863	14.92005952	0.267875896	14.87815748	2894021.101	3017863

续表

t	INV	lINV	lINV-lINV（-1）	estimatedlINV	estimatedINV	error
1995	3804542	15.15170617	0.245010566	15.16507009	3855726.83	3804542
1996	4640491	15.35033074	0.227912264	15.37961844	4778410.119	4640491
1997	5359184	15.49432228	0.213251388	15.56358213	5743516.005	5359184
1998	6259278	15.6495754	0.202623084	15.69694537	6562914.635	6259278
1999	7370863	15.81304535	0.191163541	15.84073894	7577841.401	7370863
2000	8650841	15.9731671	0.179097496	15.99214285	8816564.591	8650841
2001	9395196	16.05570905	0.16727859	16.14044569	10226016.72	9395196
2002	10966553	16.21036056	0.161186003	16.21689506	11038448.52	10966553
2003	13302226	16.40344195	0.149770866	16.36013143	12738397.67	13302226
2004	16210006	16.60113926	0.135519143	16.53896109	15232792.92	16210006
2005	20673753	16.84437548	0.120926709	16.72206597	18293675.78	20673753
2006	22775100	16.94117839	0.102972957	16.94734844	22916057.86	22775100
2007	24216107	17.00252855	0.095827741	17.03700613	25065579.6	24216107
2008	25454037	17.05238491	0.091299363	17.09382791	26531092.66	25454037
2009	25437628	17.05174005	0.087619365	17.14000428	27784928.13	25437628
2010	28980966	17.18214983	0.081152004	17.22115628	30133747.53	28980966
2011	34594086	17.3591933	0.212931263	17.43408754	37284473.76	34594086
2012	36167703	17.4036771	0.05944513	17.49353268	39568055.65	36167703
2013			0.055057366	17.54859004	41807656.11	
2014			0.050993472	17.59958351	43994866.43	
2015			0.047229542	17.64681305	46122573.64	
2016			0.043743435	17.69055649	48184911.45	
2017			0.040514644	17.73107113	50177191.76	
2018			0.037524177	17.76859531	52095822	
2019			0.034754443	17.80334975	53938213.47	
2020			0.032189148	17.8355389	55702684.66	
2021			0.029813203	17.8653521	57388362.96	
2022			0.02761263	17.89296474	58995087.48	
2023			0.025574487	17.91853922	60523315.09	
2024			0.023686783	17.94222601	61974031.29	
2025			0.021938414	17.96416442	63348666.78	

资料来源：根据深圳市统计局数据推算。

表4-5　　　　　　　　NX预测过程、结果及误差

t	NX	lNX	lNX-lNX(-1)	estimatedlNX	estimatedNX	error
1992	488672	13.09944679				
1993	699897	13.45868846	0.365256481	13.46470327	704119.4315	
1994	1235622	14.02708504	0.343255084	13.80194354	986524.6035	
1995	1877615	14.44551291	0.308444204	14.33552925	1682059.088	
1996	2336490	14.66416036	0.282818007	14.72833092	2491339.111	
1997	3109628	14.95001366	0.269427163	14.93358752	3058966.048	
1998	3659700	15.11289173	0.251920363	15.20193403	4000516.461	
1999	4198660	15.25027598	0.241945059	15.35483679	4661448.494	
2000	4610341	15.34381238	0.233531098	15.48380708	5303126.352	
2001	4633392	15.34879977	0.227802554	15.57161494	5789838.385	
2002	4974476	15.4198306	0.227497107	15.57629688	5817009.628	
2003	5542486	15.52795369	0.223146895	15.64297749	6218115.791	
2004	6150809	15.63209418	0.216525004	15.7444787	6882404.901	
2005	10883338	16.20274355	0.210147024	15.8422412	7589233.834	
2006	14205547	16.46914308	0.175198174	16.37794173	12967304.74	
2007	18832470	16.75109307	0.158882801	16.62802588	16651750.12	
2008	23212267	16.96019145	0.141615056	16.89270812	21697511.23	
2009	22707524	16.93820688	0.128809035	17.08900048	26403324.33	
2010	27082166	17.11438599	0.120920254	17.20992074	29797073.33	1.100247053
2011	33315374	17.32152953	0.113514614	17.32343535	33378927.67	1.001907638
2012	38330920	17.46176744	0.106562525	17.42999788	37132303.99	0.968729788
2013			0.10003621	17.53003409	41039028.49	
2014			0.093909592	17.62394368	45079748.98	
2015			0.088158193	17.71210187	49234338.35	
2016			0.082759033	17.7948609	53482278.02	
2017			0.077690539	17.87255144	57803012.04	
2018			0.072932459	17.9454839	62176265.61	
2019			0.068465784	18.01394969	66582323.47	
2020			0.064272665	18.07822235	71002266.16	
2021			0.060336	18.13856	75418164	

续表

t	NX	lNX	lNX-lNX(-1)	estimatedlNX	estimatedNX	error
2022			0.056641	18.1952	79813228	
2023			0.053172	18.24837	84171925	
2024			0.049916	18.29829	88480054	
2025			0.046859	18.34515	92724786	

资料来源：根据深圳市统计局数据推算。

从误差分析来看，2010—2013年的测算值相对实际值差别不超过10%，整体来看误差较小。

六 通过三大需求得到GDP结果

表4-6展示了消费、投资、出口的初步预测值以及GDP预测值。

表4-6　　　　　　对三驾马车和GDP预测

年份	GDP预测值	C预测值	INV预测值	NX预测值
2013	150614937.4	67768252.82	41807656.11	41039028.49
2014	168220999.2	79146383.81	43994866.43	45079748.98
2015	187104040.6	91747128.59	46122573.64	49234338.35
2016	207267833.5	105600644	48184911.45	53482278.02
2017	228706503.6	120726299.8	50177191.76	57803012.04
2018	251404418.3	137132330.7	52095822	62176265.61
2019	275336262.5	154815725.5	53938213.47	66582323.47
2020	300467292.9	173762342.1	55702684.66	71002266.16
2021	326753758.8	193947232.1	57388362.96	75418163.75
2022	354143470.8	215335155.3	58995087.48	79813228.02
2023	382576497.2	237881256.7	60523315.09	84171925.4
2024	411985963.7	261531878.8	61974031.29	88480053.6
2025	442298933.6	286225481.2	63348666.78	92724785.64

资料来源：根据深圳市统计局数据推算。

对三驾马车进行作图（见图 4-2），可以看出消费比重较高，而投资和净出口比例相对较小。

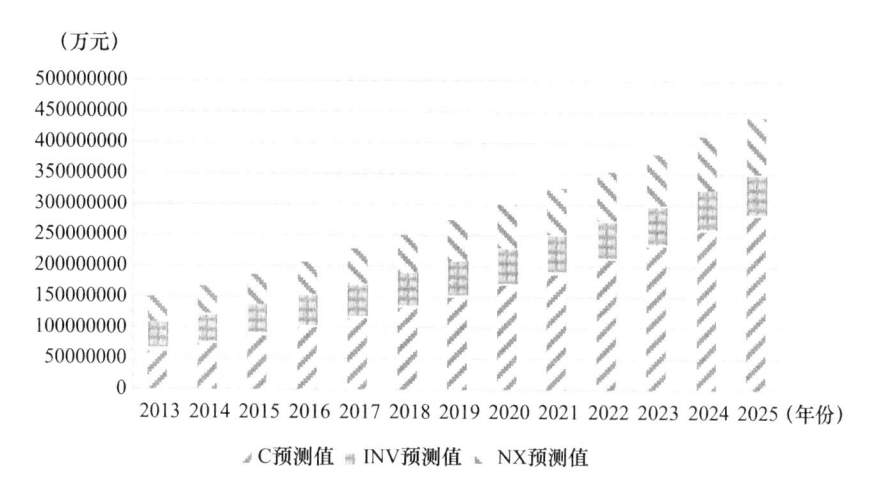

图 4-2 深圳三驾马车及 GDP 预测值

资料来源：根据深圳市统计局数据推算。

七 结果调整

主要对净出口数据进行修正，预计到 2025 年期间，深圳市出口结构调整，且国内扩大内需政策将导致大量进口，另外加上国际经济复苏相对乏力，预计将导致净出口增速大幅下降，消费仍然是主要力量。修正结果如下（见表 4-7、图 4-3 至图 4-6）。

表 4-7　　　　　　　　　三驾马车预测结果修正

年份	GDP 预测值	C 预测值	INV 预测值	NX 预测值
2013	150077710.2	67768252.82	41807656.11	40501801
2014	167081041.5	79146383.81	43994866.43	43939791
2015	185299126.5	91747128.59	46122573.64	47429424
2016	204739750.5	105600644	48184911.45	50954195

续表

年份	GDP 预测值	C 预测值	INV 预测值	NX 预测值
2017	225401652.6	120726299.8	50177191.76	54498161
2018	247274277.7	137132330.7	52095822	58046125
2019	270337720.2	154815725.5	53938213.47	61583781
2020	294562854.5	173762342.1	55702684.66	65097828
2021	319822776.4	193886131.8	57377119	68559525.68
2022	345955431.7	215066749	58949688	71938994.99
2023	372762886.4	237148291.5	60408986	75205608.74
2024	400011639.6	259939045.4	61744168	78328426.51
2025	427434110.9	283212376	62945076	81276658.4

资料来源：根据深圳市统计局数据推算。

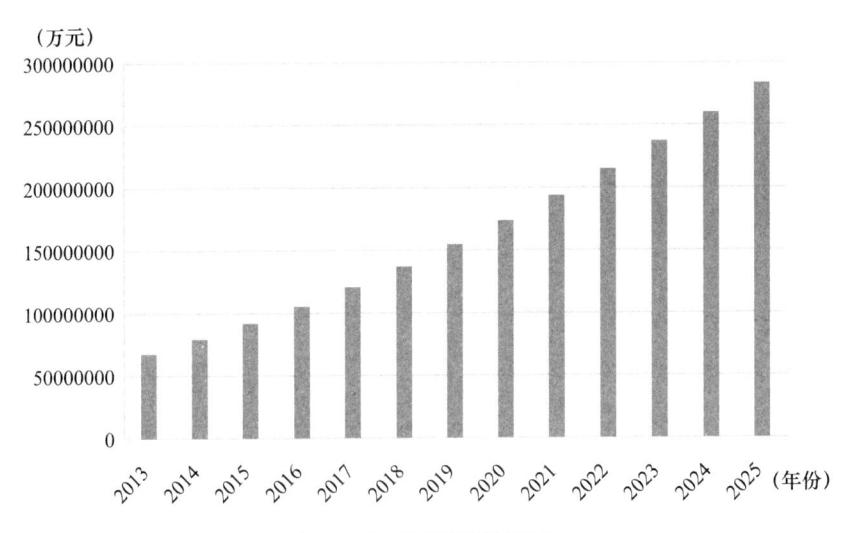

图 4-3　深圳消费修正

资料来源：深圳市统计局。

深圳最终消费增速将调整为 12%—17% 之间，2025 年消费将达到 28321 亿元。

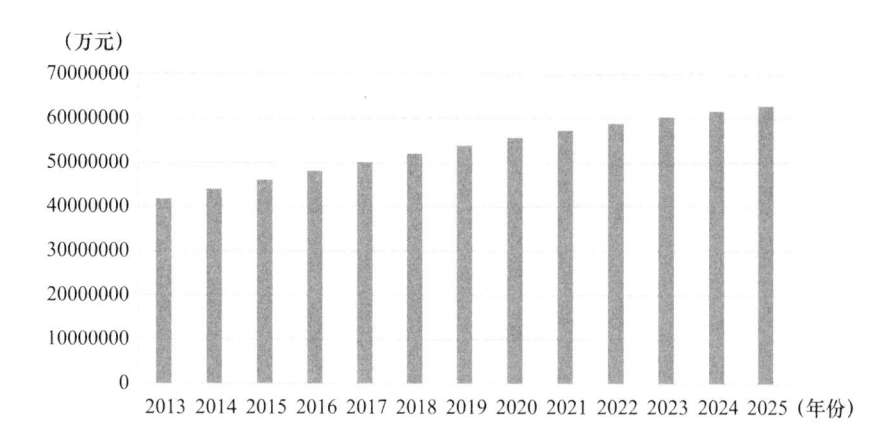

第四章 深圳中长期增长底线和潜力预测 237

图 4-4 深圳投资修正

资料来源：深圳市统计局。

深圳最终投资增速将调整为3%—6%之间，2025年投资将达到6294亿元。

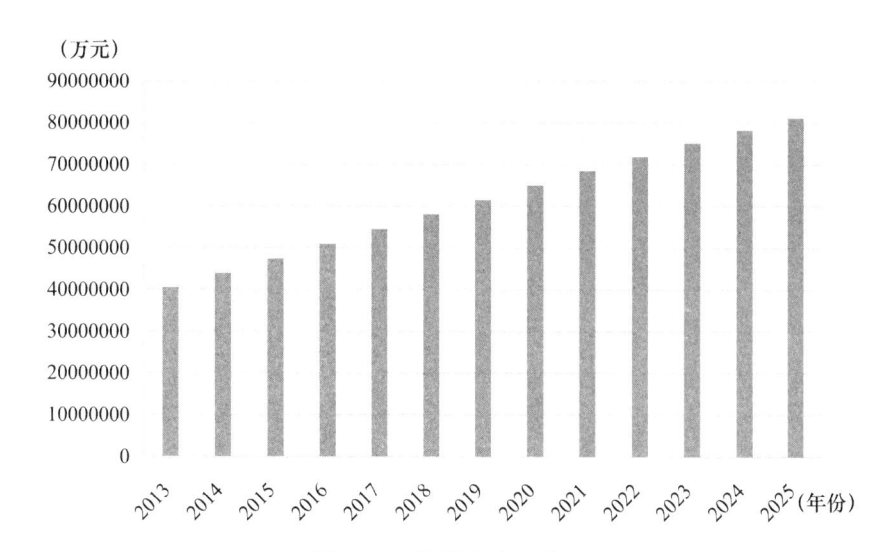

图 4-5 深圳净出口修正

资料来源：深圳市统计局。

深圳最终货物服务进出口增速将调整为6%—9%之间，2025年净出口将达到8000亿元以上，较初步测算数据有所下调。

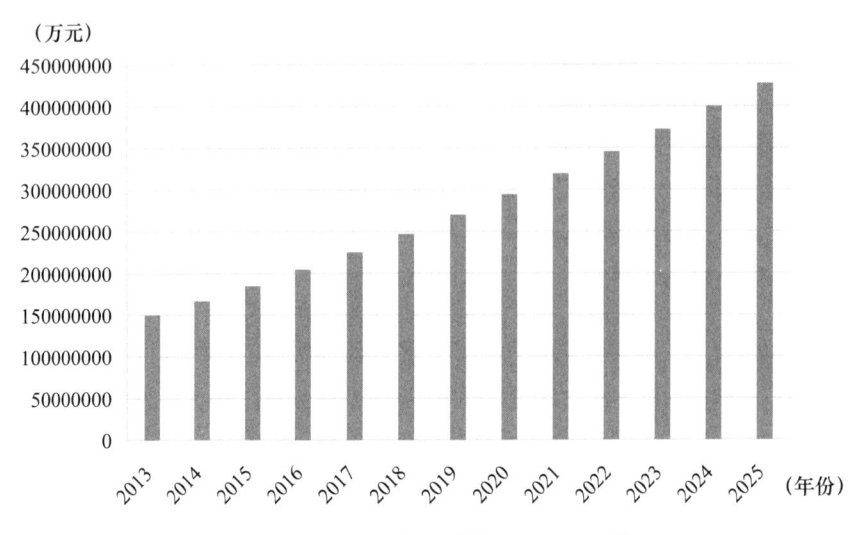

图 4-6 深圳"三驾马车"汇总 GDP 修正

资料来源：深圳市统计局。

根据"三驾马车"汇总的结果推测 GDP，2014—2020 年增速在 8%—12% 之间，逐渐下降，2025 年 GDP 达到 42743 亿元，较之前预测结果有所下降，这仅是根据需求端预测的结果。

第三节 根据投资预测 GDP

一 基本思路

根据前文 GDP 增长率与投资增长率具有的相关性关系，通过对投资进行趋势外推，再根据第二产业和第三产业增速与 GDP 增速的关系推导 GDP 增速，进而预测出 GDP 增速。

二 GDP 与投资增速回归

可以知道 GDP 增速与投资增速相关性较高，考虑到 30 多年来深圳投资增速变化较大，在数学处理时，应该以最近几年增速作为衡量主要指标。空格部分为扣除了异常值的点（见表 4-8）。

表4-8　　　　　　　　　GDP增速与投资增速

t	yzzl	invzzl	t	yzzl	invzzl
1993			2003	19.9%	21.3%
1994			2004	17.9%	21.9%
1995	18.1%	26.1%	2005		
1996	15.5%	22.0%	2006	14.9%	10.2%
1997	19.8%	15.5%	2007	12.4%	6.3%
1998	19.1%	16.8%	2008	8.1%	5.1%
1999	18.4%	17.8%	2009	6.7%	-0.1%
2000	18.0%	17.4%	2010	12.9%	13.9%
2001	16.0%	8.6%	2011	13.9%	19.4%
2002	18.2%	16.7%	2012	9.5%	4.5%

资料来源：深圳市统计局。

从R的平方可以看出近十年投资与经济增速相关性较为显著，得到线性方程如图4-7所示。

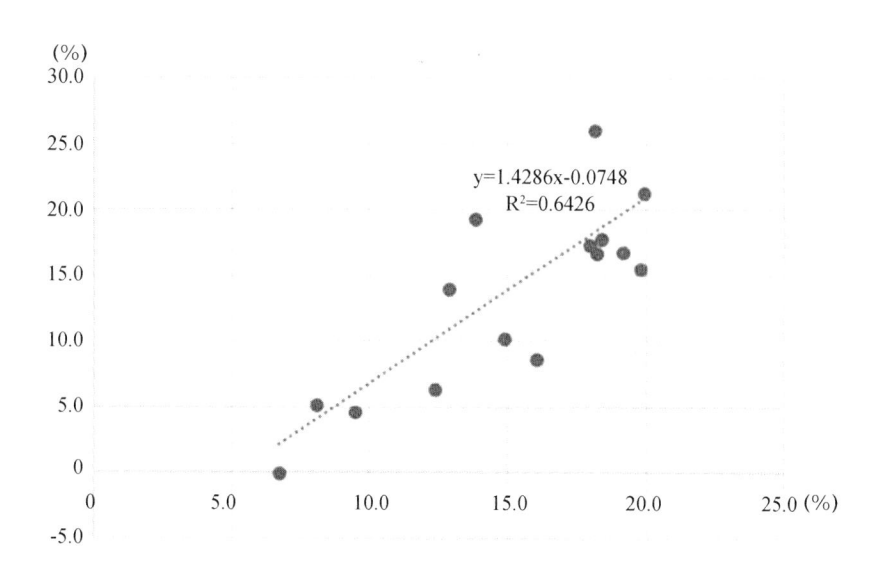

图4-7　深圳投资增速和GDP增速的关系

资料来源：深圳市统计局。

三 预测结果

根据线性方程,对 GDP 增长率进行预测,得出未来经济增速基本位于 5%—7% 之间(见表 4-9)。

表 4-9　　　　　　　根据投资增速预测 GDP 增速

t	投资增长率	GDP 增长率预测值	t	投资增长率	GDP 增长率预测值
2008	8.1%	5.1%	2017	10.2%	7.1%
2009	6.7%	-0.1%	2018	10.0%	6.8%
2010	12.9%	13.9%	2019	9.8%	6.5%
2011	13.9%	19.4%	2020	9.6%	6.2%
2012	9.5%	4.5%	2021	9.4%	5.9%
2013	11.0%	8.3%	2022	9.2%	5.6%
2014	10.8%	8.0%	2023	8.9%	5.3%
2015	10.6%	7.7%	2024	8.7%	5.0%
2016	10.4%	7.4%	2025	8.5%	4.7%

资料来源:深圳市统计局。

第四节　根据三次产业进行 GDP 预测

一 基本思路

继续采用 ARMA 模型,分别对第一产业、第二产业、第三产业增加值进行预测,再将其汇总。

二 数据的平稳性检验及处理

通过 1979—2012 年深圳市三大产业时间序列数据可以看出,30多年来,深圳市三次产业呈现出明显的增长趋势,具有明显的非平稳性。如果用非平稳序列来建立模型,就会出现虚假回归问题,即尽管基本序列不存在任何关系,也会得到回归模型。当随机变量不平稳时，统计量的拒绝域远远超过了检验的正常值，由按照一般的检验方法得出的接受假设很可能是错误的。因此，要建立模型，随机序列必须是平稳的。

对于含有指数趋势的时间序列，可以通过取对数将指数趋势转化为线性趋势，然后再进行差分以消除线性趋势经过处理后，序列 dly_1、dly_2、dly_3 达到较好的稳定性。在序列 dly_1、dly_2、dly_3 的自相关—偏自相关图中，样本自相关系数和偏自相关系数都落入随机区间，即可认为序列的趋势性已基本消除。

本部分主要对深圳三大产业 dly_1 取对数，进一步差分，经过处理后，序列 dly_1、dly_2、dly_3 达到较好的稳定性，其走势在序列 dly 的自相关—偏自相关图中，样本自相关系数和偏自相关系数都落入随机区间，即可认为序列的趋势性已基本消除。

三 ARMA 模型的建立及检验

ARMA（p，q）的自相关函数和偏自相关函数均是拖尾的。可以看出，自相关函数（AC）和偏自相关函数（PAC）都具有拖尾性。自相关系数在 q = 1；偏自相关系数 p = 0。

四 模型中参数的估计

模型参数估计的方法选用了非线性最小二乘法（NLS 法）来估计参数。

经过 stata 软件对 $LNY_{1t} - LNY_{1t-1}$ 和 LNY_{1t} 进行回归，得出函数为：

$LNY_{1t} = -0.130794 \times (LNY_{1t} - LNY_{1t-1}) + 1.403558$

$LNY_{2t} = -0.061302 \times (LNY_{2t} - LNY_{2t-1}) + 1.17456$

$LNY_{3t} = -0.045678 \times (LNY_{3t} - LNY_{3t-1}) + 0.937402$

五 三次产业结果预测

根据此类推出 $LNY_{1t} - LNY_{1t-1}$、$LNY_{2t} - LNY_{2t-1}$、$LNY_{3t} - LNY_{3t-1}$ 的数据，进而推出 LNY_{1t}、LNY_{2t}、LNY_{3t} 的数据，再得出 Y_{1t}、Y_{2t}、Y_{3t} 数据，通过求和得出 GDP 数据（见表 4 - 10、表 4 - 11、表 4 - 12）。

表 4-10　　　　　　　　Y_1 预测过程、结果及误差

t	y_1	ly_1	$ly_1 - ly_{1(-1)}$	estimatedly_1	estimatedy_1	error
1979	7273	8.891924			7273	
1980	7803	8.962264	0.240548	9.132472	9250.86	
1981	13343	9.498747	0.231348	9.193611	9834.1	
1982	18960	9.850087	0.161179	9.659926	15676.63	
1983	22614	10.02632	0.115226	9.965313	21275.52	
1984	25932	10.16323	0.092175	10.1185	24797.53	
1985	26111	10.17011	0.074268	10.2375	27931.24	
1986	32907	10.40144	0.073368	10.24348	28098.75	
1987	46519	10.74762	0.043112	10.44455	34356.71	
1988	57005	10.95089	-0.00217	10.74545	46418.36	
1989	68615	11.13627	-0.02875	10.92214	55389.26	
1990	70220	11.15939	-0.053	11.08327	65073.17	
1991	80836	11.30018	-0.05602	11.10337	66394.23	
1992	105914	11.57038	-0.07444	11.22574	75037.27	
1993	108615	11.59556	-0.10978	11.4606	94902.38	
1994	134152	11.80673	-0.11307	11.48249	97002.55	
1995	124122	11.72902	-0.14069	11.66604	116545.6	
1996	148796	11.91033	-0.13053	11.59849	108933.5	
1997	147660	11.90267	-0.15424	11.75609	127527.8	
1998	151764	11.93008	-0.15324	11.74943	126681.1	
1999	150445	11.92135	-0.15683	11.77326	129736	
2000	155656	11.9554	-0.15568	11.76567	128755.4	
2001	160413	11.98551	-0.16014	11.79527	132623.1	
2002	166587	12.02327	-0.16407	11.82143	136139.1	
2003	142048	11.86392	-0.16901	11.85426	140682.2	
2004	123264	11.72208	-0.14817	11.71575	122485.6	
2005	97385	11.48643	-0.12962	11.59246	108278.7	
2006	69675	11.1516	-0.0988	11.38763	88223.59	
2007	69412	11.14782	-0.055	11.09659	65946.09	
2008	82896	11.32534	-0.05451	11.09331	65729.67	

续表

t	y_1	ly_1	$ly_1 - ly_{1(-1)}$	estimatedly_1	estimatedy_1	error
2009	66894	11.11086	-0.07773	11.24761	76696.65	
2010	64670	11.07705	-0.06756	11.18005	71686.02	1.108489
2011	65541	11.09043	-0.05873	11.12133	67597.44	1.031376
2012	63018	11.05118	-0.05104	11.07028	64233.54	1.019289
2013			-0.04437	11.02591	61445.9	
2014			-0.03857	10.98735	59121.34	
2015			-0.03352	10.95383	57172.38	
2016			-0.02914	10.92469	55530.6	
2017			-0.02533	10.89936	54141.9	
2018			-0.02201	10.87735	52963.07	
2019			-0.01913	10.85822	51959.3	
2020			-0.01663	10.84158	51102.29	
2021			-0.01445621	10.82713	50368.86	
2022			-0.01256543	10.81456	49739.91	
2023			-0.01092194	10.80364	49199.61	
2024			-0.00949342	10.79415	48734.75	
2025			-0.00825174	10.7859	48334.26	

资料来源：根据深圳市统计局数据推算。

表4-11　　　　　Y_2预测过程、结果及误差

t	y_2	ly_2	$ly_2 - ly_{2(-1)}$	estimatedly_2	estimatedy_2	error
1979	4017	8.298291				
1980	7036	8.858795	0.665858	8.964149		
1981	16019	9.681531	0.631498	9.490293		
1982	31439	10.3558	0.581063	10.26259		
1983	55848	10.93039	0.539728	10.89553		
1984	106606	11.5769	0.504505	11.43489		
1985	163586	12.00509	0.464873	12.04177		
1986	163185	12.00264	0.438624	12.44372		
1987	220463	12.30349	0.438774	12.44141		

续表

t	y_2	ly_2	$ly_2 - ly_{2(-1)}$	estimatedly$_2$	estimatedy$_2$	error
1988	359230	12.79172	0.420332	12.72382		
1989	505361	13.13303	0.390402	13.18212		
1990	769319	13.55326	0.369479	13.50251		
1991	1126084	13.93426	0.343718	13.89698		
1992	1522432	14.23582	0.320362	14.25462		
1993	2420214	14.69937	0.301876	14.5377		
1994	3357972	15.02685	0.273459	14.97283		
1995	4221435	15.25569	0.253384	15.28023		
1996	5065924	15.43805	0.239356	15.49504		
1997	6174083	15.63587	0.228177	15.66622		
1998	7434976	15.82171	0.21605	15.85192		
1999	9005486	16.01334	0.204658	16.02636		
2000	10860852	16.20068	0.19291	16.20625		
2001	12297665	16.32492	0.181426	16.3821		
2002	14647171	16.49976	0.17381	16.49873		
2003	18174235	16.71552	0.163092	16.66285		
2004	22112353	16.91165	0.149865	16.86538		
2005	26425255	17.08983	0.137842	17.04949		
2006	30600890	17.23654	0.126919	17.21675		
2007	34165740	17.34673	0.117926	17.35447		
2008	38604708	17.46888	0.111171	17.4579		
2009	38270762	17.4602	0.123682	17.59257		
2010	45233688	17.62735	0.1161	17.70867	49065547.41	1.084713
2011	53433220	17.79394	0.108983	17.81765	54715134.95	1.023991
2012	57376373	17.86514	0.102302	17.91995	60608959.26	1.05634
2013			0.096031	18.01598	66717931.08	
2014			0.090144	18.10613	73011566.85	
2015			0.084618	18.19075	79458589.02	
2016			0.079431	18.27018	86027485.85	
2017			0.074562	18.34474	92687019.21	

续表

t	y_2	ly_2	$ly_2 - ly_{2(-1)}$	estimatedly_2	estimatedy_2	error
2018			0.069991	18.41473	99406672.89	
2019			0.0657	18.48043	106157036.8	
2020			0.061673	18.5421	112910125.7	
2021			0.057892	18.59999	119639634	
2022			0.054343	18.65434	126321127.7	
2023			0.051012	18.70535	132932180.6	
2024			0.047885	18.75323	139452457.2	
2025			0.044949	18.79818	145863749.9	

资料来源：根据深圳市统计局数据推算。

表 4-12　　　　　　　　Y3 预测过程、结果及误差

t	y_3	ly_3	$ly_3 - ly_{3(-1)}$	estimatedly_3	estimatedy_3	error
1979	8348	9.029777				
1980	12173	9.406976	0.52494	9.554717		
1981	20214	9.914131	0.50771	9.914686		
1982	32174	10.37891	0.484544	10.39868		
1983	52750	10.87332	0.463314	10.84223		
1984	101623	11.52903	0.440731	11.31405		
1985	200525	12.20869	0.410779	11.9398		
1986	220359	12.30301	0.379733	12.58843		
1987	292033	12.58462	0.375425	12.67844		
1988	453572	13.02491	0.362562	12.94718		
1989	582589	13.27524	0.34245	13.36736		
1990	877126	13.68441	0.331016	13.60625		
1991	1159710	13.96368	0.312326	13.99673		
1992	1544848	14.25044	0.299569	14.26325		
1993	2002616	14.50996	0.286471	14.53691		
1994	2854587	14.86444	0.274616	14.78458		
1995	4079276	15.22143	0.258424	15.12286		
1996	5269701	15.47748	0.242118	15.46355		

续表

t	y_3	ly_3	$ly_3 - ly_{3(-1)}$	estimatedly$_3$	estimatedy$_3$	error
1997	6652465	15.7105	0.230421	15.70791		
1998	7760532	15.86456	0.219778	15.93028		
1999	8884245	15.99979	0.212741	16.0773		
2000	10858007	16.20041	0.206564	16.20635		
2001	12366796	16.33053	0.1974	16.39781		
2002	14881426	16.51562	0.191456	16.52198		
2003	17540952	16.68005	0.183001	16.69863		
2004	20585811	16.84011	0.175491	16.85554		
2005	22986438	16.95041	0.168179	17.00829		
2006	27465059	17.12843	0.163141	17.11356		
2007	33780554	17.3354	0.15501	17.28343		
2008	39180316	17.48369	0.145556	17.48095		
2009	43675520	17.5923	0.138782	17.62247		
2010	50516743	17.73782	0.180065	17.80253	53894159.83	1.066857
2011	61556537	17.93547	0.17202	17.97455	64010207.64	1.03986
2012	72061210	18.09303	0.164335	18.13889	75443005.76	1.046929
2013			0.156993	18.29588	88267346.8	
2014			0.149979	18.44586	102549835.3	
2015			0.143278	18.58914	118347684.5	
2016			0.136877	18.72601	135707698	
2017			0.130761	18.85678	154665457.6	
2018			0.124919	18.98169	175244729.7	
2019			0.119338	19.10103	197457096.4	
2020			0.114006	19.21504	221301809.8	
2021			0.108913	19.32395052	246765861.5	
2022			0.104047	19.42799705	273824255.4	
2023			0.099398	19.527395	302440463.9	
2024			0.094957	19.62235205	332567048.9	
2025			0.090715	19.7130666	364146422.2	

资料来源：根据深圳市统计局数据推算。

从误差分析来看，第一、第二、第三产业2010—2013年的测算值相对实际值差别不超过10%，整体来看误差较小。

六 GDP 预测结果

根据三次产业预测 GDP 增速如表 4-13 所示:

表 4-13　　　　　根据三次产业预测 GDP 增速

年份	GDP 预测值	y_1 预测值	y_2 预测值	y_3 预测值
2013	155046723.8	61445.9	66717931	88267347
2014	175620523.5	59121.34	73011567	1.03E+08
2015	197863445.9	57172.38	79458589	1.18E+08
2016	221790714.4	55530.6	86027486	1.36E+08
2017	247406618.7	54141.9	92687019	1.55E+08
2018	274704365.7	52963.07	99406673	1.75E+08
2019	303666092.5	51959.3	1.06E+08	1.97E+08
2020	334263037.8	51102.29	1.13E+08	2.21E+08
2021	366455864.3	50368.86	1.2E+08	246765861.5
2022	400195123	49739.91	1.26E+08	273824255.4
2023	435421844.1	49199.61	1.33E+08	302440463.9
2024	472068240.8	48734.75	1.39E+08	332567048.9
2025	510058506.4	48334.26	1.46E+08	364146422.2

资料来源: 根据深圳市统计局数据推算。

深圳三次产业及 GDP 预测值如图 4-8 所示:

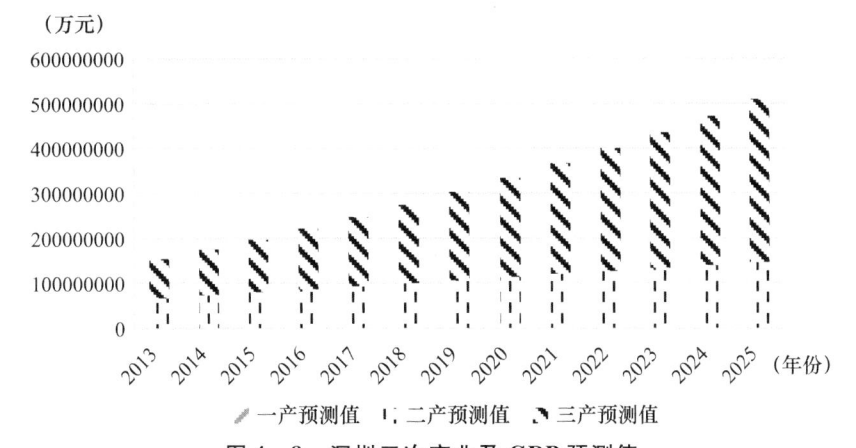

图 4-8　深圳三次产业及 GDP 预测值

资料来源: 根据深圳市统计局数据推算。

七 GDP 结果修正

原先直接由各年产值算出的同比与统计局公布的同比差距较大，在代入计算预测中应使用计算出的数据，更为准确。另外也对增速进行了下调（见图4-9至图4-11）。

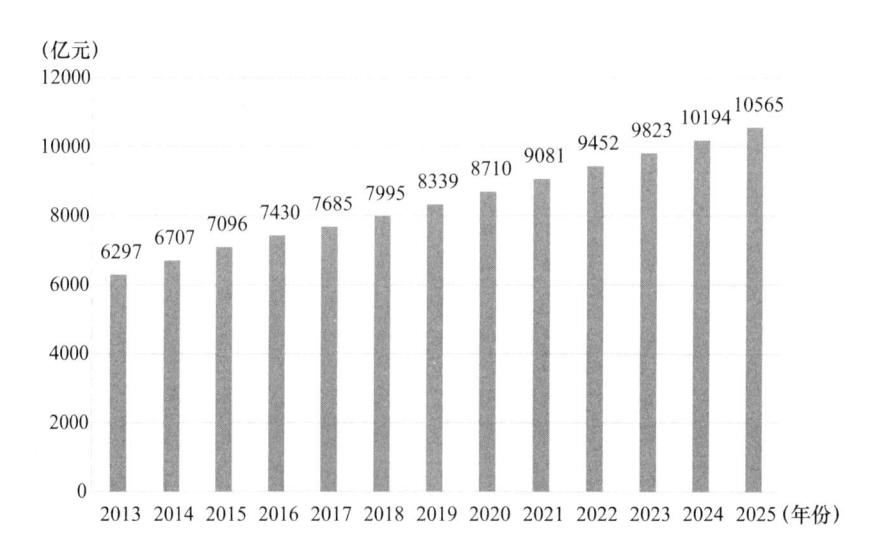

（亿元）

年份	2013	2014	2015	2016	2017	2018	2019	2020	2021	2022	2023	2024	2025
第二产业	6297	6707	7096	7430	7685	7995	8339	8710	9081	9452	9823	10194	10565

图4-9 深圳第二产业预测修正

资料来源：根据深圳市统计局数据推算。

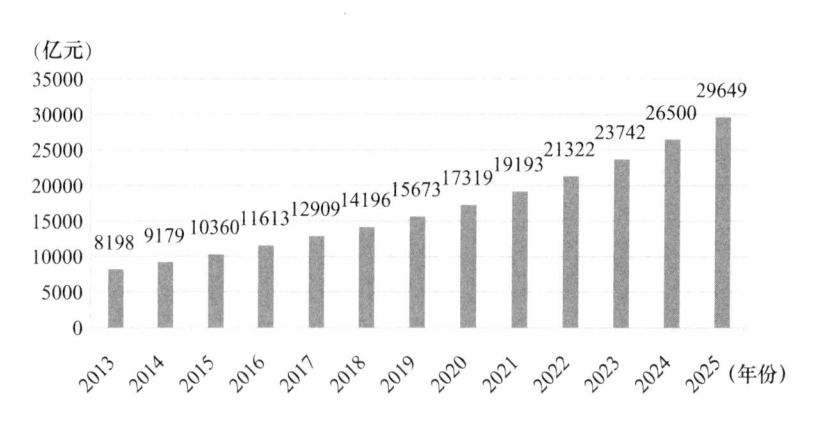

（亿元）

年份	2013	2014	2015	2016	2017	2018	2019	2020	2021	2022	2023	2024	2025
第三产业	8198	9179	10360	11613	12909	14196	15673	17319	19193	21322	23742	26500	29649

图4-10 深圳第三产业预测修正

资料来源：根据深圳市统计局数据推算。

经过调整后，GDP 增速下降（见图 4-11）：

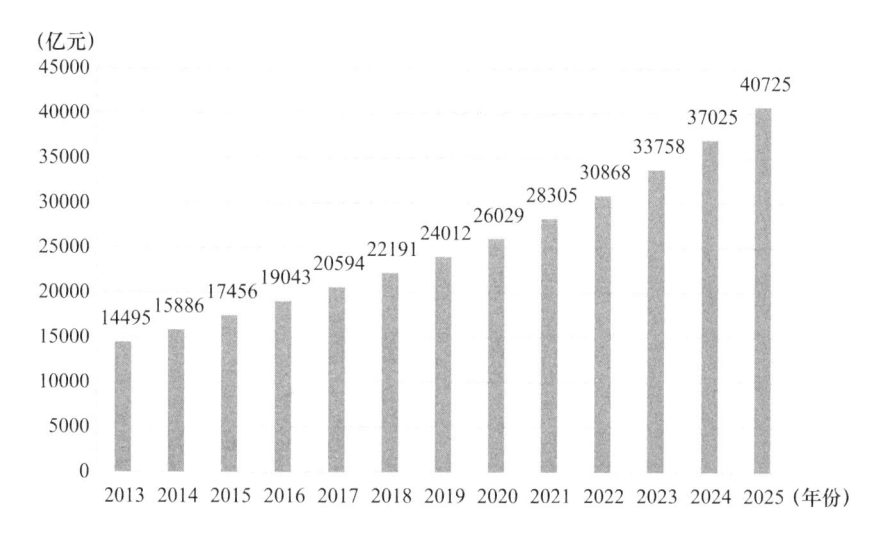

(亿元)
- 2013: 14495
- 2014: 15886
- 2015: 17456
- 2016: 19043
- 2017: 20594
- 2018: 22191
- 2019: 24012
- 2020: 26029
- 2021: 28305
- 2022: 30868
- 2023: 33758
- 2024: 37025
- 2025: 40725

图 4-11 深圳根据产业汇总的 GDP 预测修正

资料来源：根据深圳市统计局数据推算。

第五节 根据第二、三产业与 GDP 相关性预测

一 基本思路

根据前文 GDP 增长率与三次产业增长率具有的相关性关系，通过对第二产业、第三产业进行趋势外推，再根据第二产业和第三产业增速与 GDP 增速的关系推导 GDP 增速，进而预测出 GDP 增速。

二 第二、三产业增速与 GDP 增速回归

可以知道 GDP 增速与第二产业和第三产业增速相关性较高，存在如下相关公式 $GDPzzl = 0.418 \times y_2 zzl + 0.1061033 = 0.650 \times y_3 zzl + 0.068$，考虑到 30 多年来深圳增速变化较大，在数学处理时，应该以最近 5 年增速作为衡量主要指标（见表 4-15、图 4-12）。

表 4-14 根据第二产业增速预测 GDP 增速

年份	y₂增长率	GDP 增长率预测值（根据 y₂）	年份	y₂增长率	GDP 增长率预测值（根据 y₂）
2008	12%	12.0%	2017	9.9%	6.0%
2009	9%	11.0%	2018	9.5%	4.4%
2010	14%	12.0%	2019	9.9%	6.2%
2011	12%	10.0%	2020	10.1%	6.9%
2012	7%	10.0%	2021	10.0%	6.6%
2013	9.0%	10.5%	2022	10.0%	6.4%
2014	10.5%	8.7%	2023	9.9%	6.1%
2015	10.3%	7.6%	2024	9.9%	6.1%
2016	10.5%	8.5%	2025	10.0%	6.4%

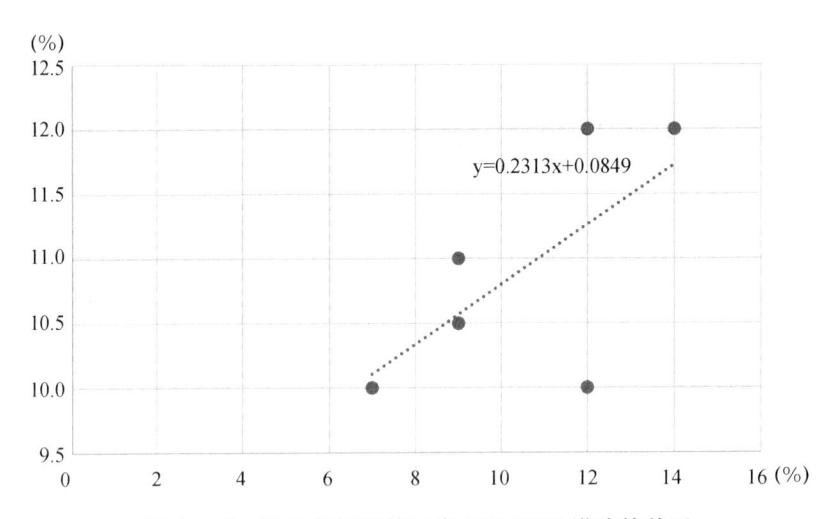

$y = 0.2313x + 0.0849$

图 4-12 近五年深圳第二产业和 GDP 增速的关系

资料来源：根据深圳市统计局数据推算。

三 预测结果

预测结果如表 4-15、图 4-13 所示：

表 4-15　　根据第三产业对 GDP 预测值

年份	GDP 增长率预测值（根据 y_3）	y_3 增长率	年份	GDP 增长率预测值（根据 y_3）	y_3 增长率
2008	12.0%	12.0%	2017	9.0%	10.5%
2009	11.0%	12.0%	2018	10.0%	10.8%
2010	12.0%	10.0%	2019	9.2%	10.6%
2011	10.0%	9.0%	2020	9.5%	10.6%
2012	10.0%	12.0%	2021	10.1%	10.8%
2013	9.0%	10.1%	2022	10.1%	10.8%
2014	10.4%	10.9%	2023	10.2%	10.8%
2015	9.6%	10.7%	2024	10.3%	10.8%
2016	8.7%	10.4%	2025	10.2%	10.8%

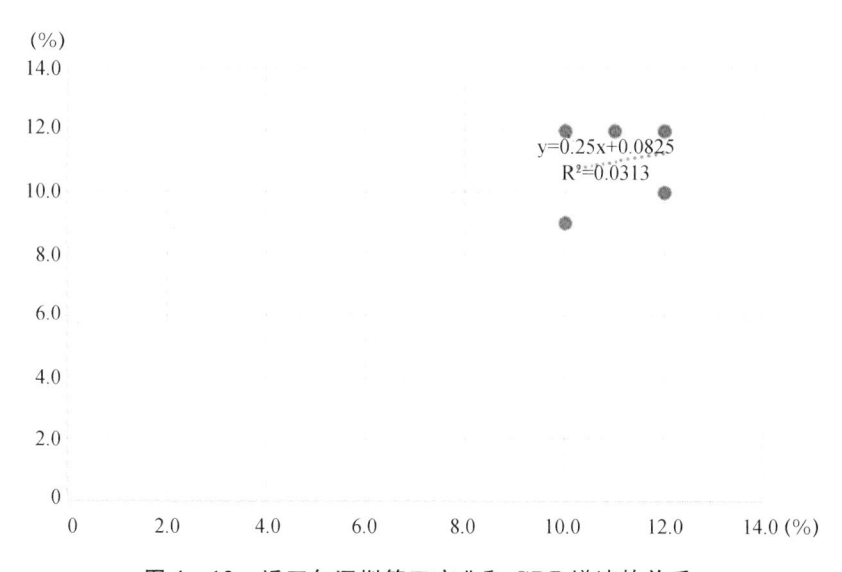

图 4-13　近五年深圳第三产业和 GDP 增速的关系

资料来源：根据深圳市统计局数据推算。

按第二产业和第三产业分别权重和相关性，进行综合。第二和第三产业增加值占全市生产总值的比重分别为 43.4% 和 56.6%，相关性方面，按照权重 1∶2 分配，则可以分别计算出两者增速的权重，进而得出综合加权的 GDP 未来增速预测值（见表 4-16）。

表 4-16　　　　　　　综合第二、三产业预测 GDP 增速

年份	GDP 增长率	y_3 增长率	y_2 增长率
2014	10.1%	10.9%	8.7%
2015	10.3%	10.7%	7.6%
2016	10.2%	10.4%	8.5%
2017	9.6%	10.5%	6.0%
2018	9.4%	10.8%	4.4%
2019	10.0%	10.6%	6.2%
2020	9.8%	10.6%	6.2%
2021	10.1%	10.8%	6.6%
2022	10.0%	10.8%	6.4%
2023	10.0%	10.8%	6.1%
2024	10.0%	10.8%	6.1%
2025	10.1%	10.8%	6.4%

资料来源：根据深圳市统计局数据推算。

根据第二三产业与 GDP 的相关性进行综合预测，可以得到（见图 4-14）：

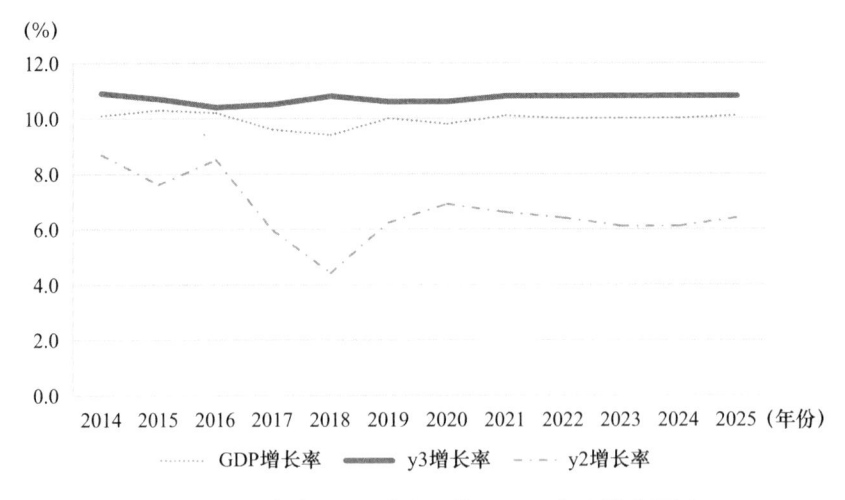

图 4-14　未来 GDP 增速及第二、三产业增速预测

资料来源：根据深圳市统计局数据推算。

第六节 根据生产要素代入生产函数进行预测

一 基本思路

仍然采用 ARMA 模型，分别对劳动力、资本存量、土地进行预测，再根据之前推导出的柯布道格拉斯生产函数，代入后计算出 GDP。

二 数据的平稳性检验及处理

通过三大要素时间序列数据可以看出，30 多年来，深圳市三大生产要素呈现出明显的增长趋势，具有明显的非平稳性。如果用非平稳序列来建立模型，就会出现虚假回归问题，即尽管基本序列不存在任何关系，也会得到回归模型。当随机变量不平稳时，统计量的拒绝域远远超过了检验的正常值，由按照一般的检验方法得出的接受假设很可能是错误的。因此，要建立模型，随机序列必须是平稳的。

对于含有指数趋势的时间序列，可以通过取对数将指数趋势转化为线性趋势，然后再进行差分以消除线性趋势，经过处理后，序列 dllabor、dlland、dlcapi 达到较好的稳定性。在序列 dllabor、dlland、dlcapi 的自相关—偏自相关图中，样本自相关系数和偏自相关系数都落入随机区间，即可认为序列的趋势性已基本消除。

本部分主要对深圳四大生产要素取对数，后续没有进一步差分，为防止误差过大。在序列 dly 的自相关—偏自相关图中，样本自相关系数和偏自相关系数都落入随机区间，即可认为序列的趋势性已基本消除（见图 4 - 15）。

三 ARMA 模型的建立及检验

ARMA（p, q）的自相关函数和偏自相关函数均是拖尾的。可以看出，自相关函数（AC）和偏自相关函数（PAC）都具有拖尾

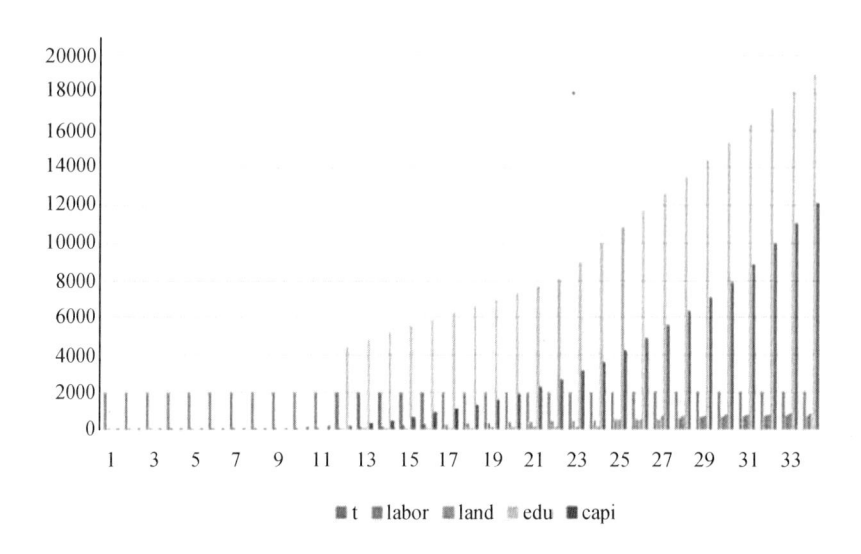

图 4-15 深圳四大生产要素数据为非平稳序列

资料来源：根据深圳市统计局数据推算。

性。自相关系数在 q=1；偏自相关系数 p=0。

四 模型中参数的估计

模型参数估计的方法选用了非线性最小二乘法（NLS 法）来估计参数。

经过 stata 软件对 LNlabor$_{t-1}$ 和 LNY$_{1t}$ 进行回归，对 LNland$_{t-1}$ 和 LNland$_t$ 进行回归，对 LNcapi$_{t-1}$ 和 LNcapi$_t$ 进行回归，

得出函数为

LNlabor$_t$ = 1.019652 × LNlabor$_{t-1}$

LNland$_t$ = 1.003 × LNland$_{t-1}$

LNcapi$_t$ = 1.00072 × LNcapi$_{t-1}$

五 三次产业结果预测

根据此类推出 LNlabor$_t$、LNland$_t$、LNedu$_t$、LNcapi$_t$ 的数据，再得出 labor、land、edu、capi 数据，进而代入生产函数（见表 4-17 至表 4-19）。

表 4 – 17   labor 预测过程、结果及误差

t	labor	llabor	llabor 预测	labor 预测	误差
1979	13.95	2.635479508			
1980	14.89	2.700689847	2.687271952	14.69154196	
1981	15.36	2.731766728	2.753763804	15.70161862	
1982	18.49	2.917230045	2.785451407	16.20713225	
1983	22.37	3.107720776	2.97455945	19.58099495	
1984	27.26	3.305420426	3.168793704	23.7787828	
1985	32.61	3.48461899	3.370378548	29.08953677	
1986	36.04	3.584629433	3.553098722	34.9213616	
1987	44.3	3.790984677	3.65507457	38.67040467	
1988	54.53	3.998751009	3.865485108	47.72641928	
1989	93.65	4.539564429	4.077334464	58.98802539	
1990	109.22	4.693364197	4.628775949	102.3886584	
1991	149.32	5.006091654	4.78559819	119.7729887	
1992	175.97	5.170313526	5.104471367	164.7569516	
1993	220.81	5.397302603	5.271920527	194.7897024	
1994	273	5.609471795	5.503370394	245.5180318	
1995	298.51	5.698803433	5.719709135	304.8162497	
1996	322.12	5.774924147	5.810796318	333.8848985	
1997	353.53	5.867968347	5.888412956	360.8321733	
1998	390.33	5.966992535	5.983285661	396.7417881	
1999	426.89	6.056526369	6.084255872	438.8930987	
2000	474.97	6.163251644	6.175549225	480.8470446	
2001	491.3	6.197054939	6.284371865	536.1274247	
2002	509.74	6.233900792	6.318839463	554.9286033	
2003	535.89	6.283928916	6.35640941	576.1738339	
2004	562.17	6.331804295	6.407420687	606.3277535	
2005	576.26	6.356558948	6.456236913	636.6607335	
2006	609.76	6.413065437	6.481478044	652.9353006	
2007	647.11	6.472516296	6.539094999	691.6603415	
2008	682.35	6.525542723	6.599714186	734.8851186	

续表

t	labor	llabor	llabor 预测	labor 预测	误差
2009	723.61	6.584252573	6.653782688	775.7130635	
2010	758.14	6.630868065	6.687051602	801.9542824	-3.4%
2011	764.54	6.639274346	6.72048686	829.2211276	-1.4%
2012	771.2	6.647947743	6.754089294	857.5584106	-0.6%
2013			6.78785974	887.0130906	
2014			6.821799039	917.6343862	
2015			6.855908034	949.473893	
2016			6.890187575	982.585708	
2017			6.924638512	1017.026561	
2018			6.959261705	1052.855952	
2019			6.994058014	1090.1363	
2020			7.029028304	1128.933097	
2021			7.064173445	1169.315069	
2022			7.099494312	1211.354353	
2023			7.134991784	1255.126676	
2024			7.170666743	1300.711554	
2025			7.206520077	1348.192488	

资料来源：根据深圳市统计局数据推算。

表4-18　　　　　　　land 预测过程、结果及误差

t	Land	Lland	estimatedlland	estimatedland	error
1979					
1980					
1981					
1982					
1983					
1984					
1985					
1986					
1987					

续表

t	Land	Lland	estimatedlland	estimatedland	error
1988					
1989					
1990	69	4.234106505			
1991	72	4.276666119	4.317255888	74.98258512	
1992	76.5	4.337290741	4.360651288	78.30811898	
1993	81	4.394449155	4.422466456	83.30149169	
1994	84	4.430816799	4.480747347	88.30063926	
1995	88	4.477336814	4.517829179	91.63645558	
1996	101	4.615120517	4.565262755	96.08783824	
1997	124	4.820281566	4.705752254	110.5814389	
1998	129	4.859812404	4.914942255	136.3114383	
1999	132	4.882801923	4.9552494	141.9179964	
2000	136	4.912654886	4.978690387	145.2839912	
2001	147	4.990432587	5.009129602	149.7743162	
2002	168	5.123963979	5.088434702	162.1358724	
2003	516	6.246106765	5.224588384	185.7846828	
2004	551	6.311734809	6.36876781	583.338602	
2005	713	6.56948142	6.435684657	623.709464	
2006	720	6.579251212	6.589189865	727.1915077	
2007	764	6.638567789	6.598988966	734.3523583	
2008	788	6.66949809	6.658483493	779.3681229	
2009	813	6.70073111	6.689506584	803.9254847	
2010	830	6.721425701	6.709575104	820.2220562	-1.2%
2011	841	6.73459166	6.729703829	836.8993641	-0.5%
2012	863	6.760414691	6.749892941	853.9673325	-1.0%
2013			6.77014262	871.4361689	
2014			6.790453047	889.316373	
2015			6.810824407	907.6187454	
2016			6.83125688	926.3543971	
2017			6.85175065	945.5347594	

续表

t	Land	Lland	estimatedlland	estimatedland	error
2018			6.872305902	965.1715932	
2019			6.89292282	985.2770001	
2020			6.913601588	1005.863433	
2021			6.934342393	1026.943705	
2022			6.95514542	1048.531005	
2023			6.976010857	1070.638905	
2024			6.996938889	1093.281376	
2025			7.017929706	1116.472796	

资料来源：根据深圳市统计局数据推算。

表4-19　　　　　　　　capi 预测过程、结果及误差

t	Capi	lnCapi	capi 预测	lcapi 预测	误差
1979	5.9	1.774952351			
1980	6.9851	1.943779309			
1981	9.604245	2.262205188			
1982	16.49903275	2.803301758			
1983	26.50608111	3.277374183			
1984	44.63797706	3.798585			
1985	75.7295782	4.327168813			
1986	96.79819929	4.572628392			
1987	120.4775893	4.791463755			
1988	158.0728099	5.063055749			
1989	200.1610694	5.299122389			
1990	252.4910159	5.531375667			
1991	331.0988651	5.802417017	5.681895462	293.5052311	
1992	492.7761219	6.200054957	5.960312389	387.7312282	
1993	693.2571142	6.541400946	6.368770852	583.3403767	
1994	908.6457312	6.811955284	6.719405549	828.3249665	
1995	1097.240041	7.000553252	6.997322211	1093.700534	
1996	1319.431997	7.184956618	7.191052307	1327.499408	

续表

t	Capi	lnCapi	capi 预测	lcapi 预测	误差
1997	1585.832225	7.368864612	7.380473657	1604.3495	
1998	1913.982432	7.556941393	7.569386156	1937.950316	
1999	2299.827918	7.740589581	7.762580882	2350.964345	
2000	2698.743738	7.900541662	7.904782967	2710.214243	
2001	3126.039239	8.047522063	8.058552495	3160.711675	
2002	3614.085372	8.192594094	8.208472505	3671.929326	
2003	4216.234777	8.346697776	8.356445975	4257.536457	
2004	4904.033338	8.497813276	8.513631731	4982.224371	
2005	5614.300338	8.633072253	8.625280475	5570.724938	
2006	6348.996805	8.756052096	8.762568337	6390.503487	
2007	7084.496812	8.865664128	8.887392877	7240.118679	
2008	7871.989418	8.971066094	8.99864909	8092.14478	
2009	8825.429834	9.085392587	9.105632086	9005.871981	
2010	9922.88937	9.202599425	9.214899671	10045.69708	1.2%
2011	11031.20999	9.308483806	9.325478467	11220.28373	1.7%
2012	12166.64573	9.40645353	9.437384209	12548.84877	3.1%
2013			9.550632819	14053.58523	
2014			9.665240413	15760.15838	
2015			9.781223298	17698.2899	
2016			9.898597977	19902.44719	
2017			10.01738115	22412.65768	
2018			10.13758973	25275.47222	
2019			10.2592408	28545.10662	
2020			10.38235169	32284.79623	
2021			10.50694	36568.41	
2022			10.63302	41482.34	
2023			10.76062	47127.85	
2024			10.88975	53623.73	
2025			11.02042	61109.58	

资料来源：根据深圳市统计局数据推算。

从误差分析来看，2010—2013年的测算值相对实际值差别不超过4%，整体来看误差较小。有较高的预测精度。

六 增长率预测结果

通过对三大生产要素进行推测结果，进一步计算出三大要素的增速（见表4-20）：

表4-20　　　　　　　　对三大生产要素增速的预测

年份	labor	land	capi
2014	3.5%	2.1%	12.1%
2015	3.5%	2.1%	12.3%
2016	3.5%	2.1%	12.5%
2017	3.5%	2.1%	12.6%
2018	3.5%	2.1%	12.8%
2019	3.5%	2.1%	12.9%
2020	3.6%	2.1%	13.1%
2021	3.6%	2.1%	13.3%
2022	3.6%	2.1%	13.4%
2023	3.6%	2.1%	13.6%
2024	3.6%	2.1%	13.8%
2025	3.7%	2.1%	14.0%

资料来源：根据深圳市统计局数据推算。

七 通过GDP增长率与要素增长率回归关系进行计算

由于 $G_Y = 6.52 + 0.9761472 \times G_K + 0.1569616 \times G_L + 0.1100499 \times G_{land}$，

因此 Y = A × CAPI 的 0.9761472 次方 × labor 的 0.159616 次方 × land 的 0.1100499 次方，根据计算可得未来深圳 GDP 的预测值（见表4-21、图4-16）。

表4-21　　　　　　　　　根据生产要素计算出 GDP

t	labor	land	capi	GDP测算预测值	增速
2013	887.01	871.44	12548.85	13762.38419	
2014	917.63	889.32	14053.59	15575.39872	13.2%
2015	949.47	907.62	15760.16	17652.03904	13.3%
2016	982.59	926.35	17698.29	20034.01212	13.5%
2017	1017.03	945.53	19902.45	22770.13227	13.7%
2018	1052.86	965.17	22412.66	25917.61594	13.8%
2019	1090.14	985.28	25275.47	29543.62727	14.0%
2020	1128.93	1005.86	28545.11	33727.12569	14.2%
2021	1169.32	1026.94	32284.80	38561.078	14.3%
2022	1211.35	1048.53	36568.41	44155.11101	14.5%
2023	1255.13	1070.64	41482.34	50638.69731	14.7%
2024	1300.71	1093.28	47127.85	58164.98765	14.9%
2025	1348.19	1116.47	53623.73	66915.42828	15.0%

资料来源：根据深圳市统计局数据推算。

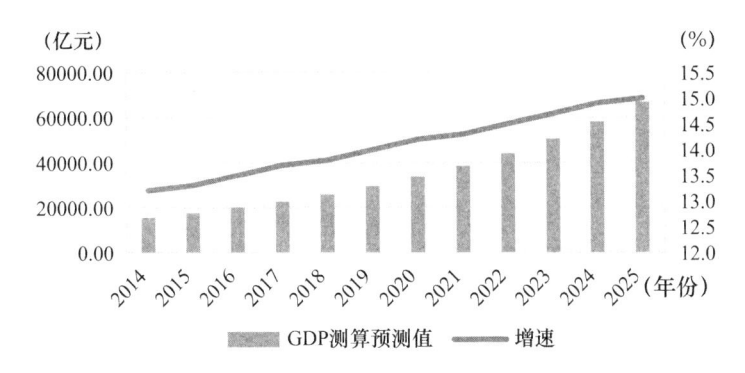

图4-16　生产函数计算的深圳未来 GDP 情况

注：2013年的数据为测算值非实际值，由于数据是对30多年来的回归，因此数据偏大，需要进行调整。另外全要素生产率初步假定不变，未来也需要进行调整。

资料来源：根据深圳市统计局数据推算。

应用发展经济学中的全要素生产率模型对深圳过去经济发展的速度、质量进行了分析,并对深圳未来发展的趋势进行了预测。模型估计结果提示了深圳经济发展面临的挑战,如劳动力收入对经济增长贡献较小,人力资本有待提高;经济增长对资本投入的依赖仍然较高,国内外宏观经济波动下资本的流出可能对深圳经济增长产生不良影响;全要素生产率对经济增长的贡献度仍需要进一步提高,需要科技制度进步的持续助力。

八 预测调整

根据深圳市远期规划,到2020年,城市常住人口控制在1100万人以内,但由于统计存在一定的偏差以及流动人口的影响,预计常住人口将达到1300万到1400万之间。城市建设用地控制在890平方公里以内。根据深圳市劳动力人口占常住人口的比例81%,2025年实际劳动力人口预计达到1119万。

因此,土地的增速将大幅下降,增长率千分之三,由于土地的限制,投资也必然受到较大影响,因此对指标进行调整。另外劳动力增长也受到规划的制约(见表4-22、图4-17)。

表4-22　　　　　根据调整的生产要素预测GDP增速

t	labor	land	capi	GDP测算预测值	增速
2013	861.62	861.49	13725.89	14933.90808	
2014	894.36	866.75	14812.93	16186.39336	8.4%
2015	925.67	868.51	15842.93	17383.42846	7.4%
2016	954.36	873.23	16952.52	18685.17779	7.5%
2017	978.22	876.78	17972.55	19909.80213	6.6%
2018	1001.70	880.35	19060.63	21213.69691	6.5%
2019	1023.74	884.54	20221.72	22615.67584	6.6%
2020	1044.21	888.15	21461.15	24115.17396	6.6%
2021	1063.0	891.2	22785	25729	6.69%
2022	1080.0	893.6	24198	27456	6.71%
2023	1095.1	895.4	25709	29316	6.77%

第四章 深圳中长期增长底线和潜力预测　263

续表

t	labor	land	capi	GDP测算预测值	增速
2024	1108.3	896.6	27323	31308	6.80%
2025	1119.4	897.3	29049	33455	6.86%

资料来源：根据深圳市统计局数据推算。

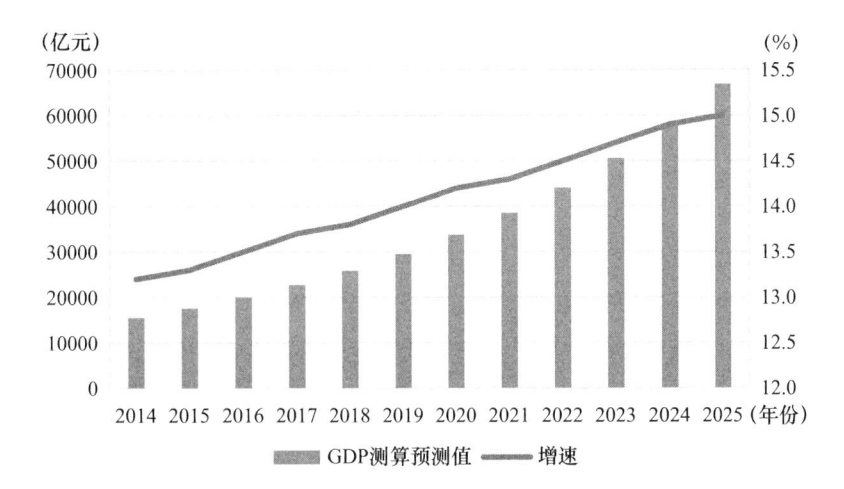

图4-17　调整生产函数计算出深圳未来GDP情况

资料来源：根据深圳市统计局数据推算。

图4-18至图4-20展示了三大生产要素调整后的预测结果。

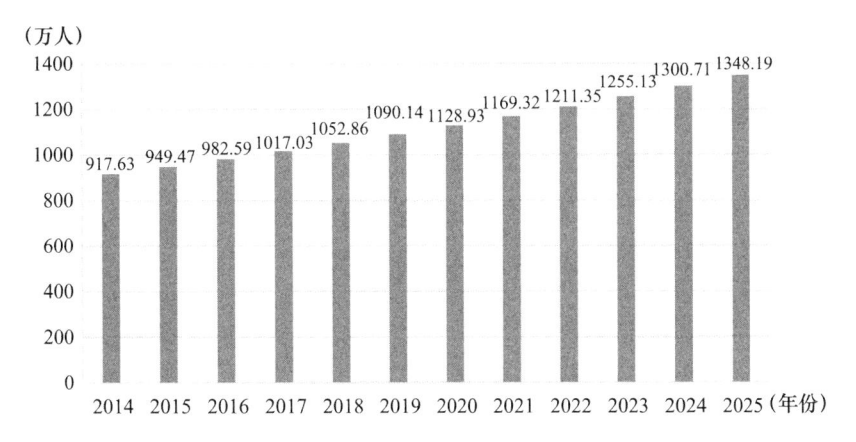

图4-18　劳动力预测情况调整

资料来源：根据深圳市统计局数据推算。

(亿元)

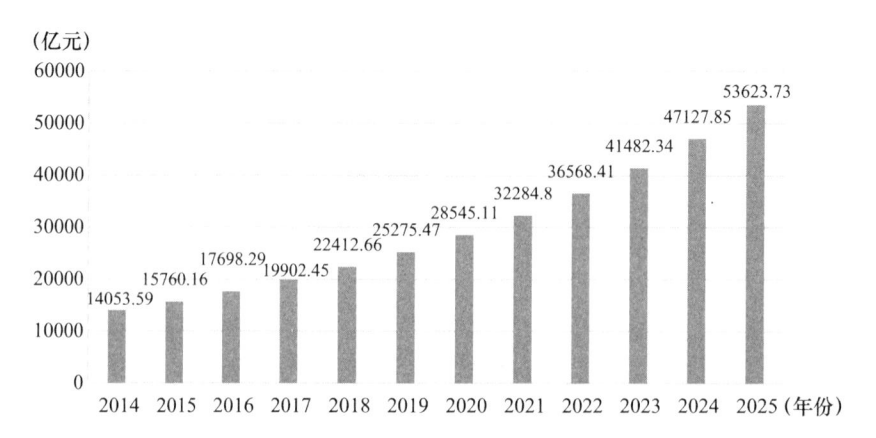

图 4-19 资本存量预测情况调整

资料来源：根据深圳市统计局数据推算。

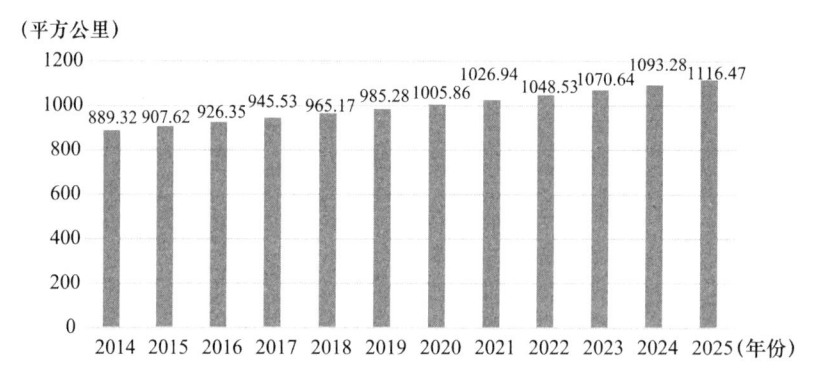

(平方公里)

图 4-20 土地预测情况调整

资料来源：根据深圳市统计局数据推算。

第七节 周边环境及国际形势对深圳经济增长的影响

一 香港经济对深圳的影响分析与评估

香港在未来一段时间内仍将是亚太以及全球重要的金融中心和商贸中心，同时随着粤港澳大湾区规划的实施，粤港澳经济进一步融合，香港经济对深圳经济增长的贡献和影响仍在考虑之内。但是随着香港经济的低迷不振和深圳经济的持续增长，香港经济对深圳经济影响力已不可同日而语。

（一）香港国际金融中心的影响减弱

近年来，国内加快建设上海国际金融中心的步伐，由于上海在港口物流、国际贸易、国际金融尤其是人民币结算等领域全面的竞争和压力，香港国际金融中心对内地以及深圳的影响力正在减弱。

随着香港的产业转型升级，香港产业逐步呈现空心化趋势，制造业等劳动密集型产业基本已流入内地。同时，由于国际经济形势、香港自身因素影响和内地的竞争，香港产业转型步伐缓慢，不容乐观。在香港内部，反对派热衷政治斗争、掣肘政府，将更多精力放在内部消耗上，在香港经济发展上形成制约。在香港外部，内地尤其是珠三角地区，不断在企业管理、科技创新和人才培养等领域学习香港先进经验，承接香港产业转移，推动产业转型升级，香港的相对优势不断被蚕食。

近年来，内地主要城市GDP增长速度虽然有所回落，但仍维持在年均7%以上，香港只有年均2%左右。深圳市经济总量已经在2018年超越香港，按照这个速度计算，广州和天津等城市超越香港也就在近几年间。到2022年左右，重庆和成都等城市的经济总量也将超越香港。届时，如果仅从总量来看，香港经济总量在中国主要大中城市中的排位可能仅相当于一个靠前的二线城市。

以人民币国际化为标志的内地金融改革不断加速，将进一步削弱香港的金融中心影响。深圳的创业板、上海的科创板和北京的新三板，再加上已经成熟多年的主板市场，多元化、多层次的立体资本市场格局在逐步形成。同时，高铁的不断发展和自贸区的建立，香港亚太航运交通枢纽的地位也在削弱。

但是我们也应该看到，香港经济还是有其独特的优势，如高度发达的自由市场经济体制、完善的市场经济法律、成熟的商业传统和国际金融中心的多年积累仍将持续发挥作用。从趋势来看，香港的地位下降和对深圳经济的影响削弱都是不争的事实。

（二）香港经济制度红利的减少

近年来，中国金融市场改革提速，作为重要改革目标的"人民币国际化"也在不断推进。人民币国际化对香港经济有两方面的影响:一方面从短期来看,亚太地区人民币离岸交易中心仍在香港,人民币国际化对香港金融业在短期内仍有积极影响,推动相关产业的发展与繁荣;另一方面从长远来看,人民币国际化改革实现后,人民币在资本项目下实现自由兑换,香港的金融中心地位将会被削弱。

随着中国内地开放程度的加深,与世界市场直接联通,香港作为二者交易的中介媒介的作用也大大降低。香港的进出量近年来呈下滑趋势,正说明了香港的贸易中心地位和货物中转作用在下降。同理在资本市场,中国市场和全球市场的交流进一步畅通,香港作为境内资金进入国际市场周转地的作用也将随之下降。

内地在 2013 年开始设立第一个自贸区——上海自由贸易试验区,上海自贸区具有"自由港"性质,在投资自由化和贸易自由化领域进行的综合全面试验,形成可以在全国推广复制的经验,而不仅仅是单纯的保税区升级版。在内地推广复制自贸区形成的经验,将推动国内整体投资和贸易提高自由水平,出现更多"准自由港"与香港开展竞争。

以香港和新加坡为例分析,新加坡赶超香港有多方面的因素,人力资源是首要因素。香港地区进入老龄化社会,人口增长缓慢,1997 年为 648.93 万人,为新加坡的 1.71 倍,到 2013 年增至 718.4 万人,但却下降为新加坡的 1.33 倍。

由于特殊的制度安排,香港实行"一国两制",大量接收内地移民将带来一定负面影响,引起香港部分民间人士和反对派的激烈反对。新加坡的移民和劳工政策更加开放,没有这方面的顾虑和影响。2013 年,新加坡非永久居民相当于香港的 7 倍,外来劳工占常住居民的七分之二,虽然新加坡和香港的市场经济发展程度和地理条件都非常相似,但劳动力和人才资源却相当丰富。

另外,由于香港、新加坡不同的产业结构,导致两地经济发展的路径也不同。虽然两地在过去都以出口加工业为主。但近年来,香港工业的大部分尤其是制造业,基本都转移到土地和人力更加便宜的内地,工业增加值占地区生产总值的比重只有 7% 左右,新加坡的工业增加值占比较高，达到 26.7%，比香港高 20 个百分点左右。

由于香港大力发展金融和房地产业经济，而这两个行业对其他行业的挤出效应十分强烈，导致香港第二产业萎缩严重；但是在金融和地产行业主导的经济体系中，物价和地价一般都处于较高水平，创业型企业的负担非常沉重，对香港经济的结构转型形成不利影响。

另外需要注意的是，香港是一个贫富差距悬殊的社会，1997 年前发生的中产移民潮，导致社会结构发生改变，中产空心化和贫富两极化现象在香港进一步加重。没有稳定的中产阶层，香港社会消费动能不足，经济增长过度依赖外部因素，处于社会底层的广大中低收入者生活质量持续处于贫困线徘徊，为民粹思潮在香港的发展奠定了土壤。

二 珠三角经济对深圳经济增长的影响评估

珠三角与深圳经济增长相关性很大，部分珠三角商品通过深圳出口或者进口，另外在产业结构上，深圳与珠三角也存在机构互补或者产业链协同的情况。根据区域经济学的理论，珠三角和深圳是相辅相成的关系，整体是竞争加合作的关系。无论珠三角地区是领先深圳还是暂时落后深圳，只要具有比较优势，相互合作均是双赢关系。

目前由于行政上并驾齐驱，深圳作为计划单列市，有脱离珠三角单干的趋势，成为合作的障碍。未来尤其需要进一步整合珠港澳深四者的关系，打破行政樊篱。

三 国际经济前景对深圳经济增长的影响

国际经济长期预测主要探讨两大因素：人口结构和技术因素。首先是人口结构变化，随着美国人口结构的变动，20 岁至 64 岁的劳动人口增长率逐步下降，劳动人口占总人口比重在 2009 年达到顶峰之后就开始持续下行，"人口红利"的逆转导致生产率因而下降；其次则是技术因素，但第三次工业革命开创的新科技与前两次工业革命相比,对提高生产率的作用并不十分显著。第三次工业革命只带来了1996年至2004年的短暂经济增长。总体来看,长期经济增长速度趋于下降。

美国在2008年国际金融危机后率先复苏,并有望引领全球。美国的复苏越来越显现出坚实的迹象,在发达国家中独树一帜。尽管未来长期增长将面临2%—3%的新常态,但是目前仍处在向均值回复、稳步回升的阶段,这有利于全球经济好转。

欧元区近年来遭受了两次危机的冲击,一是2007—2008年的国际金融危机,二是2010—2011年的欧债危机。尤其是欧债危机,整个破坏了欧元区各国的经济结构和经济体制,特别是对各国战后所形成的经济稳定机制的破坏相当大,影响了银行金融系统的融资能力和公共投资的能力。乌克兰冲突影响持续深化有加剧的风险,俄罗斯与欧关系恶化,经济受到的冲击可能会加大。

从经济基本面看,欧元区经济当前仍面临较大下行风险:欧元区实际GDP增长在经历了约4个季度的温和扩张后,近期再次陷入停滞,个别核心国家如法国甚至面临衰退风险。欧央行在对经济增长潜力进行系统评估后承认,欧元区经济下行风险仍然存在,欧央行指出,近期欧元区数据显示的疲弱增长动能和地缘政治风险的加剧,将进一步削弱信心和私人投资,同时,欧元区国家结构性改革措施的缓慢进展也给经济前景带来了下行风险。

亚太方面,韩国经济增速小幅向好,增速接近5%。中国台湾经济增速小幅上涨,维持在2%—3%之间。马来西亚增速较快,维持5%左右增速,菲律宾增速维持5%。印度尼西亚增速较之前有所下降,仅5%略多。整体而言,亚洲国家经济表现最差的是泰国,增速接近负值,其他国家整体增速较快,为5%左右。韩国及中国台湾增速较低,但整体有所回升,东南亚国家则大都增速下降,但仍相对较高。

从历史经验和当前走势分析,经济全球化仍是未来全球发展的趋势,低碳经济将成为世界发展潮流,新兴经济体成为全球经济增长的主要驱动,全球经济多元化新格局正在形成。

低碳经济作为当前全球经济增长新的发展模式,引领了全球经济发展的新的潮流；新兴经济体在全球经济增长中占据重要地位，是经济增长的主要推动力量，在未来仍将成为全球经济增长的主引擎和发动机。而主要发达国家高债务问题长期存在，通过举债推动经济增长的模式难以为继，已成为经济增长的重要难题。当前发达国家政府债务水平处于"二战"以来的最高点，债务水平再度提高的空间基本不复存在。

以印度和中国为代表的亚洲新兴经济体，情况普遍相对较好。世界经济重心目前有向亚洲转移的势头，亚洲贸易额已占全球的三分之一，随着亚洲经济的兴起，欧美亚在全球经济版图上三分天下的格局初步形成。

深圳在劳动密集型产品出口方面面临市场份额流失的问题，国内生产要素价格压力日趋显著，特别是土地、劳动力等要素成本上涨较快，对深圳传统制造业的比较竞争优势造成不利影响，跨国公司将部分低附加值生产环节向更低成本的国家转移，深圳出口产品流失的进口份额主要流向越南、墨西哥、印度尼西亚、泰国等新兴市场国家。随着产业转移趋势的持续，深圳将逐渐被倒逼进行产业链升级。

四 与深圳类似的城市经济增长的类比

（一）深圳与香港、新加坡相似性

首先，在人口密度上，深圳与亚洲"四小龙"情况相同，都是地少人多的特点，都需要经济的转型升级。在地理面积上，深圳分别是新加坡、中国香港的3倍和2倍。深圳与亚洲"四小龙"中的新加坡和中国香港在人口地理等经济发展条件上有高度的相似性。

其次，在亚洲"四小龙"经济发展腾飞期间，政府都对产业发展和经济结构调整制定科学的指导政策。而深圳作为中国的经济特区和改革开放的前沿，深圳市政府对深圳经济的发展起到了较强的指导作用，制定了科学合理的产业发展政策，推动了深圳经济的发展。

再次，在经济结构上，深圳与亚洲"四小龙"也有相似之处。深圳进入城市化的末期，农村基本消亡，一产规模很小，占地区生产总值比重不到1%，可以忽略不计，亚洲"四小龙"经济结构也基本相同。深圳与香港、新加坡的产业发展轨迹也基本相同，二产和三产占生产总值的比重都在一半左右，虽然三产业与发达国家相比占比相对较低，但仍处于上升走势。

最后，与亚洲"四小龙"相同，虽然经济发达程度高，但总量较小，市场化程度高，容易受到外部经济周期影响。深圳的地区生产总值占全国的比例很小，生产商品的价格受国际市场供求影响，企业需面对激烈的国际市场竞争。

（二）深圳经济增速下降的方式判断

通过对国际主要经济体的研究，不同经济体经济增长波动一般可以分为三种情况：一是渐进缓慢减速过程，如韩国经济增长速度由20世纪70年代前后的年均9%缓慢回落到80年代的8%，再逐步回落到90年代中后期的4%。二是为骤然突变过程，如日本从70年代中期开始，增长速度由过去的年均9%，骤然降低到4%。三是波动中速度总体上升，这一类经济体的增速通过一定阶段的增长后可能出现回落，然后随着科技进步或者技术创新，或者通过经济管理体制的变革或全要素生产率的提升等影响经济增长的某种因素的推动，经济增长呈现重新提速的走势，如90年代美国由信息技术革命推动了其经济增长率的上移。预计深圳增长趋势将呈上面提到的第一种渐进缓慢降速的过程。

（三）参考国际经济体对深圳人均GDP进行预测

用人均GDP衡量经济发展水平虽然是国际上的通行做法，但是也有一些缺点，如美元价值的波动没有考虑在内。如果考虑到通货膨胀等因素，不同的经济体在人均GDP为2万美元时所处的经济发展阶段不尽相同。如美国1980年的人均GDP为12249美元，若考虑到通胀因素，这一数据则只相当于2011年的29054美元水平。因此，为了剔除美元波动的影响，可以使用某个经济体当年人均GDP与美国人均GDP的相比比值作为衡量其经济发展阶段的指标。此外，美国作为世界最大最发达的经济体，美国的生产效率达到了当时全球经济体经济增长的极限。因此，其他经济体经济总量与美国经济总量的相对变化的过程也是其产业转型升级、科学创新和技术进步等不断演进的过程，这个比值及其变化可以反映这个经济体经济总量的变化走势。

世界银行数据显示，101个在1960年为中等收入水平的经济体（除毛里求斯和赤道几内亚）中，到2008年有11个（新加坡、日本、中国香港、韩国、爱尔兰等）达到高收入水平。11个经济体在其人均GDP达到美国当年的四成后，其经济增速开始放慢，除新加坡经济增长年均速度达到6.8%的较高速度外，其他经济体基本都处于1.5%—5.5%的中低速区间。

其人均GDP与美国人均GDP的比值在0.4—0.6区间的经济增速普遍低于0.2—0.4区间。当比值在0.2—0.4区间阶段时，有10个经济体（除葡萄牙外）GDP增速都超过了5%，东亚经济体增速最高，达到7.5%，其中中国香港最高，达到9.8%，日本也达到8.9%，新加坡、韩国和中国台湾分别为8.1%、7.8%和7.7%。但发展到比值为0.4—0.6的区间后，11个经济体增速全部回落，东亚经济体GDP增速降至4%—7.5%区间，虽然仍保持较快速度，但仍呈明显回落趋势，其中新加坡和日本仍达到7%以上，分别为7.6%和7.0%，中国香港、中国台湾和韩国分别为6.9%、4.7%和4.2%。

随着时间的继续推移，在前文提到的11个经济体，人均GDP最终成功达到美国六成以上的只有6个。中国台湾和韩国人均GDP在1995年左右超过了美国的四成，但经过近20年的增长仍未达到美国的六成；6个人均GDP达到美国六成的经济体中，GDP增速继续回落的有5个（爱尔兰除外），其中有4个GDP增速降至4%以下。

（四）深圳产业结构演进变化

根据国际经济演进趋势来看，工业比重降低的同时伴随服务业比重会上升是普遍规律，但是由于工业的技术进步率高于服务业，服务业比重的提高同时会带来整个经济增速的放缓。

虽然经济发展阶段、产业结构水平都对经济增长速度有重要影响，在人均GDP达到美国GDP的四成，或者人均GDP数据突破2万美元，以及服务业在整个经济的占比重超过55%后，多数经济体

（新加坡除外）GDP的增长速度均降到6%以下。2010年，美国、欧盟、日本三大经济体的服务业比重分别为78.8%、74.4%、71.5%，分别比1970年提高17.6个、21.8个和20.2个百分点；同时，中国台湾和韩国的比重也分别由44.7%和50.0%提高至58.5%和73.3%。上述数据显示在服务业比重提高10个百分点的同时，美国和欧盟GDP增速下降0.5—1个百分点，日本、韩国和中国台湾GDP增速下降2.5—3个百分点。

因此，虽然各个经济体经济发展阶段和水平具体情况不同，但都基本遵循这个规律，依次推断，深圳的经济增长也将由高速增长转向平稳逐步回落的态势。

第八节 深圳经济中长期增长潜力综合预测

一 GDP中长期增长预测的综合调整

本章之前各小节采取的是单一维度预测，主要包括生产要素法，三驾马车法，三大产业法，还有通过经济指标与经济产出的相关性来进行预测。下面拟综合各方面因素，对三项指标进行加权汇总，所占比重分别为40%、20%、15%。还有25%分配给其他先导指标预测法，并结合政策、外在突发因素等进行调整（见图4-21）。

整体来看，考虑到深圳地区未来土地资源和劳动力约束，未来深圳经济增速下降将是大概率事件。新增土地对投资的限制是非常显著的。

从国际经济形势来看，随着美国再工业化和退出QE，欧洲、日本前景未明，人民币升值和汇率自由化均对净出口产生冲击，深圳自身的结构调整和贸易升级也会降低出口加工业的比重。

国内经济整体环境将快速下滑，增速下台阶，且不会走传统刺激的道路。

长远来看，国内和珠三角其他地方的改革会导致香港地位下降，对深圳也有不利影响，即使珠三角的地位也受广州冲击。

第四章　深圳中长期增长底线和潜力预测

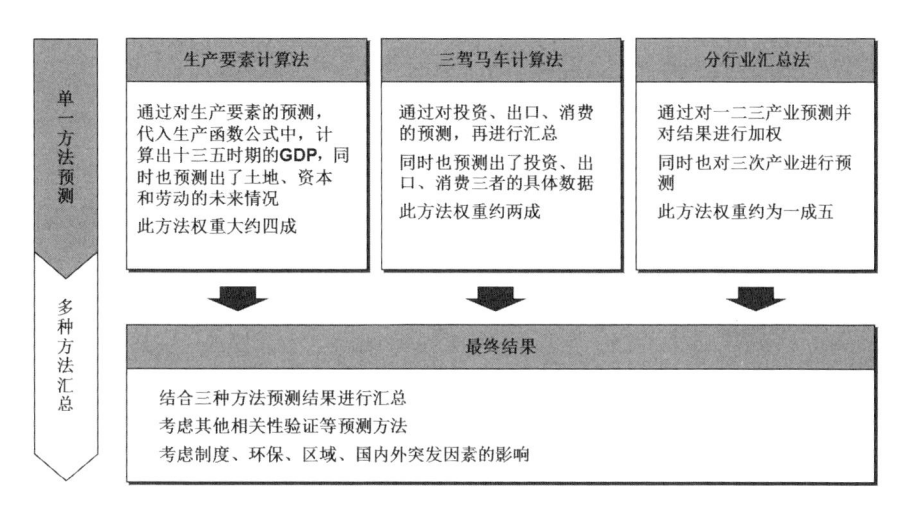

单一方法预测

生产要素计算法	三驾马车计算法	分行业汇总法
通过对生产要素的预测，代入生产函数公式中，计算出十三五时期的GDP，同时也预测出了土地、资本和劳动的未来情况 此方法权重大约四成	通过对投资、出口、消费的预测，再进行汇总 同时也预测出了投资、出口、消费三者的具体数据 此方法权重约两成	通过对一二三产业预测并对结果进行加权 同时也对三次产业进行预测 此方法权重约为一成五

多种方法汇总

最终结果

结合三种方法预测结果进行汇总
考虑其他相关性验证等预测方法
考虑制度、环保、区域、国内外突发因素的影响

图 4-21　GDP 预测综合调整示意图

在正常预测情况下，深圳经济增速将保持 7.5%—9.5% 的增速，预计 2025 年经济总量达到 37695 亿元（见图 4-22）。

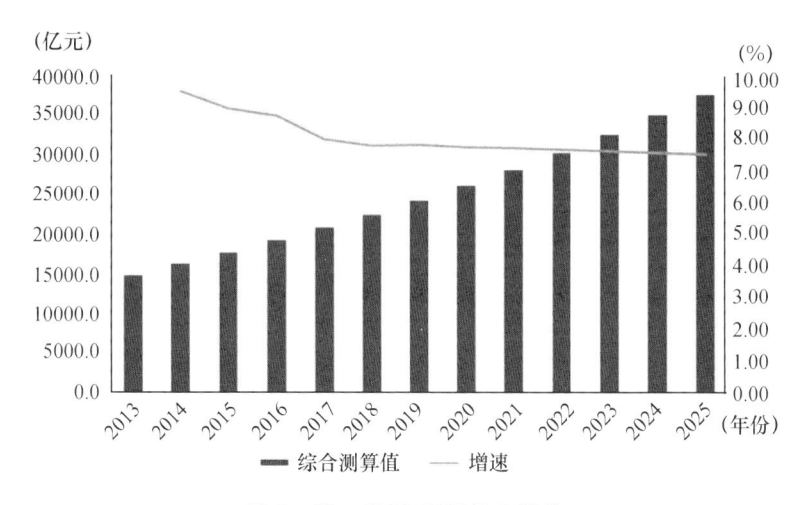

图 4-22　GDP 预测综合调整

资料来源：根据深圳市统计局数据推算。

从预测结果来看，深圳增速持续下滑是大概率情况，与理论分析较为符合。

源于古典边际报酬递减律的经济收敛理论认为,在其他要素投入不变和技术条件相对稳定的情况下,如果连续追加某种要素,在初始阶段其边际产出是增加的,当继续增加投入至达到某个临界点后,其边际产出开始从高位逐步递减。

空间经济理论指出,集约型城市要在现有城市范围和资源条件下挖掘其内部增长潜能,发挥城市的集中集约和多元功能。其特点是,一方面在空间结构上,追求土地资源的集约高效使用,强调土地密集开发和集中利用,如功能多元、规模集中和结构紧凑等;另一方面在经济增长方式上,经济增长要改变单纯依靠增加生产要素投入,转向生产要素利用效率和使用质量的提高,推动城市和经济的高效发展。

深圳目前既面临要素投入数量大幅下降,又面临要素边际产品短期难以快速提高的问题,因此深圳增长速度趋缓并逐渐遭遇"高位增长瓶颈"。一方面,如果深圳经济在内外部条件上取得重大创新突破等有利变化,经济增速有可能趋快并打破"高位增长瓶颈"约束。对于深圳而言,则是能够利用目前的手段,快速引进消化先进技术,打破原先的技术引进速度,也可能获得较快的增长。另一方面,如果在经济增长的过程中内外部条件上遭遇金融危机等重大不利变故,增长速度可能放慢甚至出现下降。

二 中长期(到2025年)生产要素变动预测

(一)深圳人口预测

整体来看,考虑到深圳地区规划及人口对未来劳动力约束的1100万人,实际人口预计达到1300万—1400万人,其中包括一些未纳入统计或者流动性较强的从业人员,深圳市实际人口增速将维持2%—3%的速度,数量增长有限。预计2025年常住人口达到1520万人,户籍人口预计比例大幅提高,人口素质得到提升(见图4-23)。

(二)新增用地预测

从深圳地区未来土地资源规划来看,深圳市人口增速将维持1%以下的速度,数量增长有限。商业、居住、办公等经济用地控

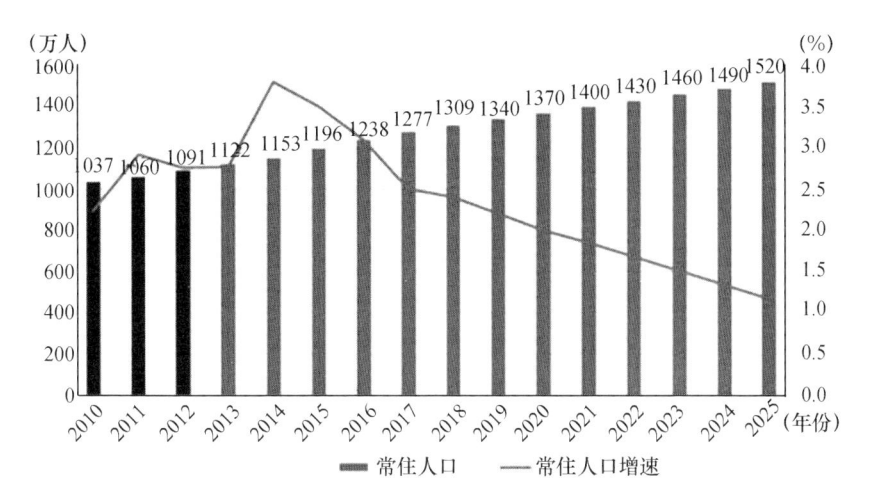

图 4-23 人口增长预测

资料来源：根据深圳市统计局数据推算。

制在 900 平方公里，占 46%，其余部分则是林地、水域、园地，从环保角度不方便开发或者同时开发成本也较高。目前禁止开发地区已经达到 860 平方公里，占 44%，限建区 114 平方公里，占 5.84%（见图 4-24）。

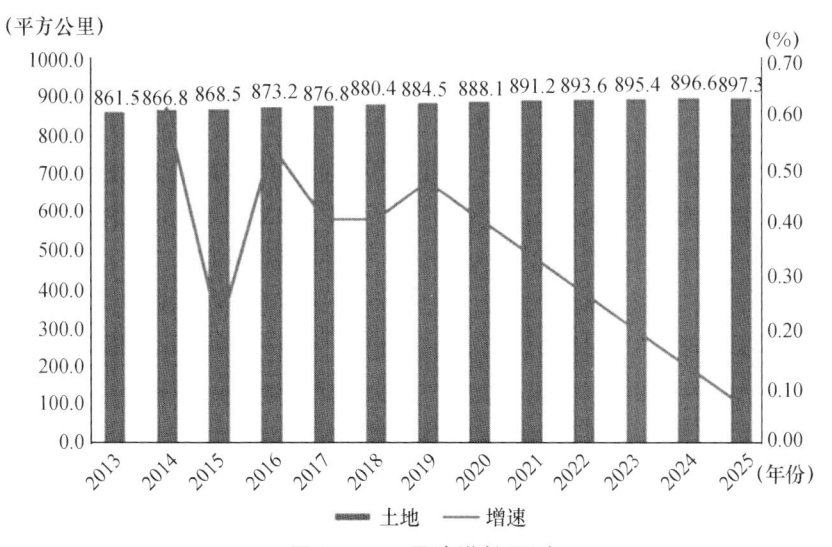

图 4-24 用地增长预测

资料来源：根据深圳市统计局数据推算。

（三）水资源消耗量预测

预计"十三五"时期用水量保持低速增长，平均增速2%—4%之间，2020年全市总用水量将突破30.6亿立方米/年。其中城市用水量26.5亿立方米，农业和生态环境用水量更高，合计达到4.1亿立方米。预计2025年用水量达到33.6亿立方米/年（见图4-25）。

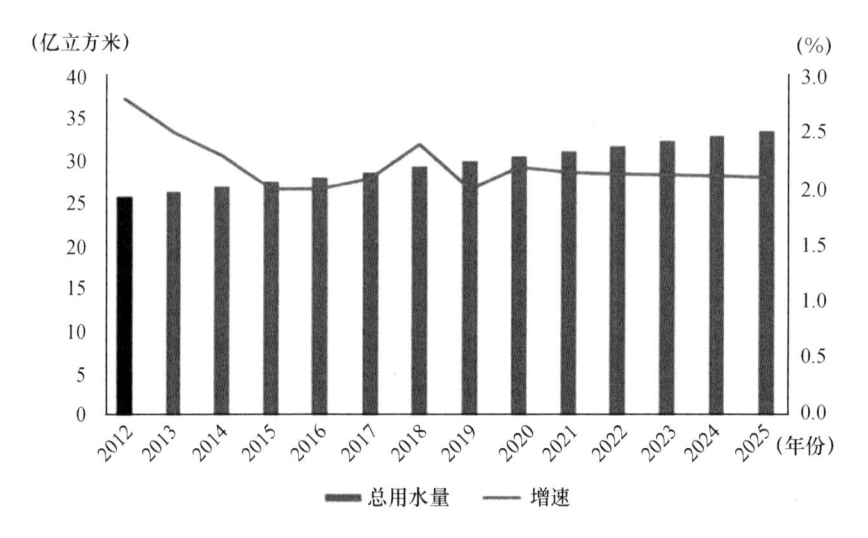

图4-25　城市用水总量增长预测

资料来源：根据深圳市统计局数据推算。

（四）能源消耗量预测

深圳"十三五"末期预计可以达到发达国家的能源利用效率和水平，形成在结构上持续优化、在区域上协调发展、在来源上多元可靠、在效率上高效节能的消费体系和供应体系。能耗持续下降，2025年能耗下降到0.26吨标准煤/万元（见图4-26）。

尤其是逐步降低石油使用比重，提升清洁能源比重，推进可再生能源利用，如增加外来电、核电和天然气比重，扩大洁净煤发电规模。2025年全市用电量预计约为1035亿千瓦时（见图4-27）。

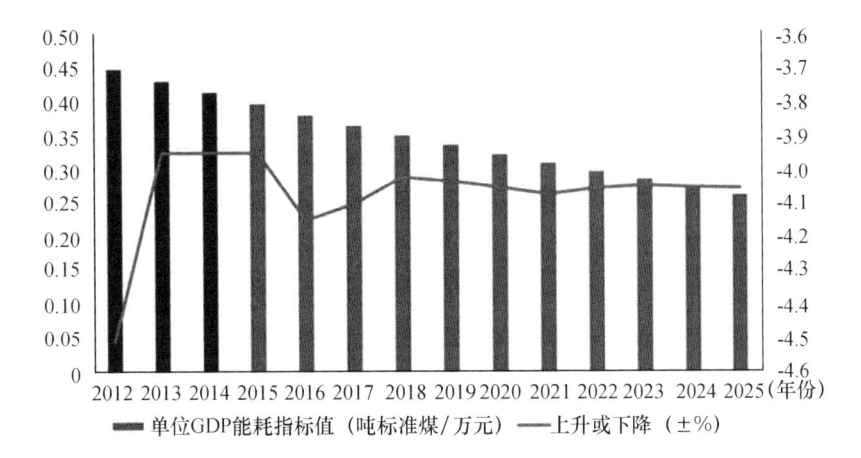

图 4-26　单位能耗变动预测

资料来源：根据深圳市统计局数据推算。

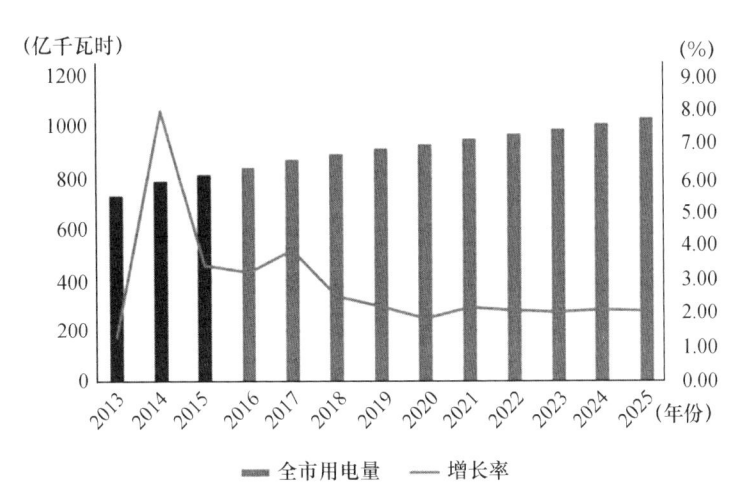

图 4-27　全市用电量增长预测

资料来源：根据深圳市统计局数据推算。

三　中长期（到2025年）重点行业变动预测

（一）工业增长的工业增加值预测

通过 ARMA 等计量经济方法，通过计算可以得出，预计2025年工业增加值目标12600亿元，工业用地效益达到57亿元/平方公里。工业用地规模260平方公里。深圳将形成一定规模的总部经济，产业以设计、高端生产及企业总部和高新技术产业研发为主，以钟表、黄金珠宝、工艺礼品、无污染的服装等都市型消费生产为辅的工业体系（见图4-28）。

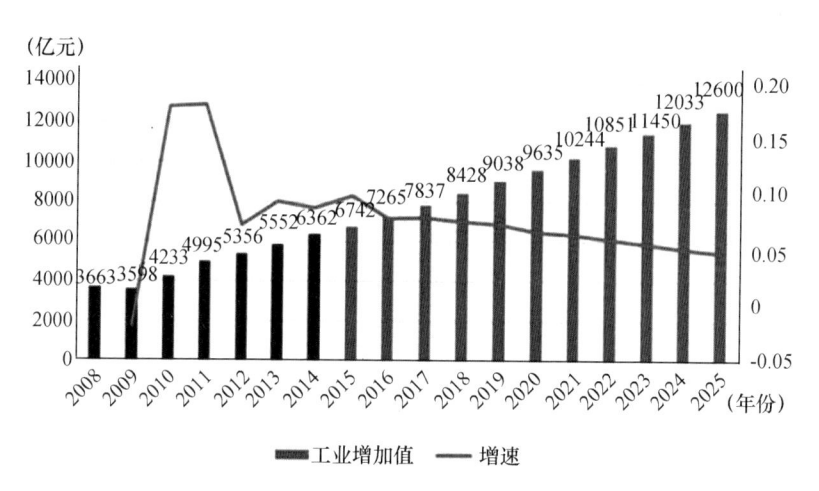

图4-28 工业增加值增长预测

资料来源：根据深圳市统计局数据推算。

（二）新一代信息产业增长预测

预计到2025年，深圳新一代信息产业将达到13633亿元，届时预计深圳将成为全球重要的新一代信息技术产业基地和区域创新中心，重大科技成果集成、转化能力显著提高，掌握一批核心关键技术，发明专利申请量年均增长15%，新建200家以上科研单位，比如国家级、省市级工程实验室、重点实验室、工程（技术）研究中心和企业技术中心。届时深圳将建成具有国际先进水平的信息通信基础设施，实现宽带高效快速普遍接入（见图4-29）。

（三）六大战略性新兴产业预测

预计未来三年到五年，战略性新兴产业将维持20%的高位增速，之后增速逐渐下降，降到20%以下，预计到2020年，战略性新兴产业可以达到19000亿元，2025年达到32484亿元（见图4-30）。

四 中长期（到2025年）整体经济预测总结

展望2025年，深圳经济发展方式转变预计取得显著成效，形成

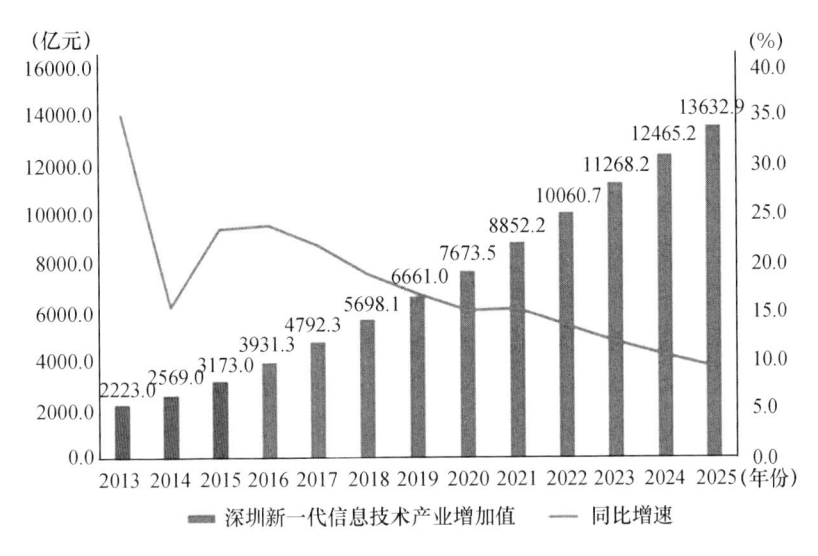

图 4-29 新一代信息产业增长预测

资料来源：根据深圳市统计局数据推算。

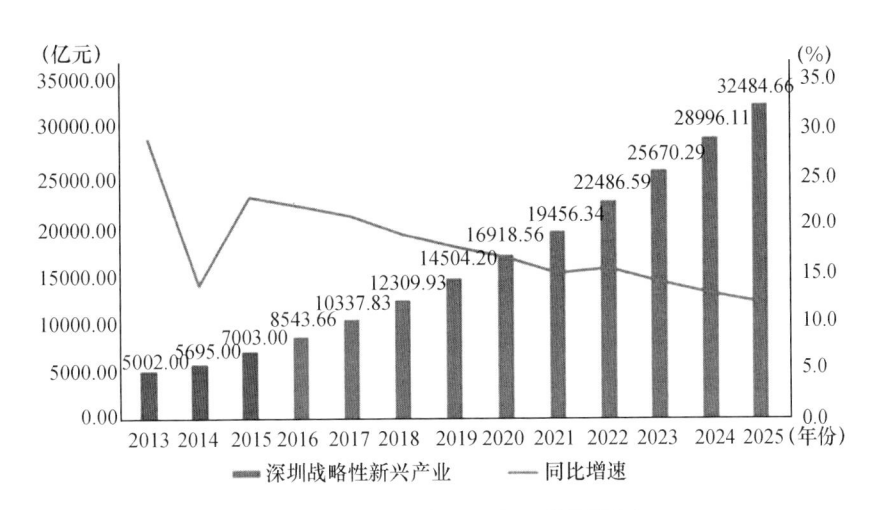

图 4-30 战略性新兴产业增长预测

资料来源：根据深圳市统计局数据推算。

具有国际水平的自主创新体系、整体经济保持平稳较快发展。经济实力进一步增强，经济增长质量和效益明显提高，全市生产总值年均增长 8% 左右，到 2025 年达到 3.7 万亿元。经济结构更趋优化，预计到 2025 年第三产业增加值占 GDP 比重达到 70%，战略性新兴产业增加值占 GDP 比重超过 50%。

自主创新优势更加突出。在关键产业领域核心技术创新取得突破性进展，创新体系更趋完善，预计到 2025 年科技进步贡献率达到 70%，高技术产业增加值占 GDP 比重达到 45%，全社会研发支出占 GDP 比重达到 7%，每万人口年度发明专利授权数量达到 20 项。社保、教育、医疗卫生等基本公共服务水平进一步提升，社会服务体系更加健全，实现居民收入增长与经济发展基本同步、劳动报酬与劳动生产率提高基本同步，到 2020 年居民人均可支配收入达到 12 万元，登记失业率控制在 3% 以下。低碳绿色发展扎实推进，万元 GDP 能耗下降到 0.26 吨标准煤。

根据相关理论和深圳当前经济增长实际，深圳经济增速高位逐步回落符合经济发展的规律和当前实际。深圳经济总量非常巨大，2018 年地区生产总值已突破 2.4 万亿元并超过香港，经济高速增长难以继续维持。目前，支持深圳经济高速增长各种资源和优势相对弱化，要素报酬递减，制度红利削弱。资源环境的瓶颈作用和限制明显，潜在最大可能经济增长率降低，深圳经济增速已进入逐年下降阶段，每年大约下降 0.2 个百分点。

总体来看，深圳虽然在科技创新、管理制度多方面依然具备相当优势，但受经济发展客观规律、国内外经济形势、自身产业发展进程等因素影响，经济增长率下移已成为大概率事件，因此政府、企业和居民个人等各方都要有准备适应的过程，需要以平常心看待，重点应考虑练好内功，提高自身发展条件，加强公共服务和科技创新，健全法律体系，尽可能减缓经济增长波动的影响。

第五章

对深圳经济中长期增长的思考建议

第一节 充分发挥生产要素的作用

一 提高全要素生产率

从世界历史上来看,一个国家和地区如果生产率没有实质性增长,仅仅依靠单纯的要素投入,在一个阶段内也许可以获得较高的增长速度,但却是难以做到维持较长时间的。通过科技创新和技术进步,可以达到全要素生产率的提高,经济可以实现更为持久和稳固的增长。

深圳的发展模式由过去依靠资本投入转变为资本投入和TFP提高共同推动,其中,TFP对经济增长贡献率快速提高,在推动深圳经济持续快速增长方面发挥了重要作用。集约型城市在有利的条件下,凭借新一轮产业调整机遇,通过科技进步和自主创新,提高全要素生产率,发挥经济增长的最大动能和潜力,实现经济转型升级和驱动转变,推动经济在更快速度和更高平台上的持续增长。

因此,转变过去的依靠资源要素简单堆积的片面依赖,将经济增长方式由粗放型增长向集约型增长及时转变,更多地通过提高要素之间的投入产出效率,发展知识经济、数字经济、循环经济和低碳经济,以科技创新和技术进步推动经济增长,提高经济增长的效率和质量,通过全要素生产率的提升实现经济跨越式持续增长。

根据深圳当前自身发展特征:重点发展物流、金融和旅游等服务业,加快产业转型和结构调整;充分发挥高新技术产业的基础支撑作用,推动信息化建设,对城市进行信息化改造,提高经济社会信息化水平，提升整个社会的生产生活效率；强化教育在社会中的基础地位，加大教育软件和硬件投入，重点是引进和吸纳高层次高学历人才，加大科研院所和高等院校的投入水平，把优化经济发展和发展职业教育结合起来，提高劳动者的职业技能水平，提高整个社会的科学文化水平；清理和优化深圳有关政策法规和体制机制，加快与国际惯例接轨，转变政府职能，提升政府效率和决策水平，保障经济活动的自由度和开放度，最终实现经济社会全面发展。

二 扩大资本存量来源，引导扶持中小企业促进创新

（一）重视社会资本投入，增加资本存量

在深圳经济近年来的持续快速增长中，投资是深圳经济增长的基础和首要推动力量。但是，长期以来深圳的固定资本投资主要是政府投入，社会资本和民间投资占比较低。政府应在稳定增加自身投资的前提下，制定相关扶持政策鼓励民营企业积极投资，放宽行业准入条件，开放更多的领域，通过吸纳民间资本投入增加整个社会资本存量。

（二）加快发展多层次资本市场，侧重服务中小企业

1. 发展多层次资本市场与上海交易所竞争

深圳要发展多层次资本市场，确立在于香港和上海的竞争取得优势地位。与单层次股票市场相比，多层次资本市场可以更好满足各类投资者、市场中介和筹资者的不同需求，通过虹吸效应，汇集大量企业、人才、资金、信息和技术的聚集；通过资本市场的多层次发展，深圳才能利用差异化竞争策略和错位发展优势，推动深圳资金市场快速全面发展，为深圳经济做出新的贡献。

2. 重点促进中小企业融资

为了提高中小企业的融资水平，政府应该优化法律法规环境；鼓励金融机构开展贷款竞争；鼓励中小企业通过非银行渠道融资；宣传中小企业融资成功经验和典型案例；提高重点法律法规的水平，制定新的企业破产法确保债权担保人拥有优先受偿权；鼓励使用可移动资产进行抵押贷款（例如：存货、应收账款、车辆和设备等）的机会；通过使用和发展信用报告制度构建信用体系。

学习借鉴国外中小企业先进融资经验。放贷依据中小企业债务清偿能力、账面现金流以及所有者管理风格、性格和经营能力的判断，而不应该依据企业资产。根据中小企业借款人信用及还款表现，使其逐步借贷到更大数额、更长期限、更低利率的贷款，进一步降低拖欠风险和减少违约现象发生。

虽然银行在可以预见的很长时间内，仍是中小企业最大的融资渠道，但同时也应当规范完善相关法律法规和制度，鼓励扶持非银行渠道的融资发展，更多地推广融资租赁业务、风险投资、私人股权投资和小型公募。

三 重视人力资本质量提高，改善人口素质与结构

（一）提高教育年限

尽管深圳劳动力增速长期保持比经济增速低十几个百分点的较快速度增长，但是计算得到劳动力对经济增长贡献度很低。数据显示，深圳经济劳动投入弹性系数相对较低，劳动投入增加对深圳经济增长的贡献很小，必须依靠加强技能培训与知识教育和进一步改善人口结构的方法，提高劳动力的投入产出比，通过数据较少和质量较高的人力资源，推动深圳经济增长。

深圳目前的人均受教育年限为10.43年，相对处于较高水平，在全国大中城市中仅低于北京和上海等几个城市，但是人口有近六成是初中及以下文化程度，劳动力结构和人口素质改善和提升的空间还很大。

还可以推广教育券计划，使入学适龄儿童自由选择进入私立或公立学校，促进教育服务领域的公平公开竞争。还可以建立公私合办校，按需提供职业培训，提高劳动力素质和企业生产率。

（二）科研力量培育需要壮大社会机构力量

目前深圳市在企业研发方面处于强势地位，政府也处于强势地位。但事业单位、社会组织相对较弱，形成两头大中间小的格局。因为人力资源需要大量集中在学校、医院。一个国际化大都市的重要标志，是要有大量国际知名的文化教育载体聚集出现。而目前，深圳文化教育事业软实力，还远远达不到深圳建设国际化大都市的

要求。

处于企业和政府的"中间环节"是高层次人才扎实发展的依托平台，而深圳目前数量较少，尤其是科研机构更少。深圳发展教育文化事业，要从软件和硬件两方面着手加强，尤其是强化政策和体制保证，对科研机构和高等院校建设方面更要特别关注和重点投入。

在政府教育资源有限的情况下，要鼓励私人机构经营培训机构和学校等，尤其是以技术岗位为培训目标的职业教育学校。国家通过《社会力量办学条例》加强和管理私营机构办学，应抓住这一契机，鼓励更多资金投入培训和教育产业。

(三) 改变深圳人口结构，提高户籍人口比重

统计数据显示，深圳总人口中以高中及以下文凭人员为主体，比重约为四分之三，从事工商业或务工人员比重约为五分之四，其中豫湘川三个劳动力输出大省贡献最大，占比超过一半以上。流动人口比例过高，大量从事低端制造业，对整体人力资本存量相当不利。从深圳进行产业结构优化调整，打造国家创新示范城市，建设国际化湾区中心城市等定位出发，深圳现有的人口结构和人口质量还达不到要求。

产业结构问题是深圳人口问题的源头，产业层次低端化是重要原因。深圳需要加快企业的转型调整和优化升级，更多生产高附加值差异化的产品。深圳产业发展应当巩固优势传统产业，大力发展高新技术产业，如计算机、人工智能、网络通信、信息技术和新能源产业等。

增强深圳城市竞争力的一个重要途径就是提高户籍人口占比。深圳户籍人口达到500万到600万人，才能稳定保持自身的竞争地位。深圳如果要保持在竞争中的优势地位，需要放宽户籍限制，吸引全国各地的人才到深圳就业、落户和发展，成为深圳人才资源中的中坚力量，为深圳增长提供持续不断的智力要素和人才支撑。

在具体政策上，可以学习借鉴新加坡等发达国家的经验，采取多种衡量标准和入户政策，如投资入户、技术入户、纳税入户等措施，大量增加户籍人口比重；将行政审批入户政策尽快转变为符合

一定条件就可以自动入户的核准政策，实现深圳劳动力资源的持续稳健增长。

同时，深圳作为国内最发达城市之一，房价、房租和物价水平等生活成本较高，作为年轻城市生活节奏快，工作强度大，对人才引进也有一定不利影响。深圳应该在政府层面出台相关人才引进政策，采取多种有力措施吸引人才扎根深圳。启动实施"人才安居"工程，建设公租房，为大专以上学历的人才发放一定住房补贴等；加强深圳软环境建设，提高深圳生活宜居、营商投资、法治安全建设，加快教育医疗和交通等公共设施配套建设。

（四）大胆创新深圳特色的人才国际化政策

1. 重点打造软环境，提高地区品质

由于具有年轻城市的后发优势，深圳在硬件建设上优势明显，由于缺少历史的沉积和文化积淀，因此应重点加强软环境建设。通过各类国际学会、交流协会和会员俱乐部等形式来汇集人才，搭建海外人才交流的广阔平台，增加海外人才的归属感，对深圳这个城市发挥更大作用和积累更深感情。借鉴上海的陆家嘴、纽约的曼哈顿、巴黎的拉德方斯、香港的中环和东京的新宿等国际大都市的重点部位，集中大量信息、贸易、商业、金融和中介服务机构，打造城市的国际名片，成为吸引海外人才创业工作的"海上灯塔"。

2. 大胆创新，积极打造深圳"人才特区"

深圳作为我国改革开放的先行地和试验田，也应大胆在国际人才政策创新上先行先试，比如研究探讨双重国籍问题，允许技术移民，允许绿卡制度，允许海外人才享受我国同等的国民待遇等。根据国际人才需求程度和不同的产业定位，区别对待，采用差异化的引进政策，重点引进急需的高端优秀人才队伍。逐步建立海外人才社会保险、社会福利、医疗保险和专项薪酬制度，为海外人才构建全面完善的生活保障制度。引进国外院校，鼓励建立深圳分校，或者成立与国际完全接轨、符合西方教育体系、学分可以互转互认的国际学校。积极引进、吸收符合建立世界城市和国际大都市要求的国际化人才到政府部门任职，聘请国外人才加入国有企业管理层，提高政府管理和企业经营的国际化水平。

3. 加强对国际人才引进后的后续培育

深圳目前已实施吸引海外人才来深圳创业和工作的孔雀计划。但是在国际人才引进深圳创业工作后,对他们的后续培育和培养支持同样重要。持续的更新和补充,对国际人才的发展十分重要,否则同样有面临被淘汰的风险。政府应当积极给国际人才的学习培训创造更多更好条件,推动他们的知识更新和能力提升。

四 优化土地利用集约化

(一)以经济增长质量换空间

土地要素是其他要素发生作用的空间基础,而且其直接带动作用对经济增长具有较强影响。深圳作为一个土地资源有限,各种资源集聚的集约型城市,土地是深圳发展的重要影响因素,但目前成为经济增长的约束瓶颈。要建立科学合理的土地中长期发展规划,通过旧城改造、土地置换等方式,优化土地资源的使用和配置,一方面寻找增量,另一方面要用好存量,打破土地因素对深圳经济增长的制约影响。

以隐性利益换取显性利益,以质量换空间,推进城市的产业结构优化调整,既要控制制造业向外转移步伐,防止产业转移后形成的产业空心化,同时也需要依据城市转型发展要求和产业生产成本条件变化,向以代服务业为主的第三产业进行产业结构调整。

深圳土地资源开发强度大,目前已达到45%以上,大大超过香港的24%,也远远高于上海(30%)和北京(20%);可利用的土地资源总量较少,建设用地目前仅有930平方公里。从产出效益来看,深圳已居于前列,2011年单位土地产值为5.89亿元/每平方公里,比上海的3.03亿元(排在第二位)多出2.86亿元,是重庆的48倍(排在第七位)。深圳在当前的土地资源限制下,只有大力发展生产性服务业、金融业、高端制造业等占地产出高的行业。同时,向外转移占地多产出少的传统制造业,减轻城市对资源的消耗,减轻教育、生活、交通、生产和治安等各个方面的城市压力问题。

(二)向海洋寻找发展空间

深圳毗邻太平洋,具有优良的港口条件,海洋空间广阔,而且处于国际主航道上，具备打造功能强大和产业发达的湾区经济的各种有利条件。深圳发展的一条重要途径是陆海统筹，应该将以点成线（257公里的海岸线），从线到片（1145平方公里的海域），从陆海空全面着手，进行整体布局谋划和统筹安排，达到生态空间的进一步协调优化，有力推动深圳海洋经济跨越式发展和产业结构转型升级。

党的十八大报告提出建设海洋强国，对于深圳来说，既有现实需求，更应有所作为。支撑深圳将来发展地理空间问题的最好途径就是陆海统筹协调发展模式。最重要的是大力发展海洋经济。深圳目前已形成了建立海商油气业、海上交通运输业和海洋旅游业三大海洋经济产业，高密度海洋产业集群已经初步形成。发挥海洋区位和高科技产业聚集优势，推动海洋经济模式向创新引领模式发展，海洋开发向循环利用型方式转变和海洋产业向高质量高效益型转变。深圳过去对海洋经济和海洋产业重视不足，未来要更加重视，通过多种方式推动海洋经济创新高质量发展，打造深圳经济新的增长点和增长空间。

第二节 通过"三驾马车"拉动优化经济增长

一 投资侧重公共产品，改革投资管理体制

公共投资是全社会投资的组成部分。公共投资方向主要是四大类资本，主要包括重大基础设施及物质资本、基本公共服务设施及人力资本、研发投资及知识资本和绿色投资及生态资本，在这些领域投资最具规模性和正外部性但又处于长期投资不足状态。公共投资具有积极的外溢效应，一方面自身投资产生效应，另一方面可以带动民间投资和私人投资，起到积极的示范引领作用和撬动导向效应。

公共投资对于全社会投资有明显的拉动效应，被作为财政政策工具的一部分广泛使用。2008年国际金融危机后，政府实施积极的

财政政策，出台了大规模政府投资计划拉动经济增长，投资计划总额约为4万亿元，根据相关规划，其中约1.3万亿元来自于中央政府投资，国家预算内资金仅仅占到6%，但带动了50.3万亿元的全社会的投资。因此，政府的公共投资，无论是中央政府还是地方，虽然占比很低，但都可以起到一定的引导作用，实现"四两拨千斤"的效果。

（一）加大基础设施投资建设

对深圳而言，基础设施发展仍相对薄弱，也是发挥公共投资的正外部性的优先投资领域。一是确保完成深圳"十二五"规划中列入的重大基础设施建设项目，尤其是加快城际快速轨道网络、油气管道及储气库建设、城市公共交通、下一代信息技术设施和民航及新一代空管系统建设等重点建设项目。二是要加速"十三五"时期基础设施专项项目实施，启动并推动一批重点区域和全局性的重点项目和重大项目，推动深圳主要基础设施建设实现大幅度跨越式发展。三是以前瞻性的目光，制定深圳2030年基础设施中长期蓝图规划，加速国内市场、规模化、网络化和一体化。

（二）加强对公共服务设施领域投资

深圳在重大国计民生方面的公共设施投入也存在明显不足，如医疗、教育和社会保障等领域。因此，加强这些领域人力资本、基础设施和社会保障等方面的公共投入，对于民间投资和经济增长具有重要作用。例如，大力发展城市人文设施建设；基本完成棚户区改造，加快保障性安居工程建设，基本满足城镇中低收入和困难家庭的住房需求；加大对新农村建设和民生工程的投入，如通路、通电、供水和环保方向投入等。

（三）增加对研发的公共投资

根据最新发布国民经济核算体系，研发投资纳入国民经济核算，增加研发支出代表着GDP的增加。要增加研发领域的投资，提高深圳科技创新能力和知识资本。一是要大幅度增加对国家社会科学基金、国家自然科学基金等基础研究投资。二是要加大对重点科技计划、重大科技专项、技术创新工程、知识创新工程和科学研究设施等科技创新项目投资。三是要加大工业智能化和移动互联网投资。

（四）鼓励和促进民间投资和外商投资

落实贯彻国务院"新非公36条"精神，推动民间投资快速增长和持续发展，稳定经济增长内生驱动。开放民间投资范围和领域，鼓励支持民间资本做强做大，持续打造适宜民间投资增长的舆论氛围和政策环境。通过加大直接融资、完善信用担保体系和信贷支持力度等方式，进一步拓宽民间投融资方式。

外资经济也是深圳经济发展的重要组成部分，应推动深圳外商直接投资的健康发展和持续稳定增长。目前，外商直接投资对经济增长的拉动作用由过去的直接贡献转向间接贡献，要适应这一趋势，大力引入生产性服务业和高端制造业，尤其是重点引进中国台湾、韩国、美国、日本的一些新、高、大投资项目，加快引进一些具有基础作用的生产性服务业，尤其是高端的服务业投资，使外商投资结构进一步优化，外商直接投资水平和层次得到大幅提升。

（五）大力推动投融资体制改革

进一步下放和减少投资审批事项，大力推进投融资体制机制改革。根据"谁投资、谁决策、谁收益、谁承担风险"精神，缩小核准、备案和审批范围，积极努力保障个人和企业投资自主权和收益权。

二 扩大消费占GDP比重，保民生，稳经济

（一）防止盲目投资刺激经济

为充分认识当前的经济增长新常态，不能片面通过加大投资来推动经济增长，重视消费和内需在经济增长中的作用，坚定发挥居民消费拉动经济增长内生驱动力。

（二）加强优化调整，改善收入结构，降低企业成本

收入是消费的基础，要保持消费的稳定首先要保持收入的稳定。完善健全收入分配体制机制方案，增加和提升居民可支配收入，初次分配中要努力提高劳动收入的占比，在再分配中切实增加对劳动者的转移支付份额，不断提升居民消费能力。培育壮大中等收入群体并提高其比重，推动其消费市场主力并保持稳定增长。构建个税起征点与基本生活支出配套联动机制，提高个税起征点；加强税收

监管尤其是高收入者的监管力度。

实施减税降费措施,降低民企经营负担,推动扩大生产,增强抵御风险的能力,不断提升劳动者所得和企业所得在 GDP 中比重,提升整个社会各个群体的收入水平。

就业是居民收入的重要来源,也是居民消费增长的重要来源。继续落实就业保障措施,落实已出台的支持农民工和大学生创业、技能培训和就业服务等措施和政策,创造提供与提高公共服务水平、改善公共管理和加强环境保护等领域的公共部门工作岗位。政府加强评估投资建设项目的就业效应,对具有较强就业带动效应的项目进行鼓励和扶持。

(三) 着力发展文化娱乐旅游等新兴消费

消费结构升级转换对消费的稳定增长具有重要作用。娱乐、旅游和文化等服务消费增长空间还有待于进一步扩展。要增加服务供给和扩大市场准入,优化现有管理方式,加强市场监督管理,积极合理引导消费者满足生活中多个领域的消费需求,并在治安维护、市场监管、休假安排和公共服务等方面予以支持。

住房消费在当前居民的消费中占据重要地位,具有较强的带动效应,是当前消费市场的热点,增加住房消费是保证消费增长的重要内容。可以采取实施减轻购房者负担提高支付能力的关键措施,如降低房屋交易的营业税和契税、加大廉租房和经济适用房的建设、贷款首付比例下调、下调商业贷款利率、提高公积金贷款年限和贷款上限等。

(四) 构建并完善社会保障体系,保障居民消费预期和消费信心

加快构建并逐步完善居民社会保障体系,改善居民消费预期,保障居民消费信心。加快构建和持续完善居民社会保障体系,扩大基本医疗、基本养老、工伤和失业等社会保险的覆盖范围,保障个人账户资金充裕,提高保障的统筹水平,稳定居民的心理消费预期,提高消费者的消费信心,推动居民消费潜力充分释放。

发展消费信贷,保障居民消费能力。消费信贷为居民跨期消费提供了多种选择,提前释放居民潜在消费能力。在有效控制风险的

前提下，鼓励商业银行以及其他金融机构，根据政府的消费促进政策，研究开发品种多元、利率优惠的消费信贷产品。尝试开展居民通用个人消费贷款，通过实行利率优惠和降低准入门槛等多种有效措施扩大应用范围。

三 降低对出口的依赖，优化出口结构，促进自由贸易

随着美国等西方国家消费降低，进口减少，出口增加，国际贸易摩擦和新保护主义加剧，深圳改变原有的以出口拉动经济的发展方式迫在眉睫。人口红利逐渐消退，土地、空间等资源的稀缺，外需市场的变化，加上人民币升值，使得曾经主导深圳发展的外需增长模式，已经走到难以为继的地步。

深圳经济应改变过度依赖出口和外需的发展现状，将扩大内需和产业结构调整密切结合，在国内消费品市场发力，尤其是要发展和培育高端消费品市场，全面提升深圳经济竞争力。

（一）优化出口结构，转变出口增长方式

深圳市需要调整优化产品出口结构，积极提高出口的效益和质量。一是贯彻自主创新和结构优化战略，支持机电产品和企业自主性高技术产品出口；二是以自主营销、自主知识产权和自主品牌为重点，建立与完善激励机制和政策扶持，推动企业综合竞争力的全面提升；三是逐步停止资源性行业、高污染和高耗能产业加工贸易，通过降低和取消出口退税，同时加征出口关税等有效措施，控制资源性行业、高污染和高耗能产品出口。

（二）消除经济摩擦的自身因素

必须对传统的出口导向型经济进行全新的定位和战略定义。调整经济发展战略，抛弃过去的"出口至上"策略。在过去，中国把出口数据作为关键经济指标，对出口战略十分重视，但是会加剧对外贸易的不均衡性，增加贸易摩擦的概率，造成较大的财政负担，已坚决抛弃。

认真研究和充分估计贸易摩擦的各类因素并做好对策，利用贸易规则和谈判磋商解决出现的问题，推动主要发达国家确认我国的市场经济地位，充分利用国际规则在反倾销中进行积极争取保护国

内产业。

充分研究并严格遵守对自由贸易的原则,建立合作友好共赢的贸易关系。

(三) 推进自由贸易区构建

充分利用自贸区和海关保税的特有优势,尽可能利用国外技术和资本,积极发展和构建开放型经济,实现国际市场和国内市场紧密有效对接,互联互通。利用自贸区的有利条件打破深圳特区的发展瓶颈,推动增长方式跨越式发展,使深圳由中国走向世界。

(四) 以境外直接投资带动对外贸易的增长

当前世界贸易投资一体化,大力发展境外直接投资或者境外加工贸易,通过就地建厂、就地生产和就地销售,或者直接向第三国出口,一方面可以间接或直接带动中间投入品和产成品的出口,另一方面还可以规避贸易壁垒和保护主义,减少国际贸易摩擦,创造出口贸易持续增长的良好环境。此外,通过在境外直接进行投资,在境外进行加工制造等环节,对深圳本已面临巨大压力的能源、资源和环境形成一定的缓解。

第三节 把创新打造为经济增长的主要源泉

深圳目前与主要发达国家的经济发展水平相比,仍处于较低水平。因此,政府应当在深圳创建全球技术创新中心中发挥重要作用,政府与市场要密切配合,共同发挥作用。

应坚持发展高端的战略,充分发挥本地区优势产业,在此基础上进一步发展新兴原创型产业,大力实施具有的差别化产业发展战略,形成具有深圳特色的科技创新体制机制。深圳在生态环境、管理体制和对外开放等领域已经有相当优势,但科研机构和高等院校的创新能力还不突出,关键核心技术缺乏,新兴原创型产业虽有发展,但比较优势和规模效应还需进一步发挥。要根据"世界一流,引领全球"的深圳标准,学习借鉴世界其他技术创新中心的成功道路,在生物、电子信息、新材料、先进制造、新能源与节能环保等创新产业集群的基础上，充分发挥深圳产业比较优势，大力发展新兴原创型创新产业。

一　加强官产学研合作，完善创新网络体系

伦敦、剑桥等全球性的技术创新中心，各个创新网络节点之间有机高效紧密合作，创新网络体系相对完善，已经形成整体全面的综合竞争能力。深圳应当充分学习借鉴上述创新中心，通过系统整合进一步健全技术创新网络体系，形成政府、企业、学校和科研机构的有机系统合作、良性互动高效的创新网络体系。

可以通过深圳市相关科研部门为推动组织者，以研究机构和高等院校为重要知识库和创新驱动，以企业作为创新主体，围绕核心技术和主导产业开展集体研究。借助政府大部制改革后的集成优势、系统优势和资源优势，学习参考日本等全球技术创新中心建立的官产学研资合作并设置协调员的合作机制，完善与深圳技术创新相关的政策法规，在空间土地支持、政府采购、人才支持、金融支持、税收返还优惠和科技投入等方面大力支持，积极鼓励企业、科研机构和大学通过委托研发和联合研发等形式密切开展合作，支持以企业为主体，联合科研机构和高等院校组建国家认定的企业技术中心或国家工程技术研究中心。

二　继续强化企业技术创新的主体地位和作用

企业家的技术创新热情在推动深圳技术创新水平提高方面具有重要作用。腾讯、华为和中兴知名的创新企业发展历程显示，在深圳确立自主创新的城市发展战略后，企业在技术创新中所发挥的作用一直处于最重要的地位。它们不仅为深圳经济增长做出重要贡献，而且是深圳技术创新的重要力量和主体。

深圳城市资源禀赋决定了企业在创新中的主体地位，同时，企业的主体地位也是在深圳经济发展过程中自主形成的，是深圳技术创新的特色和亮点。面对错综复杂的市场的种种挑战和风险，坚持企业的创新主体地位，才能实现创新的可持续发展，牢牢把握创新领域的主动权。

只有充分发挥各类科技型企业在技术创新活动中的主体地位和标杆作用，鼓励企业集聚创新力量，培养造就高质量的创新人才，壮大研发中心，引领和组织前沿自主技术创新活动，培育一流的技术研发能力，才能牢牢保持深圳自主创新不竭动力。同时，要重视中小科技企业，鼓励和扶持其成为自主创新的源泉和主体，推动创新成果积极显现，尽可能实现产业化，真正让高科技企业成为深圳技术创新的主角。

三 构建高科技金融支撑体系

在科技金融创新方面，加快科技和金融结合试点建设，建立科技资源与金融资源有效对接机制，营造科技、金融、产业一体化的生态环境，构建覆盖科技创新全链条的金融支撑体系。完善区域联动的科技金融公共服务体系，营造优良的投融资环境和科技创新氛围。

可借鉴硅谷、以色列、班加罗尔、新竹等全球技术创新中心的融资经验，鼓励民间资本设立风险投资基金，建立并完善风险资本退出机制。充分发挥创业板市场融资作用，研究对进入深圳境外风险投资，在股权安排上进行突破等。

四 突出人才资源在创新中的优势

（一）大力整合科研机构的创新资源

通过整合本地高等院校、科研院所的创新资源，充分挖掘和发挥深圳大学城（北大、清华、哈工大）和其他落户深圳的科研机构的创新资源优势，促进高校与企业建立更加紧密合作互动的关系，鼓励科研院所的老师和学生创新创业，使深圳科研机构和大学城成为深圳创新的孵化器和储备库。

（二）充分发挥高等院校在技术创新中的作用

根据深圳高等院校发展实际和在技术创新中的作用，应建立三个层次：一是把南方科技大学和深圳大学建成如赫尔辛基大学、斯坦福大学和剑桥大学等在国际上有影响的研究型和综合性大学，发挥跟踪开发高新技术和国际科学技术前沿领域的作用。二是建立在某些新兴领域和交叉学科具有较强的科研实力，居于国际以及全球具有影响力的专业性大学，在深圳经济建设的具体领域发挥重要作用，同时集聚对应领域的优秀人才。三是大量发展职业高校和一般高校，培养大量的素质技术工人，为深圳经济建设打好人才基础。

与国内外大学加强合作联系，探索多样合作及引进方式，加强与香港及内地高校在深圳建立高新区虚拟大学园和产学研基地等合作平台，建立务实和紧密的协作互动，为技术转移、成果转化和高层次人才培养创造良好条件。

（三）建设国际性人才资源和人际关系网络

深圳从成立到现在，作为中国影响力最大的高科技创新区域，在创新发展的国际性人才人际关系网络中做了大量尝试改革，但与新竹、班加罗尔和硅谷相比，仍存在一定差距。

深圳应该凭借人缘优势、地理优势和改革开放前沿的区位优势，最大限度地发挥"孔雀计划"等人才政策作用，构建完善健康积极的人才生态环境，吸引具有创新能力和创新精神的海外人才早日回国创新创业，构建完善的国际性人才资源和人际关系网络。

五　探索技术和创新成果跨境转化转移新机制

深圳靠近香港，深港经济科技合作成为深圳科技创新的特色。深圳应全力推进深港科技合作，不断创新深港合作机制，促进香港金融、商贸、信息、教育、人才、科研等优势与深圳创新创业环境有机融合，拓展合作新领域、新方式、新内容。强化前海深港现代服务业合作区对科技和产业创新的促进作用，发展科技服务业和信息服务业，探索深港技术和创新成果跨境转移转化的新机制。

应大力发展有深圳特色的科技服务业，支持香港科研组织在前海设立附属机构，探索深港科技财政资金支持创新服务的新模式。支持发展深港跨境检验检测服务，探索海关监管新模式，为深港两地科技创新提供便利服务。

第四节　大力优化调整产业结构

深圳产业必须走高端发展战略。所谓高端发展战略，就是要发展和打造能够创造高效益的产业、行业、企业，以质量取胜，在价值创造能力方面领先。市场主体的价值创造力越强，则市场竞争力越强，产业的主导和控制能力就越强，经济中心城市的功能就越强，由此而形成的经济发展内生动力也就越强。这样才能弥补都市经济土地空间、自然资源和生态环境的短板，发挥城市基础设施、知识创造和营商环境的优势。

从中国台湾、韩国和新加坡等地的产业转型过程得出，以出口加工业为导向的地区要顺利实现转型，要牢牢抓住产业发展的机遇期，除了原有产业的优化提升外，更要重点关注新兴产业替代，要通过新兴产业的增加构建推进产业转型（见图5-1）。

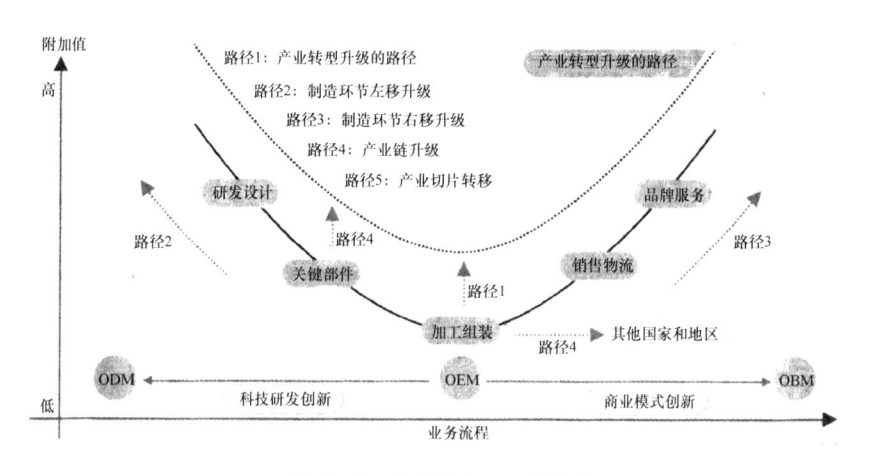

图 5-1　深圳产业升级路径

一　加快建设都市型农业

虽然农业在深圳国内生产总值的比重很低，但仍是组成部分。深圳农业应建设都市农业。都市农业具有较强生态功能，具有高附加值、高科技、集约型、高环保、高质量和长产业链条等优点,提供绿色无公害农副产品,城市生态环境与农业生产互相协调补充。此外,现代都市农业还具有休闲度假和旅游观光等功能。

二 推进优势传统产业转型升级和技术改造

深圳包装印刷、机械、服装、钟表、珠宝和家具等传统产业产品出口全球,许多产品产量居于世界前列,深圳已成为世界重要的生产基地。

在优势传统制造行业,消费者更为关注和认同产品品牌,深圳有44个产品荣获"中国名牌产品"称号,其中33个来自传统优势产业。包装印刷、机械、服装、钟表、珠宝和家具等行业是提升改造的重点领域。比如深圳在仪器仪表行业素有"世界数字万用电表王国"和"中国南方仪表仪器生产及研发基地"的美誉。

(一)对传统产业的技术改造

从一般的外观设计到工艺设计,从环保元素到文化元素等个性元素的注入,以使产品更加节能、舒适、时尚和个性化。运用高新技术,同时也加速了传统产业劳动力专业化素质升级过程。

通过技术创新对传统工业进行改造,提高竞争能力和技术含量。一是必须淘汰低端企业,将收益低和能耗高的劳动密集型行业,向珠三角周边地区和内陆省(市、区)转移。二是对具有市场潜力的行业进行整合,通过技术创新和升级改造,推进传统产业深加工,使高新技术和传统产业相结合。三是重视品牌,通过发掘传统行业的技术潜力,降低成本,扩大规模,增强市场竞争力,打造独有的优势品牌产品。

(二)部分制造环节外迁,总部留下

深圳市不少工业企业已经或计划外迁,据统计,目前出现企业外迁情况的有18个工业行业,其中外迁企业数量较多的有塑胶、机械、玩具和仪器仪表四个行业,合计总数占外迁企业的一半以上。省内外迁地点集中在中山、惠州、河源和东莞等地,省外则多迁往江西、江苏和湖南等地。

应在特区内建设行业总部基地,总部可以集中优势企业,形成

集团效应，从整体上提升传统行业的实力和对外形象，还能给深圳财政带来大量税收。深圳对市场反应灵敏，同时拥有熟练工人的培训和制造业发展丰富经验的优势，可以组织企业管理经验交流、技能培训和行业标准宣讲等活动，有利于留住产业研发总部和销售总部。

在制造业中，尤其是电子信息产业对深圳工业增长的贡献最大，电子信息产业是深圳工业的第一大行业，形成"一业独大"格局。应加紧推动制造业多元化发展。

三　大力发展生产性服务业

要坚持替代优先，以现代服务业替代落后产能，推动产业更新换代。发展以生产性服务业为核心的现代服务业，充分发挥深圳人力资源优势和区位优势，带动传统服务业的再次振兴。

（一）大力发展工业服务业

完善审计、会计、法律制度，扶持发展技术服务、营销、租赁、咨询和培训等与企业经营有较大关联的服务业，依托信息产业，发展计算机和互联网等相关服务为主的新型服务业，为工业尤其是高新技术产业做好服务。

（二）加快发展文化产业

充分发挥设计之都、创意深圳的优势，构建文化创意产业交流基地和合作平台，加强高新技术产业对创意产业的改造，推动创意文化产业成为深圳未来发展新动力；发挥深圳的滨海文化特点，充分发挥旅游资源潜力，打造具有深圳特色的海滨旅游；利用深圳多元文化和作为移民城市特点，在广东和香港已经成熟的岭南文化上进一步借鉴和升华，发展具有深圳特色的动漫、出版、影视和会展产业。

（三）重点发展金融业和物流业

提高金融对外开放程度，创新金融服务和产品，扩大金融产业规模，提高金融监管质量，利用金融机构众多特别是外资银行多的特点，依托深交所和二板市场，建立多层次多元化的资本市场，全力打造高新技术产业融资服务平台；发挥临近香港的区位特点，充分利用香港国际金融中心的优势,推动与香港金融的交流融合,打造深圳香港金融创新试验区,着力提升深圳金融行业服务内容和服务质量。

发展以空港和海港为龙头的现代物流业,以深圳六大物流园区为基础,完善信息网络和综合交通运输网络,建立高效运转的现代物流网络,与香港物流网络紧密衔接,培养和造就大型现代化物流企业。

第五节 提高政府治理能力和区域合作水平

新制度经济学揭示了制度变迁对经济增长的决定性作用。通过制度创新或制度变迁也能够提高生产率,实现经济增长。

一 建立具有特区优势的制度框架

充分发挥深圳制度构成中的优势,尤其是国家支持、移民城市和区位特点三方面的优势,积极主动作为。要在政府行为中发挥移民城市的开拓创新精神,加快职能转变,建立高效的制度框架;紧抓综合改革配套试验区建设的契机,把改革开放和创新创优精神作为深圳的发展之基和立市之本。在技术创新、理论创新和制度创新三方面发展和巩固深圳优势。

深圳应实现两方面转变:由过去城市建设和经济建设领域的比较优势,扩大为深圳经济社会全面发展的综合优势;由"人后我先"的时间比较优势和"人无我有"的政策先发优势,转移到"人有我优,人弱我强"的素质和质量比较优势上。

为提高深圳投资环境,应当简化行政法律法规(如土地使用、商业许可和税费负担)、增加政府服务和加强法治保障;建立适当的激励机制,鼓励政府官员为企业主动服务和排忧解难。

对前海发展六大方面政策进一步细化,鼓励前海营造服务业开放发展的良好法律环境,如探索完善香港和内地律师事务所联营方式、香港仲裁机构设立分支机构等。人才政策上,为归国留学人员、海外华侨和境外人才在前海的生活、就业和出入境提供便利；允许香港专业人士在取得中国注册会计师资格的情况下，可以担任内地会计师事务所合伙人；探索具有香港执业资格专业人士在前海范围内，为前海居民和企业提供专业服务（见图5-2）。

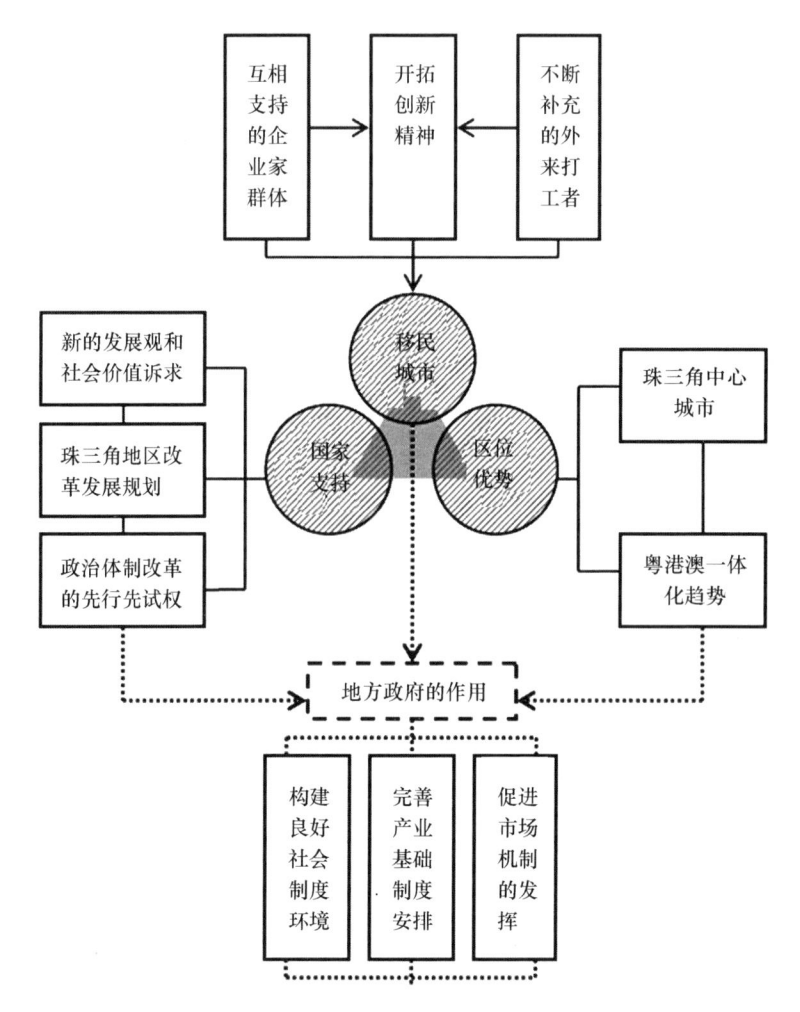

图5-2 建立特区优势的政策框架

在深港两地医疗和教育两方面进行密切合作，探索香港服务业提供者在前海地区设立独资医院提供医疗服务；探索香港服务提供者在前海地区设立独资国际学校,招生范围为在前海工作的归国留学人才和取得国外长期居留权海外华侨子女。

二 加快完善现代市场体系

经济发展依赖更精密合理的制度设计,建设高端化现代市场体系表现为市场交易内容、交易体系和交易方式的不断现代化和市场功能的高端化。重点是突出四个方向:

(1) 重点建设产业链上游的生产要素市场体系。生产要素市场目前还没有完全放开,相对消费品商品市场有一定的滞后性。生产要素市场对产业经济的发展具有决定性的基础作用,更能增强深圳带动和辐射区域经济发展的市场中心作用。

(2) 重点建设高端服务市场体系。高端服务市场特别是生产性高端服务市场是新一届政府倡导的主要方向,深圳应重点建设金融服务、科技服务、法律服务、会计服务、设计服务、营销服务、咨询服务和文化服务等市场,尽快形成一个完善和发达的高端服务市场体系。

(3) 重点建设高端消费市场体系。大都市通常是高端消费的最主要载体,建设高端消费市场体系,不仅符合大都市设施先进、财富集聚、富人集聚、高端消费需求旺盛的特征,也是都市型经济高效益的重要来源。

(4) 重点建设国际化市场体系。市场的高端化,还体现在市场的国际化程度上。越是国际化的市场体系,在全球范围内越能提高市场配置资源的效能,增强经济发展的能力。

三 推进市场体制的法制化

要着眼于建设法治化的市场治理体系,打造法治化营商环境,创建全国市场治理最优城市。按照公平、公开、透明的原则,一方面清除一切腐败产生的潜规则,纠正和清理各种妨碍公平竞争的规定,进一步完善工商注册、生产经营、市场准入、企业破产和产权转让等市场制度;另一方面建设法治化的市场规则和体制机制,建设系统化、法律化和制度化的市场规则体系。

深化改革监管方式和市场监管体系，建立社会、政府和司法三方合一的市场监管体系，构建法制化的统一市场监管方式。健全市场信用培育机制，完善市场诚信体系建设。一是要建立深圳市场主体信用信息库，对全社会开放引证和查询服务。二是要以立法方式，发布市场诚信褒奖办法，以多种方式奖励诚信守法的市场主体。三要完善相关法律，对违法行为和市场失信主体加大惩戒力度，不仅要追究责任人，还要在一定时期内取消其社会信用资格。

四 加快深港融合和国际化进程

（1）抓住CEPA契机。《内地与香港关于建立更紧密经贸关系的安排》（简称CEPA）的签署，为深港深化经济融合和分工合作搭建了更为广阔的平台。在香港制造业已经向珠三角完成转移的基础上，CEPA的签署，尤其是对于服务贸易的安排，将促进珠三角地区和香港服务经济体系的进一步整合，加快深港经济融合步伐。

（2）努力跻身国际市场中心位置。以国际市场中心城市为目标，加快完善现代市场体系，推动市场建设国际化进程，让深圳的市场体系尽快融入国际市场体系，并成为其中重要的组成部分。

（3）申请创建金融国际化先行试验区。探索在前海深港现代服务业合作区框架下，申请创建前海国际金融先行试验区。在试验区内申请更多金融创新权限，加强深港金融服务业深度合作，提升前海金融业市场规模效应和集聚效应，加快深圳向国际金融中心城市转变。

（4）构建深港市场一体化。以前海金融国际化发展为基础，构建深港共同市场，从要素流通到制度规则，形成深港自贸一体化市场体系，全面开展深港现代服务业的资源整合和深度合作，实现深圳香港产业与经济发展一体化和市场一体化。一体化市场加快深圳的市场国际化步伐，推广深圳和香港从产业一体化到市场一体化，再到经济社会发展一体化的融合进程，最终使深圳和香港融合成为一体化的国际化大都市。

（5）推动深圳国际自由港开放进程。将深圳经济特区打造成类似香港的国际自由港城市，推动深港共同市场和一体化发展，使深圳成为真正的国际化市场中心城市和国际化大都市。

五 加强与珠三角的协同与合作

（1）发挥自己的优势，扬长避短。维持深圳发展民营经济、成熟的市场机制方面优势，维护业已形成的公平竞争土壤，发挥深圳在金融、物流、高科技、文化产业方面的优势。

（2）防止各地各自为政、互相恶性竞争。各地招商引资存在竞争，争相给予资本非常优越的用地条件、税收和资金扶持条件、特别的办事程序和通道，深圳应积极与珠三角城市沟通，共同做好规划，防止恶性竞争。

（3）防止产业趋同。区域合作中要避免地区间经济发展同质化，避免与珠三角其他城市低层次的竞争，借鉴国际经济分工与合作的经验，防止重复建设。

（4）整合珠三角的腹地资源。扩大深圳腹地空间，增强资源流动性，进一步降低运输成本、商务成本和交易成本，大力发展附加值高的高端制造业，加强技术创新和科技研发支出，同时加快产业转移，将低端制造业向珠三角及周边转移。

（5）做强物流枢纽功能。应在珠三角拓展腹地进程中抓住机遇，发挥自身航空、海运等物流中心基础设施配套建设，和香港互联互通优势互补，打通国内国际两个市场，发挥做强深圳的物流枢纽功能。

（6）推进建设区域性金融中心。深圳靠近香港，可以利用香港的国际金融中心资源优势，发挥内地和国际市场的桥梁纽带作用，建设珠三角乃至全国区域性的国际金融市场。

第六节 实现绿色低碳的经济增长

树立"以质取胜"发展理念，加快构建特色鲜明、消耗较低、可持续和高质量发展的现代产业体系，推进新兴产业形成一定规模、支柱产业具有相当优势、总部经济集中集聚、传统产业高端发展。

一　大力发展循环经济

大力推行清洁生产，全面推进循环经济。研究循环技术创新应用，构建循环经济产业链，打造培育循环经济示范带。通过企业、行业、园区和产业间的互动融合发展，推动循环经济向多元化、高端化、产业化发展。

二　严格实施产业准入政策

根据"鼓励、限制和淘汰"三种标准，严格控制产业准入标准，认真把握环评审批关口，制定明确的产业产品名录，将节能减排和生态保护等环保标准作为新设施、新项目和新产业必须遵守的硬性要求，对于当地生态资源有破坏，对重大生态环境可能产生重大污染的产业坚决禁入。把高耗能、高污染项目作为监控和监管重点，根据落后产能淘汰机制，加速淘汰落后产能和工艺。

以低碳生态为导向，规范行政许可审查制度。试点在行政许可文件中直接纳入低碳生态建设要求，研究将低碳生态管理规程和审查要求在行政审批中进行审查，在项目建设的各个环节如规划许可和工程验收等程序中加强对低碳建设的要求。

三　强化资源能源节约利用

（一）构建高效安全的水资源利用体系

规划再生水利用布局，加强再生水利用。积极开展雨洪利用工程，提高雨洪利用规模。开展海水利用工程前期研究，推进海水资源综合利用。大力推广节水器具使用，加强用水定额管理和计划规划；加强工程工地用水跑冒滴漏管理；加大工业节水创新研究，推广节水技术应用，控制工业用水量，提升水资源的合理高效重复利用。

（二）集约利用土地资源

按照严控增量、盘活存量、管住总量、集约高效的原则，推动产业规划、城区规划与土地规划的协调统一，优化整合发展空间，挖掘城区发展潜能，建立土地资源管理和节约集约用地的共同责任机制。合理控制建设用地规模，完善土地供应计划，严格土地出让机制。逐步提高土地资源的市场化配置水平，加快形成土地交易的有效价格机制，保障土地资源使用的效益化与集约化。

(三) 提高能源利用效率

制定节能降耗相关政策，引导企业提高能源利用效率；规范投资能源评价制度，在源头高耗能项目上严格把关。完善能源利用市场化机制，推动市场在节能领域发挥基础性作用。加大公共财政支出倾斜力度，实施节能减排资助计划，鼓励使用节能效率高的工器具。增加对太阳能产业和新兴节能产业的扶持力度，研究解决新能源并网发电模式，促进新能源开发利用使用。积极引导清洁能源消费，不断提高清洁能源消费比重。

四 创新绿色生态制度

(一) 创新绿色行政管理体制

探索对党政领导干部进行生态文明建设考核结果，并将之作为干部选拔任用的重要依据，在此基础上制定生态文明建设考核办法，建立生态文明建设绩效评价机制。制定激励奖励措施，对适用深圳发展、具有低碳效应、实用性强的技术应用进行重点奖励激励。

(二) 建立完善GEP (生态系统生产总值) 核算机制

提高管理者和全社会对GEP的认识，重视GEP核算与管理运用，纠正单纯以经济增长速度评定政绩的偏向。研究建立深圳GEP核算体系构建原则、技术方法与框架，建立并完善GEP核算体系，定期监测试点并对试点结果数据进行评估运用。出台GEP管理实施办法，在GDP核算中纳入GEP核算结果，并及时向社会公开公布相关结果。探索建立GEP考核机制，将其作为生态文明建设的重要部分，纳入地方政府高质量发展绩效评价体系，引导各地生态文明高质量发展。

五 提升城区绿色品质

(一) 优化城区绿地布局

加强公园绿地、防护绿地、绿道及居住环境绿化建设，构建点线面结合的绿色生态网络体系。依托新建公园和改造原有旧有公园，延伸和扩建滨海公园，提高城市森林覆盖率，为广大游客和深圳市民提供环境优美的休闲环境。

（二）大力推进道路绿化提升

大力推广适合深圳气候的植物，将道路景观提升和城市林荫路建设进行有机结合，多层次、立体化、全方位和高品质提升道路景观效果。在已基本建成的绿道网络基础上，建设观景平台和观景长廊，完善配套设施建设，开发沿途旅游、观光和休假景点，增加市民绿色出行方式和休闲消费选择。

第七节 加强经济核算基础数据采集方式方法

深圳作为我国四大一线城市和经济特区、全国经济中心城市，按照党和国家重大战略部署，在推动统计改革特别是产业统计方面，走在全国前列。在本项研究中，我们在前文从产业结构变化的角度分析了统计制度改革的必要性和可行性，以此为基础，现提出以下若干改革创新的策略和建议。

一 抢抓统计先行先试的"改革红利"

应当充分地认识到，统计改革创新的"先行先试"是有重要"红利"的。试点意味着将可能最适应的统计体系率先应用于反映经济社会发展，有助于更加有效地引导经济社会转型，更加全面地反映结构变化，更加有力地促进新发展理念落地生根。统计改革涉及经济、社会，既涉及普通个人，也涉及产业行业，科学的统计体系，无论是对结构的调整，还是行业的发展，乃至对深圳经济社会整体的上升都起到重要推动作用。

作为经济特区，"先行先试"是深圳的责任。深圳身处改革开放前沿和市场经济先行先发地区，"春江水暖鸭先知"，理应走在全国统计改革的前列，当好"前锋"和"前卫"。深圳统计部门要按照中央要求，当好改革开放排头兵和新发展理念先行者，为改革敢试敢闯，为全国先行先试，勇立潮头，敢为人先，做第一个"吃螃蟹"的勇士，当披荆斩棘的"开路先锋"。

近年来，深圳市统计改革工作在R&D支出纳入地区生产总值核算，房租租赁调查，"三新"经济测算，未观测金融方面取得一系列重要进展，其中部分领域的实践与探索走在全国前列。在下一步的改革创新中，深圳在勇争改革红利方面仍需主动有为，大力争先。具体来说，改革红利体现在以下三个方面：

（一）率先试点统计指标体系，有效引导转型发展

当前，进一步完善统计指标体系已成为我国统计事业面临的重大课题。建议深圳在现有与国家统计部门良好关系的基础上，主动加压，勇挑重担，率先试点统计指标体系，有效引导转型发展进一步在以下几个方面走在全国前列：

一是加快构建转型升级指标体系。研究构建能够全面反映和引导转型升级的指标体系，如在产业升级、产业转移、科技创新、民生改善、资源环境等方面反映经济高质量发展的综合指标体系。

二是加快完善政绩考核评价指标体系。会同市委组织部，按照要求，制定完善各区（新区）党政领导班子政绩考核评价指标体系。

三是加快建立民生发展综合评价指标体系。完善失业就业统计监测制度，加强精准扶贫统计监测，编制民生发展指数，全面反映民生发展情况。

（二）健全统计监测评价，全面反映结构变化进程

当前，经济社会正发生急剧的变化，统计工作也必须面对经济发展新形势，增强危机意识和问题意识，不断推动统计方法制度改革创新。深圳要在监测评价能力建设方面大胆创新，先人一步，进一步在以下几个方面走在全国前列：

一是加强国民经济运行监测。进一步完善深圳GDP统一核算制度方法。根据国家统计局和省统计局的统一部署，利用普查成果，扎实做好相关年度市和各区（新区）GDP总量的修订工作。深化工业统计改革，强化园区监测，实施投资统计改革。

二是加强文化发展评价监测。进一步完善文化及相关产业统计，编制文化发展指数，为深入实施"文化立市"战略服务。

三是加强科技进步评价监测。进一步完善科技统计，为充分发挥科技对经济社会发展的支持引领作用提供统计保障。

四是加强生态文明评价监测。进一步完善能源统计核算方法，努力反映建设美丽深圳、创造美好生活的成果。

五是加强产业经济统计监测。完善修订服务业统计核算制度，加强对"三新"经济、产业集聚区发展状况的研究。加大对新型服务业和电子商务统计的核算改革力度。建立信息经济统计制度。着力加强民营经济、海洋经济、体育产业、健康产业、战略性新兴产业等增加值测算工作，力求反映新兴产业发展的基本情况和发展趋势。

(三) 探索民生统计绿色统计，促进新发展理念落地生根

习近平同志强调，要使改革发展成果更多更公平惠及全体人民。对于民生福利和绿色发展的统计反映，长期以来是我国统计体系的短板，在这方面的改革创新，将成为国家统计局未来一段时期的重要抓手。更好地服务社会公众。民生统计数据，事关国家政策制定，事关人民幸福安康，事关社会和谐稳定。绿色发展已经成为中国现代化建设的新理念、新实践。国家把生态文明建设作为现代化建设的重大任务，把绿色发展作为治国理政的新理念，把保护环境、节约资源作为基本国策，"绿水青山就是金山银山"越来越成为中国人民的共识。

近年来，统计部门进一步践行绿色发展理念，加快推进生态文明建设，能源、资源、环境和应对气候变化等各项统计工作取得进展。2017年8月，国家统计局、国家发改委、环境保护部、中央组织部会同有关部门，共同完成了首次生态文明建设年度评价工作，12月联合发布《2016年生态文明建设年度评价结果公报》。

建议深圳在民生统计绿色统计方面紧跟国家统计局和省统计局的改革步伐，进一步在以下几个方面走在全国前列：

一是在绿色发展统计领域争当排头兵。在国家统计局的统一领导下，强化资源环境统计监测能力，进一步完善能源资源环境统计

调查体系，形成涵盖能源生产、流通、消费、区域间流入流出及利用效率的统计指标体系、调查体系和监测体系。完善应对气候变化统计指标体系和统计制度，为国家编制温室气体排放清单和排放核算提供基础统计保障；积极参加节能减排、煤炭减量替代、最严格水管理的考核和检查工作，并提供数据支撑。

二是进一步探索绿色发展评价和核算。深圳应根据国家工作方案部署要求，主动参与，编制主要自然资源资产实物量账户，探索开展自然资本核算与生态系统服务价值核算，开展公众对环境质量满意度调查。编制绿色发展指数，对地区绿色发展进展情况进行综合评价，推动形成绿色发展方式和生活方式。

三是积极争取国家统计局支持参与可持续发展进程国际统计合作。加强与国际统计组织的交流合作，积极参与并利用国际上关于可持续发展和绿色发展的最新研究成果，促进各国共享绿色发展统计信息与数据。

四是做好民生统计和绿色统计的数据生产、数据发布和数据解读工作，积极为国家科学决策、宏观调控和治理体系、治理能力现代化提供优质高效的统计服务。

五是做好高质量发展绩效评价体系测算。高质量发展已经成为党的十九大后从政府到社会各个层面的攻势，习近平总书记也对广东提出要在构建推动经济高质量发展的体制机制上走在全国前列的明确要求，省委省政府发布了广东高质量发展综合绩效评价体系。要认真学习评价体系，深入解读，做好数据收集、结果试算和监测分析等各方面工作，引导和推动深圳市高质量发展。

二　深刻变革统计数据生产方式

经济信息化技术的不断发展和对经济生活的深入影响，大数据时代已经全面到来，统计工作也面临着数据生产方式的变革与挑战。我们认为，深圳统计部门必须积极研究利用现代信息技术，利用部门行政记录和行业、企业的海量数据，打造统计基础数据来源的"第二轨"，大力提升数据生产能力，重塑数据生产组织方式，再造统计数据质量控制系统。

在以下几个方面，深圳统计部门大有可为：

（一）以大数据和云计算为抓手，提升数据生产能力

长期以来，统计部门一直采用标准报表、抽样等方式进行数据统计，然而随着共享经济、分享经济、网上零售等新型经济模式的快速发展，这些传统的统计方式已经不能保证统计数据的全面性、科学性。例如，2017年上半年全国网上零售额已经相当于国内生产总值的8%，但由于电子商务的开放性、虚拟化等特点，依靠传统方法已经不能满足统计数据全面精确的需求，这需要运用云计算、大数据技术，融合互联网数据与传统统计方式形成的组织数据，建立起能够反映新动能、新产业的统计体系。目前国家统计局已与浪潮、阿里巴巴等一大批信息技术企业建立了合作研究机制，积极构建由结构化数据和大数据为基础来源的现代化政府统计。

建议深圳在大数据和云计算的统计应用方面加大投入，力争以此为抓手，实现数据生产能力的大幅度提升，生产出更多、更好、更有价值的统计产品，在以下几个方面走在前列：

一是加强与深圳的大数据龙头企业合作，形成新的生产合作机制和信息技术含量高的统计拳头产品。华为、中兴、腾讯、平安集团等，是我国大数据产业的领头羊，深圳市统计部门要大力取得这些企业的支持，推动大数据在政府统计中的应用取得明显成效。要尝试编制大数据定期指标信息并加以发布，反映网络零售商品价格、金融和消费行为动态、大宗商品价格与成交量变动情况；发布限额以上单位网上零售额数据，定时采集消费价格规格品网络交易价格并进行指数测算；发布流通领域生产资料网上市场价格变动情况。

二是加快研究为大数据统计基础的电子化交易记录的制度。加强与超市、商场、线上零售企业的数据对接与共享，通过直接利用和提取电子化交易记录丰富和完善统计工作。加强与公安、税务和工商等行业主管部门的数据共享，充分利用各部门的电子化行政记录，推动在人口统计、名录库建设等方面的深度交流合作，共同做好统计工作。

三是加强通过关键词搜索开展经济预警与统计舆情分析。探索

利用网络搜索数据建立相关统计分析和计量模型，对经济形势进行分析预测。

四是率先利用智能分析技术实现统计大数据的价值挖掘、预测性分析以及可视化开发，确保得到的统计成果更加有效。涉及统计数据生产的信息技术，主要包括信息系统及数据库技术、网络与通信技术、数据仓库及数据挖掘技术、可视化技术等。

(1) 数据库技术为数据的存储和处理提供了支撑技术，产生了大量以数据库技术为载体的结构化数据，可充分利用计算机技术对这些数据进行高效的识别与利用。

(2) 信息管理系统提高了数据采集过程的数据质量。一是数据的完整性，有着良好规划和设计的信息管理系统以一套完整的代码为基础而运行，良好的数据编码体现了数据的唯一性和完整性。二是数据的准确性。在数据输入程序中加入检查和防范机制，保证进入系统的数据都是合法的，减少人为的错误数据，并可以通过一个有效的问题数据反馈机制，减少工作人员的出错概率。这些机制体现在数据值域范围检查、数据的准确性检验、业务规则定义、数据一致性检查等方面。三是数据的可访问性和安全性。

(3) 充分发挥数据仓库的作用和功能。数据仓库系统是一个信息提供平台，为决策支持和分析提供大量的数据，它本身并不产生数据，所有的数据均从业务处理系统中获得。业务系统数据需进行加工、集成之后进入数据仓库，数据仓库所提供的数据是经过处理的优质数据，是进行决策分析、知识发现的基础。

(4) 数据清洗，是数据抽取、转换和装载的过程，其过程体现为以下几个方面：空值处理、规范化数据格式、拆分数据、验证数据正确性、数据替换、Lookup 查获丢失数据、建立主外键约束等。

(5) 数据挖掘技术将信息技术的应用所产生的大量数据转换成有用的信息和知识。目前数据挖掘应用主要集中于电信、零售、农业、网络日志、银行、医药等方面，但在统计领域的空间也不容小视。数据挖掘技术的一些算法，如分类树、神经网络、遗传算法等，被应用于识别异常数据、空缺值处理、重复或相似数据的识别、多维数据的属性选择等数据处理过程，为提高数据质量提供了新的方法。

（6）大力发展计算机可视化技术。具有良好的展示和模拟功能。为统计数据分析和结果提供了良好的表现形式，并且具备提供用户交互式管理和开发数据的能力，可以看到表示对象或事件的数据的多个属性或变量，可开展图形或图像的可视化分析。

（二）以信息技术为基础，重塑数据生产组织方式

信息化技术已经渗透入生活的方方面面，在统计工作中也不例外。信息化技术目前已经在统计工作中得到了大量的应用，对于改造和优化原有的统计工作流程、减轻基层工作负担，提高统计工作效率具有重要作用。

深圳市充分应用本市信息技术发展在全国遥遥领先的优势，加大统计和信息技术人才和技术的资金投入，对全市统计工作体系进行再造，在国家统计局的统一领导下，大力抓好以下技术应用：

一是率先研究拓展联网直报系统的内容范围。目前的常规统计数据报送，都已经实现在一套表联网直报平台进行报数，但如固定资产投资调查、工业生产者价格调查等主要由各级调查队负责专项调查，仍未纳入。要尝试在已经相对成熟的一套表联网直报系统程序基础上，做进一步的研究和开发，将所有统计调查都纳入联网直报平台。

二是打造统计部门与调查对象新型关系。在统计工作中树立"调查对象是统计工作者的衣食父母"和"为数据者服务"的理念，做好"我布置、我服务，你填报、你受益"。尽可能从统计调查对象填报报表的角度出发，精简报表种类和报表指标，研究直接采用企业生产经营记录、财务报表资料和税务资料等原始资料取得数据。积极对统计调查对象上门提供报表填报培训和指导等服务，为调查对象提供地区经济发展状况、行业生产经营情况等信息咨询，获得调查部门的理解和支持，从源头上提高统计数据质量。

三是加快各种先进技术手段的运用，提升统计工作的组织效能。全面实现现场调查使用手持电子终端采集数据，在人口普查、经济普查、农业普查等调查中，全部采用调查员通过电子终端采集数据，在统一数据采集处理平台进行数据处理。建设深圳电子版经济

地理系统，利用普查数据，以更直观更便捷的方式向党政部门和社会公众提供更广泛、更优质的统计服务。进一步探索"天、空、地"一体化的立体调查体系。通过卫星遥感、无人机飞行测量和地面野外实地调查的有机融合，强化对农业、建筑业、违法建筑等的统计工作。重点抓好遥感技术应用中的工作规范化，保证遥感数据源，将遥感工作逐步纳入常规统计工作任务中。同时，有效整合遥感测量野外调查样本点和农产量调查样本点，尽可能减轻基层工作量，提高调查网点利用效率。

（三）以信息技术新优势，再造统计数据质量控制体系

数据质量是统计工作的生命。当前，我国统计系统形成了由专业技术控制、行政控制、制度约束、依法监管和责任追究相结合的、全方位立体式全过程的统计数据质量控制管理体系。但是，与国际前沿水平相比较，我国统计数据质量的技术控制水平仍然有待提升。深圳要发挥数据库、互联网技术等信息技术方面的优势，以打造过硬的统计数据质量控制体系。

一是抓好高端复合型统计信息技术人才队伍建设。加强统计专业人才在信息化方面的学习培训，同时增加计算机和信息通信技术专业人才在统计从业人员中的比例，构造一批既懂统计业务、又懂信息技术的高端复合型统计人才，统计队伍中不仅要有统计人才，更要有数据分析、数据挖掘等方面的人才。

二是率先推动研究和确立各类大数据应用技术标准和统计标准。共同研究利用大数据完善补充政府统计数据，共同研究开发大数据采集、处理、分析、挖掘、发布技术和标准，从大数据的源头推进数据的规范化、标准化。

三是大力推动开放数据。推动企业进一步开放共享其在生产经营、网络交易中形成的电子化数据，形成和构建海量数据网络，建立大数据挖掘分析共享机制；加强部门之间的配合协作，加强部门行政记录在统计工作的使用，建立部门和统计机构密切配合的工作机制。

四是进一步优化直报系统。实现统计联网直报全覆盖。扩大联网直报范围，逐步将调查项目全部纳入联网直报系统，尽快实现所

有调查对象通过互联网直接报送数据。研究直接将企业财务表和生产经营记录转化为电子台账,并与联网直报系统进行对接,提高调查对象数据填报的效率,同时可以加强数据的比对审核,提高数据质量。

三 打造全国领先的强力保障机制

深圳市统计部门可先行一步,以"两大保障体系、两项工作制度、两项支撑机制"理念,打造在全国最具执行力、最具规范性的保障机制,为开展统计工作提供各项支撑。

(一) 强化统计法治体系和统计诚信体系

目前,我国已形成相对完备的统计法律法规,统计执法力度不断增加,统计违法案件查处和通报机制不断完善,防范和惩治统计造假、弄虚作假的高压态势初步形成,统计法的权威得到维护和树立。

但统计工作的法治保障还存在不少问题。主要体现为社会统计法治意识较淡薄,缺乏对统计法律的敬畏意识。不愿配合统计调查工作,谎报企情、虚报业绩,为个人政绩而弄虚作假等现象时有发生。对违法案件查处存在失之于宽、失之于软,处罚力度不够,统计违法成本偏低的情况,起不到应有的震慑作用。

统计诚信体系的建设,是统计法治体系的重要补充,是统计保障不可缺失的一环。良好的诚信环境是统计诚信建设的重要基础。但是,由于制度缺失和传统习惯等多方面原因,统计诚信体系建设还处于初步阶段,统计诚信对统计工作的促进作用远未体现出来。

深圳市统计法制工作处于全国前列。2010年颁布了《深圳经济特区统计条例》,出台了《深圳市统计行政处罚裁量权实施办法》等规范性文件。目前,在全面加强统计法治工作和统计诚信体系建设的大背景下,深圳应当主动有为,重点抓好以下几个方面的工作:

一是推进统计立法的精细化,发挥统计立法对统计改革发展的引领和推动作用。坚持"立改废释"并举,加快完善本市统计法规规范性文件体系,增强统计法规的及时性、系统性、针对性、有效性。加快修订《深圳经济特区统计条例》,特别是要针对处罚乏力、手段不足的现象,加大约束力度;要推动政府信息共享,要规范数据发布,降低违规对外提供数据的风险。此外,要进一步修订、完善现有的各项规范性文件,针对原则性、框架性条款,及时制定统计条例细则,进一步明晰统计工作中的责权关系。要填补立法空白,补齐短板,实现统计法律制度、机制对统计工作的全覆盖。

二是着力加强统计执法的精准化。要争取市编办等单位的支持,大力推进专职统计执法队伍建设,切实解决执法力量不足等突出问题。要加强"两防",不仅要防虚报瞒报和弄虚作假,也要防少报漏报,两手都要抓,两手都要硬。要强化执法勇气和担当,对违法行为敢于碰硬。

三是大力促进统计普法,努力提升公众依法履行统计义务的主动性。要加强统计执法宣传,利用"12·8"统计法宣传日以及12月统计法宣传月活动开展宣传;结合经济普查,大力宣传《统计法》和《统计法实施条例》;举办统计法治征文活动,举办专题统计法治培训,开展《统计法》及《实施条例》知识竞赛;利用微信公众号、统计微博和"民声热线"活动等多种形式创新宣传方式,大力宣传统计法律法规。在润物无声中涵养全社会遵守统计法、敬畏统计法的良好法治生态。

四是强化统计诚信体系建设,深入推进统计诚信法制化、规范化。通过制度建设构筑全方位、无死角的统计诚信体系,以规范统计诚信活动和信用信息应用等方面为重点,用法律的强制性把基本的诚信规范固定下来,使制度成为保障守信、惩治失信的"防波堤"。将信用记录、失信惩戒、信用监管、信用信息安全、信用信息应用等方面的内容纳入各项规章和立法中。

五是探索统计诚信建设的可操作性手段。

(1)建立健全统计信用标准和监管体系。严格执行《统计上严重失信企业信息公示暂行办法》。

(2)开展统计调查单位信用等级分类评定工作。通过深化统计星级评价工作,形成一批统计规范化的高星级单位。根据其不同的信用等级,实行不同频率、不同层次的指导服务。将信用等级评定结果作为政府部门各种评比表彰、优惠扶持政策等的参考依据。

(3) 开展统计信用单位评优推优工作，创建统计诚信示范单位。采取实地查看和调研指导等方式，对统计对象单位在统计制度建设、统计基础工作、统计数据质量等方面的情况进行比对、分析和评估，从中选拔出领导重视、制度健全、基础扎实、业务过硬的守法守信单位，推荐其作为统计诚信示范单位。

(4) 强化守信激励和失信惩戒，实现跨部门信用联动奖惩。对于统计诚信示范单位和高等级信用单位，要联合相关职能部门在行政许可、政府采购、招标投标、劳动就业、社会保障、科研管理、申请政府资金支持、金融等领域，给予一定或者适当的便利、优惠、奖励。对于无诚信单位和低信用等级单位，要实行联动公示和联动监管。

(二) 统计工作的联席会议制度和督察问责制度

在统计工作的制度体系中，联席会议制度和督察问责制度是十分重要的两个组成部分。

首先，统计工作涉及面广、参与部门多、调查对象复杂、调查任务繁重，需要切实加强统计局和各部门统一协调和业务指导，建立起与相关部门的统计工作联席会议制度，加强统计工作的统筹协调力度，不断提升统计能力和服务水平。

其次，统计业务也是有十分鲜明责任要求的事业。统计工作的责任要求，使得建立统计工作督查、巡查制度十分重要。深圳市统计工作的联席会议制度和督查制度建立较早，但仍存在较大的不足，体现为日常机制缺乏、协调力度有待加强，统计责任划分与行政追责体系的衔接不够等方面。在进一步建立健全联席会议制度和督察问责制度方面，深圳应重点抓好以下几个方面的工作：

一是进一步做实做透联席会议制度，形成若干有效协作机制。为确保统计数据全面真实反映全市经济社会发展水平，及时、正确、科学预判经济社会发展形势，提高统计服务党政领导的能力，必须各司其职，形成合力。统计部门要根据行业主管部门提供的企业数量变化及信息变更情况，及时做好名录库管理及新增企业报表布置，并督促企业按期提供统计报表，确保统计数据全面、及时、准确。各相关部门、单位要加强对统计数据的调查、分析和研究，不断提高统计数据质量,确保不瞒报、不漏报、不虚报。要按部门统计责任分工,确保应统内容全部纳入统计范畴。

二是深入开展与相关部门的业务合作和技术攻关,形成合力。加强政府各信息系统的互联互通,打破"信息孤岛",形成政府综合统计与部门统计间的"资源互补、信息共享"的统计工作机制,尤其是与公安、工商和税务等部门的交流合作,加强统计名录库的建设。

三是深化统计管理体制改革,强化统计工作督察制度。落实《关于深化统计管理体制改革提高统计数据真实性的意见》《防范和惩治统计造假、弄虚作假督察工作规定》《统计违纪违法责任人处分处理建议办法》,深化统计管理体制改革,理顺统计工作机制,加强统计工作督察,从体制机制上保障统计数据工作质量。

四是由市政府制定并颁布实施《深圳市统计工作问责办法》。对相关行政机构及人员的问责范围包括:自行修改统计资料或者编造虚假统计数据的;要求统计机构、统计人员或者其他机构和人员伪造、篡改统计资料的;对依法履职人员进行打击报复的;对严重统计违法违纪行为失察的。对统计机构及人员的问责范围包括:未经批准擅自组织实施统计调查的;未经批准擅自变更统计调查制度内容的;伪造、篡改统计资料的;要求统计调查对象或者其他机构、人员提供不真实统计资料的;未按照统计调查制度的规定报送有关资料的。问责追责方式主要包括:口头告诫、通报批评、书面告诫、停职检查、调离工作岗位、免职、辞退等;涉及违纪的,依纪依规处理;涉嫌违法犯罪的,移交司法机关处理。还要实施领导责任逐级追究制度,实行问责追责与评议考核相挂钩制度。

五是加大统计执法的支持力度和检查力度。考虑到统计执法是现实中较为薄弱的环节,要大力强化依法行政与严格执法。各级统计机构要加强执法队伍建设,提高执法能力和水平;统计执法检查工作要制度化和规范化,对统计违法违纪典型案例通过各种渠道及时曝光,形成震慑。各级政府和相关部门要支持统计执法工作,不得干预正常的统计执法检查。

(三)统计数据的发布机制和共享机制

建立现代统计发布新体系,是当前一项重要的改革任务。建立和完善强有力的统计数据公开和共享机制,是现代统计的客观要求。开放统计信息,进而加大对统计的监督力度,是社会的强烈诉求。时代要求我们要加快构建一种全面、透明、渐进的统计数据发布共享机制,提高统计公信力。

统计数据从某种意义上来说,是一种"公共产品",作为新时期的一种"战略性资源"已经越来越受到社会各界的关注,在经济形势迅猛发展的今天,其潜在功能仍有待进一步开发。统计数据已看作为经济走势的风向标。例如,社会各界极其关注统计数据,如CPI、地区劳动工资水平、房屋销售价格等指标数据。统计数据之所以可视为"战略性资源",因为它是一种信息资源,具有稀缺性和共享性。公开统计数据,一方面是对稀缺信息资源的优化配置,能够为社会提供必需的信息要素,为社会经济发展提供信息服务;另一方面也是对信息资源的共享,使统计数据得到最大限度的利用,从而获得信息价值的最大化收益。

从法治建设的角度讲,统计数据具有法律资源属性,统计数据的公开也是一种法律义务行为。一是保障公民的知情权和参与权,促进信息公开制度的完善;二是统计数据为一系列政府、企业决策提供不可或缺的实证支持;三是为立法和政策制定提供参考依据。

国家统计局十分重视统计数据公开和共享机制的建设。在这方面,深圳先行先试仍然大有可为:

一是进一步完善发布体系,健全与发布相关制度。明确政府机构内履行政府信息公开工作职责,建立统计系统内部的信息共享机制;市、区政府要加强数据管理,要在上级统计部门的管理下发布数据;统计机构也要加强对各相关部门的指导,协助其加强对数据发布的管理,正确处理好部门数据与统计数据的关系,减少数据之间的冲突,维护统计数据权威。

二是进一步完善发布渠道,变"要我公开"为"我要公开"。要全面梳理并通畅各类统计信息公开平台,涵盖政府网站、电视、报刊、政府公报、公告专栏等,形成传统与现代手段相结合,多层次、广覆盖的立体公开体系。依托政务大厅,通过公告、电子大屏幕、电子触摸屏等全方位主动公开统计数据信息,为市民提供信息自主查询平台，拓宽公开渠道，方便群众查阅。要将政府网站打造成主渠道。要大力开设"公众监督"和"在线访谈"栏目，创建网上沟通模式，推动政民互动，并建立信访问责制度。

三是依法依规不断充实公开内容，增加开放透明度，实现数据公开和共享的及时性和便捷性。统计数据的开放，对于政府机构来说，是加强和改善经济运行的重要依据，不仅要公开最终汇总数据，还应公开原始记录数据，严格规范统计信息公开主体、限制公开时间，使政府机关、企事业单位、社会团体和个人可以依法依规获取统计数据信息。要将公开内容逐渐多样化、动态化、便利化。从单一的网络发布，到网上实时互动，并完善服务承诺制、限时办结制，真正把知情权交给群众。

四是进一步提高数据解读能力、预警监测能力、服务前瞻能力。努力提高数据的整合、开发和利用能力，提升透视数据、分析数据、研究数据、用数据说话的能力，强化统计背后的数据思考意识，提升统计信息的有效利用率。同时，更要充分利用统计资源和预警手段，追踪经济社会发展动态，加强监测预警，更好地服务产业结构转型升级、重点项目建设和社会民生发展需求。

第八节　重视经济核算方法改革创新

GDP是目前反映经济社会发展成果最好、最全面和认可度最高的指标，但这并不意味着GDP是一个完美的指标，在反映资源消耗、环境破坏、生态效益等方面还存在一定不足，推动经济核算方法改革创新成为深圳统计面临的一个重要课题。

更加完善和健全GDP核算。健全完备GDP核算方法。GDP核算共有三种方法，一种是生产法，一种是收入法，还有一种是需求法，通常我们使用和熟悉的是利用生产法计算GDP。需求法和收入法较少用，但它们也各有其作用。需求法反映的拉动GDP增加的投资需求、消费需求和进出口需求，一般称之为"三驾马车"；收入法是反映的各个经济主体工资、折旧、利润、政府财政收入等，可以体现出各个经济主体占有GDP蛋糕的比例和份额,展现经济分配是否合理和公平。

增加反映GDP质量的指标。要建立反映GDP质量的指标,需要增加单位数值的指标来衡量经济增长的情况。比如,单位GDP需要的劳动力、单位GDP能耗和单位GDP产出的税收等可以称为GDP的含金量。结合深圳经济增长的现实状况,建立测度深圳经济增长质量指数的指标体系,侧重资源投入效率和人民生活水平,为测度深圳经济增长模式转型提供数量依据。

建立健全反映科学发展和提质、增效、升级的指标体系。应从经济发展、结构调整、民生改善、社会和谐和生态环境等几个方面,设置综合指标和细分指标,全面反映"五位一体"发展目标的实现情况。

一 完善研发支出纳入GDP核算改革

研究与开发(R&D)是一种创造性活动,是为增加知识储备以及利用这些知识创造新的应用而系统开展,R&D成果具有固定资产的属性,可以较长周期内发挥作用,并为所有者产生一定经济利益。过去很长时间,R&D活动成果难以测度,在推动经济增长方面的作用没有得到充分体现,早期的国民经济核算国际标准(SNA)将R&D支出作为中间消耗,各国在核算工作实践中都予以扣除。随着创新和科技进步在经济增长中发挥的作用不断增加,各个国家(地区)高度重视R&D活动,对R&D支出资本化核算大量的尝试和探索逐步成熟,R&D统计基础也越来越扎实。我国实施R&D支出纳入GDP核算改革,也具有非常重大的意义。

吸取深圳R&D支出纳入GDP核算试点经验,国家统计局于2017年发布《研究与开发支出计入地区GDP核算方法》,正式在全国层面开始将R&D支出纳入地区生产总值核算。

将R&D支出纳入GDP核算一方面可以及时反映创新在经济增长中的作用,对推进创新驱动发展战略,具有重要的导向和激励作用。有利于增强国民经济核算的规范性和科学性,提高核算数据质量,充分反映R&D活动对地区经济的贡献。另一方面有利于与国际标准接轨，提高核算数据的国际横向可比性。

深圳与浙江等国内其他省市一样，正处于促改革、转方式和调结构的关键时期，开展R&D支出计入地区生产总值改革工作，可以反映出深圳R&D活动对经济的贡献，展现技术进步和科技创新应有的经济价值，起到较强的引领导向作用。

一是加强R&D支出纳入地区生产总值核算方法的研究。尽管国家统计局结合我国R&D支出实际情况和国际经验，已出台了R&D支出纳入地区生产总值核算方法，但仍有许多实际问题和理论课题需要进一步深入探讨。如R&D活动的资本回报、R&D产出中用于出售部分的去向和为所有者带来经济利益的R&D支出范围等，需要进行理论探讨和开展实证研究，在此基础上完善核算方法，全面科学准确反映R&D活动在经济增长中的价值。

二是要进一步强化R&D支出数据采集。要做好R&D纳入核算工作，充足、完善的基础数据必不可少。R&D数据主要来源于统计部门的常规科技调查统计报表，由相关调查企业、科技和教育等多个部门报送。因此，各级统计部门要更加重视R&D统计工作，加强方法制度培训，提高数据报送质量，不仅要关注R&D支出的总量规模，更要注意分行业和分部门等结构层面的数据，为GDP核算提供扎实完善的基础数据支撑。

三是积极出台鼓励企业开展R&D活动的相关政策。要在国家层面上，出台激励扶持和引导政策，发挥积极的引导作用，鼓励大中院校、科研机构和各类企业等创新主体重视R&D投入，重视R&D创新人才的培育培养，建立科学合理机制，在深圳形成R&D推动经济增长的良好局面。

二 居民自有住房服务价值核算方法改革

在国内生产总值核算项目中，居民自己占有使用的自有住房的虚拟租金一般最具有代表性。

国民经济核算体系中，从原理上看，居民购买新住房的行为一般被视作投资行为。新住宅的所有权被居民获得时，居民的性质变成了"服务型企业"。当房屋向房客租赁时，租金作为房东的个人收入，其价值就是居住服务在市场上的价格。同时，租金也是房客消费支出中的租房支出。

（一）自有住房服务价值核算方法改革的意义

"城镇居民自有住房服务"的价值核算是经济统计中的一个重大问题。在当今我国居住成本日益高企，城市房屋租赁市场发达的条件下，创新和变革价值核算方法有其必要性和紧迫性。

一般而言，居民生活产生的自给性服务没有现金的支付，并没有实际交易发生，无法计算其市场价值，并不在国民经济核算体系的范围之内。但是，根据国民核算体系精神，GDP 核算应当包含居民自有住房在市场租赁获得的居住服务收入。因为建房自住或购房自住是当代经济社会的重要经济活动，是居民在使用房屋资产中收获的极其重要的实物性收入，是他们收入来源的重要组成部分，并且对他们的福利水平产生重要影响。一个居民居住房屋为自有住房，并且债务全部偿还，房屋主人将从自有住房中得到虚拟租金或隐性收入。同时，租赁户需要通过支付房租给房东的方式满足居住需求。因此，自有住房户和租赁户的福利水平是有很大差别的。作为体现国民收入指标的 GDP，在居住成本快速增长的情况下，一方面要计算租客的居住服务支出，另一方面要计算居民通过自有住房满足住房需求获得的虚拟租金。

首先，如果不能正确评估自有住房服务价值，则会造成 GDP 核算的系统性误差。自有住房服务价值核算会从总量、结构、增速等角度影响 GDP 核算。准确地度量自有房屋的虚拟租金，有利于客观反映居民消费支出、居民可支配收入和房地产业增加值，进而有利于客观地反映居民消费率、居民可支配收入比重和第三产业增加值比重，使这些重大比例关系能够客观地反映实际情况。反之，如果自有房屋的虚拟租金核算失真，有可能导致国内生产总值数据出现偏差。

我国的城镇居民自有住房服务价值核算存在低估的可能性。有研究认为，2004 年日本的人均居住类支出（包括自有住房服务虚拟收入）40666 元，而中国仅为 738 元，日本是中国的 55 倍，而在 2011 年，日本这一数据仍是中国的 22 倍。

其次，完善居民自有住房服务虚拟租金的核算方法，有助于GDP在国际上与其他国家（地区）的横向分析比较，为制定决策和出台政策提供基础数据和科学参考。严格SNA2008的理念，充分借鉴国际自由住房核算工作实践，改革创新我国的GDP核算方法，具有重要意义。近年来，大中城市房屋租赁市场快速增长，规模日渐扩大，采用等值租金法的条件已经成熟，可以利用其来科学估算居民自有住房服务增加值。

（二）SNA2008关于自有住房服务虚拟租金估算的处理

联合国在2008年推出了最新版的国民经济核算体系（简称SNA2008）。作为目前全面系统阐述国民经济核算方法、准则最为权威的统计文献。对于自有住房服务的定义采用了1993年版的陈述。SNA1993与SNA2008在有关自有住房服务部分的论述基本一致。

SNA提供"市场房租法"和"成本估算法"两种核算方法。

SNA首先提出的是市场房租估算法。

采用此种市场价格估算法有一个基本前提："同类货物或服务必须在市场上有足够的数量买卖交易，以得到可靠的市场价格用于估价。"SNA认为"自有住宅者生产的住房服务的产出，是根据市场上租户支付同样住房的租金，并考虑地理位置，邻里关系以及住宅本身的大小和质量等因素进行估价的。同一数据也记录在住户最终消费支出项下"。

还有一种是成本估算。

不满足上述条件时，SNA则建议使用成本估算法。"如果得不到可靠的市场价格，可以使用次佳方法，即为自用而生产的货物或服务的产值等于其生产成本之和，也就是以下各项之和：中间消耗、雇员报酬、固定资本消耗、其他生产税（减生产补贴）。"

SNA基本上作为国民经济核算体系，首先是从先进的市场经济国家开始的，组织良好的出租房屋市场是重要条件。一般认为，考虑采用等值租金法来估算自有住房服务的虚拟租金的前提条件是租赁房的比例超过10%。

（三）自有住房服务价值核算的改革取向

中国一直以来都没有使用市场房租估算法，采用的是成本估算法，只计入固定资产虚拟折旧。中国在 20 世纪 80 年代后期引进 SNA 后，没有采用 SNA 所推荐的市场房租估算法，在当时的历史条件下来说是恰当的。而 2005 年，中国通过租赁房来解决居住问题的城市居民已经占到 18.2%，虽然低于美国，但已经达到上文中提到的使用等值租金法的条件，使用等值租金法的条件已基本成熟。

1. 近期内的改革方向应为"双轨制"

短时间内，双轨制应该是我国自有住房服务虚拟租金估算方法的改革方向，即小城镇和农村地区继续沿袭使用成本法，大中城市采用等值租金法。

首先，从美国经验看，对于大中城市采用等值租金法，具有科学性和合理性。数据显示，2009 年，城市自有住房服务的虚拟租金已经达到了 12119 亿美元，占当年 GDP 的比例为 8.58%。从经济核算的角度看，找到科学的方法准确估算虚拟租金，也是美国宏观经济数据核算部门面临的重大问题。美国房屋租赁市场规模比较大，等值租金法在美国已成为统计部门首选。此外，借鉴美国经验，中美两国在核算方法上接轨，便于两国数据的横向比较。

其次，对于广大的小城镇和农村地区，采用成本法，也是实事求是的态度。根据 SNA2008 的核算要求，当存在区域限制或房屋租赁市场过小，没有办法采用租赁房价格来估算自有住房服务的虚拟租金的时候，通过对资本存量的初始价值进行贴现，估算自有住房的租金，参照资本品处理成为一种可行的方法。

2. 做好自有住房服务核算的配套改革创新

等值租金法与成本法完全不同的两种方法，将对我国当前 GDP 核算体系产生重要影响。实现等值租金法与我国现行的 GDP 核算体系的对接，是优化城市居民自有住房服务核算方法的关键。这种变革方法需要重新调整工作流程，配置统计体系，积累基础数据，选择适当方法，并测试新方法的影响。

（1）根据等值租金法的计算需求，开展住房市场调查的相关内容。为做好大中城市自有住房服务核算方法的改革，获得更加完整的住房市场数据，建议在经济普查中增加面积、产权、租金等住房相关指标。

(2) 根据租赁市场份额对租赁市场进行分类。在租赁房占当地房屋存量 10% 以上的情况下，探索采用等值租金法估算，相反，则使用成本估算法。同时，详细评估两种方法的差异和影响，以便采用更为科学合理的方法。

(3) 参照美国做法使用 Hedonic 回归模型。美国统计部门通过基于房屋特征的 Hedonic 回归模型，来估算检验自有住房服务的虚拟租金。公式为：$\ln R = \beta X + u1$。式中，X 为房屋的特征向量，β 为房屋特征对房屋价值的估计贡献率，R 为房屋的租金。

三　服务业统计与核算改革

大力发展服务业，提高服务业在国民生产总值的比率，是国家大力提倡的。特别是在部分制造产业过剩的情况下，去产能、去库存、去杠杆、降成本、补短板成为国民经济的重中之重。

目前，服务业统计方面存在的问题主要是：行业覆盖不够完整、调查核算存在脱节、业务统计缺失较多、新兴业态统计不全和专业设置不尽合理五个方面；此外，企业组织结构松散和会计核算基础较差也是服务业统计面临的困难。总体上看，服务业统计工作还没有形成完整统一的体系，全国也没有建立起统一完整的工作体系网络与构架；服务业统计还存在遗漏现象，尤其是中小企业漏统问题还比较严重；新兴领域统计存在空白，制度性研究进展比较缓慢。

（一）服务业统计与核算改革的意义

服务业的发展水平标志着现代社会经济的成熟阶段和发达程度，服务业在国民经济发展中具有重要地位。我国目前已跨入以服务经济为主体的新时期，服务业在稳增长、调结构、惠民生、促改革和防风险中发挥着越来越重要的作用。目前，我国第一产业和第二产业的统计已经趋于完善，但服务业统计在重视程度和方法制度上都不如一产和二产，与服务业的快速发展还不相适应。

1. 是构建现代化统计调查体系的基础性要求

深化服务业统计与核算工作改革，是深入贯彻落实习近平总书记等中央领导同志关于统计工作重要讲话指示批示精神、深入贯彻落实党的十九大精神以及党中央关于统计改革重大部署的重要举措；是改善和保障民生、建设现代化经济体系的重要基础性工作；是构建现代化统计调查体系的基础性要求。

服务业统计与核算工作改革，以解决工作中存在的问题和不足为导向，加强对服务业统计与核算工作的协调和领导，持续完善健全服务业统计制度，加强专业间、部门间在服务业统计上的合作，以服务业统计改革和"三新"统计共同联动，深入研究服务业统计改革重大问题，以勇往直前的办法和精神深化服务业统计改革和核算方法改革。

2. 为政府决策和经济分析提供更加可靠的数据

第三产业是我国目前产业结构的主体，在我国经济发展过程中起着重要作用。但是由于第三产业的调查对象存在流动性强，经济体量小等原因，第三产业相关数据和信息不够准确和完善，未能完善第三产业的客观经济存在，也影响了国家政策和制度的制定和研判。

同时，随着信息化社会的不断发展，第三产业的统计数据用途越来越多，越来越受到重视，社会各界根据数据来做出分析和判断，政府和相关部门根据数据来制定经济决策。推动第三产业统计制度方法改革，提高第三产业统计数据质量是重要的统计改革任务。完善和加强第三产业统计方法，客观真实反映其行业结构、发展规模、经济效益、从业人员构成、地区分布等特点和趋势，既能为各级党政部门进行经济管理和宏观调控、制定政策规划提供决策依据，同时也能为国民经济核算提供基础数据支撑。

3. 有助于准确反映经济发展质量

2016年，我国服务业增加值同比增长7.8%，占国民生产总值的比重已上升为51.6%，对经济增长的贡献达58.2%，大大超过第二产业。作为我国经济的第一大产业，服务业在优化产业结构，充分吸纳就业和提高经济效益等方面起着不可替代的作用。第三产业涉及面广且数量多，同时由于第三产业核算方法制度不完善，第三产业增加值明显偏低。加强服务业统计改革与服务业核算改革，也是对我国经济高质量发展的客观反映。

（二）服务业统计与核算改革的方向与内容

总的来看，我国服务业统计调查制度不断健全，统计与核算工作取得长足发展。目前，已形成常规统计调查和经济普查相结合、部门统计和政府综合统计相结合，较为全面完整的统计调查制度体系。增加值核算方法也逐渐完备，基本实现与国际接轨；同时，为反映服务领域新动能，初步建立"三新"统计调查体系。下一步的改革方向和内容主要是：

1. 制定和完善服务业的相关统计标准

目前，服务业统计调查指标具有明显的"部门特点"和"行业特点"，指标不统一，行业之间和部门之间可比性和系统性缺乏。各行业的统计内容不全面，调查指标不统一，难以通过系统的指标体系并进行集中统一汇总。个别指标定义不清楚、不准确，在各行业的上报范围和统计口径上没有统一的标准来规范。部分行业分类标准滞后于产业发展，一些跨行业的新兴服务业，尚没有建立相应的分类标准。

这一现状，要求参照国际化要求，制定和完善服务业的相关统计标准，对一些容易界定和经营活动特征明显的行业，尽快设置更新行业分类，在《国民经济行业分类》中得到体现。对旅游业、生产性服务业、现代服务业和生活性服务业等一些跨行业的产业分类，及时确定整个对应产业的分类划分标准。从2013年起，重点（目前已改为规模以上）服务业企业统计调查方法制度正式纳入国家统计调查制度，是服务业统计工作发展的一个重要契机。要进一步完善服务业名录库更新机制，由国家统一建立名录库管理机构，统一领导、统一管理、统一规划、统一协调和统一设计，更好地推进各部门工作。

2. 优化和创新服务业调查方法

目前，现行统计方法制度下，获取服务业统计数据主要有四个方式方法：一是通过全面调查的方法，由企业在一套表联网直报系统自行报送；二是通过抽样调查的方法，对规下企业进行抽样调查；三是通过部门统计的方法，通信、交通和金融等行业主管部门都实施了定期报表制度；四是在普查的基础上推算，以经济普查的基数来推算各行业。随着经济社会的发展，服务业行业分类越来越细，种类越来越多，规模越来越大，过去的调查方法已远远不能适应当前的发展。

当前互联网和信息技术快速发展，服务业统计调查，转变为利用现代技术和传统方法相互结合，发挥先进的信息通信技术，实现企业数据快速、高效、主动上报，数据接收部门实时接收。可以根据服务业各行业的特点，实行不同方式分类上报。一是作为国家重点调查对象的服务业限上法人单位，目前采用一套表报表制度在直报平台报数。二是对于限下服务业法人单位，这类单位调查难度最大，建议统计部门开发移动端数据报送平台（App），通过手机扫描二维码登录上报数据，精简报表种类、指标个数和上报流程，放宽上报时间和审核条件，让调查对象通过手机扫描二维码快速进入系统上报数据。鼓励调查对象主动积极报送数据，建立企业"诚信白名单"。三是行业主管部门，为推动企业积极报数，也应当推动移动端扫描二维码报数，简化上报流程。四是作为服务业统计中的难点个体户，配合程度不高，流动性强，数据波动大。由社区统计员提供二维码，通过扫描二维码实现简单快速上报。

3. 进一步推动服务业核算方法改革

目前，大量的服务业核算数据来自于统计部门其他专业的相关数据，或者部门统计数据。在分行业的服务业统计中，各行业增加值和总产出的核算没有便捷、统一的核算办法，还不能全面地反映服务业的结构、规模和效益，不能准确核算服务业行业规模总量，对服务业发展现状和未来潜力无法清晰判断。

各种新型服务业经济和行业模式的出现，要求服务业核算方式的创新。美国创新使用 SNA-2008 国民经济核算新标准体系，以适应新兴经济形态的发展。我国在面对国民经济发展的新态势时，也要不断创新，找到服务业核算的新方法。面对"互联网+"经济，传统的核算方法不仅效率低，而且准确性也不高。可以建立和互联网公司的联系，通过网上交易数据的共享，来统计行业的数据。例如支付宝，统计机构通过和阿里巴巴合作，可以轻松获得网上交易数据，不仅提高了核算的效率，而且保证了准确性。

此外，还要建立服务业分行业生产法核算。完善服务业调查制度中指标设置，根据不同的调查对象性质，增加设置不同的调查指标。经济普查可以提供丰富完整的基础数据，可以计算得出行业分类更细、质量更高的核算数据，因此要发挥经济普查年度生产总值核算的重要作用。充分发挥投入产出表在核算中的框架作用，改进投入产出表的编制方法，加快投入产出表的编制频率。因此要调整调查指标，改进普查方案，增加反映中间投入和总产出的一些指标，为生产法核算的建立奠定数据基础。

4. 强化新型服务业的统计工作

近年来，传统服务业快速发展，但在同时也出现了大量新兴服务业经济业态，文化创意、风险投资、其他金融业、服务外包、物流业、电子商务、软件业、工业设计等新兴服务业态也出现了高速增长。新兴的新型服务业业态的发展，直接影响到了统计工作的实际操作。一是对行业划分产生一定影响。单位服务内容或经营活动，在多个行业中有所交叉或者均有涉及，如既是科学技术服务，又是信息技术服务，不能简单地用一个标准行业来区分。二是对统计调查对象确定的影响。多数混合型新型业态的主业难以确定，仅通过填报主要行业统计调查报表，难以反映"非主业"经营或服务的结果，统计调查对象的行业属性难以确定。三是难以反映整个行业规模指标统计情况。新型业态的发展，混业经济普遍，当前传统的统计调查制度结果不能反映整个行业的实际情况和发展规模。四是对行业增加值核算产生影响。调查对象在多个行业均有涉及，企业的一张财务报表中的数据并不仅仅是某一个单一行业生产活动的结果，这种不合理的结果推算出来的行业增加值，通常会产生较大误差。

在统计体制上，现实的新型服务业发展，要求提出与标准分类目标相配套的各类新型服务业统计指标体系，客观、真实反映各类服务业新型业态、新兴产业发展的基本情况和发展趋势。要进一步加强调查研究和认真梳理，调查了解清楚新型业态发展现状，对新型业态做出符合逻辑和科学的归纳梳理；进一步加强针对新型业态及未来发展态势的统计制度方法研究；完善《国民经济行业分类标准》，推动行业归类更加细化和科学，要确保新型业态有"房"可住、有"家"可归和有类可归。例如，要建立电子商务定期监测调查,适当增加分品类统计;结合经济普查及部门统计资料,研究全社会电子商务总规模的推算方法,并推算全社会电子商务相关数据。第三方支付和网银支付等,可以联合技术的制造方,结合现代技术和统计方式,进行核算工作。

5. 建立和完善服务业统计部门之间协调机制

服务业的特点是种类多、覆盖面广和数量大,这些特点决定了服务业统计的工作复杂程度。开展服务业调查工作涉及 20 余个部门,各个部门工作内容及需要填报的报表种类都有所不同。同时还涉及统计部门中贸易外经、固定资产投资和国民经济核算等多个专业,还没有建立和形成有机统一的整体。要做好服务业统计调查,还需要相关部门的密切配合,获取行业部门的业务统计数据。因此,还需要在构建部门配合协调沟通机制,组织协调调查对象业务培训,及时做好报表报送和加强统计名录维护等方面发挥应有的积极作用。

总之,对于服务业统计的改革,需要从整体上推动国家层面在方法制度上的"顶层设计",统一规范服务业统计的统计口径、统计范围、基本单位、主要内容,积极推动改革现行服务行业基础数据采集方法、服务业统计工作组织实施和增加值的核算办法,推动服务业统计总体框架实施,稳步、有序、积极推进服务业统计改革。

四 与国际接轨,创新经济核算标准

SNA - 2008 是最新发布的国民经济核算标准,重点修订了对生产性资产分类,并对资产边界进行扩展,最突出的就是研发支出资本化,更关注资产、金融服务、政府公共服务和国际经济活动,进一步扩展在环境、新经济和重要核算问题上的使用。实施国际新经济的核算标准,有助于变革深圳经济增长理念以及对财富的重新认识,贯彻包容性增长和可持续增长发展理念。

美国商务部经济分析局(BEA)在全球第一个实施 SNA - 2008 国民经济核算新标准体系,并公布了新的 GDP 计算方法,将 R&D 支出、退休金和娱乐文化支出等指标纳入统计之中,在引领全球经

济发展方式上起到积极作用。美国 GDP 统计的新调整意义重大，符合全球经济增长的趋势，对于引领美国在后危机时代继续占领全球经济增长和科技创新的制高点具有积极作用。深圳作为全国改革开放创新的排头兵，市场经济发展程度高，也需要借鉴美国 GDP 核算改革经验，加快新国民经济核算体系的改革和试点步伐，引领和推动深圳经济改革创新和经济全面升级转型。

(一) 深圳要加快推进与 SNA-2008 接轨

一方面是要确定改革的优先实施领域。根据基础资料获取难度，确定优先实施的顺序和重点研究改进的方面。另一方面是要逐步细化调整固定资本形成总额分类。中国固定资本形成总额七个类别与 SNA-2008 有较大差距，中国由于基础数据来源有限，也没有对文学或艺术原作、娱乐、非生产性资产所有权转移费用、研究与开发、数据库等固定资本形成总额进行细分。

(二) 完善 R&D 统计与核算

深圳目前实行的 R&D 统计制度中还存在一些薄弱环节，如统计存在遗漏，范围不全面；专门针对 R&D 活动设置的统计指标分类不够细致，数量也较少，统计数据的质量受到一定影响。

建议研究解决作为资本的 R&D 产出的评估问题、R&D 资产存量及折旧率的确定问题、R&D 价格指数的编制问题和 R&D 的界定问题等。需要在相关部门协调推动下，编制深圳国民经济核算改革的时间表和路线图。

(三) 完善国家资产负债表账户核算

编制资产负债账户，将反映经济流量的账户和反映经济存量的资产负债账户相结合，可以准确反映整个国民经济以及各个部门经济循环的全部流程。应加快编制国家、政府部门、金融部门以及居民部门等各个部门的资产负债表，进一步反映整个国家财富存量、资产负债分布结构及风险状况。

参考文献

[1] 国家统计局：《中国统计年鉴-2018》，2018年。
[2] 广东省统计局：《广东统计年鉴-2018》，2018年。
[3] 深圳市统计局：《深圳统计年鉴-2018》，2018年。
[4] 广东省统计局：《2018年广东国民经济和社会发展统计公报》，2019年。
[5] BEA美国商务经济分析局网站：http://www.bea.gov/。
[6] OECD经济合作发展组织网站：http://www.oecd.org/。
[7] 国家统计局：《中国国民经济核算体系（2016）》，2017年。
[8] European System of Accounts ESA 2010.
[9] 许宪春、吕峰革：《改革开放40年来中国国内生产总值核算的建立、改革和发展研究》，《经济研究》2018年第8期。
[10]《国家统计局核算司中国非经济普查年度国内生产总值核算方法》，中国统计出版社2008年版。
[11] 杨森等：《基于熊彼特创新周期理论的科技创新驱动经济增长景气机理研究》，《经济学家社》2019年第6期。
[12] 杨新洪：《构建地方统计指标体系》，中国社会科学出版社2017年版。
[13] 向书坚、吴文君：《OPCD数据经济核算研究最新动态及其启示》，《中国人民大学复印报刊资料》2019年第3期。
[14] 杨新洪：《R&D支出纳入GDP核算方法研究》，中国社会科学出版社2019年版。
[15] 联合国等：《2008国民账户体系》，中国国家统计局国民经济核算司、中国人民大学国民经济核算研究所译，中国统计出

版社 2012 年版。

[16] 杨林涛、韩兆洲、王昭颖：《多视角下 RD 资本化测算方法比较与应用》，《数量经济技术经济研究》2015 年第 12 期。

[17] "SNA 的修订与中国国民经济核算体系改革" 课题组：《SNA 关于生产资产的修订及对中国国民经济核算影响的研究》，《统计研究》2012 年第 12 期。

[18] 许宪春：《国际标准的修订与中国国民经济核算体系改革研究》，北京大学出版社 2014 年版。

[19] 王孟欣：《美国 R&D 资本存量测算及对我国的启示》，《统计研究》2011 年第 6 期。

[20] 吴延兵：《R&D 存量、知识函数与生产效率》，《经济学（季刊）》2006 年第 7 期。

[21] 魏和清：《SNA2008 关于 R&D 核算变革带来的影响及面临的问题》，《统计研究》2012 年第 11 期。

[22] 倪红福、张士运、谢慧颖：《资本化 R&D 支出及其对 GDP 和经济增长的影响分析》，《统计研究》2014 年第 3 期。

[23] 朱发仓：《工业 R&D 价格指数估计研究》，《商业经济与管理》2014 年第 1 期。

[24] Griliches, Zvi., R&D and Productivity [M]. Chicago: University of Chicago Press, 1998.

[25] 高敏雪：《美国国民核算体系及其卫星账户应用》，经济科学出版社 2001 年版。

[26] 许宪春：《关于我国国民经济核算体系的修订》，《全球化》2014 年第 1 期。

[27] 袁卫、赵路、钟卫等：《中国 R&D 理论、方法及应用研究》，中国人民大学出版社 2009 年版。

[28] 经济合作与发展组织：《弗拉斯卡蒂手册　研究与试验发展调查实施标准》（第 6 版），科学技术文献出版社 2010 的版。

[29] 杨仲山：《SNA 的历史：历次版本和修订过程》，《财经问题研究》2008 年第 12 期。

[30] 张茉楠：《顺应全球新趋势　全面改革中国国民核算体系》，

《金融与经济》2014 年第 9 期。

[31] OECD, *Frascati Manual: Proposed Standard Practice for Surveys on Research and Experimental Development* (6th Edition), Paris: OECD Publishing, 2002.

[32] 李剑:《研发效率、技术外溢与社会收益率度量》,《山西财经大学学报》2011 年第 7 期。

[33] 陈新、王科欣:《世界各国科技研发投入的分析与思考——科技研发投入分析之一》,《广东统计报告》2014 年第 9 期。

[34] 王科欣、陈新:《广东 R&D 投入情况分析——科技研发投入分析之二》,《广东统计报告》2014 年第 9 期。

[35] Barbara M. Fraumeni, Sumiye Okubo, "R&D in the National Income and Product Accounts—A First Look at Its Effect on GDP", In: Carol Corrado, John Haltiwanger, Dan Sichel, *Measuring Capital in the New Economy*, Chicago: University of Chicago Press, 2005. 275 – 322.

[36] 何平、陈丹丹:《R&D 支出资本化可行性研究》,《统计研究》2014 年第 3 期。

[37] 张芳:《研发支出在会计核算与国民经济核算中的比较研究》,《财会研究》2011 年第 2 期。

[38] Ekeland, L, J. J. Heckman, and L. P. Nesheim, "Identification and Estimation of Hedonic Models", *NBER Working Paper* NO. 9910. 2013.

[39] Griliches, Z., "R&D, Education and Productivity: A Retrospective", Cambridge, MA: Harvard University Press.

[40] Raymond W. Goldsmith, "A Perpetual Inventory of National Wealth", In: *Conference on Research in Income and Wealth: Studies in Income and Wealth*. NBER, 1951.

[41] 张军、章元:《对中国资本存量 K 的再估计》,《经济研究》2003 年第 7 期。

[42] 张军、吴桂英、张吉鹏:《中国省际物质资本存量估算(1952—2000)》,《经济研究》2004 年第 10 期。

[43] 向蓉美、叶樊妮:《永续盘存法核算资本存量的两种途径及其比较》,《统计与信息论坛》2011年第3期。

[44] 杨林涛:《一种可供选择的产业集聚测度新方法——来自已有测度方法比较的启示》,《上海经济研究》2014年第4期。

[45] 柳剑平、程时雄:《中国R&D投入对生产率增长的技术溢出效应》,《数量经济技术经济研究》2011年第11期。

[46] 王孟欣:《我国区域R&D资本存量的测算》,《江苏大学学报》(社会科学版)2011年第1期。

[47] 戴亦一:《社会资本存量估算中永续盘存法的应用——基于社会资本估算的国民核算视角》,《厦门大学学报》2009年第2期。

[48] 核算司GDP生产核算处:《将研发支出纳入GDP核算的思考》,《中国统计》2014年第2期。

[49] 李小平:《自主R&D、技术引进和生产率增长》,《数量经济技术经济研究》2007年第7期。

[50] 唐杰、孟亚强:《效率改善、经济发展和地区差异》,《数量经济技术经济》2008年第3期。

[51] 杨林涛、韩兆洲、王科欣:《SNA2008下R&D支出纳入GDP的估计与影响研究》,《统计研究》2015年第11期。

[52] 董雪兵、王争:《R&D风险、创新环境与软件最优专利期限研究》,《经济研究》2007年第9期。

[53] 孟凡鹏:《我国制造业R&D资本折旧率估计研究》,硕士学位论文,浙江工商大学,2012年。

[54] Fraumeni, BarbaraM, and Sumiye Okubo, "R&D in the National Accounts: A First Look at its Effect on GDP", *Measuring Catiital in the New Economy*, 2005.

[55] 陈梦根:《2008SNA实施与国家统计发展战略》,《统计研究》2012年第3期。

[56]《中国明后年推GDP新核算体系 总量将增加》,《南方都市报》2013年11月17日。

[57] 滕蔓:《夯实专业数据基础 拓宽部门资料来源——新国民经

济核算体系框架下的基层核算问题思考》,《中国统计》2018年第9期。

[58] 王忠诚:《GDP统一核算的条件与方法研究》,《统计与管理》2015年第7期。

[59] 马现强:《GDP统一核算带来的影响》,《现代经济信息》2014年第16期。